Woody Allen

Woody Allen

Entretiens avec Stig Björkman

Traduits de l'américain par Sylvie Durastanti et Jean Pêcheux

CAHIERS DU CINEMA

Édition originale : « Woody om Allen » Med egna ord. Samtal med Stig Björkman,
ed. Alfabeta Stockholm, 2002
Conception graphique Lisa Zachrisson
Photo de couverture : © Jesse Frohman / Corbis-Outline
Maquette de la couverture : Claude Four

Édition française coordonnée par Claudine Paquot,
avec Claude Morin, Aurélie Soulatges et Ouardia Teraha
Une première édition de cet ouvrage contenant le texte des entretiens des chapitres 1 à 27
a été publiée en 1993 aux Éditions Cahiers du cinéma.

Sommaire

Remerciements :

Je tiens tout d'abord et surtout à remercier Woody Allen, qui m'a témoigné une grande confiance au cours de la préparation de cet ouvrage, et qui m'a généreusement permis de me familiariser avec son œuvre. Je désire en outre remercier Lauren Gibson, assistante personnelle de Woody Allen, qui a su infatigablement et chaleureusement veiller à l'organisation de nos entretiens et résoudre toutes sortes de problèmes pratiques lors de la première édition de ce livre. Et je remercie tout aussi chaleureusement Sarah Allentuch qui lui a succédé et m'a tout autant fourni informations et conseils pour cette nouvelle version augmentée. Ainsi que certains des plus proches collaborateurs de Woody Allen, tels Kay Chapin, Carlo di Palma, Jack Rollins et Juliet Taylor, qui m'ont accordé des entretiens, Susan Morse, dont les réflexions m'ont beaucoup éclairé, et Carl Turnquest Jr, qui m'a permis de visionner divers films au Manhattan Film Center. Je désire enfin remercier la Fondation Holger et Thyra Lauritzen pour la recherche cinématographique, qui m'a accordé une bourse sans laquelle ce livre n'existerait pas. S.B.

Remerciements pour l'édition française à Anne et Georges Dutter, ainsi qu'à Hélène Frappat et Mélanie Le Loupp.

Préface

Quand on m'a proposé de faire ce livre, je n'avais rencontré Woody Allen qu'en une seule occasion. C'était au printemps 1986, dans le cadre du Festival de Cannes, où *Hannah et ses Sœurs* était présenté hors-compétition. Woody Allen, qui n'aime guère quitter New York, et répugne plus encore à devoir présenter ses films, ne comptait pas venir à Cannes.

Puisque Woody Allen se refusait à venir au Festival, le Festival alla donc à Woody Allen.

Les responsables du Festival demandèrent à Jean-Luc Godard d'aller interviewer Woody Allen à New York. Comme je connaissais Tom Luddy, le producteur californien qui avait monté l'opération, il m'engagea comme photographe de plateau, ce qui me permit d'assister à l'interview. Godard et Woody Allen n'y virent pas d'inconvénient. Mais Woody Allen y mit une condition, celle de conserver le droit de regard sur mes photos. Le tournage se déroula dans la salle de projection privée de Woody Allen, au *Manhattan Film Center* de New York. Dans cette pièce sommairement meublée d'un canapé, d'une table basse, de deux fauteuils et d'un vieux piano, un rideau noir masquait l'écran, entre des étagères supportant une partie de la collection de disques de Woody Allen.

Les deux célèbres metteurs en scène, aussi timides l'un que l'autre, discutèrent une bonne heure. Quand le tournage fut terminé, tous deux posèrent pour moi, puis je remis mes rouleaux de pellicule à Woody Allen.

Je restai en contact épistolaire avec Woody Allen jusqu'à l'été 1991, où je lui proposai de l'interviewer sur sa carrière d'écrivain, de comique et surtout, de réalisateur, dans l'espoir d'en tirer un livre. Pour amicale qu'elle fût, sa réponse n'en demeura pas moins évasive. Comme d'ordinaire, Woody Allen préparait alors un nouveau film. Toutefois, il n'avait rien contre ce projet qu'il préférait remettre à une date ultérieure.

En janvier 1992, je me rendis à New York pour réaliser une interview, à l'occasion de la sortie d'*Ombres et brouillard*. Après avoir visionné le film dans la salle de projection de la Columbia, je devais voir Woody Allen, comme la plupart des critiques de cinéma venus d'Europe. Son attachée de presse, aussi sympathique que débordée, m'annonça que je disposais de quarante-cinq minutes, car Woody Allen était très pris.

Quand je pénétrai à nouveau dans sa salle de projection privée, je retrouvai la même pièce spacieuse, inchangée. La collection de disques s'était sans doute encore enrichie depuis mon dernier passage. À même le sol, s'entassaient les cassettes audio de *Maris et femmes*, alors en plein montage.

Sans doute étais-je en avance, à moins que Woody Allen ne fût en retard. J'étais en train d'installer mon magnétophone, quand une toux discrète se fit entendre. C'était lui, qui venait de faire une entrée, aussi inaperçue que silencieuse. À croire qu'il s'était matérialisé dans la pièce, comme l'un des personnages du *Complot d'Œdipe* ou d'*Ombres et brouillard*. À moins qu'il n'ait tout simplement surgi de l'écran, tel le héros de *La Rose pourpre du Caire*.

Nous nous sommes mis à discuter, tout d'abord d'*Ombres et brouillard*, mais aussi des premières expériences de Woody Allen dans l'univers du cinéma. Le temps fila. Quand sa secrétaire vint le prévenir que quarante-cinq minutes s'étaient déjà écoulées, Woody lui fit signe de nous laisser et m'accorda une demi-heure de plus.

Avant de le quitter, je mentionnai à nouveau notre projet de livre, mais Woody ne put encore me donner de réponse. Il me proposa d'en reparler au printemps. Après un échange de courrier sur mon projet de livre d'entretiens avec lui, il me proposa début juin 1992 de travailler au projet entre juillet et août, avant qu'il n'entreprenne le tournage de *Meurtre mystérieux à Manhattan*.

Nous avons donc passé en revue toute la carrière de Woody Allen, par ordre chronologique, sans idées préconçues et sans jamais nous interdire de digresser. Avant d'entamer cet entretien, j'avais d'ailleurs assuré Woody Allen qu'il pourrait, s'il le désirait, éviter d'aborder certains sujets, ou de répondre à certaines questions.

De son côté, Woody n'exigea qu'une chose : que le livre ait une jolie couverture. Généralement, nous nous retrouvions le matin pour discuter durant deux heures dans la salle de projection du *Manhattan Film Center*. Woody Allen préparait déjà *Meurtre mystérieux à Manhattan*.

Le 13 août, les journaux de New York étalèrent à la une les démêlés de Woody Allen et de Mia Farrow, qui s'apprêtaient à se séparer, et réclamaient chacun la garde de leurs enfants. La vie privée et l'intimité de ce couple ordinairement très discret se trouvèrent ainsi jetées en pâture au public.

Ces événements vinrent naturellement perturber la vie privée et la vie professionnelle de Woody Allen. Je craignais que notre projet ne se trouve remis à plus tard, mais deux jours après, Woody Allen me reçut à nouveau et cette fois-ci, dans son appartement surplombant Central Park.

Par une curieuse ironie des choses, nous devions aborder alors *Songe érotique d'une nuit d'été* et *Zelig*, deux films qui marquèrent les débuts de sa longue collaboration avec Mia Farrow. Lorsque je lui demandai comment ils s'étaient rencontrés et avaient commencé à travailler ensemble, Woody Allen me répondit aussi franchement et aussi volontiers qu'à tout autre question que j'avais pu lui poser par ailleurs.

Toutefois, ses préoccupations personnelles et la préparation très prenante de *Meurtre mystérieux à Manhattan* nous contraignirent à interrompre nos entretiens,

Woody Allen dans la pièce qui lui sert de bureau, au sein de l'appartement, près de Central park, où il a vécu pendant près de vingt ans.

après avoir évoqué *Hannah et ses sœurs*. Je regagnai alors la Suède, pour recenser le matériel important que j'avais déjà accumulé.

Nos entretiens reprirent en janvier 1993, et ce fut toujours soit dans la salle de projection, soit dans l'appartement même de Woody Allen que se déroulèrent nos conversations les plus approfondies et les plus intenses, telles celles qui tournent autour de *September*, ou de *Crimes et délits*. L'isolement et le calme favorisèrent la concentration et la franchise. En revanche, l'analyse de *Radio Days* dut s'accommoder de conditions plus difficiles, dans la caravane de Woody Allen, et entre les dernières prises de *Meurtre mystérieux à Manhattan*.

Au cours du mois de janvier, j'eus également l'occasion d'assister au tournage de ce film. Je fus souvent frappé par l'aisance et la détente qui régnaient sur le plateau. Un tournage constitue d'ordinaire une entreprise complexe et imprévisible ; or, aucune tension n'était sensible. Il est vrai que Woody Allen a très longtemps confié les postes-clefs aux mêmes techniciens avec lesquels il a travaillé de longues années. Tous se connaissent bien, et chacun connaît la façon de procéder des autres. Aussi suffit-il d'un signe ou d'un regard pour s'entendre.

L'année suivante, j'eus à nouveau l'occasion de voir Woody Allen au travail, sur *Coups de feu sur Broadway*, cette fois. Je fus alors très frappé par le respect et la confiance totale qui caractérise son travail avec les acteurs. Lorsqu'il intervient auprès des comédiens – ce qui est rare – Woody Allen fait toujours preuve d'une extrême discrétion. Aux moments de grande concentration où la caméra tourne succèdent, entre les prises, des plages de temps où Woody Allen semble presque absent. Plusieurs acteurs ont confié qu'ils n'avaient en effet pas eu l'impression d'être dirigés par Woody Allen. Peut-être faut-il voir là le secret de sa direction d'acteurs. En tant que réalisateur, il se fie sans réserve à l'habileté et au professionnalisme des acteurs qu'il laisse libres d'interpréter leur rôle à leur façon. Il leur accorde une latitude qui implique une grande liberté et une grande responsabilité. En somme, cette collaboration repose entièrement sur la confiance. Voilà sans doute pourquoi tant d'acteurs célèbres se pressent pour avoir la chance de décrocher un rôle dans un film de Woody Allen.

À l'automne 2001, nous avons repris le fil de nos entretiens pour reparler du cinéma, de la vie, d'art et de musique. Woody Allen était alors très occupé, comme toujours. Les douloureux événements survenus dans sa vie privée n'avaient apparemment affecté ni sa créativité ni sa capacité de travail. Depuis la publication de la première édition de cet ouvrage, il avait écrit et réalisé neuf autres films, écrit plusieurs pièces de théâtre et joué dans un certain nombre de films sous la direction d'autres metteurs en scène. Son dernier film, qui ne devait pas sortir sur nos écrans avant avril 2002, était déjà terminé. Il s'agissait de *Hollywood Ending*.

Les films récents de Woody Allen se caractérisent par une forme plus décousue, contrebalançant peut-être les drames qui se sont joués dans sa vie, en marge de son travail de réalisateur. Forme plus décousue, et plus grande ouverture. Car il n'est plus aussi difficile d'obtenir un entretien avec Woody Allen, qui s'échappe aussi plus volontiers de la forteresse que Manhattan semble avoir longtemps constitué pour lui. Ainsi, l'a-t-on même vu à la cérémonie des Oscars et au Festival de Cannes.

Pourtant, à l'instant où nous nous sommes à nouveau retrouvés au Manhattan Film Center, rien n'avait changé. Le vieux divan et les fauteuils étaient toujours à la même place dans l'espace où nous nous entretenions. Il me semble même que nous nous sommes assis exactement comme nous étions assis la première fois : Woody Allen dans un coin du divan, moi dans un fauteuil, et le magnétophone entre nous deux. Certains de ses anciens collaborateurs ont été remplacés par d'autres, qui semblent manifester la même loyauté. Dans les années à venir, on peut donc s'attendre à les voir suivre Woody Allen dans ses nouvelles odyssées cinématographiques. Lors de nos derniers entretiens en avril 2002, Woody est en pleine préparation de *Anything Else*. Le dernier chapitre sur *Hollywood Ending* provient d'échanges de courriers par e-mail, ce qui explique sa brièveté et son ton moins personnel.

Dans le monde du cinéma, Woody Allen jouit d'une position unique en son genre. Ses producteurs lui assurent la possibilité d'écrire et de réaliser en toute liberté un film par an – au moins. Il peut choisir son sujet, son scénario, ses acteurs et ses collaborateurs. Il jouit également du *final cut*. En contrepartie, il doit seulement veiller à ne pas dépasser le budget alloué à chacun de ses films.

Au cours de nos entretiens, j'ai découvert un Woody Allen qui ne ressemble guère au personnage qu'il incarne à l'écran – à l'incurable névrosé torturé et s'apitoyant sans cesse sur lui-même, affligé de travers qu'il semble étaler avec un plaisir quasi-masochiste : son hypochondrie, son narcissisme invétéré, son indécision, et ses innombrables phobies. Tout au contraire, Woody Allen est un travailleur discipliné, un décideur, un artiste sérieux et déterminé, exigeant énormément de lui-même, et se refusant à tout compromis en matière esthétique.

Il sauvegarde sa vie privée, et ne se plie qu'à un minimum d'obligations officielles. Mais tous les lundis soirs, pendant toutes ces années, Woody Allen a rejoint dans un pub appelé « Michael's » la formation de jazz dont il est le clarinettiste. Car la musique est peut-être l'une des principales sources d'inspiration de Woody Allen. À présent, les concerts ont lieu au café Carlyle, mais l'horaire n'a pas changé. Lorsqu'il ne tourne pas, Woody Allen se produit toujours tous les lundis soirs.

Stockholm, mai 2002
Stig Björkman

1

Avant le cinéma... le cinéma

LE GROS HOMME : « Vous avez étudié la mise en scène à l'école ? »
SANDY : « Non, non ; je n'ai pas étudié à l'école. C'est moi qu'on a étudié » (*Stardust Memories*)

Peut-être devrions-nous évoquer votre carrière au cinéma et vos films par ordre chronologique, sans négliger pour autant tout ce qui vous viendra à l'esprit – quitte à faire parfois des flashes-back et des va-et-vients dans le temps. Essayons de faire un flash-back tout de suite et de remonter le temps. Quels sont vos premiers souvenirs de cinéma, quel est le premier film que vous ayez vu ?

Difficile à dire. Sûrement *Blanche Neige* ou quelque chose du même genre. Un Walt Disney, très certainement. Mes premiers souvenirs précis remontent au début des années quarante. À partir de cette date, je suis allé régulièrement au cinéma.

Vous aviez donc six-sept ans ?

Oui. Je suis né le 1er décembre 1935. J'avais cinq ans, quand on a commencé

*La scène d'ouverture d'*Alice*. La rencontre entre Mia Farrow et Joe Mantegna au grand aquarium.*

à m'emmener au cinéma. Et le cinéma m'a immédiatement passionné. Je vivais dans un quartier petit-bourgeois de Brooklyn, où il devait y avoir vingt-cinq salles de cinéma proches de chez moi. J'ai donc passé un temps fou dans les salles obscures. À l'époque, les studios produisaient énormément de films par an, et, en l'espace d'un seul mois, on pouvait voir des films de James Cagney et d'Humphrey Bogart, de Gary Cooper et de Fred Astaire, des films de Disney, etc. Cette abondance était vraiment extraordinaire.

Moi aussi, je suis beaucoup allé au cinéma, mais j'ai commencé plus tard. J'ai vu mon premier film à onze ans. D'ailleurs, ma première expérience de la salle obscure fut une véritable révélation, sinon une expérience mystique. J'ai vu une comédie musicale de la MGM *et je suis immédiatement tombé amoureux de l'actrice principale, Jane Powell. À compter de cette date, j'ai vu un film par jour, en moyenne.*

La comédie musicale en question, c'était *Ainsi sont les femmes* [*Date with Judy*] ?

Non, c'était Amour en croisière [Luxury Liner]. *Vos parents n'étaient en rien opposés à cet engouement pour le cinéma ? Ils n'ont jamais protesté ni tenté de vous dissuader, voire de vous interdire d'aller au cinéma ?*

Non. À cet âge tendre, ils me laissaient aller au cinéma une fois par semaine, avec une cousine un peu plus âgée que moi. En revanche, les autres gosses du quartier n'avaient pas le droit d'y aller. Par exemple, en été, leurs parents leur disaient : « Sortez un peu jouer au grand air, allez vous amuser au soleil, faites de l'exercice, allez à la piscine. » À l'époque, on racontait que le cinéma abîmait la vue, et autres sornettes. Tout ça ne rimait à rien. Mes parents, eux, ne se sont jamais tracassés pour si peu, et n'ont pas tenté de me forcer à faire d'autres choses. Moi, j'ai toujours détesté l'été, détesté la chaleur, détesté le soleil. J'avais donc pris l'habitude de me réfugier dans des salles climatisées. Et parfois, j'y allais quatre, cinq ou six fois par semaine, ou même chaque jour ; j'y dépensais tout mon argent de poche. Il y avait toujours un double programme. J'adorais ça ! Mais en hiver, en période scolaire, c'était autre chose ! On n'avait le droit d'aller au cinéma qu'en fin de semaine. Alors, généralement, j'y allais et le samedi et le dimanche, et parfois même le vendredi après-midi, en sortant de cours.

Vous alliez voir tout ce qui passait ou vous aviez déjà des préférences ? Certains genres vous intéressaient-ils plus que d'autres ?

Au début, j'allais voir tout ce qui passait dans le quartier. Et puis, en grandissant, je me suis mis à préférer les comédies romantiques. Et j'aimais bien les Marx Brothers. Et les films policiers.

Mais... les Marx Brothers n'étaient pas un peu hermétiques, pour un gamin ?

Je pense avoir toujours eu du goût pour les comédies assez subtiles. Même enfant, je n'ai jamais vraiment apprécié le *slapstick*[1], le gros comique. Contrairement à Fellini, je n'ai jamais aimé les clowns – peut-être parce que les clowns d'Amérique n'ont rien à voir avec ceux d'Europe. J'aimais Preston Sturges et les grandes comédies des années quarante. C'est même ce que je préférais.

Quant aux Marx Brothers, ils constituent un cas à part, car ils faisaient certes du gros comique, mais extrêmement nuancé par ailleurs. Très cérébral, très spirituel. Vous savez, aujourd'hui encore, Laurel et Hardy ne me font toujours pas rire, alors que toutes mes connaissances, tous les gens de ma génération, tous mes amis les adorent. Ils les trouvent géniaux et essaient souvent de me montrer ce que je rate. Bien sûr, je ne déteste pas Laurel et Hardy, mais ils ne me touchent absolument pas.

En règle générale, les comédies du muet ne m'intéressaient pas beaucoup. En revanche, j'avais une passion pour Chaplin, qui était selon moi un homme incroyablement drôle, merveilleusement drôle, malicieux et direct. Je n'ai jamais trouvé Buster Keaton particulièrement drôle. Ses films sont superbes, ce sont des chefs-d'œuvre. Ils sont d'une facture parfaite, mais Keaton lui-même ne me fait jamais beaucoup rire. Alors que dès que Chaplin descend une rue, il le fait avec tant de malice et d'espièglerie... Il est capable de s'essuyer la figure avec la barbe d'un type et puis de lui flanquer un coup de pied au cul... Keaton me laisse toujours assez froid, même si ses films sont objectivement supérieurs à ceux de Chaplin par leur facture. Car en matière d'émotion, d'effets et d'impact sur le public, Chaplin me semble beaucoup plus drôle et plus captivant. *Les Lumières de la ville* [*City Lights*] me touche infiniment plus que n'importe quel film de Keaton. Pourtant, quand je vois *Marin d'eau douce* [*Steamboat Bill*] ou *Le Mécano de la « General »* [*The General*], j'admets que ce sont de grands films. C'est de la grande mise en scène, un travail de premier ordre.

Et qu'est-ce qui vous attirait chez les Marx Brothers, lorsque vous étiez jeune ?

Leur extraordinaire drôlerie, leur esprit époustouflant. Leur humour absurde, inexplicable, carrément surréaliste, leurs divagations délirantes et totalement gratuites sont tellement fantastiques. Sans compter leur talent ! C'est une question de talent. Chico avait du talent, Harpo en avait à revendre et Groucho plus encore. Tout ce qu'ils faisaient devenait drôle. Il faut croire qu'ils avaient un don inné...

Je fais souvent la comparaison suivante : si vous faites dessiner à quelqu'un comme Picasso un petit lapin, un simple petit lapin, et qu'ensuite vous demandez à tous les gosses d'une classe de dessiner le même petit lapin, vous reconnaîtrez toujours le trait de Picasso. Picasso n'avait pas besoin de s'acharner à faire du style, ni à faire original. Mais son trait est parfait, il est touchant. Le même phénomène se produira avec un grand violoniste : même s'il se contente de faire des gammes, il se dégage de son jeu une émotion, une tonalité sublimes. Le même phénomène se produisait avec quelqu'un comme Groucho. Bien plus tard, quand je dînais avec Groucho, il suffisait qu'il ouvre la bouche pour être drôle, sans effort. Le contenu même de ses propos n'y était pour rien. Mais il y avait quelque chose dans son débit et dans ses intonations qui était par essence comique. J'étais donc un grand fan des Marx Brothers.

Vous alliez donc régulièrement revoir leurs films ?

Bien sûr ! Dès qu'ils passaient dans le quartier, j'y courais. Je vais toujours revoir les films. Je ne me lasse jamais des films que j'aime, même en les revoyant régulièrement.

Et vous avez fini par bien connaître Groucho ?

Assez bien. J'ai passé pas mal de temps en sa compagnie ; je le trouvais très sympathique. Évidemment, des gens m'ont dit qu'à l'époque où je l'ai rencontré, il s'était assagi, lui qui terrorisait les autres dans sa jeunesse. Peut-être est-ce vrai, je n'en sais rien. Mais quand je l'ai rencontré, il s'est montré très sympathique et m'a raconté une foule d'anecdotes. Il admirait mon travail, et moi, j'avais pour lui une véritable adoration. D'une certaine façon, il me faisait penser à un type de personnage qu'on croise dans des repas ou des réunions de famille – le rigolo de service. Ce rôle est souvent assuré par un oncle, qui, sans être forcément aussi bon qu'un humoriste professionnel, réussit toujours à placer une réflexion drôle ou sarcastique. Groucho était ce genre de type que j'aurais pu voir dans des mariages, dans des enterrements ou dans des fêtes de famille ; il aurait été parfait dans ce rôle, celui de l'oncle rigolo qui s'empiffre de riz et de poulet au buffet, tout en glissant des réflexions marrantes.

À l'époque où vous avez connu Groucho, les autres Marx Brothers étaient encore vivants ?

Non. J'ai rencontré Harpo, mais je n'ai pas connu Chico, ni Gummo et Zeppo. Un jour, Harpo est venu me voir dans un cabaret où je me produisais.

Au début de La Rose pourpre du Caire [Purple Rose of Cairo], *Cecilia (Mia Farrow) et sa sœur discutent de films et de stars. Il s'avère qu'elles ne s'intéressent pas seulement aux films, mais aussi à la vie privée des stars de l'écran. Partagiez-vous cet intérêt lorsque vous étiez jeune et que vous commenciez à aller au cinéma ?*

Je ne m'intéressais que modérément aux stars et à leur vie privée. Dès mon plus jeune âge, je connaissais le nom de tous les acteurs de films. À huit ou neuf ans, je pouvais identifier tous les acteurs de cinéma, car je voyais énormément de films et je lisais un grand nombre de magazines ! En revanche, les potins ne m'ont jamais passionné.

Connaissiez-vous également les metteurs en scène ?

C'est venu plus tard. J'ai grandi sous le règne du *star system*. Aux États-Unis en particulier, les metteurs en scène n'avaient pas la vedette.

Hormis les Marx Brothers, aviez-vous d'autres vedettes favorites ?

Et comment ! J'adorais Fred Astaire et Humphrey Bogart, James Cagney et Edward G. Robinson, bref les acteurs les plus adulés... James Stewart, Gary Cooper, Alan Ladd ! J'adorais les voir.

Quand avez-vous réellement pris conscience du rôle du metteur en scène ?

En grandissant, en devenant adolescent, mais certainement pas avant. Je me suis peu à peu aperçu que certains metteurs en scène étaient meilleurs que d'autres. Quand j'avais une quinzaine d'années, quelques salles qui sortaient des films étrangers se sont ouvertes dans mon quartier. Pendant la guerre, on ne pouvait guère voir de films étrangers aux États-Unis. Mais après la guerre, j'ai commencé à découvrir les chefs-d'œuvre du cinéma européen. Car seuls les meilleurs films européens pouvaient pénétrer aux États-Unis. C'est alors que j'ai vraiment apprécié les grands cinéastes italiens, français et, dans une moindre mesure, allemands. Et puis j'ai fini par voir un film de Bergman, mais un peu plus tard.

Seth Green dans le rôle de Woody-enfant au cinéma du Radio City Music Hall dans Radio Days. *Bea, la tante célibataire, jouée par Dianne Wiest avec le dernier en date de la série de ses prétendants attentionnés.*

Woody Allen avec Groucho Marx

Vous vous souvenez de quel film il s'agissait ?

C'était *Monika*. Magnifique ! Absolument merveilleux. Et ensuite, j'ai vu *La Nuit des forains*. C'est ce film-là qui m'a vraiment captivé. C'était formidable. Sur ces entrefaites, tous les autres films de Bergman ont déferlé sur les États-Unis. Tout d'abord, *Les Fraises sauvages*, puis *Le Septième sceau* et *Le Visage*. Enfin, dans les années cinquante, Bergman a commencé à se tailler une sérieuse réputation dans les salles d'art et essai.

Et quand vous compariez ces films étrangers aux films américains auxquels vous étiez habitué, quelle était votre réaction ?

Ils en différaient considérablement, bien entendu, et mes amis et moi avons tout de suite adoré le cinéma étranger ; il nous semblait infiniment plus mature que le cinéma américain. Le cinéma américain n'offrait au fond que divertissement et évasion. Le cinéma européen – ou au moins les films européens que nous pouvions voir – était beaucoup plus adulte et dialectique. Il ne se limitait pas à de débiles petits westerns ou à de petites bluettes sentimentales où un garçon rencontre une fille, puis la perd et, finalement, réussit à la reconquérir. Nous avons donc aimé le cinéma européen. Il nous a beaucoup impressionné. Il nous a ouvert les yeux. Ces films nous ont amenés à nous intéresser aux cinéastes et aux scénarios.

Parmi les amis que vous évoquez, comptez-vous la cousine qui vous emmenait au cinéma dans votre enfance ?

Non, elle, elle m'emmenait voir des films américains quand j'étais petit. Une fois adolescent, j'allais au cinéma avec mes copains de lycée et j'étais déjà passionné par le cinéma européen. Nous trouvions également les comédies européennes très drôles.

Lesquelles ?

Je me souviens, entre autres, de *Fanfan la tulipe* ou des premiers films de Jacques Tati. Et de certains films anglais assez drôles. Et des films de René Clair ! J'ai été tellement impressionné lorsque j'ai vu pour la première fois *À nous la liberté*. J'ai adoré ce film.

Mais bien sûr, à l'époque, nous étions surtout impressionnés par des films sérieux, comme *Le Voleur de bicyclette* [de Vittorio De Sica] ; ces découvertes constituèrent de formidables expériences. Nous avons aussi été bouleversés par les films de Jean Renoir, tels que *La Règle du jeu* et *La Grande illusion*, et son magnifique moyen métrage, U*ne partie de campagne*. C'est aussi à cette époque que nous avons découvert les premiers Fellini. Je ne me souviens pas d'avoir vu les premiers films de Bergman. Pour moi, c'est *Monika* qui marque l'émergence du style propre à Bergman. Auparavant, les films réalisés par Bergman ne différaient guère de très bons films américains. Ils en avaient d'ailleurs le style. Mais il me semble que *Monika* marqua une rupture, qui préluda à l'émergence d'un puissant style poétique. Vous savez que Bergman a commencé sa carrière au cinéma comme scénariste. Il a d'ailleurs évoqué parmi ses souvenirs le temps où il était produit par la plus grande maison de production suédoise de l'époque, entre 1940 et 1945. Comme tous les autres scénaristes, il devait visionner énormément de films américains, afin d'en analyser et d'en plagier les scénarios. Telles étaient les exigences des producteurs, à l'époque. L'influence du cinéma américain transparaît sans doute également dans les premiers films qu'il a réalisés.

Mais le vif intérêt que vous portiez au cinéma à cette même époque vous a-t-il donné l'idée d'en faire vous-même ?

Non. Pourtant j'y avais déjà songé, enfant en regardant, entre tous les films possibles, un film de pirates ! Je m'étais dit : « Bon sang, je pourrais faire un film comme ça ! » Je devais alors avoir sept ou huit ans. Ce n'était qu'un rêve, auquel je n'ai plus repensé pendant longtemps.

Vous souvenez-vous du titre du film ?

Il s'intitulait *Le Cygne noir*, avec Tyrone Power. J'ignore ce qui a bien pu m'inciter à penser cela, car à cette époque, je voyais énormément de films. Peut-être celui-là était-il plus drôle, plus enthousiasmant ou plus haut en couleurs que les autres. En fait, je rêvais surtout de devenir écrivain, et même dramaturge. J'ignorais d'ailleurs comment on entrait dans le milieu du cinéma ou ce qu'on y faisait au juste.

Très tôt, vous avez commencé à écrire, soit des numéros pour d'autres comédiens, soit des nouvelles publiées dans des magazines, soit des pièces pour la télévision, etc. À quel âge avez-vous commencé à écrire, bien avant d'envoyer vos textes à un éditeur, dans l'espoir d'être lu ou publié ?

Avant même de savoir lire, je savais déjà ficeler une histoire. Comme je le dis toujours, j'ai su écrire avant de savoir lire. Quand j'avais seize ans, et que j'allais encore en classe, on m'a engagé pour écrire des histoires drôles et des anecdotes amusantes. Ensuite, j'ai écrit pour la radio et la télévision et pour des comiques de cabaret. Après quoi, j'ai écrit mes propres sketches de comique. Et enfin, j'ai écrit le scénario de *Quoi de neuf Pussycat ?* [*What's New Pussycat ?*] avant de devenir metteur en scène.

Avez-vous toujours eu du plaisir à écrire ? Ou éprouvez-vous parfois l'angoisse de la page blanche ?

Non, car en un sens, je réagis comme Picasso. Picasso a déclaré un jour qu'il ne pouvait pas voir un espace vierge sans avoir envie de le remplir. Il en va de même pour moi. Rien ne me rend plus heureux que d'ouvrir une énorme rame de papier machine ou de brouillon. J'ai tellement hâte de la remplir ! J'adore ça.

Quand avez-vous commencé à écrire des nouvelles ? Je suppose qu'au début vous écriviez surtout des gags et des sketches, pour vous-même ou pour d'autres comédiens.

Deux ou trois ans après avoir commencé à écrire, j'ai écrit mes premières nouvelles. J'avais d'abord tenté d'écrire des pièces de théâtre, sans trop y réussir. Je n'étais pas très doué comme dramaturge.

Et pourquoi, selon vous ?

Tout simplement parce que je n'avais pas assez de métier et je n'étais pas assez cultivé. Je m'étais fait renvoyer de l'école, avant la fin de mes études. Et je ne connaissais pas très bien la littérature, je lisais très peu. Il m'a fallu du temps pour m'imprégner des choses, pour lire beaucoup, pour voir beaucoup de pièces de théâtre. Mais ensuite, j'ai pris l'habitude de partir tous les étés, pour écrire des sketches qui étaient joués dans des théâtres de plein air. J'ai beaucoup appris en étudiant les réactions des spectateurs. Et peu à peu, en vieillissant et en mûrissant, j'ai commencé à m'améliorer.

Quand on demande à des écrivains comment ils ont appris leur métier, ils répondent généralement : en lisant. Nous autres, réalisateurs, estimons avoir appris le cinéma en allant voir des films. Aujourd'hui, il existe des écoles de cinéma, des cours de créativité littéraire, etc. Pour se former à un métier créatif, l'expérience personnelle, l'apprentissage de l'autodidacte vous semblent-ils préférables à l'éducation scolaire ?

Absolument. Je crois aux vertus de l'apprentissage socratique, qui permet de s'imprégner des choses. Par exemple, si l'on veut devenir musicien de jazz, il faut écouter, écouter encore et écouter toujours davantage de jazz. C'est un acte d'amour. On ne se dit pas qu'on écoute pour apprendre. On écoute parce qu'on aime. Plus on va, plus on aime. Et peu à peu, on apprend. Tout peut s'apprendre ainsi. Il en va de même pour l'art dramatique ou pour la mise en scène de théâtre ou de cinéma. Il faut d'abord aimer lire, ou aimer aller au cinéma ou au théâtre ou au concert. Et d'une certaine façon, au fil des ans, sans effort, ça vous pénètre par osmose, ça passe dans votre sang, dans les fibres mêmes de votre corps... En la matière, toute approche volontariste, tout acharnement est à proscrire. Par exemple, certains acteurs ont étudié le jeu de Marlon Brando, dans ses premiers films. Ils adoraient regarder ses films, ils n'arrêtaient pas de les voir et de les revoir. Et quand ils ont commencé à jouer eux-mêmes, ils jouaient comme Brando ! Sans chercher délibérément à l'imiter, ils s'étaient pénétrés de son style. Le même phénomène se retrouve dans le domaine de la musique. Quelqu'un écoute Charlie Parker. Plus il l'écoute, plus il l'aime ; et s'il apprend à jouer du saxophone, il finira par jouer comme Parker. Il doit ensuite s'affranchir de son influence pour développer son propre style. Mais à l'origine, il y a d'abord un intérêt personnel, un intérêt passionné. Au lieu de prétendre enseigner la mise en scène, on pourrait à la limite se contenter de dire : « Continuez simplement à aller au cinéma, et le cinéma vous pénétrera. »

Vous dites avoir découvert relativement tard la littérature. Mais quand vous avez commencé à lire, quels auteurs, quels livres vous ont captivé ?

J'ai d'abord lu Ernest Hemingway, William Faulkner, F. Scott Fitzgerald, John Steinbeck, des auteurs de cette envergure...

À quelle période ?

Je n'ai commencé à lire que vers la fin de mon adolescence, car au fond, je n'ai jamais aimé lire. Et pourtant je lis toujours énormément. Mais je n'ai jamais lu par plaisir. Je lis parce qu'il est essentiel de lire. De temps à autre, il m'arrive de lire avec plaisir, mais généralement, je dois me forcer.

Votre premier scénario fut Quoi de neuf Pussycat ? *Vous êtes-vous retrouvé impliqué dans cette affaire par pur hasard ?*

Oui, je me produisais dans un cabaret, où des gens m'ont vu ; comme ils ont aimé ce que je faisais, ils se sont dit : « Génial ! Puisqu'il est l'auteur de ses propres sketches, il pourrait peut-être écrire un scénario. » Ils m'ont alors engagé, et j'ai écrit le scénario en question – du moins, ce qui me semblait être un bon scénario. Mais ils n'ont pas su en tirer parti. Ils en ont fait un film qui m'a rendu furieux, qui m'a paru épouvantable, mais qui a eu beaucoup de succès. Je me suis alors juré de ne jamais plus écrire de scénario que je ne puisse tourner moi-même.

À l'époque, aviez-vous déjà des idées précises, en matière de mise en scène ? Auriez-vous par exemple tenu à réaliser Quoi de neuf Pussycat ?

Non. Sinon par légitime défense. J'ai eu l'impression que personne ne savait comment traiter mon scénario. Le metteur en scène, Clive Donner, était pourtant un très bon cinéaste. Mais il n'avait aucun pouvoir, car il se trouvait pris entre les gens du studio qui l'écrasaient de leur poids, et les stars, qui le harcelaient pour le forcer à faire telle ou telle chose. Sans lui, le tournage aurait été carrément horrible pour moi.

Donner était effectivement à l'époque l'un des jeunes cinéastes anglais les plus prometteurs. Aviez-vous vu ses films antérieurs ?

J'avais vu *Tout ou rien* [*Nothing But the Best*, 1964], que j'aimais beaucoup, comme j'aimais beaucoup Donner lui-même. J'avais l'impression qu'il faisait de son mieux, mais les gens du studio le bridaient constamment. Ils ne lui laissaient aucune liberté.

Qu'est-ce qui vous déplaisait dans Quoi de neuf Pussycat ? *Quels changements auriez-vous faits ?*

J'avais écrit un scénario qui me semblait très délirant, absolument pas commercial. Rien à voir avec ce qu'usinait alors Hollywood. Or les producteurs en ont tiré la quintessence de la grosse machine hollywoodienne. Et ils ont entrepris d'exécuter ce projet en y injectant tout ce qui rend détestables les films hollywoodiens. Du coup, des individus totalement dénués d'humour décidaient que tel truc était drôle, et tel autre pas. D'autres plaçaient leurs petites amies comme actrices. D'autres encore rajoutaient des rôles qui ne collaient pas forcément avec le reste du scénario, par pure complaisance vis-à-vis des stars. Bref, le pire cauchemar qu'on puisse imaginer. Il n'y a pratiquement pas eu une décision artistique qui se soit avérée juste.

Par exemple, j'avais prévu une scène où un homme bloquait un ascenseur entre deux étages pour faire l'amour avec une fille. Située dans un immeuble de bureaux à Manhattan, la scène peut être drôle. Mais les producteurs ont préféré tourner dans un immeuble parisien, pourvu d'un ascenseur si fabuleux qu'il avait tout de la suite nuptiale d'un véritable palace. Du coup, la scène perdait toute drôlerie ! Ça ne rimait plus à rien, de bloquer cet ascenseur pour faire l'amour ! Les producteurs n'ont jamais compris un traître mot du scénario. Il va sans dire que je n'avais absolument pas droit à la parole. À la limite, je pouvais élever la voix : soit ils n'en tenaient aucun compte, soit ils m'expulsaient tout bonnement du plateau.

J'ai cru comprendre qu'il y avait une petite guerre entre vous et Charles Feldman, le producteur. Mais n'avez-vous pas essayé de former avec Clive Donner un groupe de pression pour contrecarrer son influence ?

Nous avons essayé. Nous avons fait tout ce qui était possible. Mais il existe diverses formes de cinéma : des gens qui font du cinéma sérieusement – que leur film soit sérieux, comique ou autre, puis des gens qui se servent du cinéma pour mener un certain style de vie. Ils passent un an à rencontrer des scénaristes et à dîner avec des acteurs et des actrices, à faire faire des bouts d'essai aux plus jolies pour coucher avec elles, à organiser des réunions de travail et à convoquer encore d'autres scénaristes, etc. Ils passent ainsi un an ou deux à s'agiter ainsi et ensuite, quand ils font le film, ils organisent des dîners avec l'équipe, des dîners avec le metteur en scène et les scénaristes, et font venir leurs amis qui se mêlent du film auquel ils ne connaissent absolument rien. Un producteur peut dire un jour : « Il me faut un gros plan de cette actrice quand elle apparaît à l'écran. » Et tout le monde discute avec tout le monde. Les stars s'engueulent car chacun et chacune estiment que les autres ont un rôle plus important ou des répliques plus drôles. Et une fois de temps en temps, mais vraiment très rarement, ça marche quand même. Mais c'est presque toujours un vrai désastre. C'est horrible de faire des films de cette façon. Ce ne sont que mondanités.

Dans Pussycat, *vous jouez face à l'une de mes actrices favorites : Romy Schneider. Qu'avez-vous pensé d'elle comme actrice ?*

Je l'avais beaucoup aimée dans d'autres films. Mais lorsque je l'ai rencontrée sur *Pussycat*, je n'ai guère eu de contacts avec elle. Elle était très sympathique, mais il y avait un monde entre nous. C'était la première fois que je tournais dans un film, alors qu'elle était déjà une star confirmée. Je me sentais si insignifiant par rapport à elle que nous n'avons guère eu d'échanges. Mais elle s'est révélée très agréable dans le travail.

Quoi de neuf Pussycat ? *vous a permis de jouer pour la première fois dans un film. Pouvez-vous nous en dire plus sur cette expérience ?*

Elle m'a secoué. Je ne savais pas si je devais en rajouter ou pas. Ça été dif-

Edra Gale, Ursula Andress et Peter Sellers dans Quoi de neuf, Pussycat ?

ficile. Ce n'était pas comme si j'avais pu aller voir les rushes tous les soirs et me dire : « Parfait ! Je vois ce qu'il faut faire. Demain, je retournerai cette scène comme ci ou comme ça. » Je n'en ai jamais eu l'occasion. La première prise devait être la bonne. J'ai fait de mon mieux, mais je n'avais aucune confiance en moi.

Votre deuxième expérience au cinéma, Casino Royale *[de John Huston, Ken Hughes, Val Guest, Robert Parrish, Joseph McGrath], a-t-elle été aussi désastreuse ?*

Là, je n'étais qu'interprète. On m'avait offert une jolie somme, pour un rôle assez secondaire. Et mon agent m'a dit : « Pourquoi pas ? *Casino Royale* sera peut-être un grand succès et ça te permettra de ne pas perdre la main. En outre, c'est très lucratif. » Je suis donc parti pour Londres ; j'avais un salaire appréciable et des défraiements importants. Mais on ne m'a fait tourner qu'au bout de six mois. Ce n'est qu'un exemple du gâchis financier que représenta *Casino Royale*.

Mais alors, qu'avez-vous fait à Londres durant ces six mois ?

Woody Allen et Peter Sellers dans Quoi de neuf, Pussycat ?

J'y ai écrit une pièce de théâtre, *Nuit de Chine* [*Don't Drink the Water*]. Je suis sorti. J'ai joué aux cartes, j'ai flambé. Londres m'a beaucoup plu.

Puis, finalement, six mois plus tard, on m'a enfin convoqué pour tourner mon tout petit bout de rôle. Et je suis rentré chez moi ! J'ai vraiment trouvé ce film idiot du début à la fin ; tout en lui était débile ; c'est ce qui s'appelle gâcher de la pellicule et de l'argent. *Casino Royale* a donc constitué pour moi une deuxième expérience cinématographique désastreuse.

Pendant le tournage de ces deux films, vous avez continué d'écrire des nouvelles et d'autres textes ?

Oui. J'écrivais des nouvelles pour le *New-Yorker*. Et ça m'amusait beaucoup d'être publié dans ce magazine, qui jouissait d'une excellente réputation littéraire aux États-Unis et où tous les gens que je connaissais rêvaient d'être publiés. La rédaction du *New-Yorker* avait accepté le premier texte que je lui avais envoyé.

Ce qui remonte à quelle époque ?

À l'époque de *Quoi de neuf Pussycat ?* Aux alentours de 1965. Ensuite, le *New-Yorker* a continué à publier mes textes ; moi, j'étais ravi.

Il s'agissait des nouvelles que vous avez ensuite publiées en recueil ?

Oui, sous les titres de *Destins tordus* et *Dieu, Shakespeare et moi*.

Vous avez ensuite fait votre premier film (qui était d'ailleurs le film d'un autre, à l'origine) : Lily la tigresse [What's Up, Tiger Lily] ? *C'était un film japonais de Senkichi Taniguchi, que vous avez doublé en anglais, en modifiant d'ailleurs complètement le scénario original en chemin.*

Ce fut une expérience calamiteuse de plus ! Un producteur, qui avait acquis les droits d'un film japonais, m'a proposé de mettre d'autres dialogues dans la bouche des acteurs japonais. J'ai demandé à des amis de m'accompagner au studio de postsynchronisation ; là, nous avons étudié les mouvements de lèvres des acteurs, avant de les doubler en anglais. C'était un projet complètement débile et puéril. J'ai attaqué le producteur en justice, juste avant la sortie du film, pour l'empêcher de le sortir en salle. Car il avait fait des modifications supplémentaires, qui me semblaient épouvantables. Mais durant l'instruction du procès, le film est néanmoins sorti et a récolté d'excellentes critiques. J'ai donc retiré ma plainte, en estimant que mon argumentation s'effondrait. Mais je persiste à penser que le film était insipide. C'était une idée de potache.

1. On désigne ainsi les comédies burlesques des débuts du cinéma muet.

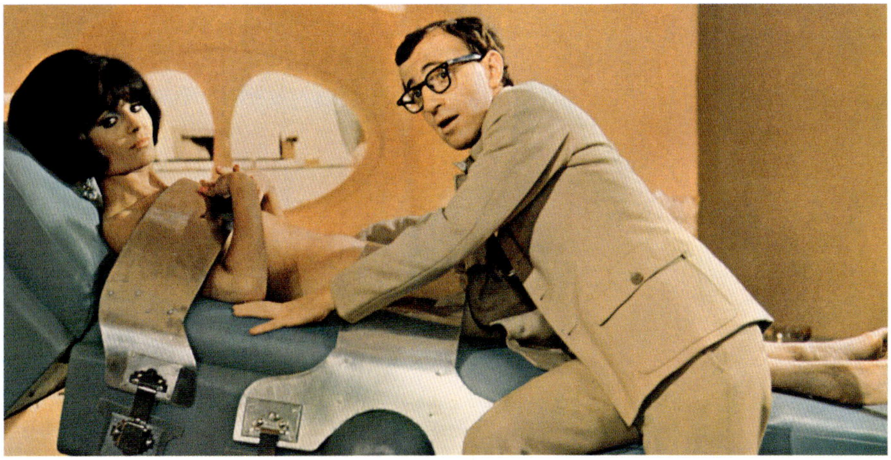

Casino Royale.

2

Prends l'oseille et tire-toi

> OG : « On adore tous vos films. Surtout les films très drôles que vous avez faits à vos débuts. »
>
> *(Stardust Memories)*

Prends l'oseille et tire-toi [Take the Money and Run] *est votre première expérience en tant que metteur en scène.*

Oui, c'est à partir de là que ma carrière a réellement commencé. Avant de réaliser ce film, j'avais toutes les raisons de ne pas faire de cinéma.

Comment en êtes-vous arrivé à réaliser ce film ?

J'ai écrit le scénario de *Prends l'oseille et tire-toi* avec mon ami Mickey Rose. L'idée nous avait paru drôle. J'en ai fait lire le script à Val Guest, un metteur en scène anglais, car je pensais qu'il aimerait le réaliser. Il avait tourné les scènes de *Casino Royale* dans lesquelles je jouais. À l'époque, je croyais que personne ne me ferait confiance comme réalisateur. Val Guest aurait beaucoup aimé tourner ce film, mais les producteurs ont refusé de lui confier cette tâche.

J'ai donc passé le scénario à Jerry Lewis, qui avait une grande expérience, comme réalisateur de comédies. Il s'est également montré très intéressé. Mais les producteurs n'ont pas voulu de lui non plus, si bien que le projet est resté en souffrance durant quelque temps.

Puis il a fini par se faire, grâce à une petite boîte de production qui venait de se créer – Palomar Pictures. Les gens de cette boîte m'ont demandé si je pourrais faire le film avec un petit budget, de moins d'un million de dollars. Je leur ai répondu que oui, et ils m'ont fait confiance, parce que j'avais écrit *Quoi de neuf Pussycat ?* que j'étais auteur de théâtre, ainsi que de mes propres sketches. Je leur ai sans doute paru suffisamment intelligent pour le faire. Ils m'ont carrément donné carte blanche, et laissé toute liberté de travailler comme je l'entendais. J'ai obtenu le *final cut*, et tout ce que je voulais. Bref, ce fut une expérience très agréable. Et depuis ce jour, personne ne s'est jamais mêlé d'intervenir sur aucun de mes films.

Vous avez écrit Prends l'oseille et tire-toi *puis* Bananas *en collaboration avec Mickey Rose. Pourriez-vous nous parler un peu de lui ?*

Je connaissais Mickey depuis le lycée.

On a grandi ensemble, on a fréquenté le même lycée, joué dans la même équipe de base-ball. Un jour, il est parti s'installer en Californie. Depuis, on se téléphone, une ou deux fois par an.

Mais comment faites-vous quand vous écrivez vos scénarios en collaboration avec d'autres auteurs, comme pour ces deux films ? Travaillez-vous vraiment ensemble, ou bien chacun de votre côté, pour confronter ensuite le matériau ainsi obtenu ?

Avec Mickey, à l'époque de *Prends l'oseille et tire-toi* et de *Bananas*, on travaillait vraiment ensemble. On s'enfermait dans une pièce avec une machine à écrire, et on écrivait réplique après réplique.

Avec Marshall Brickman, qui m'a aidé à écrire *Annie Hall* et *Manhattan*, des années plus tard, j'ai procédé différemment. Marshall et moi avons commencé par discuter, afin de mettre au point l'intrigue, jusque dans les moindres détails.

Puis Marshall m'a laissé écrire une première mouture. Je lui ai montré le résultat, qu'il a critiqué en me disant ce qu'il aimait, et ce qu'il n'aimait pas. Nous avons ensuite réécrit le scénario ensemble. De cette manière, nous avons sans doute avancé plus vite que si nous avions travaillé ensemble sur toutes les étapes. J'ai fait ça parce que je devais moi-même jouer le texte, histoire de me faciliter les choses.

Écrivez-vous rapidement, en consacrant à cette activité un laps de temps donné, ou mûrissez-vous longuement vos projets et vos idées, avant de les mettre sur le papier ?

Non, j'écris très vite. Parfois, il me vient une idée, mettons, aujourd'hui même… Mais je ne peux pas écrire, parce que je suis plongé dans la préparation d'un autre film. Alors j'attends que le film soit fini, avant de me mettre à rédiger le nouveau scénario et je garde l'idée en tête. Il arrive aussi qu'après avoir terminé un film, je n'aie absolument aucune idée pour le suivant. Dans ces cas-là, je vais m'enfermer dans mon bureau le matin, et je me mets à réfléchir. Je me force à travailler.

Prenez-vous des notes, sur les projets à venir ?

Éventuellement, s'il me vient une idée de gag ou une idée d'intrigue, je la note sur un petit bout de papier, que je mets dans un tiroir. Mais quand je travaille, je ne prends jamais de notes. Je préfère écrire directement le scénario.

Si je comprends bien, dès que vous estimez avoir le loisir de le faire, vous allez vous asseoir à votre table, et vous écrivez d'une traite ?

Oui. Quand j'ai une idée, je la retourne en tous sens pour être sûr qu'elle tient la route, qu'elle est suffisamment riche. Et puis je me colle à ma table, et j'écris. Je n'aime pas écrire de traitements, de synopsis, de notes. Seulement des scénarios.

Gardez-vous dans vos tiroirs des scénarios que vous n'avez jamais tournés ?

Oui, je dois avoir deux ou trois scénarios entièrement rédigés, mais dont j'estime, pour telle ou telle raison, qu'ils ne valent pas le coup d'être tournés.

Avant d'attaquer Prends l'oseille et tire-toi, *avez-vous consulté des metteurs en scène plus expérimentés, pour leur demander conseil, ou pour vous préparer au travail de réalisation ?*

Pour être franc, j'étais certain que je saurais m'y prendre, parce que je savais exactement ce que je voulais voir sur l'écran. Du coup, ce n'était pas très compliqué de savoir comment obtenir ce résultat. Il n'y avait pas de mystère. Je savais que le type devait entrer dans la pièce, sortir un revolver, etc. Ça n'était vraiment pas sorcier.

Cependant, je suis tout de même allé déjeuner avec Arthur Penn. Je ne le connaissais pas, et il s'est montré très amical. J'ai tâché de voir s'il pourrait me donner quelques tuyaux. Ce qu'il a fait, d'ailleurs. Il m'a donné des tuyaux d'ordre pratique. Par exemple, il m'a raconté que, sur son premier tournage, il avait demandé cent figurants, avant de se rendre compte, une fois sur le plateau qu'en fait, il n'en utiliserait que dix. Naturellement, il s'est senti un peu coupable, car la production devait payer les quatre-vingt-dix figurants inutiles. Il s'est mis à se torturer les méninges pour essayer de trouver un moyen de les utiliser, et finalement, il est revenu à son idée initiale, et les quatre-vingt-dix figurants sont passés aux profits et pertes. Il m'a aussi parlé du traitement de la couleur, de l'étalonnage, de plein de détails importants. Mais rien de plus. J'étais sûr que le film ne poserait pas de problème. Je pensais juste qu'il serait drôle.

Comment avez-vous choisi les membres de votre équipe technique, chef-opérateur et autres ? Pour votre premier tournage, avez-vous pu les choisir vous-même, ou vous ont-ils été imposés par la production ?

Ils m'ont pratiquement tous été imposés. Je n'en ai choisi que quelques-uns : le costumier, le chef-opérateur et le directeur artistique. En fait, je ne savais pas vraiment ce que je faisais. J'essayais de faire au mieux avec ce que je savais à l'époque. Je n'avais aucune idée des vrais problèmes, qui n'ont guère tardé à se poser, m'obligeant à renvoyer le chef-opérateur et le costumier.

C'est donc Lester Schorr, le second chef-opérateur que vous avez engagé, qui a son nom au générique ?

Oui. Il était parfait. Un vrai professionnel.

Saviez-vous ce qu'il avait fait auparavant ?

Pas du tout, mais j'avais déjà renvoyé le premier chef-opérateur, et celui-là était le seul disponible. Ce qui est drôle, c'est qu'à l'époque, j'avais envoyé un

Woody Allen en braqueur de banque dans Prends l'oseille et tire-toi.

télégramme à Carlo Di Palma, en lui demandant : « Pourriez-vous venir faire la lumière sur mon premier film ? »Il ne pouvait pas, mais il a gardé le télégramme jusqu'à ce jour. Il aura fallu vingt ans pour que nous puissions travailler ensemble.

Vous connaissiez les films qu'il avait faits avec Antonioni ?

Oui, j'avais vu *Blow Up* et *Le Désert rouge*, que j'avais bien aimés. Quand j'ai appris qu'il n'était pas disponible, j'ai essayé de joindre un chef-opérateur qui avait travaillé pour Kurosawa et dont le nom m'échappe. Comme vous voyez, je ne manquais pas d'ambition.

Et finalement, cela ne m'a pas empêché de choisir de parfaits inconnus. Je m'en félicite d'ailleurs, car des années après, j'ai commencé à travailler avec Gordon Willis, qui est un excellent chef-opérateur. Vraiment très bon. Si je les avais eus, lui ou Carlo Di Palma pour mon premier film, ça n'aurait sans doute pas marché, car je n'aurais pas su comment les utiliser. Je me serais probablement engueulé avec eux, parce que je savais précisément ce que je voulais. J'ai donc fait ce que j'entendais faire, et j'ai obtenu ce que je voulais.

Il m'aura fallu attendre *Annie Hall* – mon premier film avec Gordon Willis – pour oser me fier à un chef-opérateur. Gordon était tellement doué ! Il me disait : « Écoute, ce n'est pas grave si là-bas c'est sombre et si on n'y voit rien. Les spectateurs trouveront ça drôle quand même. » J'ai tenté le coup. Je lui ai fait confiance, parce que j'avais déjà fait quatre films. C'est comme ça que, tout d'un coup, j'ai pris conscience que le personnage qui parle n'est pas obligé d'être dans le champ.

Somme toute, ma collaboration avec Gordon Willis marque le début de ma maturité de cinéaste.

Les films que j'avais réalisés avant de le rencontrer étaient assez drôles et délirants. J'y avais mis le meilleur de moi-même. Néanmoins, je ne savais pas ce que je faisais. Je n'étais encore qu'un apprenti. Dans ces films, tout était fait pour faire rire. Et par bonheur, je réussissais toujours à être drôle. Ça, je savais le faire. Tout étant donc subordonné aux gags, chacun de mes films n'était qu'une avalanche de gags.

Ce n'est que bien plus tard, avec *Annie Hall*, que j'ai osé être un peu plus ambitieux, et que j'ai commencé à utiliser les possibilités du cinéma. Dès que je ne me suis plus senti forcé d'accumuler les gags, mes films ont commencé à prendre une certaine ampleur, et j'ai pu m'attacher à d'autres valeurs. Ce que j'ai fait par la suite.

Tournage de Radio Days *: Woody Allen avec son chef-opérateur Carlo Di Palma.*

Quelques-unes de ces préoccupations étaient pourtant déjà présentes dans certains de vos premiers films. Dans Bananas, *par exemple, certaines scènes entre vous et Louise Lasser annoncent déjà d'autres scènes d'*Annie Hall.

Sans doute. Parce que je m'inspirais de choses vécues, de choses que je connais bien : appartements, restaurants, rues, la vie en ville, tout ça… mais à l'arrivée, seuls m'importaient les gags.

Après avoir longtemps travaillé avec Gordon Willis, vous avez travaillé avec des chef-opérateurs européens.

Gordon Willis est l'un des plus grands chef-opérateurs américains, et j'ai travaillé avec lui dix ans d'affilée. Ensuite, nos chemins ont divergé. Il s'est trouvé qu'une fois, il n'était pas libre, alors que je devais commencer à tourner. J'ai donc fait un film avec Carlo Di Palma et, quand je l'ai terminé, Gordon avait déjà enchaîné sur un autre film. Mais je retravaillerais volontiers avec lui. Il est très bon. Quoi qu'il en soit, j'ai collaboré avec Carlo, ce qui fut fort agréable. J'adore ça. Quelques années plus tard, il a dû subir une opération de l'estomac. C'est alors que j'ai travaillé avec Sven Nykvist, chef-opérateur de nombreux films de Bergman, qui était disponible et dont j'avais toujours admiré le travail. Nous avons donc fait deux films et demi ensemble.

Pensez-vous qu'il y ait quelque chose de particulièrement intéressant, dans la conception qu'ont les chef-opérateurs européens de l'éclairage ?

Tout à fait. Je suis persuadé qu'en général, les chef-opérateurs européens sont plutôt meilleurs que leurs collègues américains. Bien sûr, il y a Gordon Willis, qui est très bon, et sans doute deux ou trois autres. Mais Gordon demeure un peu atypique. La photo, et plus généralement le style des films européens m'ont toujours paru plus intéressants que ceux des films américains. Sans doute parce que quatre-vingt-dix-huit pour cent des films américains sont des produits calibrés. En Europe, au contraire, comme les moyens sont toujours limités, on est forcé d'innover et on a un plus grand respect pour le travail du metteur en scène et de l'acteur. La conception qu'on a du cinéma en Europe m'a toujours paru infiniment meilleure. J'adore le style des films européens. Pour la plupart, les chef-opérateurs européens ont toujours fait un emploi plus mesuré de l'éclairage. Ils manifestent plus d'intérêt pour les jeux complexes du clair-obscur. Dans beaucoup de films américains, la lumière est assez plate. Tout le champ, tout le plateau est éclairé. Sauf avec Gordon Willis, qui est passé maître dans l'art d'utiliser l'ombre, de jouer des clairs-obscurs. Fort heureusement, il a influencé beaucoup de chef-opérateurs américains, si bien que l'on commence maintenant à travailler un peu plus les ombres et la profondeur de champ. Reste que durant des années, tout ce que vous venez de décrire était exact. Avant, on devait tout éclairer, faire une lumière plate, afin de rendre bien visibles tous les visages.

Vous souvenez-vous du premier jour de tournage de Prends l'oseille et tire-toi ?

Oh oui, je m'en souviens parfaitement. Je n'étais pas inquiet du tout, seulement excité, et cela, pour deux raisons. D'abord, parce que c'était mon premier jour de tournage, et ensuite parce que nous tournions en prison, dans le pénitencier de San Quentin, en Californie. J'étais très excité à la seule idée de tourner dans cette prison si célèbre. Je m'étais même coupé le nez le matin, en me rasant. Vous pouvez revoir la scène de la prison, tournée ce matin-là pour *Prends l'oseille et tire-toi*, on voit très bien la coupure sur mon nez. C'est probablement le premier plan que j'aie tourné pour ce film, et pourtant, je ne ressentais aucune appréhension. Je me disais que tout se passerait bien. J'allais pénétrer dans le pénitencier, et je savais exactement ce que je voulais y voir. Ça tombait sous le sens. Et les taulards, les détenus ont été très sympas, très coopératifs. Tout le monde s'est bien amusé.

Vous souvenez-vous du nombre de plans que vous avez tournés ce jour-là ? Qu'avez-vous pensé de votre travail d'apprenti metteur en scène ?

Je crois que j'ai fait beaucoup de prises, sans doute parce qu'à l'époque, je croyais qu'un bon metteur en scène devait faire beaucoup de prises... se montrer perfectionniste, et très méticuleux. Sur tous mes premiers films, je tournais énormément de prises et j'en faisais tirer beaucoup. Sans doute étais-je encore trop peu sûr de moi. Aujourd'hui, j'en use différemment, je tourne de longs plans et j'ai plus

Gordon Willis, chef-opérateur de Stardust Memories

confiance en moi. À l'époque, je me couvrais également de tous côtés. Mais il y a au moins dix ans que je ne pratique plus ça.

Quand j'ai commencé à travailler avec Ralph Rosenblum, le monteur de *Prends l'oseille et tire-toi*, il m'a dit : « Couvre-toi au maximum, comme ça, on pourra faire tout ce qu'on veut au montage. » Si bien que pour *Bananas, Tout ce que vous avez toujours voulu savoir sur le sexe* et *Woody et les robots* [*Sleeper*], je me suis toujours couvert au maximum, pour assurer mes arrières. Depuis, j'ai arrêté de faire ça. Ça me paraissait idiot.

Étiez-vous marié avec Louise Lasser, quand vous avez tourné Prends l'oseille et tire-toi?

Euh, oui... je crois.

C'est pourtant à Janet Margolin que vous avez confié le premier rôle féminin. Avez-vous jamais envisagé de donner ce rôle à Louise Lasser ?

Non. Elle n'était probablement pas assez connue pour pouvoir y prétendre. Elle n'avait sans doute pas les qualités requises, aux yeux de la production. Mais elle est dans le film ! Elle a un petit rôle, vers la fin.

L'architecture du film, ce style semi-documentaire ou plutôt, faussement documentaire, vous l'aviez prévu dès l'écriture du scénario ?

Oui. Et, j'aurais voulu tourner en noir et blanc, pour que ça ressemble le plus possible à un vrai documentaire, comme j'ai fait plus tard, avec *Zelig*. J'ai tenté d'obtenir ça, sans succès...

Les parents, lorsqu'ils sont interviewés dans le film, portent des masques de Groucho Marx... Prends l'oseille et tire-toi *est truffé de références à d'autres films, et au cinéma en général.*

C'est vrai. Je pratiquais beaucoup ce genre de chose.

En fait, votre personnage ressemble beaucoup à ceux que vous incarniez dans Casino Royale et Quoi de neuf Pussycat ? *En plus développé, naturellement.*

Oh, c'était un personnage des plus classiques, dans le registre comique : celui du trouillard, qui redoute la violence physique, et qui veut se taper plein de filles. Il a bon cœur, mais il est totalement maladroit et angoissé, il n'a aucun sens pratique. Bref, un personnage classique, déjà vu ailleurs. Il y a un peu de ça chez Chaplin, W.C. Fields ou Groucho Marx, sous des formes différentes. Mais au fond, la structure reste la même.

Si j'ai bien compris, vous admiriez (et admirez peut-être encore) beaucoup l'acteur

Woody Allen tourne Prends l'oseille et tire-toi *à la prison de San Quentin.*

comique Bob Hope. Qu'aimez-vous au juste dans son personnage ou dans ses films ?

Quand je raconte ça aux gens, ils me prennent toujours pour un cinglé. Mais il fut un temps où, quand Bob Hope jouait dans des films, il était vraiment bon. Les films eux-mêmes ne sont peut-être pas toujours très bons, mais lui a toujours été très drôle. Des années plus tard, quand il s'est mis à faire de la télévision, il est devenu beaucoup moins drôle. Du coup, il y a plein de gens qui ne le connaissent que par la télé, et qui me disent : « Qu'est-ce que vous racontez ? Ce type n'est pas drôle du tout ! »

Mais prenez, par exemple. *Le Joyeux Barbier* [*Monsieur Beaucaire* de George Marshall] dans lequel il est extrêmement drôle. Il y a tout un tas de films où il fait preuve de dons indéniables pour placer une réplique, et pour le dialogue comique.

Il était très léger. Il vous sortait des tirades, des mots d'esprit, qui coulaient de source. Il était fabuleusement naturel. D'ailleurs, quand quelqu'un d'autre tente de reprendre ses numéros, c'est trop lourd, parce que c'est vraiment dur à faire. Il est quasi impossible à imiter, et même à décrire. Parfois, je le préfère même à Groucho.

Bien souvent, les comiques jouent dans des films qui sont loin d'être excellents, alors qu'eux-mêmes sont très bons. En fait, les films ne sont pour eux que de simples faire-valoir, prétextes à valoriser leur talent. C'est ce qui est arrivé à W.C. Fields : ses films ne sont pas très bons, mais lui, il est génial, et grâce à lui, il y a toujours de bons moments. Chaplin était très doué pour les intrigues, il y accordait plus d'attention. Mais ses premiers films étaient un peu simplets. Pas très intéressants. Pourtant, lui-même est toujours drôle à regarder.

Juste avant de partir pour New York, j'ai vu un vieux film de Bob Hope à la télé. Je ne me souviens pas du titre, mais c'est une sorte de parodie du Grand Sommeil *et des films de ce genre, dans lequel il rêve qu'il devient détective privé…*

La Bonne de mes rêves [*My Favourite Brunette* de Elliott Nugent] ! C'est très drôle ! C'est là-dedans qu'il a un revolver dont les balles tombent par terre, et qu'on l'emmène à l'asile.

D'ordinaire, le comique de Bob Hope est fondé sur des anachronismes. Dans Monsieur Beaucaire, *par exemple, il fait des gags tout à fait contemporains dans un décor historique.*

C'est vrai. Et ça marche très bien, ça passe très bien. Il le fait dans *La Princesse et le pirate* [de David Butler], dans *Propres à rien* [*Fancy Pants*, de George Marshall], comme dans presque tous les films de cette époque. Dans *La grande Nuit de Casanova* [de Norman McLeod], avec Joan Fontaine et Basil Rathbone, il est génialement drôle. C'est exactement ce que vous venez de dire. Il table sur des anachronismes, et le résultat est à se tordre.

Je ne sais pas si Bob Hope a pu constituer pour vous une source d'inspiration, mais vos gags se situent parfois dans le même registre, dans le premier sketch de Tout ce que vous avez toujours voulu savoir… [Everything You Always Wanted to Know about Sex but Were Afraid to Ask] *et dans* Guerre et amour [Love and Death].

Oui, bien sûr, moi aussi j'ai joué des anachronismes. Ça ne me gênait pas le moins du monde. Quand on fait un certain genre de film, on ne se soucie plus guère de vraisemblance. Du coup, on y gagne autant qu'on y perd. On y gagne la liberté de faire tous les gags possibles, avec le risque que le public décroche un peu du film. Comme le spectateur sait que ce qu'il voit ne reflète pas la réalité, il se laisse mener de gag en gag. Quand on voit les comédies d'aujourd'hui, comme *Y a-t-il un pilote dans l'avion* [*Airplane*] ou *Y a-t-il un flic pour sauver la reine ?* [*The Naked*

Apparition des Marx Brothers dans Prends l'oseille et tire-toi.

Gun], on va vraiment de scène en scène, de gag en gag. Du coup, le succès de ces films dépend du rythme des gags. Si le rythme est soutenu, c'est parfait. Comme ces films y parviennent, ça marche, et ils obtiennent un succès mérité. Mais dans une comédie en costumes, il faut soit sacrifier l'humour et se concentrer sur la profondeur des personnages afin de sauvegarder l'intérêt du public pour l'intrigue, soit privilégier l'humour et, en contrepartie, sacrifier l'intérêt du public pour l'intrigue. Ce que fait Bob Hope. Le spectateur sait parfaitement que Bob Hope ne va pas mourir et, à la limite, ça lui est égal. Le film se réduit pratiquement à un long sketch.

Que pensez-vous d'un comique comme Danny Kaye, qui a débuté peu après Bob Hope ?

Quand j'étais petit, j'adorais Danny Kaye. J'aimais bien certains de ses films, *Un fou s'en va en guerre* [*Up in Arms* de Elliott Nugent] m'avait beaucoup impressionné. La première fois que je l'ai vu, j'ai été complètement estomaqué. Il était génial, là-dedans. Tout comme dans *La Vie secrète de Walter Mitty* [de Norman McLeod], *Le Bouffon du roi* [*The Court Jester*] et *Un grain de folie* [*Knock on Wood* de Norman Panama et Melvin Frank]. Il y a quelques films comme ça dans lesquels je le trouve bon, mais après, il a un peu disparu des écrans. À revoir à présent, ses films ne semblent pas très bons, rétrospectivement. Mais dans son style, il avait un talent fou. Très original. Il n'avait pas son pareil.

Dans la biographie que vous a consacrée Éric Lax [parue en français chez Julliard], *vous parliez de Mort Stahl, un comique qui n'est pas très connu hors des États-Unis, mais qui semble avoir été très important à vos yeux. Que pouvez-vous nous dire de lui, et de l'influence qu'il a exercée sur vous ?*

Aux États-Unis, il y a toute une tradition de comiques qui se produisaient en solo. Certains ont fait carrière à la télévision, d'autres dans le circuit Bortsch – comme on a surnommé les hôtels des Monts Catskill où il y avait toujours du bortsch au menu et où les familles juives allaient passer les grandes vacances. Énormément de comiques s'y sont produits, comme Danny Kaye, ou Sid Caesar. Hors de ce circuit, ils passaient aussi à la télé et dans les boîtes de nuit. Tous ces comiques étaient hyper conventionnels. Ils arrivaient en smoking, et disaient : « Mesdames et messieurs, bonsoir », avant d'entamer des numéros un peu débiles, sans la moindre sincérité. Ils égratignaient Eisenhower, qui était Président des États-Unis à l'époque, et faisaient des plaisanteries sur le golf, parce que le Président jouait au golf. Mais un beau jour, Mort Stahl s'est pointé dans une de ces boîtes de nuit, en jean et polo, avec le *New York Times* sous le bras. Il était plutôt séduisant, dans son genre, et très intelligent. Et surtout, il avait de l'énergie à revendre, une vraie pile électrique. Il avait le génie des formules, dans un style un peu intello. Il déboulait sur scène, et il agressait carrément le public. Ce n'était vraiment pas le genre : « Mesdames et messieurs, bonsoir. »Il arrivait et commençait à parler culture, ou politique ; il parlait des gens du monde des arts, des relations humaines, mais d'une façon complètement inédite. Et, au lieu de servir les sempiternelles blagues sur le golf, il réussissait à pointer des trucs sur la politique ou sur les relations entre hommes et femmes. Les gens n'avaient jamais rien entendu de tel. En plus, il était tellement naturel que les autres comiques en étaient jaloux. Ils disaient : « Pourquoi a-t-il un tel succès ? Il se contente de parler. Ce n'est pas vraiment un acteur. ». Il n'empêche qu'avec ses blagues, il a su éveiller chez le public une certaine conscience, un peu comme un jazzman. Il faisait tout le temps des digressions. Il commençait à parler d'Eisenhower, et tout d'un coup, il se mettait à casser du sucre sur le FBI, en racontant des événements qui lui étaient arrivés personnellement. De fil en aiguille, il passait au flicage électronique, à la hi-fi, aux femmes, avant d'en revenir à Eisenhower. Il avait vraiment une technique étonnante, et tout ça lui venait naturellement. J'en ai parlé à Eric Lax, car Mort Stahl est un peu comparable, dans le registre comique, à ce qu'aura été Charlie Parker, dans celui du jazz. Mort Stahl a amené une révolution semblable à la révolution pop dans le jazz. D'un seul coup, grâce à lui, le comique est devenu tout autre chose. Et pendant un moment, il a fait sensation. Il a eu droit à la couverture de *Time*. Malheureusement, malgré son succès, il a eu de grosses difficultés personnelles, qui ont beaucoup nui à sa carrière. La plupart des génies ont sans doute des difficultés personnelles, mais celles de Mort Stahl lui ont beaucoup nui.

A-t-il poursuivi sa carrière ?

On le voit encore de temps en temps, et il est toujours très bon. Aujourd'hui, il se cantonne au café-théâtre. Il ne fait pas de films. Il a dû faire de brèves apparitions dans deux ou trois films, mais sans rôle précis. Il a pourtant énormément d'humour, un humour à la Mark Twain.

Vous a-t-il inspiré, lorsque vous faisiez vos débuts comme comique ?

Sans aucun doute. Sans lui, je ne serais probablement jamais monté sur une scène. Je me serais contenté d'écrire, et je n'aurais jamais pensé à me produire moi-même. Quand je l'ai vu, je me suis dit que ça valait le coup. Il avait ouvert la voie. Je me suis aperçu qu'on n'était pas obligé d'être aussi réactionnaire que les autres comiques. On pouvait être vraiment authentique. C'était ça, son point fort, l'authenticité.

Et Lenny Bruce ? Est-ce que vous l'avez vu ? Est-ce que vous aimiez son travail ? Vous a-t-il influencé ?

Je n'ai jamais été trop fan de Lenny Bruce. Autant j'adorais Mort Stahl, Mike Nichols, Elaine May et Jonathan Winters – quatre comiques vraiment géniaux, autant Lenny Bruce me semblait pas mal, bien sûr, mais pas génial.

Je crois qu'il a eu du succès parce qu'il osait parler argot, et que tout le monde savait qu'il se défonçait. La plupart de ses fans étaient des petits-bourgeois hyper rangés, qui allaient le voir pour s'encanailler, pour jouer les affranchis, les rebelles, et pour avoir l'impression d'être dans le vent. La moindre allusion à la marijuana les mettait en transes, comme s'ils étaient dans le coup, et sur la même longueur d'onde que lui. Lenny Bruce avait un talent fou, mais de terribles prétentions ! N'empêche qu'il était parfois drôle. Je ne veux pas l'accabler. C'était un bon comique, plein de talent, mais il n'avait pas la classe de ceux que je viens de vous citer.

Vous vous êtes produit comme comique dans des boîtes de nuit bien avant de faire des films. Le personnage que vous avez joué dans vos premiers films est-il dans le droit fil de celui que vous aviez créé à cette époque ?

Oui. Sur scène, je parlais en mon nom propre. Comme tous les autres, du reste, exactement comme Bob Hope. Je jouais sur le manque de confiance en soi, le malaise, l'incapacité à avoir des rapports satisfaisants avec les femmes, la peur, la lâcheté… toutes choses dont jouaient déjà Chaplin et Buster Keaton. Bref, le vieux fonds des comiques.

Vous improvisiez vos numéros ou…

Non. Je les écrivais. J'écrivais mon numéro, et je le jouais, ce qui ne laissait pratiquement pas place à l'improvisation. Il m'est arrivé d'avoir à improviser, parce que le cabaret reste un spectacle vivant, mais d'ordinaire tous mes numéros étaient préparés.

Jack Rollins et Charles H. Joffé continuent aujourd'hui à produire vos films, ce qui est assez rare, dans le métier. Comment a évolué votre collaboration au fil des années ?

Quand j'ai commencé, ils étaient mes agents. J'écrivais, et ils géraient mes affaires. Un jour, je leur ai dit que je songeais à monter sur scène comme Mort Stahl, et faire des numéros comiques. Ils ont sauté sur l'occasion, et ne m'ont pas lâché avant que je ne sois passé à l'acte.

Vous hésitiez donc à le faire ?

Oh oui, bien sûr. Je n'étais pas sûr de le vouloir vraiment. Et j'avais un peu peur d'affronter la scène. J'avais trop l'habitude d'écrire entre mes quatre murs. Mais finalement, je me suis risqué sur scène, et ils m'ont obligé à y rester. Le succès est venu dès que j'ai commencé, et ils ne m'auraient jamais laissé arrêter. Plus d'une fois, je leur ai dit : « Non, ce n'est pas pour moi ». Mais chaque soir, ils m'emmenaient à la boîte de nuit, et ils me poussaient, me poussaient… Ils prétendaient que quand un comique commence à avoir du succès, tout le reste suit. Ils avaient raison parce que du coup, on m'a fait de plus en plus de propositions comme scénariste, puis comme metteur en scène. Juste parce qu'on m'avait vu sur scène.

Où avez-vous fait vos débuts de comique ?

La première fois que je suis monté sur la scène d'une boîte de nuit, c'était à New York, au Blue Angel, une boîte très cotée. Mais j'avais fait mes premières armes au Duplex, où je me produisais à l'étage. Le Duplex était tenu par Jane Wallman, une femme fantastique, qui m'a beaucoup encouragé. Chaque soir, elle me forçait à rentrer en scène, et ne cessait de me dorloter. Il y avait des comiques, des chanteurs qui passaient là, de jeunes talents. J'y ai travaillé longtemps sans être payé. Puis, assez rapidement, je me suis produit dans une boîte appelée le Bitter End, dans Greenwich Village, et c'est là que j'ai commencé à me faire une réputation. La presse est venue petit à petit, et j'ai acquis une certaine notoriété comme comique. Plus tard, lorsque j'ai commencé à faire des films, on s'est dit que ce serait bien que mes deux agents deviennent mes producteurs. Ce qui m'a permis de garder une complète indépendance. Je n'ai donc jamais eu à supporter les bizarreries des producteurs. C'est ainsi que Rollins et Joffé sont devenus producteurs.

Au début de votre carrière dans le cinéma, vous est-il arrivé de discuter de vos projets avec eux ? Vous ont-ils amené certaines idées ?

Quand je faisais du cabaret, on se retrouvait tous les soirs pour en parler. Nous avons passé un temps fou à discuter. Et quand j'ai commencé à faire des films, c'est moi qui leur ai proposé de faire des choses ensemble. Ils ne m'ont jamais amené de projets. Aujourd'hui, je n'ai plus guère à leur parler de mes projets. Nous sommes amis et collègues de travail. Mais au cours des dix dernières années, à chaque fois que j'ai terminé un film, je n'ai plus éprouvé le besoin de le montrer à quiconque, ni de demander un avis. Si je veux faire un film, je le fais. Même si quand le film est terminé, j'invite Rollins et Joffé à le voir, et je prête attention à leurs commentaires.

Mais au début, n'intervenaient-ils pas un peu plus dans vos films ?

Non, jamais pendant le tournage ! Pas même pour mon premier film. Ils intervenaient un peu aux premiers stades. Je leur montrais le scénario, et je leur demandais : « Croyez-vous que cela vaille la peine d'être tourné ? Croyez-vous que je sois capable de réaliser cela ? » On en parlait, et puis je leur soumettais une nouvelle mouture du scénario, je leur demandais leur avis, pour savoir s'ils le trouvaient marrant ou non. Mais au fur et à mesure que j'ai pris confiance en moi, j'ai perdu l'habitude de m'appuyer sur eux. En ce qui concerne Jack Rollins, c'est le drame de l'agent qui a réussi : plus l'agent est efficace, moins son client a besoin de lui. Car à ses débuts, le client est complètement sans défense, un peu comme un poussin qui sort de l'œuf. Ensuite, il prend de l'assurance, il devient de plus en plus connu, de plus en plus riche… les propositions de boulot affluent, le client est de plus en plus expérimenté, il devient de plus en plus sûr de lui sur le plan artistique, et a donc de moins en moins besoin de son agent. Celui-ci se retrouve rapidement sur la touche, et même parfois exclu de sa profession. C'est un fait avéré.

J'ai entendu dire que vous aviez eu certains problèmes, lorsqu'il s'est agi de monter Prends l'oseille et tire-toi. *Pouvez-vous en parler ?*

Oui, j'ai donc commencé à travailler avec un monteur. Je savais exactement ce que je voulais, mais je ne savais pas à quel point les choses paraissent peu drôles dans une salle de montage. En fait, elles l'étaient. Mais je me suis mis à couper de plus en plus, et à écarter de plus en plus de choses. Si bien qu'à l'arrivée, ça ne faisait plus un film. Le directeur de production a décidé d'appeler Ralph Rosenblum, un monteur très connu, et très doué. D'après lui, j'avais besoin d'un œil neuf, parce que j'avais déjà passé plusieurs mois sur le montage du film.

Ralph est arrivé. Il était très gentil, il a regardé tout le matériel, y compris les chutes, et il a dit : « Tu as une matière géniale, mais qu'est-ce que tu fais ? Tu coupes tous les meilleurs gags. » Il m'a donc aidé à terminer *Prends l'oseille et tire-toi*, et m'a énormément appris, sur ce film et sur les suivants. J'ai travaillé avec lui durant plusieurs années. C'est vraiment un grand monteur.

Pourriez-vous nous donner un exemple de scène qui, à votre avis, ne marchait pas ? Était-ce à cause de la façon dont vous aviez construit le gag, en termes cinématographiques ?

Cela venait peut-être de mon manque d'expérience en tant que réalisateur. Je tournais comme ça venait, et le résultat ne me semblait plus drôle du tout. Mais Ralph était là, et il me disait : « Écoute, ce qu'il faut faire, c'est mettre des effets sonores. Si tu ne trouves pas ça drôle, c'est parce que tu n'entends rien. Quand tu renverses la lampe avec ta queue de billard, on n'entend rien. Mais avec le son, et la musique qui démarre, toute la scène prendra vie ! » Il a donc mis une musique sur la scène, et effectivement, tout s'est animé. Je ne connaissais encore rien au montage, tout simplement. Ce genre de mésaventure m'est arrivé à chaque fois que j'ai tourné la scène aussi laborieusement que je l'avais écrite. Alors Ralph me disait : « Pourquoi ne pas aller droit au but ? Garde seulement le début et la fin, et mets tout le reste au panier. Inutile de suivre toute la progression du personnage. Va droit au fait ! » Ralph m'a montré beaucoup de choses. Et en particulier, il m'a appris à monter avec de la musique témoin, technique que je n'avais jamais pratiquée auparavant. Moi, je me contentais de monter l'image, sans plus. Alors il m'a dit : « Quand tu montes, prends toujours deux-trois disques, repique-les et mets de la musique aux endroits qui l'exigent, même si ce n'est pas la musique définitive. »

Dans Prends l'oseille et tire-toi, *la musique est de Marvin Hamlish.*

Oui. Pour mes deux premiers films, ça me donnait la sensation de me conformer à un usage, même si je le trouvais un peu trop conventionnel. Tout le monde faisait composer la bande sonore de ses films par un compositeur. Alors je me suis dit : « Ce petit gars a l'air très doué », et je lui ai proposé de composer la bande sonore de mes deux premiers films. Et puis, à force, j'ai commencé à m'apercevoir qu'au montage, j'utilisais toujours des disques, et que finalement, je préférais ça. J'aime bien la sonorité des disques. En plus, je peux en faire ce que je veux : bref, faire ma musique moi-même, dans la salle de montage. Vous voyez, tous mes disques sont là : parmi les plus grands morceaux, les meilleures chansons du monde, je n'ai qu'à choisir. Pas besoin de finasser. Je peux les mettre quand je veux, et les enlever quand je veux. J'ai donc adopté ce système, et depuis, je m'y suis tenu.

En fait, vous avez appliqué le conseil que vous avait donné Ralph Rosenblum : choisir une musique et l'essayer par rapport à l'image ?

Oui, ça m'aide à bâtir la bande sonore de mes films.

Mais ne vous est-il jamais arrivé de ne pas pouvoir utiliser telle musique, ou telle chanson, que vous aviez choisie pour un film ?

Oh si, souvent. En ce cas, je trouve autre chose. Il m'arrive aussi, mais rarement, d'éprouver le besoin de faire enregistrer quelque chose. Par exemple, dans *Manhattan*, je voulais que la musique soit exécutée par le Philarmonic, par un grand orchestre, et j'avais même un certain son en tête. Ce fut aussi le cas pour *La Rose pourpre du Caire* [*The Purple Rose of Cairo*]. Mais en général, je ne fais rien enregistrer. Sur tous les films que j'ai réalisés, il n'y en a que cinq ou six pour lesquels j'ai fait enregistrer spécialement une musique. Pour *Maris et femmes* [*Husbands and Wives*], je n'ai utilisé que des disques, comme pour *Meurtre mystérieux à Manhattan* [*Manhattan Murder Mystery*].

Vous savez donc quelle musique vous allez utiliser avant même de tourner le film ?

Oui, il y a des chansons qui s'adapteront sans doute parfaitement au film.

Est-ce à dire que, pour établir le climat d'un film, ou de certaines scènes de ce film, vous vous fondez sur certains airs, ou certaines musiques ?

Oui, parfois je le sais par avance. Par exemple, pour *Manhattan*, je savais que j'allais utiliser Gershwin. Et j'ai tourné des scènes qui ne signifiaient peut-être pas grand-chose en elle-même, mais qui ont bien marché avec une musique qui collait parfaitement.

Vous est-il arrivé d'utiliser la musique sur le plateau, au moment du tournage ?

Non, pas sur le plateau. Sauf pour de vrais plays-back, bien sûr.

Vous travaillez en son direct, ou vous faites beaucoup de post-synchro ?

Je ne fais pas de post-synchro. Jamais en auditorium, en tout cas. Je ne crois guère à ce système. Depuis que je fais des films, il m'est arrivé d'y avoir recours pour deux ou trois mots que je n'aurais pas pu récupérer sans ça, à cause de graves accidents techniques. Mais généralement, je ne fais pas de post-synchro.

Dans Prends l'oseille et tire-toi, *vous faites déjà certaines allusions à la psychanalyse. Même si le personnage principal, Virgil Rockwell, n'est pas encore allongé sur un divan, il y a un analyste qui évoque les problèmes et le comportement de Virgil. Vous avez commencé votre analyse très tôt. Puis-je vous demander pourquoi ?*

Eh bien, quand j'étais plus jeune, j'avais certains problèmes, et je voulais voir si je pouvais m'en sortir. Depuis, j'ai passé beaucoup de temps sur le divan, ou en psychothérapie. J'ai vraiment fait le parcours dans tous les sens. Parfois, j'ai l'impression que c'est utile et à d'autres moments, je me dis que je n'en retire pas grand-chose.

Votre intérêt pour la psychanalyse vous a-t-il poussé à lire des ouvrages sur le sujet. Connaissez-vous le travail de gens comme Ronald Laing, David Cooper ou Alice Miller[1]*, par exemple ?*

Non, je ne porte pas à la question un intérêt d'ordre théorique. Bien sûr, j'ai lu Freud et quelques ouvrages de psychiatrie, mais pas plus que n'importe quel étudiant. Je n'ai jamais voulu devenir analyste, je préfère rester du bon côté du cabinet : sur le divan. (*Rires*).

Après Prends l'oseille et tire-toi, *n'aviez-vous pas un projet qui n'a jamais vu le jour, et qui s'intitulait, si je ne me trompe*, The Jazz Baby ? *Quel en était le sujet, et pourquoi ce projet ne s'est-il jamais concrétisé ?*

Juste après mon premier film, j'ai signé chez United Artists, où on m'a dit: « Écrivez ce que vous voulez. Faites ce que vous voulez. » J'ai toujours eu cette chance. J'ai donc écrit un film qui s'appelait *The Jazz Baby*. Les cadres de United Artists ont été drôlement étonnés en lisant le scénario. Ils attendaient sans doute une comédie du même type que *Prends l'oseille et tire-toi*. Ils ont été ébranlés, parce que mon scénario était très sérieux. Très embêtés, ils m'ont dit : « Nous avons signé un contrat avec vous, par lequel vous êtes libre de faire ce que vous voulez. Mais nous tenons à vous dire que nous n'aimons vraiment pas votre scénario. Nous ne nous attendions vraiment pas à cela. » Alors je leur ai dit : « Écoutez, ce serait mon premier film chez vous, et si vous n'aimez pas mon scénario, je ne vais pas vous forcer à le tourner, sous prétexte que j'ai un contrat. Je n'ai aucune envie de faire un film dont chaque minute sera un supplice pour vous. Laissez-moi remballer mon scénario, en écrire un autre, et on fera le film ensemble. Peut-être qu'entre-temps, les choses auront évolué, et il sera toujours temps d'aviser. » Je suis reparti, et j'ai écrit *Bananas* en un rien de temps.

L'action de The Jazz Baby *était-elle située à l'époque contemporaine ?*

Non, ça se passait à la belle époque du jazz. Mais le projet était sans doute trop ambitieux.

Il est vrai que vous vous êtes très tôt intéressé au jazz.

Oui, c'est l'une de mes passions.

Quand avez-vous commencé à en écouter, et à en jouer vous-même, comme instrumentiste ?

J'ai commencé à écouter du jazz pendant mon adolescence. J'en avais entendu avant, bien sûr. J'ai grandi à l'époque où Benny Goodman, Artie Shaw et Tommy Dorsey tenaient le haut du pavé, à la grande époque du swing. Mais après, pendant mon adolescence, vers l'âge de quatorze-quinze ans… plutôt quatorze, j'ai écouté des disques de Sidney Bechet, qui m'a littéralement emballé. De fil en aiguille, je me suis mis à écouter de plus en plus de disques : Bunk Johnson, Jelly Roll Morton. J'étais passionné, fou de jazz, à tel point que je me suis acheté un saxophone ténor, pour essayer d'apprendre à en jouer. Et j'ai effectivement appris, tout en sachant que je ne serais jamais vraiment bon. Je n'étais tout simplement pas assez doué ! Mais j'adorais jouer. Un peu plus tard, je suis passé à la clarinette, ce qui est le parcours normal. Au début, je me contentais de jouer sur des disques.

Plus tard, quand je passais au Hungry I, une boîte de San Francisco (où Mort Stahl a fait ses débuts, soit dit en passant), j'avais pris l'habitude d'aller écouter du jazz dans un club tout proche, où se produisait Turk Murphy, un grand tromboniste, avec une excellente formation, qui jouait du jazz traditionnel. J'allais l'écouter tous les soirs, si bien qu'il a fini par me remarquer, et il m'a dit : « Pourquoi ne pas jouer avec nous ? » Je lui ai dit qu'effectivement, je jouais de la clarinette, mais que je n'oserais jamais. Pourtant, il a tenu bon, revenant à la charge tant de fois, et avec tant de gentillesse que j'ai fini par me risquer. Il m'a mis à l'aise, il m'a encouragé, et même flatté, si bien que je me suis mis à jouer de plus en plus. Lorsque je suis revenu à New York, j'avais extrêmement envie de jouer avec d'autres musiciens. J'ai rencontré des gens, et on s'est mis à jouer. Voilà plus de vingt ans que ça dure. On joue tous les lundis soir.

Nous sommes justement lundi. Allez-vous jouer ce soir ?

Bien sûr !

La dernière fois que nous nous sommes vus, vous n'aviez pas joué.

Il est vrai que lorsque je tourne, ou lorsqu'il se passe quelque chose de spécial, je ne joue pas. Mais ça reste exceptionnel. Ça n'arrive pas plus de cinq ou six fois par an.

Et depuis tout ce temps, vous jouez toujours avec le même groupe ?

À peu près. L'un d'entre nous est parti, et un autre est mort, il y a donc eu quelques changements, mais la formation de base reste la même.

1. Principaux théoriciens de l'antipsychiatrie anglo-saxonne.

Bananas

3

Votre second film, Bananas, *date de* 1971. *Vous y décriviez, sur le ton de la farce, un pays imaginaire d'Amérique Latine secoué par la montée de la révolution, à une époque où cette partie du monde était en proie à d'innombrables bouleversements politiques. À ce moment-là, la Guerre du Viêt-nam n'était pas terminée. Quelles étaient alors vos options politiques, et comment ont-elles évolué depuis ? Vous considérez-vous comme un artiste engagé ?*

Non, je ne suis pas un artiste engagé. Je me considère essentiellement comme un démocrate de gauche. Je l'étais d'ailleurs déjà du temps où j'étais contre la Guerre du Viêt-nam, comme la plupart des gens que je fréquentais. Mais fondamentalement, je n'ai pas un grand intérêt pour la chose politique. Il m'est arrivé de prendre parti pour tel ou tel homme politique, comme la plupart des gens dans le show-business.

Pour qui avez-vous pris parti ?

Quand j'étais plus jeune, j'ai soutenu Adlaï Stevenson, George McGovern et Eugene McCarthy. Uniquement des candidats qui se sont fait battre ! (*Rires*) J'ai soutenu Lyndon Johnson, quand il s'est présenté contre Barry Goldwater. J'ai soutenu Jimmy Carter et Michael Dukakis. Puis, j'ai soutenu Clinton. Je suis vraiment un démocrate de gauche.

Je vous posais cette question car dans vos films ultérieurs, tels Annie Hall *ou* Manhattan, *vous brossez un portrait assez ironique des intellectuels de gauche, frange de la population dont vous faites partie.*

Certainement, je suis donc à pied d'œuvre pour en étudier le comportement.

Au début de Bananas, *vous faites certaines remarques assez sarcastiques quant à l'influence exercée par les États-Unis sur d'autres pays, et en particulier sur les pays d'Amérique Latine. Parmi la foule massée devant le Parlement, il y a un type qui tente de se frayer un chemin, en criant qu'il travaille pour une chaîne de télé américaine…*

Oui, la télé a un pouvoir énorme aux États-Unis. Je ne sais pas comment ça se passe à l'étranger, mais en Amérique, c'est évident. Du point de vue américain, les gouvernements d'Amérique Latine n'ont jamais semblé très bien fonctionner.

Toutes proportions gardées, les institutions américaines ont toujours été plutôt stables. Si bien que par contraste, l'instabilité de ces pays qui changeaient sans cesse de politique et de gouvernement nous a toujours beaucoup surpris.

Reste que les États-Unis ont eu une influence énorme, et parfois désastreuse, sur ces pays. En particulier au Chili, ou en Argentine.

Sans aucun doute. L'influence des États-Unis a été très négative. L'Amérique a littéralement exploité ces pays.

Il y a un commentaire ironique vers la fin du film qui s'adresse à une autre partie du monde, celle d'où je viens moi-même. Un personnage cite Kierkegaard et dit : « Les Scandinaves ont une conception très instinctive de la nature humaine. » Et plus tard, on apprend que le langage officiel de la nouvelle République de San Marco est le suédois. Vos sympathies pour les Scandinaves, et plus particulièrement pour les Suédois, se manifestent ici de manière évidente.

Oui, j'ai toujours aimé les pays scandinaves et bien sûr la Suède avant tous les autres, parce que mon intérêt pour la Suède est venu à travers son cinéma. Mais il est vrai que j'aime cette partie du monde. J'aime les paysages, j'aime le climat. Il y a véritablement quelque chose qui m'attire là-bas.

Agent infiltré dans Bananas, *Woody Allen se camoufle en Groucho Marx.*

Vous avez lu Strindberg, bien sûr, mais connaissez-vous également d'autres écrivains ou artistes scandinaves ?

Je connais ceux que tout le monde connaît : les peintures d'Edward Munch, la musique de Sibelius ou d'Allan Petersson – toutes choses assez convenues. Je prends beaucoup de plaisir à la culture scandinave, autant qu'il est possible d'y avoir accès depuis New York. Et ce qui a été pour moi le meilleur, le plus fécond et le plus important est sans conteste l'œuvre de Bergman. Là, on voit vraiment le mode de vie suédois. On peut se faire une idée assez précise de la culture scandinave à travers ces films.

Avec Strindberg, c'est tout autre chose. Vous lisez ses pièces ou vous allez à l'une de leurs représentations théâtrales : *La Danse de la mort* par exemple, mais même si c'est une excellente mise en scène, vous ne pouvez pas en retirer des sensations aussi fortes. Avec Bergman vous voyez vraiment bien les lieux où les gens vivent en Suède, les villes, la campagne, les églises…

Parmi tous vos films, Bananas *est sans doute l'un de ceux où votre style est le plus affirmé. Serait-ce parce que vous commenciez à prendre de l'assurance, comme metteur en scène ?*

Oui, je me sentais bien plus à l'aise. Pas autant que je devais le devenir des années plus tard, cependant. Pour moi, la percée est venue avec *Annie Hall.* Mais dès *Bananas*, je me sentais plus assuré, parce que j'avais déjà un film à mon actif, et que je savais comment éviter les erreurs que j'avais commises dans *Prends l'oseille et tire-toi*. En faisant ce film, j'ai appris une chose essentielle : quel que soit le tempo sur lequel jouent les acteurs, il faut toujours l'accélérer. C'est l'une des règles d'or de la comédie.

Ça me rappelle une belle anecdote… à propos de René Clair, si je ne me trompe. Quand il tournait un plan et, qu'à la quatrième ou cinquième prise, tout était déjà parfait, il disait : « C'était très bien, les acteurs étaient très bien, tout était en place. On ne peut pas faire mieux. Mais, avant de plier, j'aimerais qu'on en tourne encore une, mais très très vite. » L'équipe tournait la prise, et naturellement, c'est celle qu'il retenait. Je comprends vraiment qu'on agisse ainsi, car même si on a l'impression d'aller très vite au tournage, le résultat semble toujours infiniment plus lent à l'écran.

Vos films se caractérisent effectivement, entre autres qualités, par la rapidité de leur tempo. Vos films sont toujours très serrés, très denses, et relativement courts. La plupart n'excède pas les cinq bobines, soit environ une heure et demie de projection.

C'est exact. Je crois que cette densité tient au rythme biologique du metteur en scène. Chacun perçoit les choses suivant son propre rythme. Même si je ne cherche pas à faire court, ou à m'adapter à un certain format, mon organisme me pousse à trouver le bon équilibre. Cela m'a frappé quand j'ai joué dans *Scenes from a Mall* [*Scènes de ménage dans un centre commercial*] de Paul Mazursky. Comme celui de Scorsese, le rythme interne de Mazursky est plus lent que le mien. Cela n'implique nullement que leurs films soit mal rythmés, mais, tout simplement, que nous n'avons pas le même tempérament.

Effectivement, les films de Scorsese sont très bien rythmés, malgré leur longueur.

Parfaitement rythmés, et excellents. Scorsese aime faire des films de deux heures, ou deux heures dix. Mais en ce qui me concerne, je trouve déjà assez long un film d'une heure quarante. Au bout de quelque temps, j'ai l'impression de perdre de vue l'histoire.

Hannah et ses sœurs, *qui dure presque une heure quarante, doit être l'un de vos plus longs films.*

Oui, comme *Crimes et délits* [*Crimes and Misdemeanors*] et *Maris et femmes*. Les drames psychologiques ont tendance à être plus longs, et les comédies plus courtes. Mais mes films sont tout de même un peu plus longs que ceux des Marx Brothers, de W.C. Fields ou d'autres.

Certains de vos films démarrent sur les chapeaux de roue, de façon abrupte, tel Songe érotique d'une nuit d'été [A Midsummer Night Sex Comedy], *où José Ferrer vient se planter devant la caméra en gros plan, et commence à discourir. C'est là une ouverture très efficace.*

Effectivement, j'estime essentiel de bien commencer un film. Ce souci me vient sans doute du temps où je me produisais sur scène. Pour pouvoir accrocher le public, il faut particulièrement soigner le début et la fin d'un numéro, leur conférer une qualité dramatique propre, je crois que tous mes films commencent de manière sinon originale, du moins déroutante.

Je soigne tout particulièrement la première image qui apparaîtra sur l'écran.

Absolument. La plupart du temps, vous pouvez dire dès les premières trois ou quatre minutes, si un film va être bon, intéressant ou pas…

Je suis on ne peut plus d'accord avec vous. Car il suffit de trois au quatre minutes pour savoir si l'on est en de bonnes mains, pour se sentir accroché ou pas. Ce n'est pas un problème de rythme. Le début peut tout aussi bien être lent. Mais on sent si le réalisateur est capable ou non de vous intéresser à son histoire, à son monde intérieur. C'est exactement comme cela que je vois les choses.

Et cela n'a rien à voir avec un principe d'efficacité. Un film peut très bien démar-

rer sur un rythme très, très lent, le problème est de pouvoir ressentir si le cinéaste sait comment vous entraîner dans son histoire, dans son univers personnel.

Oui, et cela se passe sans que le spectateur en soit conscient. Vous voyez les deux premières minutes, la ou les deux premières scènes du film et, avant d'en avoir pris conscience, avant d'y avoir pensé, vous êtes embarqué. C'est une vraie gageure pour le réalisateur.

Comment naît la puissance dramatique d'un film ? Dès l'écriture du scénario ?

C'est le cas, en ce qui me concerne. Quand j'attaque un scénario, je sais d'emblée, et presque toujours, quel sera le style de ma première image. Il peut m'arriver de faire des aménagements ultérieurs, en fonction du décor, par exemple, mais je sais exactement par quel genre de plan je veux ouvrir le film. Certes, j'attaque parfois un scénario en ignorant encore quelle en sera la première image, mais dans ce cas-là, je prends le temps de tenter de trouver une image forte, qui vaille le coup, un plan saisissant…

*… Telle la première séquence d'*Alice*, la séquence de l'aquarium, entre Mia Farrow et Joe Mantegna. Elle est d'autant plus marquante qu'on ignore ce qu'elle signifie, et pourquoi elle ouvre le film. Cette première séquence suffit à vous plonger dans le film. Il faut d'ailleurs attendre un certain temps avant que Mantegna ne réapparaisse.*

Oui, on sent que quelque chose couve. On sent que cette femme, Alice, rêve de rencontrer un autre homme, qu'elle a autre chose en tête. Le spectateur supportera mieux toutes les premières scènes d'exposition, s'il soupçonne que quelque chose cloche dans la vie d'Alice, alors même qu'elle semble riche et heureuse. Ainsi peut-il avoir quelque intérêt pour ces scènes.

Oui, on garde cette scène comme une image mentale.

Exactement.

En revoyant dernièrement l'ensemble de votre œuvre, j'ai été frappé par sa cohérence. Nous savons, et vous aussi bien sûr, que nombre de critiques décèlent dans votre œuvre les influences diverses de Bergman, Fellini ou Buster Keaton ou encore d'autres comiques. Même si vos films diffèrent énormément les uns des autres, tant par leur contenu que par leur style (puisque ce sont tantôt des comédies, et tantôt des drames) l'ensemble de votre œuvre possède une cohérence comparable à celle de l'œuvre de Truffaut.

J'adore l'œuvre de Truffaut.

À côté de films très personnels, semi-autobiographiques, telle la série des Doinel, il a réalisé des polars, des comédies, des drames romantiques, mais aussi des films sur l'enfance, comme L'Argent de poche, *qui me rappelle un peu* Radio Days.

Parce que nous avons tous les deux fait beaucoup de films sur des sujets très différents ?

Oui, mais c'est aussi un sentiment général. Vos films et les siens génèrent le même genre d'impression qui se confirme si l'on en voit deux d'affilée. Vous montrez tous les deux un interêt similaire pour l'expérimentation, vous n'hésitez pas à changer de styles et de sujets dans des directions très différentes.

Oui, j'aime beaucoup ses films. Je pense qu'il a laissé une œuvre merveilleuse, pleine de charme. Truffaut était un excellent réalisateur. Je trouve certains de ses films fantastiques. Vincent Canby, le critique du *New York Times*, disait que vous pouviez reconnaître le style de certains réalisateurs du premier coup d'œil, quel que soit le sujet qu'ils traitent. Il y a une sorte de sensibilité, de nature émotionnelle ou même éthique, qui passe à travers la pellicule, et vous ressentez immédiatement que c'est « son » film. Dans mon cas, c'est aussi peut-être parce que j'écris tous mes films. C'est comme une signature.

Pour revenir à Bananas, *on note une nouvelle assurance dans la facture du film, ainsi qu'une certaine jubilation à parodier d'autres genres, ou d'autres cinéastes – soit par le montage des séquences du camp, emprunté aux dessins animés, soit dans la scène d'amour très romantique, frisant le mélo, entre vous et la rebelle Yolanda, au bord de la mer…*

À l'époque de *Bananas*, je n'avais qu'une ambition : faire rire. C'était ma grande préoccupation. Je ne tenais nullement à rééditer les erreurs que j'avais commises avec mon premier film, *Prends l'oseille et tire-toi*. Je tenais par dessus tout à faire un film drôle et enlevé, de bout en bout. Je me suis strictement concentré sur cette tâche, et c'est uniquement pourquoi j'ai tourné ou monté des scènes dans un style dessin animé. Et puis, j'ai commencé à avoir l'impression que les codes du dessin animé convenaient à merveille à mes films. Car il n'y a jamais de sang versé, ni de morts dans mes films, qui possèdent effectivement le style du dessin animé. Ils sont enlevés, et bourrés de gags, si bien qu'on ne perd pas une seconde. C'est assez contradictoire. On y gagne quelque chose, mais on y perd aussi quelque chose, car il est également difficile de s'identifier au personnage. En fait, il est facile d'être drôle.

Les dessins animés fonctionnent sur le même principe de narration : il y a quelque chose qui se passe au début, puis au milieu et ensuite vers la fin du film, mais il y a aussi de grandes impasses dans le cours du récit.

Oui, et d'ailleurs, nous n'éprouvons nullement le besoin de les combler.

C'était aussi le cas des comédies réalisées par Frank Tashlin par exemple, ou Jerry Lewis. Ils travaillaient à peu près sur ce même canevas. Estimez-vous Frank Tashlin comme réalisateur, aimez-vous ses films ?

Non, je ne peux pas vraiment vous dire, j'ai vu certains de ses films, mais je ne le connais pas assez.

Vers la fin de Bananas, *la scène du procès est presque digne des Marx Brothers.*

Oui. C'est curieux comme les choses se passent. J'avais besoin de terminer en beauté, sans avoir les moyens de tourner la traditionnelle poursuite. C'est pourquoi j'ai opté pour un procès (*rires*), qui revient toujours moins cher.

Dans cette séquence, vous avez confié à un acteur noir le personnage à la Edgar J. Hoover [ancien directeur du FBI]. *C'est l'un des rares personnages noirs dans vos films. Je me souviens du sergent noir de* Guerre et amour *– qui intervenait surtout pour son côté anachronique –, d'un personnage noir dans* Woody et les robots, *et de la bonne du film dans le film de* La Rose pourpre du Caire. *Hormis ces trois-là, il n'y a quasiment aucun Noir dans vos films. Pourquoi ?*

Vous voulez parler des rôles principaux ou plus généralement ?

Non, en général. Par exemple, on ne voit pratiquement jamais de Noirs y compris chez les figurants.

En ce qui concerne les figurants, nous nous contentons d'appeler une boîte spécialisée, en leur disant : « Envoyez-nous une vingtaine ou une centaine de figurants ». D'ordinaire, ils panachent. Autrement dit, pour peupler une rue de New York, ils nous envoient des Noirs, des Blancs et des gens d'origine hispanique. Mais nous, nous nous contentons de passer commande.

Quant aux rôles principaux, je ne connais pas assez bien la vie des Noirs pour écrire quoi que ce soit d'authentique. En fait, la plupart de mes personnages sont issus d'un milieu extrêmement réduit. Ce sont généralement des New-Yorkais, instruits et névrosés, appartenant à un milieu privilégié. Voilà presque le seul sujet que je traite, car c'est presque la seule chose que je connaisse. Je n'en sais pas assez sur la vie des autres milieux. Par exemple, je n'ai jamais rien écrit sur une famille irlandaise ou italienne, car je n'en sais pas assez.

Oui, parce que depuis une dizaine d'années à Hollywood, les acteurs et les personnages de Noirs sont devenus plus nombreux dans les films. C'est peut-être plus particulièrement vrai des films policiers où il y a fréquemment un flic blanc qui fait équipe avec un flic noir. C'est presque devenu un genre en soi, il y a même un mot pour le désigner, ce sont les buddy movies.

Quand j'ai fait *Hannah et ses sœurs*, j'ai décrit un milieu que je connaissais très bien, et j'y ai placé une bonne noire car dans ces familles, la bonne est noire, dans quatre-vingt-dix pour cent des cas. Du coup, des Noirs m'ont écrit pour me le reprocher : « Vous n'employez jamais de Noirs, et quand vous le faites, c'est toujours dans un emploi minable. » En fait, je ne pense pas à cela quand je conçois le personnage. Quelles que puissent être mes options politiques, elles m'amènent toujours à soutenir les candidats disposés à faire les plus généreuses concessions aux Noirs. J'ai défilé à Washington aux côtés de Martin Luther King... Mais lorsque j'écris, je ne crois pas trop à l'égalité des chances ni à l'interventionnisme dans le domaine artistique. Ça ne marche pas. Donc, quand j'essaie de décrire aussi précisément que possible l'une des familles huppées de l'Upper West Side, je suis bien forcé de noter qu'elles emploient toutes du personnel de couleur. Voilà pourquoi j'ai mis cette bonne dans mon film.

Je m'efforce simplement de décrire la réalité telle que je l'appréhende, avec une certaine justesse. De la même façon, si je brossais le portrait d'une de ces familles juives au sein desquelles j'aurais pu grandir, je serais aussi précis que possible, et je ne négligerais aucun trait, positif ou négatif. D'ailleurs, j'ai également essuyé les critiques d'associations juives, qui estimaient que j'étais trop négatif, critique ou caricatural. Les gens sont très sensibles sur ce chapitre. Mais pour moi, seule compte la justesse de chaque scène.

4

Tombe les filles et tais-toi

Vous avez ensuite écrit et interprété une pièce : Une aspirine pour deux [Play it again, Sam, *la pièce*][1]. *C'est, je crois, votre unique expérience théâtrale. Comment cela s'est-il passé ?*

C'était marrant. Je m'entendais bien avec Diane Keaton et Tony Roberts, et on s'est bien amusé. La pièce a eu du succès, et le metteur en scène, Joe Hardy, a fait du bon boulot. Une fois la pièce lancée, c'était du gâteau. Il n'y a rien de plus facile à faire que de jouer dans une pièce. En fait, vous avez toute la journée de libre, pour faire ce qui vous plaît. Vous pouvez écrire, vous détendre, faire tout ce qui vous chante, du moment que vous êtes au théâtre à huit heures tapantes. Moi, j'y allais avec Diane. J'habitais non loin de Broadway, et ça nous faisait une petite promenade sympathique.

Ensuite, vous entrez. Il n'y a pas de tension. La pièce est lancée. Vous êtes sur scène entre amis. Le rideau se lève. Vous jouez pendant une heure et demie environ. Et deux heures plus tard, vous allez dîner au restaurant avec des amis. Il n'existe pas de boulot plus facile au monde ! Ce fut donc un vrai plaisir !

Ça ne vous a pas posé de problèmes d'être dirigé par quelqu'un d'autre, alors que vous aviez écrit la pièce ?

Pas le moindre ! Je n'ai jamais tenu à faire de la mise en scène de théâtre. Alors, ça m'était égal. Et Joe Hardy était parfait. Ça ne me gêne pas d'être dirigé par d'autres. J'apprécie les expériences que cela m'apporte.

Cette pièce a été portée à l'écran par Herbert Ross. Vous n'aviez jamais envisagé de le faire vous-même ?

Non, je n'ai jamais désiré faire un film adapté d'*Une aspirine pour deux*. Et puis, mes agents ont vendu les droits cinématographiques, ce dont j'étais ravi. Quand l'affaire s'est faite, je n'étais pas assez connu pour prétendre tenir le rôle. Je n'avais pas la carrure d'une star. Le rôle a été offert à d'autres, qui l'ont refusé. Et quand mes films m'ont valu une certaine réputation, les producteurs ont décidé de courir le risque, et ils ont repris la distribution originale.

J'ai été ravi que ce soit Herbert Ross qui réalise *Tombe les filles et tais-toi* [*Play it Again, Sam,* le film]. Je ne tenais nullement à l'adapter moi-même. Ce

Woody Allen et Diane Keaton dans Tombe les filles et tais-toi. *Humphrey Bogart veille sur le couple et envahit ses rêves.*

qui m'intéressait, c'était de faire des films. Il y a des années, Tennessee Williams a déclaré que, quand un écrivain termine quelque chose, il le transcende par là même, et qu'il est lamentable de le forcer à s'y replonger pour monter la pièce. L'idéal serait donc d'écrire une pièce, et de la fourrer dans un tiroir. Ça m'a fait exactement le même effet. Une fois la pièce écrite, et donc transcendée, j'en avais fini. Je n'avais aucune envie de passer un an à la porter à l'écran. Pour moi, mieux valait confier le bébé à quelqu'un d'autre, qui ait un œil neuf. Dans la mesure où Herbert Ross découvrait là un terrain vierge, inexploré, il risquait de s'amuser davantage en réalisant le film.

Le film fut réalisé quatre ans après la première à Broadway.

C'est vrai. Pour moi, c'était déjà du passé.

Tombe les filles et tais-toi *a pour thème la rêverie, qui occupe une grande part de l'existence. Quelle importance accordez-vous au cinéma, à cet égard ? Le héros de la pièce et du film s'efforce d'intégrer à sa vie quotidienne des films ou des situations extraites de films.*

D'aucuns prétendent que tous mes films tournent autour d'un thème majeur et récurrent : celui des rapports entre l'imaginaire et le réel. Ce thème revient très souvent dans mes films. Au fond, tout se réduit au simple fait que j'ai le monde réel en horreur. Or, il n'y a malheureusement que là qu'on puisse s'offrir un bon steak.

Je crois que cette attitude me vient de mon enfance, au temps où je me réfugiais au cinéma à la moindre occasion. J'étais un petit garçon très impressionnable, et j'ai grandi à l'âge d'or du cinéma, comme on dit, à l'époque où sont sortis tous ces merveilleux films. Je me souviens de la sortie de *Casablanca*, de *Yankee Doodle Daddy*, de tous ces grands films américains, ceux de Preston Sturges, de Frank Capra.

Dès que j'en avais l'occasion, je courais voir ces films, histoire de m'évader, d'oublier la pauvre maison où je vivais, les difficultés que j'avais à l'école. Dans ces films, tous les gens vivaient dans des appartements somptueux, avec téléphone blanc ; toutes les femmes étaient jolies, les hommes avaient toujours un bon mot à placer, tout était drôle, et se terminait toujours bien, les héros étaient de vrais héros, et c'était tout simplement super. Je pense que ces films m'ont fait forte impression, qu'ils ont exercé sur moi une influence déterminante.

Et je connais des tas de gens de mon âge qui n'ont jamais pu surmonter cette impression première. Ils ont eu des problèmes à cause de ça, car même aujourd'hui, à un stade avancé de leur vie, même à cinquante ou soixante ans, ils ne comprennent toujours pas pourquoi les choses ne marchent pas ainsi, pourquoi tout ce qu'ils ont pris pour la réalité en grandissant, tout ce à quoi ils ont cru, tout ce qu'ils ont éprouvé ou désiré n'était pas vrai, puisqu'en fait, la réalité est bien plus dure et bien plus laide.

Quand on était assis dans son fauteuil, on croyait que c'était vraiment vrai. On ne se disait pas : « Tout ça, c'est du cinéma ». On se disait plutôt : « Moi, je ne vis pas comme ça. Moi, je vis à Brooklyn dans un quartier pauvre, mais de par le monde, il y a énormément de gens qui ont des belles maisons, qui font de l'équitation, qui rencontrent des femmes superbes, qui boivent des cocktails. »

Après, en lisant les journaux, c'est pareil, on se rend compte qu'il y a vraiment des gens qui vivent une tout autre existence, et on croit qu'ils sont plus heureux, aussi heureux que les personnages des films. On prend ça en pleine figure, et personnellement, je crois que je ne m'en suis jamais remis.

Du coup, ça ressurgit dans mon travail. Cette ambition de contrôler la réalité, de lui faire suivre un scénario pour que les choses se passent comme on le désire. Au fond, quand on écrit ou qu'on fait des films, on crée des univers dans lesquels on aimerait vivre. On aime les gens qu'on fait vivre. On aime les vêtements qu'ils portent, les endroits où ils vivent, la façon dont ils parlent. Et pendant quelques mois, on a la chance de pouvoir partager cette existence. On vit vraiment parmi ces gens, qui évoluent au rythme d'une musique superbe. Donc, dans mes films, j'ai l'impression que j'oppose toujours le prestige de la vie idéalisée, du fantasme, aux duretés de la réalité.

Vous créez vos personnages, et les univers dans lesquels vous les situez. Mais leur vie s'arrête à la dernière séquence, à la dernière image de votre film. Avez-vous jamais envisagé de tourner la suite de l'un de vos films, pour en dire plus d'un ou de plusieurs de leurs personnages ?

Ça m'est arrivé une fois… Je ne le ferai pas, mais je me suis dit qu'il serait peut-être intéressant de voir ce que deviendraient les personnages que nous jouions, Diane Keaton et moi-même, dans *Annie Hall*. Ainsi, ils pourraient se rencontrer aujourd'hui, avec vingt ans de plus. Ce serait intéressant, car ils s'étaient séparés… Ils pourraient donc se retrouver et voir ce qu'ils sont devenus. Mais je n'aime pas trop ce genre de choses, les suites, les *remakes*. C'est devenu assez ennuyeux. Je ne pense pas que Coppola aurait dû tourner *Le Parrain* III, quand *Le Parrain* II était déjà très bon. La plupart du temps, quand on tourne des suites, c'est par goût du lucre, pour faire du fric. Ce qui ne me tente guère.

Je conçois très bien que vous ayiez envisagé de reprendre les personnages d'Annie Hall et d'Alvy. Mais n'avez-vous jamais songé à ce que pourraient devenir Hannah et ses sœurs ?

Certainement. Je me suis posé cette question, à propos de beaucoup des personnages de mes films. Pas au point de passer à l'acte, mais je pense souvent à ce qui pourrait leur arriver après la fin du film. Je me demande aussi quelle impression mes films laissent au public. J'ai donc envisagé cette possibilité.

J'imagine que c'est à l'époque où vous jouiez Une aspirine pour deux *à Broadway que vous avez rencontré Diane Keaton.*

Oui.

Comment est-elle entrée dans votre vie, et plus particulièrement, comment a-t-elle influencé votre œuvre ?

Elle a eu une grande influence sur moi. D'abord parce qu'elle a un instinct très sûr. Elle a beaucoup de chance. Elle est très douée. Et elle était très belle. Elle sait chanter, danser, dessiner, peindre, faire des photos. Et jouer la comédie, bien sûr. Elle est vraiment bourrée de talent. Elle excelle dans tous les domaines. Elle s'habillait de façon très excentrique. Et elle est très drôle. Vraiment, elle est unique.

Quand bien même elle verrait jouer Shakespeare en personne, elle n'hésiterait pas à lui dire en face, arguments à l'appui, qu'elle le trouve mauvais, si c'était le cas. Sans être prétentieuse, sans la ramener, pour autant. Pour elle, tout était toujours très clair. Elle avait plutôt bon goût. Durant toutes les années que nous avons passées ensemble, nous avons partagé les mêmes goûts, sauf en musique. Elle aimait, et aime toujours, la musique des années soixante, soixante-dix, que, quant à moi, je ne peux souffrir. Mais cette question mise à part, nous étions presque toujours d'accord.

Je me souviens encore du jour où je l'ai emmenée voir la projection du premier montage de *Prends l'oseille et tire-toi*, dans une petite salle de projection. Elle m'a dit : « C'est bien, tu sais. C'est marrant. C'est un film marrant. » À ce moment-là, à cette seconde-là, j'ai compris que le film allait marcher auprès du public. Son *imprimatur* a été déterminant pour moi. Car j'ai eu l'impression qu'elle était directement en prise sur quelque chose qui m'échappait, à moi. Ainsi, durant toutes ces années, nous sommes sortis ensemble, nous avons vécu ensemble, et aujourd'hui encore, nous sommes très amis. Je me fie toujours à son jugement. Si elle passe à New York, et si je peux la décider à venir voir le film que je viens de terminer, son opinion est toujours décisive à mes yeux.

Vous lui montrez vos films avant qu'ils ne soient terminés ? Vous lui projetez la copie travail ?

Si elle est en ville, oui. Je lui montre le film avant qu'il ne soit terminé. Mais à présent qu'elle vit en Californie, je n'ai pas souvent cette chance. Son opinion demeure très importante pour moi. Ses louanges ou ses critiques m'influencent. Elle m'a fait découvrir beaucoup de choses. Elle a l'œil. Non seulement l'œil, mais aussi l'oreille juste, et la tête bien faite. Ainsi, j'ai découvert à travers elle nombre de choses, qui m'ont enrichi et ont élargi ma perception des choses. Elle a une grande influence sur moi. Et moi sur elle.

Ce fut une interaction très positive, très saine. Étant né à New York, j'avais un

Diane Keaton et Woody Allen dans Tombe les filles et tais-toi.

tempérament très citadin. Moi, j'aimais les rues, le basket, le jazz. Je lisais beaucoup. Par contre, elle venait de Californie, elle aimait les choses plus visuelles, la photo, la peinture, la couleur. Elle avait ses idées sur le cinéma et j'avais les miennes. Et au fil du temps, nos échanges se sont révélés très positifs.

Je lui ai fait découvrir des choses. Je lui ai fait voir des films qu'elle n'avait pas vus, et que je trouvais géniaux, allant de Bergman à… Je me souviens de la première fois où je l'ai emmenée voir *L'Homme des vallées perdues* [*Shane*, 1953], le film de George Stevens ; elle avait trouvé ça génial, alors qu'elle n'avait jamais aimé aucun western. Tout récemment, il y a peut-être un mois, elle est passée à New York, et je l'ai emmenée voir *La Foire aux chimères* [*Ace in a Hole/The Big Carnival*, 1951], un film de Billy Wilder qu'elle n'avait jamais vu. Un de mes films préférés, un chef-d'œuvre, un film qui n'a absolument pas marché aux États-Unis, mais qui est vraiment remarquable. Je l'ai emmenée le voir, et elle a marché à fond. Le lendemain, nous sommes allés voir un film de George Stevens que je n'avais moi-même jamais vu : *Plus on est de fous* [*The More the Merrier*, 1953], avec Charles Coburn, Jean Arthur et Joel McCrea. Une merveilleuse comédie.

Durant toutes ces années, il y a donc toujours eu une interaction créative entre nous deux. Comme je l'ai déjà dit : quand je fais un film, si Diane l'apprécie, j'estime avoir atteint mon but, et peu m'importe alors si le reste du monde aime mon film ou non. Sans doute me demanderez-vous s'il est arrivé que Diane n'aime pas un de mes films. C'est arrivé ! Même si elle se montre gentille et polie, ses remarques ou son degré d'enthousiasme me révèlent toujours ce qu'elle en pense vraiment. Son opinion compte donc beaucoup pour moi.

Je suppose qu'elle a aussi l'ambition de continuer à réaliser des films. Elle a déjà tourné le documentaire Heaven, *en 1987, réalisé* Wildflower *pour la télévision et participé à deux épisodes de* Twin Peaks.

Je crois qu'elle fera une très bonne réalisatrice. Elle sera peut-être un peu tendue au début, parce qu'elle manque de confiance en elle et qu'elle est trop modeste. Il existe assurément bien d'autres gens tendus et trop modestes, mais tous n'ont pas autant de talent qu'elle.

Vous avez été marié, ou vous avez vécu avec plusieurs actrices, telles Louise Lasser, Diane Keaton et Mia Farrow. Comment vous ont-elles inspiré lorsque vous brossiez tous ces portraits de femmes ?

Je n'ai jamais été marié avec Diane, ni avec Mia. J'ai habité avec Diane, mais jamais avec Mia. Mia et moi n'avons jamais habité sous le même toit. Nous avons toujours vécu chacun de notre côté. Chacune m'a beaucoup aidé, sur divers plans. Et il est vrai que j'ai souvent pensé à elles, en créant certains des personnages de mes films. Ces dernières années, j'ai souvent pensé à Mia en écrivant ses rôles.

Vous dites-vous, par exemple : elle a joué tel et tel genre de personnage, mais jamais tel autre, et il serait intéressant, ou amusant, de la montrer sous tel jour ?

Exactement ! Parfois, les choses se sont passées ainsi. Par exemple, pour *Broadway Danny Rose*. J'ai songé qu'elle avait toujours voulu jouer ce genre de personnage, sans l'avoir jamais fait. Et j'ai écrit l'histoire en lui réservant un rôle amusant.

Il y a certains rôles que j'imagine plus proches d'elle, de sa véritable personnalité, comme le personnage qu'elle incarne dans Hannah et ses sœurs.

Non, pas vraiment. Ce personnage lui a donné du mal, du fil à retordre. On ne voyait pas comment le prendre. Je n'arrivais pas à savoir si Hannah était un personnage positif ou négatif. Pour moi, il était très difficile de savoir si Hannah était une bonne ou une mauvaise sœur.

Mais c'est précisément ce qui fait l'intérêt du personnage, me semble-t-il.

Oui, c'est intéressant, sans être délibéré, car, moi, je tenais vraiment à savoir quelle sorte de sœur Hannah était pour les siens ; si elle était foncièrement bonne et généreuse ou pas. Car au fond, elle n'est pas si gentille que ça. Et nous n'avons jamais pu trancher, tous deux. Et finalement, le résultat s'est avéré plus intéressant comme ça.

Et maintenant, avec la distance, qu'en pensez-vous ?

Eh bien, avec la distance, je ne la trouve pas si gentille que ça.

1. Le même titre américain, *Play it again, Sam*, désigne la pièce de théâtre écrite et interprétée par Woody Allen et son adaptation au cinéma réalisé par Herbert Ross. En français, la pièce a été traduite sous le titre *Une aspirine pour deux* et le film *Tombe les filles et tais-toi.*

5

Tout ce que vous avez toujours voulu savoir sur le sexe... sans jamais oser le demander

Au générique de Tout ce que vous avez toujours voulu savoir sur le sexe…, *vous créditez un certain Dr David Rueben, auteur d'un livre sur lequel vous avez fondé votre scénario. De quel genre de livre s'agissait-il ?*

J'avais un film à faire, et je ne trouvais pas d'idée. Un soir, Diane Keaton et moi sommes revenus à la maison après avoir assisté à un match de base-ball. Nous nous sommes couchés, nous avons allumé la télé un petit moment, et nous avons vu un médecin qui venait d'écrire un bouquin qui marchait très bien et qui s'intitulait *Tout ce que vous avez toujours voulu savoir sur le sexe... sans jamais oser le demander*. Bâtie sur le principe questions/réponses, l'émission présupposait que le spectateur ignorait tout du sujet. Et les téléspectateurs posaient des questions comme : « Une femme peut-elle tomber enceinte pendant qu'elle a ses règles ? » ou « Quelle est la meilleure façon de faire… la chose ? ». D'innombrables questions.

En voyant ça, je me suis dit : « Ça ferait un super film ! » Il suffisait d'acquérir les droits du bouquin, et d'en tirer des saynètes, avec des questions suivies d'un petit sketch, par exemple, histoire de rigoler. J'en ai parlé à United Artists, qui m'a appris que les droits avaient déjà été acquis par Eliott Gould. Comme il n'en faisait rien, mes collaborateurs l'ont appelé pour s'arranger avec lui. Il a répondu : « Bien sûr, si vous voulez en faire quelque chose, allez-y. On vous le revend, et vous le faites ». Il m'a revendu les droits, et j'ai fait mon film. Je sais que le médecin qui avait écrit le livre a détesté le film. Je ne sais pas pourquoi. J'imagine qu'il l'a trouvé vulgaire, idiot ou puéril. Mais son livre n'était pas bien malin non plus, et s'il y tenait vraiment tant que ça, il n'avait qu'à s'abstenir d'en vendre les droits cinématographiques. Son œuvre aurait pu tomber en de pires mains que les miennes.

Qu'avez-vous utilisé de la matière du livre ?

Les questions, uniquement les questions. Par exemple : « Que se passe-t-il pendant l'orgasme ? ». C'était l'une des questions du bouquin. J'y ai répondu à ma façon, avec le sketch des spermatozoïdes. En fait, j'ai repris ses questions et j'y ai répondu à ma façon.

La sexualité constitue l'un des thèmes majeurs de vos films. Le sujet était-il encore tabou, durant votre adolescence ?

Rigoureusement tabou ! Personne n'en parlait. Et personne ne pratiquait la chose, d'ailleurs. (*Rires*)

Le cinéma n'en prenait donc que plus d'importance. Car il montrait des personnages pour qui la sexualité existait.

Pas dans les films américains, en tout cas. Les Américains se sont assez moqué des films étrangers sur ce chapitre. Les films étrangers abordaient la sexualité d'une tout autre façon que les films américains. Les Américains ont toujours une attitude grotesque sur ce chapitre.

Que vouliez-vous donc savoir sur la sexualité, dans votre jeunesse et votre adolescence, sans oser le demander ?

Tout simplement, où trouver la chose, où la pratiquer, et à quelle fréquence. Voilà tout ce qui m'intéressait.

Pour le premier sketch « Les aphrodisiaques sont-ils efficaces ? », vous avez pris deux acteurs anglais : Lynn Redgrave et Anthony Quayle. Vous semblez avoir un certain goût pour les acteurs anglais. Par la suite, vous avez travaillé avec Charlotte Rampling, Michael Caine, Denholm Eliott, Ian Holm, Claire Bloom, ainsi qu'avec une actrice que j'apprécie particulièrement et qui n'est pas anglaise, mais australienne, Judy Davis.

Je l'adore. C'est vraiment une très bonne actrice. Elle est géniale ! Effectivement, en Angleterre, le milieu du cinéma et celui du théâtre sont remarquables et l'ont toujours été. Ils offrent une bien plus grande diversité d'acteurs qu'aux États-Unis. Évidemment, dans *Tout ce que vous avez toujours voulu savoir*… j'ai employé des acteurs anglais, parce que je recherchais un ton un peu shakespearien et une certaine authenticité. En général, aux États-Unis, les vedettes masculines sont quasiment toutes du même calibre. Ce sont des durs ou des pistoleros. Alors qu'en Angleterre, on peut trouver de vrais hommes, des hommes normaux, ordinaires, vulnérables. C'est pourquoi j'ai eu à diverses reprises recours à des acteurs anglais, faute de pouvoir trouver des acteurs américains capables de faire ce que je voulais.

Et les actrices, comme Charlotte Rampling ou Claire Bloom ?

Charlotte Rampling a toujours été l'une de mes actrices favorites, et *Stardust*

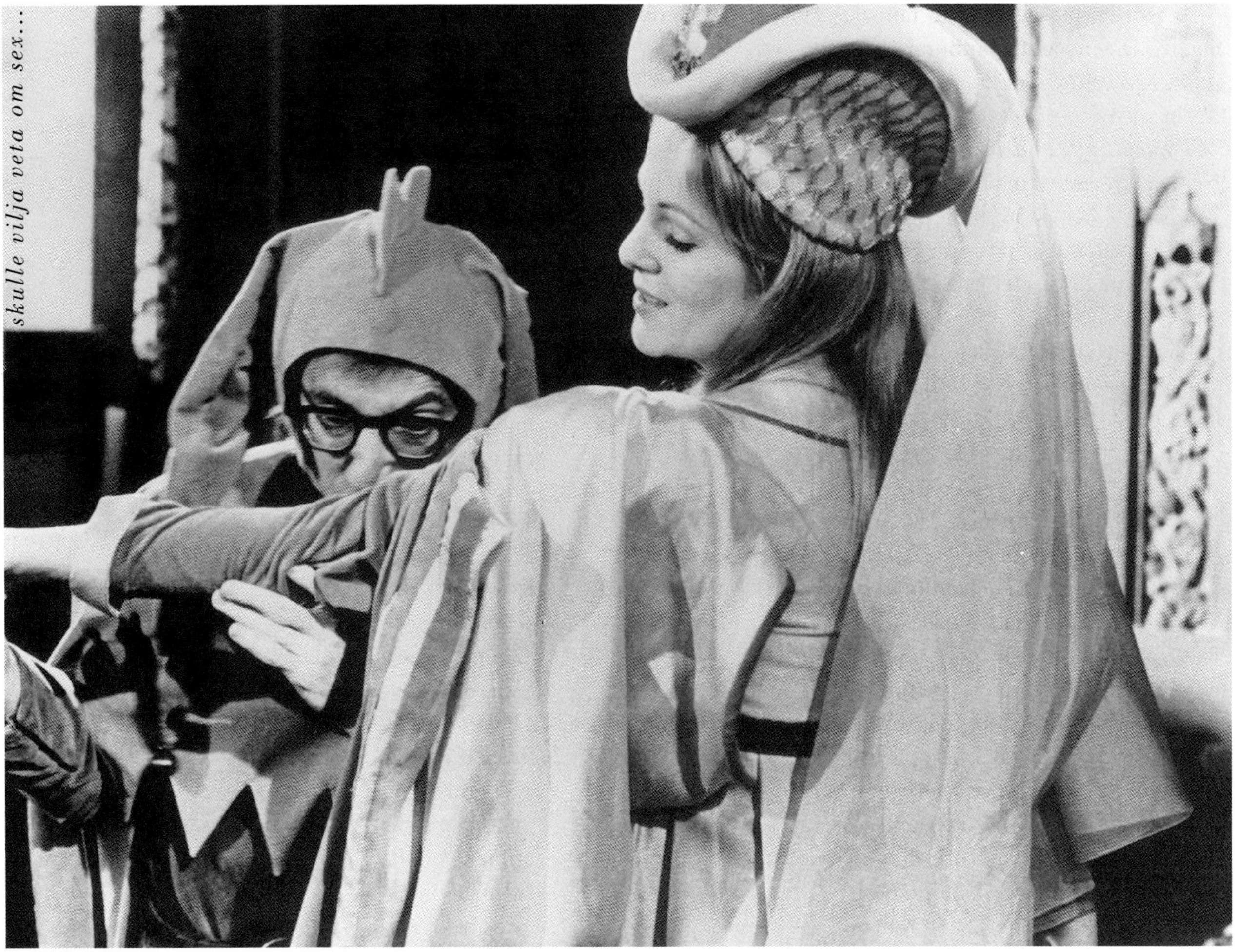

Woody Allen et Lynn Redgrave dans Tout ce que vous avez toujours voulu savoir sur le sexe...

Memories m'a enfin offert la chance de pouvoir travailler avec elle. Je n'avais pas à proprement parler besoin d'une Anglaise, mais j'avais toujours apprécié sa personnalité ; quant à Claire Bloom, je pensais qu'elle pourrait conférer de la dignité à son personnage, dans *Crimes et délits*. Néanmoins, aux États-Unis, il est bien plus facile de trouver des actrices que des acteurs. Il y a une bien plus grande diversité d'actrices que d'acteurs. Je ne suis donc pas contraint de recourir à des actrices anglaises.

Vous avez travaillé avec peu d'acteurs étrangers, tels Max von Sydow, dans Hannah et ses sœurs, *ou Marie-Christine Barrault, dans* Stardust Memories. *Vous n'avez jamais envisagé de travailler avec d'autres acteurs étrangers ?*

Bien sûr que si. Encore faut-il qu'ils fassent l'affaire, qu'ils sachent parler anglais sans accent. J'aimerais avoir des rôles qui leur conviennent. Mais, lorsqu'il s'agit de camper une famille américaine, il est peu vraisemblable que la moitié des membres de cette famille soient européens.

Dans *Crimes et délits*, on ne dit jamais d'où peut être originaire Claire Bloom. Prenez Michael Caine dans *Hannah* : il peut avoir quitté Londres pour s'établir à New York. Mais sitôt qu'un personnage est censé faire partie de la même famille qu'un autre, ça me pose un problème, d'autant que les Américains relèvent ce genre de détails.

Dans le premier sketch de Tout ce que vous avez toujours voulu savoir sur le sexe…, *vous jouez le rôle d'un bouffon. Serait-ce là l'ultime avatar de votre carrière de comique ?*

Absolument. C'était intentionnel.

Il y a quelques années, vous avez joué le rôle du bouffon dans Le Roi Lear *de Jean-Luc Godard. Comment s'est déroulée cette expérience ?*

Ce fut une expérience unique, car j'aime ce que fait Godard. Mais je n'ai jamais vu le film. Il est venu ici et il m'a demandé si j'aimerais jouer dans son *Roi Lear*. De sa part, j'aurais accepté n'importe quoi, car c'est l'un des grands maîtres du cinéma. Il m'a dit que le tournage ne prendrait qu'une matinée. Je me suis donc rendu sur le tournage. Il dirigeait en peignoir de bain et cigare aux lèvres. Il avait une équipe très légère, limitée à trois ou quatre personnes. Un chef-opérateur, un ingénieur du son et un autre type. Difficile de faire plus léger. Il m'a demandé de faire un certain nombre de trucs, et je me suis exécuté. Mais en jouant, je me suis rendu compte que ça allait donner un film très bête. Un film vraiment débile. Enfin, je me suis dit : « Du moment que c'est pour Godard… » Ce rôle m'aura au moins fourni l'occasion de le rencontrer. Après, je suis parti, et depuis, je n'en ai plus jamais entendu parler. Je ne l'ai jamais vu.

Je l'ai vu l'an dernier pour la première fois. Comme vous, j'admire beaucoup Godard, mais je dois dire que son Roi Lear *est de ses films les plus étranges, les plus hermétiques.*

Avec le temps, Godard devient de plus en plus hermétique. De plus en plus expérimental.

Pourtant, certains de ses derniers films sont très beaux, tels Nouvelle Vague, *ou* Allemagne Neuf Zéro, *tourné en Allemagne avec Eddie Constantine. Ce sont des films très étonnants, sur le plan visuel, dont il émane une poésie très personnelle.*

Parfait. J'en suis content.

J'ai trouvé une citation de votre pièce Destins tordus [My Speech to the Graduates], *où vous dites : « Nous vivons dans une société beaucoup trop permissive. Jamais encore la pornographie ne s'était étalée avec une telle impudeur. Et en plus, les films sont flous ! » Estimez-vous qu'en matière de sexualité, les Américains aient une morale sexiste, qu'ils fassent deux poids, deux mesures ?*

On dit parfois qu'aux États-Unis règne une morale sexiste, permissive pour les hommes et répressive pour les femmes. De fait, les Américains ont une approche de la sexualité totalement infantile.

C'est une attitude puritaine.

Exactement.

J'imagine que c'est ce que vous vouliez souligner, à travers cette citation et à travers votre film.

Oui, les Américains sont élevés dans de telles idées, des idées idiotes, mais très prégnantes.

Le deuxième sketch de Tout ce que vous avez toujours voulu savoir sur le sexe…, *« Qu'est-ce que la sodomie ? », est particulièrement drôle. Il me semble que vous avez donné à Gene Wilder le meilleur rôle du film. Comment en êtes-vous venu à le choisir ? Que pensez-vous de lui, comme acteur ?*

C'est un merveilleux acteur comique. Personnellement, je ne tenais pas à interpréter systématiquement tous les sketches. J'ai donc retenu les meilleurs acteurs pour leur confier les rôles que je ne désirais pas tenir moi-même. Et je trouve que Gene Wilder est excellent.

J'ai surtout remarqué le rythme de son débit, les pauses très longues, et très expressives qui marquent son jeu. Ces partis pris sont-ils les siens, ou reflètent-ils vos exigences personnelles ?

Non, c'est son rythme personnel. Il a parfois déclaré que ce film lui avait permis de travailler de façon plus subtile qu'à l'ordinaire. Néanmoins, toute la responsabilité lui en revient. C'est lui qui sent les choses de cette façon. Quand j'ai quelqu'un de la trempe de Gene Wilder, et qu'il fait quelque chose de drôle, je ne vais pas contrarier ses instincts. En revanche, si je me rends compte qu'il fait quelque chose qui va contre le personnage ou contre le scénario, je lui en fais la remarque. Je ne vois pas l'intérêt de travailler avec de grands acteurs tels que Gene Wilder, Gene Hackman ou autres, si c'est pour les embêter constamment. Ils savent très bien ce qu'ils font. Ils lisent leur rôle. S'ils ont des problèmes, ils m'en parlent. La plupart du temps, ils ne me demandent rien. Ils comprennent tout au quart de tour. Ils font leur boulot, et le font parfaitement. Parfois, je n'ai même pas à leur dire quoi que soit. À la limite, tout ce que j'ai à leur demander, c'est d'accélérer un peu.

Ainsi, je me souviens d'une séquence entre Max von Sydow et Barbara Hershey dans *Hannah et ses sœurs*. Ils étaient censés s'engueuler. Ils avaient répété de leur côté, sans moi. Quand je les ai vus jouer, le résultat m'a paru parfait, à ceci près que la scène durait deux fois plus longtemps qu'elle ne dure à présent dans le film. Ils étaient terriblement lents. En l'occurrence, je n'ai eu qu'une seule chose à faire, à savoir, leur dire : « Accélérez le tempo ! Vous ne pouvez pas prendre tout ce temps pour jouer cette scène ». Mais pour le reste, tout est venu d'eux. Ils ont été parfaits.

À mon avis, si les acteurs jouent sur un tempo lent, c'est tout simplement parce qu'ils prennent plaisir à faire ce qu'ils font, sans se rendre compte que ça ne présente pas autant d'intérêt pour les spectateurs qui les regardent. En outre, le cinéma produit un effet de ralenti. Par ailleurs, à l'exception des premiers films de Godard, tels *À bout de souffle*, *Une femme est une femme* et autres, les films européens ont un rythme plus lent.

L'autre soir, je regardais une interview de Liv Ullmann à la télévision. Elle évoquait les réalisateurs qui ne préparent rien, en disant combien elle trouvait ça ennuyeux. Car du coup, une fois sur le plateau, ils sont mal à l'aise, mal préparés.

Gene Wilder dans Tout ce que vous avez toujours voulu savoir sur le sexe...

Elle évoquait ce problème après avoir elle-même tourné son propre film. Moi, je suis d'un avis strictement opposé au sien. Pour moi, il est essentiel d'obtenir de l'acteur une réaction spontanée. Je n'ai partagé son point de vue qu'une fois, lorsque j'ai joué pour Paul Mazursky. J'ai été stupéfait de voir quelle énorme importance il attachait à la préparation. Avant le tournage, il est allé voir le plateau et tous les décors naturels. Il savait donc par avance où placer sa caméra. Il avait tout préparé. Du coup, tout se passa bien, et ce fut très marrant.

Toutefois, je ne procède pas ainsi. Je trouve le décor naturel avec le directeur artistique. Un mois, ou quelques semaines avant le tournage, je retourne sur les lieux avec l'opérateur, avec lequel j'en discute quelques instants, afin de m'assurer que c'est bien ce qu'il nous faut. Après quoi, je n'y songe plus, je l'évacue complètement. Et le matin où je débarque sur le plateau, j'ignore encore ce que je vais filmer, et comment je vais m'y prendre. À ce stade, je préfère privilégier la spontanéité. Je me promène sur le décor, tout seul ou avec l'opérateur. Nous lançons des idées, dans un sens, dans l'autre, avant que je ne décide des mouvements des acteurs. Ensuite, nous éclairons le plateau. Alors, et alors seulement, je fais venir les acteurs. Je leur indique comment ils doivent évoluer, je leur donne leurs marques et leurs déplacements. Mais de façon pas trop contraignante, plutôt générale. Et finalement, nous commençons à tourner. La première prise se révèle parfois la bonne, la meilleure possible. Mais parfois, il faut un plus de temps. Si les acteurs éprouvent le besoin de s'habituer un peu aux lieux, ils ne donneront le meilleur d'eux-mêmes qu'à la troisième ou à la dixième prise. En règle générale, nous ne faisons jamais de répétition, ni de préparation. Après avoir terminé d'écrire le scénario (et de le réécrire intégralement, à seule fin de m'assurer que tout fonctionne), je n'y touche pratiquement plus jusqu'au tournage. Je n'apprends pas mon rôle. Je relis vaguement le scénario quelques minutes avant de tourner. Bien souvent, sur la plupart de mes films, je n'ai même pas de scénario. Je donne le scénario manuscrit à mes collaborateurs, qui en font des tirages qu'ils distribuent à tout le monde, mais moi, je n'en ai jamais un exemplaire chez moi, ni ailleurs. Moins je travaille mon texte, plus je l'aborderai avec fraîcheur.

Mais au tournage, combien de prises faites-vous, en moyenne? Tout dépend des films, et des situations, j'imagine ?

J'essaie de ne pas en faire trop. Quatre, en moyenne, probablement. Mais si je peux n'en faire que deux, je suis ravi. Une bonne, plus une autre, par mesure de sécurité. Dans *Broadway Danny Rose,* il y a un plan qui a nécessité cinquante prises. Mais c'est rarissime.

Le troisième sketch de Tout ce que vous avez toujours voulu savoir… *est situé dans une Italie de carton-pâte. Louise Lasser et vous-mêmes y parlez un baragouin qui sonne vaguement italien.*

Nous avions dû apprendre notre texte en phonétique.

Évidemment, ce sketch est un pastiche des films italiens. Lorsque vous avez tourné ce sketch, parodiez-vous un film ou un metteur en scène précis ?

Non, je faisais juste une petite crise d'« antonionite ». À l'origine, on pensait se déguiser en paysans, pour faire une satire des clichés du genre, établis par les premiers films de Fellini ou de De Sica. Et puis on s'est dit : « Et si les personnages étaient plutôt de grands bourgeois sophistiqués, toujours dans le registre néo-réaliste ? » C'est ce qu'on a fait.

Sur le générique du film, vous avez mis une superbe chanson de Cole Porter : Let's Misbehave. *Cole Porter semble être l'un de vos compositeurs favoris, comme en témoignent nombre de vos films.*

En fait, je lui dois aussi la musique des génériques initial et final de M*aris et femmes*. Effectivement, on pourrait dire que je suis inconditionnel de Cole Porter. Pour M*aris et femmes*, j'ai pris W*hat is this Thing Called Love*, dans une excellente ancienne version, avec Bubber Miley, un grand cornettiste noir, qui a joué avec Duke Ellington et Jelly Roll Morton.

Lisez-vous généralement les critiques consacrées à vos films ?

Non. Je les ai lues jusqu'à mon quatrième ou cinquième film. Je me disais qu'il fallait le faire, ne serait-ce que pour y puiser des accroches de pubs, etc. Et puis, je me suis aperçu d'une chose : moins j'en apprendrais sur ce que les gens pensaient de mon travail, mieux je me porterais. Il fallait continuer à travailler, à faire les films que je voulais, et à les sortir. Si les gens les aimaient, tant mieux. Mais ce n'est pas parce qu'un critique criera au génie que ce sera vrai. Et ce n'est pas parce qu'il dira que je suis débile que je le serai effectivement. Mieux vaut ignorer ce que peuvent dire les autres. J'ai prévenu la production de ne pas m'appeler pour m'annoncer qui était invité aux projections, ou quel nombre d'entrées totalisait le film. Je m'en fiche, et depuis des années. Une fois le film en boîte, et terminé, je n'y pense plus ! Je me souviens d'ailleurs que le jour de la sortie de *Manhattan*, je n'étais même pas à New York.

D'autres réalisateurs finissent un film et le sortent. Supposons que le film marche. Ils lisent les critiques. Ils organisent des cocktails. Ce qui leur permet de souffler. Moi, en revanche, Je me vois un peu comme un travailleur à la chaîne. Sitôt un film fini, je passe au suivant.

J'imagine cependant qu'il y a auprès de vous des gens dont les réactions et les sentiments peuvent vous toucher, comme les avis de Diane Keaton. Il y a sans doute d'autres personnes auxquelles vous pouvez vous fier ?

Oui, mais en général, ça se passe avant la sortie du film.

En outre, ces derniers temps, vous êtes souvent en train de travailler sur un nouveau film, lorsque le précédent sort.

Oui, ça m'arrive régulièrement. Parfois, je réfléchis déjà à mon prochain film dans les rares moments libres que me laisse le tournage. Je pense déjà à ce que j'aimerais faire ensuite. Car c'est le travail qui m'intéresse, et non la façon dont il sera perçu à court terme. La reconnaissance arrive automatiquement. Et je touche mon salaire.

6

Woody et les robots

MILES : « Je n'arrête pas de plaisanter. C'est un mécanisme de défense. » *(Sleeper)*

MILES : « Je ne suis pas un héros. Un jour je me suis fait tabasser par un quaker. » *(Sleeper)*

Comment vous est venue l'idée de faire Woody et les robots [Sleeper] *?*

Eh bien, j'ai eu une idée, alors je suis allé voir les gens de United Artists, et je leur ai dit que je voulais faire un gros film très cher. Il devait durer quatre heures. Il commençait comme une comédie new-yorkaise, à la fin de laquelle, après deux heures de film, j'entrais dans une machine à cryogéniser, et je me retrouvais congelé par accident. J'avais prévu un entracte, permettant aux spectateurs de sortir s'acheter une glace ou du pop-corn, avant de revenir pour la seconde partie du film. Dans la seconde partie, je me réveillais à New York, cinq siècles plus tard. Ainsi commençait le second film.

Les gens de United Artists ont adoré l'idée. Mais la seule écriture du scénario aurait exigé un travail énorme. J'ai donc décidé de ne garder que la deuxième partie de l'histoire. J'ai appelé Marshall Brickman pour lui demander si le projet l'intéressait, et il m'a répondu : « Évidemment ! ». Nous l'avons alors écrit ensemble.

En anglais, Sleeper *a un double sens, non ? C'est aussi comme ça qu'on appelle un film qui marche très bien.*

Oui. Un truc qui marche très bien, alors que l'on ne s'y attendait pas. Mais en l'occurrence, il n'y a pas de jeu de mots. Je cherchais juste un titre court, si possible en un mot.

La musique de Woody et les robots *est jouée par votre propre orchestre, les Ragtime Rascals. Elle contribue d'ailleurs à accentuer le côté* slapstick.

Oui, c'est nous qui avons enregistré la bande originale. Je ne savais pas quelle musique prendre. Et comme le film était situé dans l'avenir, j'ai préféré éviter de prendre une musique futuriste, qui serait toujours étrange et désagréable à écouter. Et puisque le film avait déjà ce côté *slapstick*, j'ai opté pour ce genre de musique. D'ailleurs, sur ce film, le plus drôle a encore été d'enregistrer la musique.

Comment a-t-elle été composée, et calée sur les séquences ?

Woody Allen et Diane Keaton dans Woody et les robots.

C'est du jazz New-Orleans classique. J'ai écouté énormément de musique de style New-Orleans, et j'ai fait mon choix. Je me suis constitué une vraie discothèque sur le sujet.

C'est avec Woody et les robots *que Diane Keaton apparaît pour la première fois dans un de vos films. Je suppose que le rôle avait été écrit à son intention ?*

Exactement. J'ai essayé d'en faire une héroïne à la Buster Keaton, une fille drôle, et qui met toujours le héros en mauvaise posture. Elle s'en est très bien tirée.

Woody et les robots *contient probablement plus de gags visuels qu'aucun de vos autres films. Vous souvenez-vous comment vous avez élaboré ces gags ?*

Je voulais faire quelque chose dans le style des vieilles comédies du muet, et donc très visuel, en un sens. J'y ai plutôt réussi. *Woody et les robots* n'a pas coûté très cher. Moins de trois millions de dollars.

Vous est-il plus difficile de trouver des gags visuels que des jeux de mots ?

Les gags visuels sont plus embêtants à filmer, mais pas plus difficiles à trouver. Le tournage exige simplement beaucoup de travail.

La séquence où vous vous rasez devant un miroir évoque certains gags des films des Marx Brothers. C'était sans doute intentionnel ?

Plus ou moins. Les gags visuels sont surtout liés au décor futuriste.

7

Guerre et amour

SONYA : « Boris, laisse-moi te montrer à quel point ton attitude est absurde. D'accord, admettons que Dieu n'existe pas et que chacun d'entre nous est libre d'agir comme il l'entend. Alors qu'est-ce qui va bien pouvoir t'empêcher de commettre un meurtre ? »
BORIS : « Le meurtre est une chose immorale. »
SONYA : « Ce qui est immoral est subjectif. »
BORIS : « Certes, mais la subjectivité est objective. »
SONYA : « Pas si l'on se réfère à n'importe quelle théorie rationnelle de la perception. »
BORIS : « La perception est une chose irrationnelle. Elle suppose l'immédiateté. »
SONYA : « Oui, mais dans l'évaluation de toute chose, que ce soit du point de vue de la théorie, ou des conditions phénoménologiques, il existe une contradiction rationnelle, ou métaphysique, ou du moins épistémologique, qui se heurte à une conception abstraite et empirique de l'étant, soit qu'il existe dans la chose en soi, ou à travers elle. »
BORIS : « Ça, je l'ai dit des milliers de fois. » *(Love and Death)*

Sur Guerre et amour, *l'image était signée Ghislain Cloquet. Le film a été tourné en France ?*

Oui, en France et en Hongrie. À Paris et à Budapest. J'ai dû tourner ce film à l'étranger pour des raisons évidentes, et notamment parce que l'intrigue était située en Europe. En outre, pour faire des économies de budget, les producteurs tenaient à ce que je tourne les scènes importantes en Hongrie. Je suis donc allé en France, où j'ai recruté une formidable équipe française. J'ai vu plusieurs opérateurs français, visionné leur travail, et c'est celui de Cloquet que j'ai préféré. Je ne me souviens plus lesquels de ses films j'ai pu voir, car je ne visionnais qu'une bobine de chaque film.

C'est la première fois que le casting d'un de vos films fut assuré par Juliet Taylor ?

En fait, Juliet Taylor était l'assistante de Marion Dougherty, qui avait fait le casting de tous mes films. Puis, quand Marion est partie travailler en Californie pour les grands studios, Juliet a pris la relève. Cependant, alors même qu'elle n'était encore qu'assistante, c'est toujours avec Juliet que j'avais travaillé.

Comment travaillez-vous ensemble ?

D'ordinaire, je lui fais lire le scénario, sans rien lui en dire de plus. Elle-même préfère procéder ainsi. Puis nous nous voyons, et elle me suggère alors toute une liste de candidats possibles, pour chacun des rôles. Alors commencent d'interminables discussions où, sitôt que je lui dis : « Non, je déteste cet acteur », elle m'en propose un autre. Au terme d'innombrables palabres, nous finissons par attribuer chacun des rôles.

Vous procédez ainsi aussi bien pour les rôles principaux que pour les rôles secondaires ? Vous ne choisissez pas vous-même par avance les acteurs principaux ?

Non, non… Nous choisissons ensemble jusqu'au moindre rôle.

La musique de Guerre et amour *est de Prokoviev.*

Ma première idée était d'utiliser Stravinski. Puis je me suis aperçu que sur une musique de Stravinski, les scènes perdaient de leur comique. Cette musique alourdissait tout. En outre, même si ce ne fut pas déterminant, les droits de Stravinski sont très chers, contrairement à ceux de Prokoviev. Prokoviev allégeait toute l'ambiance. C'était enlevé et gai, alors que Stravinski semblait toujours bizarre, gênant, et cassait l'ambiance.

Au début du film, Sonya (Diane Keaton) demande à Boris (interprété par vous-même) : « La nature est incroyable, non ? », à quoi vous répondez : « Pour moi, la nature, c'est des araignées dévorant des moucherons, de gros poissons dévorant des petits, et des plantes dévorant d'autres plantes. C'est comme un gigantesque restaurant. Voilà comment je la vois. » Comment voyez-vous la nature, par opposition à la ville ? J'imagine que vous n'êtes pas vraiment rousseauiste dans l'âme ?

C'est encore plus profond que ça. Évidemment, à choisir entre la vie en ville et la vie à la campagne, il me semble que j'ai une personnalité plutôt taillée pour la ville. C'est là une dichotomie classique pour bien des artistes. Dostoïevski avait un tempérament carrément citadin, tandis que Tolstoï était un campagnard. Et Tourgueniev, plus encore. Cela n'affecte en rien la qualité, ni la profondeur de leurs œuvres respectives. Moi, je préfère la ville à la campagne. Je n'ai rien contre le fait de rouler sur une route de campagne, ni contre l'idée de passer une journée au grand air de temps à autre. Mais dans la phrase à laquelle vous faites allusion, le concept de « nature » doit s'entendre dans un sens plus large, embrassant et la campagne et la ville. En fait, quand on considère les beautés de la nature, on voit une belle scène pastorale. Si on y regarde de plus près, on découvre une réalité assez horrible. Si on y regarde de plus près encore, on ne voit plus que violence, anarchie, tuerie et cannibalisme. Mais si l'on considère les choses dans leur ensemble, comme un tableau de Constable, tout semble magnifique.

Comparée à celle de vos films précédents, la structure narrative de Guerre et amour *est encore plus libre. Parfois, comme dans vos premiers films, le dialogue est presque uniquement fait de plaisanteries. L'archétype, c'est la scène du grenier entre Boris et Sonya.*

Oui, à l'époque, je voulais que mon personnage fasse constamment des plaisanteries, comme Groucho Marx ou Bob Hope. Je préférais de loin des cascades de bons mots à un dialogue psychologique.

Woody Allen dans Guerre et amour.

Dans votre livre, Destins tordus, *vous avez publié deux nouvelles, pastichant ou parodiant des genres littéraires reconnus. Par exemple, une histoire que j'aime beaucoup, intitulée « Le Condamné », parodie des romans existentialistes français, comme ceux de Sartre ou de Camus. On retrouve la même tendance dans* Guerre et amour.

C'est vrai. Chacun a ses boucs émissaires, qu'il aime à tourner en ridicule ou à prendre à contre-pied. Avec tendresse, s'entend. J'ai moi-même une grande tendresse pour ces auteurs, et pour les sujets qu'ils traitent. Si je faisais un pastiche de Bergman, la dérision naîtrait de la tendresse même.

Cette même dérision se retrouve d'ailleurs dans Guerre et amour, *où vous parodiez Bergman, Eisenstein et certains metteurs en scène français.*

Bien sûr, puisque je travaillais dans ce champ-là. Je savais que j'allais m'amuser en m'aventurant dans ce secteur de la philosophie. En faisant la critique de ce film, Penelope Gilliat[1] a écrit : « Nous ne sommes pas ici dans l'univers russe, mais dans l'univers de la littérature russe. » Et c'est vraiment ça. *Guerre et amour* frise la parodie littéraire.

Qu'est-ce qui vous a poussé à écrire ce film ?

Tout un enchaînement de circonstances assez intéressant. Je venais juste de terminer *Woody et les robots*, que j'avais tourné dans le Colorado et en Californie, et je voulais tourner un film à New York. Alors j'ai écrit un film policier, mais après avoir terminé le scénario, je n'avais plus trop envie de le tourner. Je ne trouvais pas l'histoire assez forte, aussi l'ai-je mise de côté. Et alors j'ai subitement eu envie de faire une histoire dans une ambiance slave, teintée de philosophie. J'ai donc écrit *Guerre et amour*, et puis je l'ai tourné.

Après ça, je suis revenu à mon polar. J'ai extrait du scénario certains personnages, et j'en ai fait *Annie Hall*. Car dans mon polar, mes personnages étaient déjà Annie et Alvy, et beaucoup de choses existaient déjà. Mais j'ai laissé tomber tout le côté policier. En revanche, *Meurtre mystérieux à Manhattan* reprend ce même polar, car l'envie m'en est revenue.

La même histoire ?

Je l'ai un peu adaptée, mais c'est pratiquement la même histoire. Avec *Guerre et amour*, j'avais surpris tout le monde, car le public s'attendait à un film situé dans le New York contemporain. Mais je me suis rarement autant amusé qu'en faisant ce film. J'aimais l'endroit où il a été tourné. C'était drôle de travailler à Paris. J'aimais bien l'équipe française, et j'adorais être en France. Pour moi, Budapest était un peu rude à cette époque de l'année, car il faisait froid.

Nous avons déjà évoqué la question des références filmiques. L'une des plus importantes est évidemment celle de Bergman. Vous avez ainsi le personnage de la Mort, qui vient faucher les âmes. Mais à la fin du film, il y a aussi une image étonnante, qui fait penser à Persona : *un gros plan de Diane Keaton et de Jessica Harper.*

À l'époque, on utilisait tout ce qu'on voulait. On puisait dans les romans russes, les films suédois, les films français, chez Kafka et les existentialistes. Du moment que ça nous amusait, on le faisait.

1. Penelope Gilliat, est l'une des critiques cinématographiques les plus marquantes en Angleterre, et l'une des collaboratrices régulières de *Sight and Sound* et du *New Yorker* ainsi que de divers quotidiens anglais. Elle est également l'auteur de plusieurs romans dont *Sunday bloody Sunday*, adapté en 1971 par John Schlesinger.

8

Annie Hall

ALVY : « L'univers est en expansion »
(Annie Hall)

Vous avez ensuite tourné en décors naturels, en ville. Annie Hall *était exactement le genre de film que tout le monde attendait que vous fassiez.*

C'est vrai, je crois que ce film a représenté un tournant dans ma carrière. Pour la première fois, j'ai eu le courage de laisser tomber les clowneries, de rompre avec les règles de la bonne vieille comédie. Je m'étais dit : « Cette fois, je vais essayer de faire un film plus profond, même au risque de le rendre moins drôle. Peut-être qu'ainsi émergeront de nouvelles valeurs, susceptibles d'intéresser le public, de nourrir ses réflexions. » Et ça a très bien marché.

Vous avez écrit Woody et les robots, *ainsi d'ailleurs que* Annie Hall *en collaboration avec Marshall Brickman. Parlez-nous de lui. Est-il écrivain de profession ?*

Marshall et moi avions travaillé dans les mêmes boîtes de nuit. Il était musicien. Il jouait de la basse et de la guitare. On a sympathisé, on a commencé à discuter. Et finalement, on a décidé d'écrire un truc ensemble, histoire de rigoler. On l'a fait, avec un résultat qui nous a paru assez satisfaisant. Nous avons ainsi collaboré sur *Woody et les robots*, puis sur *Annie Hall*, et *Manhattan*. Là, nous venons de terminer mon policier. J'aime bien Marshall. C'est un bon ami, très sympathique. Il a aussi réalisé quelques films.

Comment s'est passée votre collaboration ? Vous retrouviez-vous chaque jour pour écrire ensemble, ou…

Non, on se baladait dans les rues, on déjeunait ou on dînait ensemble. Ou alors on se voyait et on discutait à n'en plus finir. Quand on avait assez discuté, je m'isolais pour écrire le scénario. Ensuite, je montrais le résultat à Marshall, qui me faisait ses critiques. Il amenait de nouveaux points de vue et de nouvelles idées, mais j'ai toujours pensé qu'il valait mieux que ce soit moi qui rédige. C'est moi qui allais devoir dire le texte, et je préférais donc le tourner de manière à me faciliter la tâche.

Contrairement à beaucoup de vos films, où vous établissez l'ambiance grâce à une musique, Annie Hall *commence dans le silence complet. Pourquoi avoir choisi de ne pas mettre de musique ? Pour préparer le public à l'idée que ce film n'était pas*

« comme les autres », comme vos films précédents, et qu'il visait d'autres buts, en privilégiant le dialogue ?

À l'époque, je me demandais encore comment traiter la musique de film. Pour *Guerre et amour*, j'avais pris de la musique classique. Dans *Woody et les robots*, j'avais enregistré la musique moi-même, avec ma formation. Finalement, je ne savais pas trop où je voulais aller, musicalement parlant, et j'ai donc essayé de faire ce film sans musique. La musique qu'on entend dans *Annie Hall* est toujours justifiée à l'écran, et rien n'a été composé pour l'occasion. Elle vient toujours d'un autoradio, d'une fête, ou autre... Il n'y a pas d'autre musique dans le film. Pourquoi ? Je ne sais pas. J'ai fait cette expérience, pour voir ce que ça donnerait de réduire la musique au strict minimum. J'avais un tempérament tellement radical, à l'époque, que je me fichais de plaire ou non au public. Je voulais simplement faire ce que j'avais envie de faire, et marquer une rupture avec ce que j'avais fait auparavant. Si je devais refaire ce film aujourd'hui, j'y rajouterais sans doute énormément de musique. Peut-être y a-t-il encore une autre raison au choix que j'avais fait alors : je me rappelle qu'à l'époque, j'étais littéralement fasciné par Bergman, qui ne mettait jamais de musique dans ses films. Peut-être ai-je pensé qu'il avait raison sur ce chapitre. Depuis, j'en suis venu à penser autrement.

*Toujours à propos d'*Annie Hall, *je me demande si vous n'auriez pas également été influencé par Bergman à un autre niveau. Car dès ce film, vous avez commencé à utiliser le lettrage simple et net que vous deviez garder par la suite pour les génériques de tous vos films. Bergman aussi a conservé durant des années le même lettrage pour tous ses films.*

Je l'ignorais. Je n'y avais jamais songé. À l'origine, mon but était différent. Sur *Bananas*, et sur *Tout ce que vous avez toujours voulu savoir sur le sexe...* j'avais fait faire des lettrages originaux, et puis j'ai fini par me dire : « Quelle idiotie, de dépenser tant d'argent pour un lettrage. C'est vraiment une habitude américaine idiote. Autant faire réaliser le plus économique des génériques, purement informatif. » J'ai choisi un caractère qui me plaisait et, depuis, je n'en ai jamais changé. Car au fond, à quoi servent les génériques ? À transmettre des informations, c'est tout.

Sans doute. Mais le lettrage de vos génériques est devenu tout de même une sorte de signature.

Oui, au bout d'une quinzaine de films. Je trouve ça très bien. Ça ne coûte pas cher. En effet, à une époque, il y a eu une véritable frénésie des génériques, aux États-Unis. Dans les années soixante, il fallait absolument faire des génériques dans le style de celui de *La Panthère rose*. Et les producteurs devaient aligner deux cent cinquante mille dollars, pour le seul générique, qui devenait l'un des postes les plus importants du budget des films !

Je voulais également ne pas faire un événement extraordinaire de la sortie de mes films. Moi, je tiens seulement à réaliser beaucoup de films, et à pouvoir les montrer. J'aime bien travailler, alors je me suis arrangé avec ma maison de production : à chaque fois que je boucle un scénario, je peux rentrer en production dès le lendemain. Cet arrangement tient, et je n'ai donc pas à m'en faire. C'est ce que je voulais. Une fois mon film fini, je n'ai aucune envie d'avoir à le montrer à des professionnels, de m'imposer des déjeuners, chercher de l'argent…

Avec Annie Hall, *avez-vous eu l'impression d'avoir enfin obtenu, sur le plan économique comme sur le plan artistique, la possibilité d'exprimer ce que vous vouliez ?*

Sur *Annie Hall*, il s'est passé deux choses. D'une part, j'avais l'impression d'avoir atteint un certain stade, avec mes films précédents. J'avais donc envie de passer à un autre niveau, et de réaliser des films plus réalistes, plus profonds. D'autre part, j'ai alors rencontré Gordon Willis, qui devait m'apprendre beaucoup de trucs techniques. Sur ce plan, Gordon est un véritable magicien. Et également un grand artiste. Il m'a appris bien des choses sur la photo et sur la lumière. Pour moi, cette rencontre constitua à plus d'un titre une expérience charnière. Au bout du compte, le film paraît autre, car il est d'une tout autre qualité. Et je crois que *Annie Hall* marque un premier pas vers la maturité, pour moi, en tant que cinéaste.

*La structure d'*Annie Hall *est également très libre…*

Cette liberté existait déjà dans le scénario ! Dès le scénario, dès le tout début. Je me suis toujours senti libre d'opter pour n'importe quel choix, dans la chronologie d'un film, dans sa structure même.

Le film commence d'une façon très abrupte, avec ces deux plaisanteries que vous décochez au public. Dans la première, il est question de deux vieilles dames, qui vont prendre les eaux à la montagne. L'une dit à l'autre : « La nourriture est vraiment infecte, ici » et l'autre lui répond : « Ça c'est vrai ! Et les portions sont tellement congrues ! » La deuxième est attribuée à Groucho Marx, que vous paraphrasez : « Jamais je ne voudrais entrer dans un club qui m'admettrait comme membre. » Cela donne au film un côté direct, immédiat.

Oui, comme ça, on saisit d'emblée l'idée du film. Instinctivement, j'ai senti que si je m'adressais directement au spectateur en lui parlant de mes problèmes personnels, ça l'intéresserait, parce que je savais que beaucoup de spectateurs ressentaient la même chose, et avaient les mêmes problèmes. Je voulais m'adresser à eux directement, les affronter directement.

Au début du film, vous dites qu'Alvy Singer a été élevé sous les montagnes russes de Brooklyn. Les montagnes russes semblent tenir une grande place dans vos films.

On les retrouve dans Stardust Memories, *dans* La Rose pourpre du Caire, *et dans* Radio Days.

C'est vrai. J'ai moi-même grandi à Brooklyn. Pas vraiment tout près, mais pas très loin non plus de Coney Island, qui était un immense parc d'attractions, devenu légendaire depuis lors. Quand j'étais gosse, le parc d'attractions était déjà un peu décati, mais il marchait encore. J'y passais un temps fou. J'y allais constamment avec mes copains. On nageait, on traînait sur les planches. Autant de choses que j'ai montrées dans *Radio Days*. J'ai grandi à deux pas de la plage, à deux pas de la mer. Même si ça n'a duré qu'un temps, j'ai vécu très près de l'Océan toute une partie de mon enfance. Dans la première version d'*Annie Hall*, je n'étais pas censé avoir grandi dans le parc d'attractions, mais sur les lieux mêmes où j'ai effectivement grandi, soit à quelques kilomètres de Coney Island. Mais un jour, Gordon Willis, Mel Bourne – le directeur artistique – et moi-même sommes passés voir les montagnes russes, et j'ai alors vu qu'il y avait une maison, juste en dessous. Je me suis dit qu'il fallait absolument mettre ce détail à profit. J'ai donc fait naître Alvy dans cet endroit. C'est une image tellement forte…

Pouvez-vous nous parler de votre prime enfance, celle d'Alvy, et celle de Woody ?

À ce titre, le film est fidèle à la réalité. J'ai vécu dans des lieux identiques. À l'école où j'allais, j'avais exactement ce genre d'institutrices aux cheveux teints en mauve, ultra sévères et très antipathiques.

Vous prétendez pourtant avoir du mal à distinguer la réalité de la fiction ?

Oui. C'est le thème majeur de mes films. Je garde de mon enfance des visions très contradictoires. Parfois, je m'en souviens comme d'une période déplaisante, et à d'autres moments, je la revois bien meilleure qu'elle ne l'a été. Il est bien difficile de se souvenir avec exactitude et précision de son enfance.

Annie Hall *est entrecoupé d'intermèdes, au cours desquels vous vous confiez à Tony Roberts, qui joue le rôle de votre ami dans ce film. Au début du film, il y a ce long plan où vous marchez tous deux le long d'un trottoir, vers la caméra. C'est un long plan, sans coupe. Et au fur et à mesure, vous vous rapprochez de la caméra, qui finit par panoter, et vous suivre de dos. On retrouve dans vos autres films des plans similaires, mis en scène de la même façon, des plans très longs, que vous laissez courir pendant que les gens parlent. Aimez-vous présenter ainsi ce genre de réflexions ?*

Dans *Manhattan*, des plans semblables m'ont valu des reproches. Mais ils ne font que refléter la vie qu'on mène en ville, et qui consiste à discuter en arpentant les rues, à discuter au lit avec sa femme, à discuter au restaurant… Vivre en ville, c'est avant tout vivre en pleine interaction verbale. À propos de *Manhattan*, on m'a dit que « les personnages se contentent d'aller au restaurant, d'arpenter les rues, de se promener dans le parc, de s'asseoir dans leur fauteuil et de discuter ». Mais c'est exactement la vie qu'on mène en ville ! On communique verbalement. En ville on mène une existence cérébrale. On ne se lève pas à l'aube pour faire les foins, comme les moujiks de Tolstoï. Et on n'observe pas non plus les mêmes rituels silencieux que la famille de *La Source*, de Bergman.

Pour ma part, j'aime beaucoup ces petites séquences de commentaire, précisément parce qu'elles se présentent sous cette forme, avec ces longs plans sans coupe.

C'est quelque chose que j'ai commencé à faire avec *Annie Hall*. Depuis, j'ai fait beaucoup de films avec très peu de plans. Susan Morse et moi avons pu monter certains de mes films en une semaine, en partant des rushes, car il n'y avait que des plans-séquences. Quarante plans-séquences à coller, et le montage était terminé. Beaucoup de mes derniers films consistent uniquement en très longs plans-séquences. Il y a des années que j'ai cessé de me couvrir sous quelque angle que ce soit. Je trouve plus amusant, plus rapide et moins ennuyeux de tourner en plan-séquence.

Tant dans sa structure que dans son contenu, ce plan me rappelle des films comme Ce plaisir qu'on dit charnel [Carnal Knowledge], *de Mike Nichols*, 1971… *qui est aussi une comédie de mœurs.*

Peut-être. J'ai vu ce film il y a des années. Je crois que c'est l'un des meilleurs de Mike Nichols.

Dans Annie Hall, *Annie et Alvy vont voir* Face à Face, *de Bergman. Mais Alvy refuse d'entrer dans la salle, car le film est déjà commencé.*

Oui. La première scène de mon histoire policière commençait ainsi. J'attendais devant le cinéma, Annie arrivait, on partait ailleurs, et alors survenait le meurtre. Mais dans *Annie Hall*, je me contente de l'attendre devant le cinéma, et de refuser de voir le film de Bergman, sous prétexte qu'il est déjà commencé.

Vous enchaînez ensuite sur la scène d'altercation entre Alvy et un type, dans la file d'attente du cinéma, qui finit par invoquer l'autorité de Marshall McLuhan, en le citant de façon incorrecte. Vous faites alors paraître McLuhan, qui corrige le type en question.

J'ai contacté diverses personnalités, qui ont décliné l'offre, que finalement, McLuhan a acceptée. En fait, j'aurais voulu Fellini, car il aurait été plus naturel que des gens qui font la queue devant un cinéma parlent de cinéma et de Fellini. Mais comme Fellini a refusé de traverser l'Atlantique pour faire une simple panouille, j'ai été trop heureux de prendre McLuhan.

Vous n'avez pas pensé à le proposer à Bergman ?

Woody Allen et Diane Keaton au cinéma dans Annie Hall... *et que vont-ils voir ? Évidemment, un film de Bergman.*

Non. Bergman ne me semble pas pouvoir se prêter à une chose pareille. Tout ce qu'on sait de lui, c'est qu'il vit en ermite sur son île, Farö.

Vous n'aviez encore eu aucun contact avec lui, à cette époque ?

Non, je n'ai eu aucun contact avec Bergman avant le tournage de *Manhattan*. J'avais rencontré Liv Ullmann. Sachant combien j'aimais Bergman, elle m'a confié qu'il serait à New York au cours de la semaine suivante. Elle a proposé d'organiser un dîner qui nous réunisse elle, Bergman, son épouse et moi-même. Elle m'a assuré que Bergman en avait autant envie que moi. Je me suis donc rendu jusqu'à l'hôtel de Bergman, et nous avons dîné dans sa chambre. Nous avons longuement parlé, de façon fort agréable, en abordant énormément de sujets ! J'ai été très surpris de découvrir que Bergman avait lui-même vécu, et au même moment, bon nombre des expériences assez banales par lesquelles j'étais moi-même passé. Naturellement, nous avons beaucoup discuté de cinéma. Il m'a même invité à venir sur son île. Mais la dernière fois que je suis passé par Stokholm, je n'ai pas pu m'y rendre, avec tous mes enfants ! En revanche, nous avons eu une longue conversation téléphonique, qui a peut-être duré une ou deux heures. Il est très drôle, en privé. Nous nous sommes entretenus plusieurs fois par téléphone, mais je ne l'ai vu qu'une seule fois en chair et en os, et ce fut ce soir-là, dans sa chambre d'hôtel à New York. Ça m'a vraiment fait rire, ces aventures idiotes qui arrivent à tous les metteurs en scène de cinéma. C'est comme ça partout. Bergman m'a raconté que, chaque fois qu'il sort un film, les gens de la production l'appellent et lui racontent que, la première séance affichant complet, ce film va rapporter plus d'argent qu'aucun de ses films précédents. Il m'est arrivé la même mésaventure, avec des prédictions comparables. Tout s'annonce bien, mais cinq jours après, tout s'écroule, et toutes les prédictions optimistes tombent à l'eau.

Vous arrive-t-il d'avoir le même optimisme, quand vous faites un film ? Par exemple, quand vous venez de terminer le scénario, que vous commencez à tourner ?

Commercialement parlant, non, mais artistiquement, oui. Je me dis toujours que le prochain film que je ferai sera réussi sur le plan artistique. Mais sur le plan commercial, je suis toujours pessimiste. Quand j'ai fait *September, Une autre femme* [*Another Woman*], Intérieurs [*Interiors*] ou *Stardust Memories*, je savais, au moment même où je tournais, que personne n'irait les voir. Même si je les soignais sur le plan esthétique, si je travaillais dur et si le résultat était satisfaisant, je savais que le public ne suivrait pas. Ça se sent. Tandis qu'en faisant des films comme *Annie Hall* ou *Woody et les robots*, je savais qu'en les faisant de mon mieux, je toucherais un certain public.

Cette certitude ne vous a pourtant jamais dissuadé de faire les films que vous aviez envie de faire ?

Non, ça ne m'arrête pas. Mais le plus étonnant est que ça n'ait pas arrêté les studios. Si l'on me dit que j'aurais toujours de l'argent pour faire mes films, je fais les films dont j'ai envie. Peu m'importe qu'ils soient ou non appréciés du public ou des critiques. J'aimerais autant, bien sûr. Mais s'ils ne le sont pas, tant pis. Je fais des films pour mon propre plaisir. Malheureusement, la réalité veut qu'au bout de quelque temps, les studios disent toujours : « Écoutez, vous avez tourné dix films, et nous avons perdu énormément d'argent ! » Jusqu'à présent, une telle mésaventure ne m'est jamais arrivée. J'ai eu de la chance.

L'ironie des choses, c'est que certains des films que vous venez de mentionner, comme Stardust Memories, September *et* Une autre femme *sont, à mon avis, parmi vos meilleurs. Peut-être est-il normal qu'ils ne plaisent pas au grand public, mais c'est regrettable.*

C'est bien mon avis. Malheureusement, il n'y a jamais, ou très rarement, corrélation entre le meilleur d'une œuvre, et le succès qu'elle remporte. *Quoi de neuf Pussycat ?* a fait un tabac, mais je n'en suis pas fier pour autant. Parfois, avec un peu de chance, il arrive qu'on fasse un bon film et que le public suive. Mais la plupart du temps, les choses ne se passent pas ainsi. Il ne m'appartient pas de dire si tel film est bon ou mauvais, du point de vue du spectateur potentiel. En définitive, je ne puis juger que d'une seule chose : si le résultat final correspond ou non à mes ambitions initiales. Par exemple, *La Rose pourpre du Caire*, qui a toujours été l'un de mes films préférés, parmi tous ceux que j'ai faits, n'a rien rapporté, aux États-Unis. Je suis satisfait de ce film, car j'ai pu transposer à l'écran mon idée de départ, exactement comme je le voulais. En voyant le film terminé, je me suis dit : « J'avais une idée, j'avais un scénario, et ça a donné exactement ce que je voulais. » Je suis parvenu à exprimer exactement ce que je voulais, comme je le voulais. Le film a été extrêmement bien accueilli par la critique, mais quasiment personne n'est allé le voir. Certaines personnes m'ont dit que si Cecilia et le héros s'étaient mariés à la fin, le film aurait peut-être eu plus de succès auprès du public. Comme le héros abandonnait Cecilia, le film se concluait sur une note triste et mélancolique. Or, c'est exactement pourquoi j'avais fait ce film, c'était tout son intérêt. Certains autres de mes films ont connu un sort semblable. Par exemple *Zelig* a été encensé par la critique, mais personne n'est allé le voir. *Radio Days* a été bien reçu par la critique, mais personne n'est allé le voir. Pourtant, c'étaient des films très accessibles. *Broadway Danny Rose*, qui était vraiment une bonne vieille comédie à l'ancienne, a connu le même sort. Au fil des ans, des gens m'ont dit : « Oh, de tous vos films, c'est celui que je préfère ! Ça m'a tellement fait rire ! ». Mais à l'époque, personne n'était allé le voir.

La réaction des Européens a-t-elle été comparable à celle des Américains ?

Absolument pas ! Durant les vingt dernières années, l'Europe m'a sauvé la vie. Sans l'Europe, je ne ferais sans doute plus de films. Des films qui ont été des fours aux États-Unis ont rapporté pas mal d'argent, ou du moins, assez d'argent, en Europe, si bien que les pertes ont été minimes. Mes premiers films n'avaient pas eu un succès fou en Europe. Encore que *Bananas* ait très bien marché en France. C'est *Bananas* qui m'a ouvert l'Europe, d'autant que l'Italie a suivi assez rapidement la France. Au bout de quelque temps, j'ai commencé à avoir mon public en Europe, et maintenant, je dépends complètement du public européen, comme l'a d'ailleurs prouvé *Ombres et brouillard*, qu'absolument personne n'est allé voir aux États-Unis, mais qui a remporté un certain succès en Europe.

Vous nous avez déjà parlé de Fellini. Naturellement, c'est un cinéaste qui vous a beaucoup inspiré ?

Oui. *Le Cheik blanc* est peut-être la meilleure comédie qui ait jamais été réalisée, depuis l'existence du parlant. Difficile de trouver une meilleure comédie dialoguée, selon moi – à l'exception, peut-être, d'une excellente comédie de Preston Sturges *Infidèlement vôtre* [*Unfaithfully Yours*, 1948], et de deux films remarquables d'Ernst Lubitsch : *The Shop around the Corner* [1939], qui est sensationnel, et *Haute Pègre* [*Trouble in Paradise*, 1932], qui est très drôle. Mais en ce qui concerne le parlant, et en mettant à part les films des Marx Brothers, qui récapitulent tout le travail des Marx Brothers, je ne vois pas de meilleure comédie que *Le Cheik blanc*. C'est la comédie par excellence, la meilleure que je connaisse. Curieusement, l'un des co-scénaristes était Antonioni. On ne le croirait jamais, tant il est austère, d'habitude.

Revenons-en à Annie Hall : *dans ce film, vous faites quelque chose qui est plus ou moins interdit au cinéma. Vous vous adressez directement au public, pour commenter l'histoire et les personnages. Procédé assez brechtien, ou godardien. Vous aviez déjà tenté la même chose dans vos premières comédies, mais cette distanciation rappelle plutôt les apartés dans la tradition de Bob Hope.*

... De Bob Hope ou de Groucho. C'est exact. Je visais davantage à développer l'intrigue qu'à faire rire. Je voulais que le public expérimente la chose avec moi. C'est d'ailleurs ce qui m'avait donné envie de faire le film.

Annie Hall *est l'un des rares films où l'on vous voit faire du sport. Vous y intéressez-vous un peu, ou pas tout ?*

Énormément, au contraire. J'ai toujours été bon en sport, quand j'étais jeune. Les gens ne le croiraient jamais, mais j'ai toujours été bon en sport. Et depuis mon plus jeune âge, j'ai toujours adoré assister à des compétitions. Je regrette bien souvent que le théâtre ne puisse procurer le genre de tension qu'on ressent devant un beau match. Et maintenant, je me contente de suivre énormément de sports.

Lesquels ?

Du base-ball, du basket, de la boxe, du foot, du tennis, du golf. Rares sont les sports que je n'aime pas. Quand j'étais à Londres, je suivais même des matches de

Woody Allen montre à son acteur, Danny Aiello, comment boxer, sous les yeux du cadreur Dick Mingalone, pendant le tournage de La Rose pourpre du Caire.

cricket, un sport que les Américains sont incapables de comprendre. Moi, je m'y suis immédiatement intéressé.

Et vous les suivez à la télévision, ou sur les stades ?

Tout dépend si je peux me rendre ou non sur les stades. La plupart du temps, je les suis à la télé, parce que c'est bien plus facile. Mais j'assiste aussi à beaucoup de matches de basket. Je ne rate jamais un grand combat de boxe. En revanche, je ne vais pas assister à des matches de base-ball, car c'est bien plus difficile. Parmi cinquante mille spectateurs, et non quinze mille, il est bien plus difficile d'entrer et de sortir des stades. Je me contente donc de suivre les matches à la télé. Avec le basket, c'est plus simple. Les matches ont lieu à Manhattan même. Alors, je prends un taxi et je suis sur place en une dizaine de minutes. En revanche, il faut quarante-cinq minutes pour aller voir un match de base-ball au Yankee Stadium, près de l'aéroport Kennedy.

Mais suivez-vous régulièrement divers sports ?

Oui. Tout dépend si je tourne ou pas. Il fut un temps où Diane Keaton et moi allions assister à des matches de basket chaque soir où il y en avait. On n'en loupait jamais un.

À propos de Diane Keaton, Annie Hall est son vrai nom ?

Oui, son vrai nom est Diane Hall. Elle a dû prendre celui de Keaton, c'est-à-dire le nom de jeune fille de sa mère, parce qu'elle avait un homonyme au sein du syndicat des acteurs.

C'est donc pour cette raison que le film s'appelle Annie Hall ?

Oui, ça m'a semblé faire un bon titre.

Vous avez déjà évoqué sa personnalité, et son accoutrement très original. Le genre de vêtements qu'elle porte dans Annie Hall *est devenu assez à la mode, à cette époque.*

C'était vraiment son style à elle. Quand elle l'a vue arriver, Ruth Morley, la costumière, m'a dit : « Dites-lui de ne pas porter ça. C'est trop dingue ». Et je lui ai répondu : « Ne vous occupez pas d'elle. Elle est géniale. Laissez-la faire, laissez-la mettre ce qu'elle voudra. S'il y a quelque chose que je déteste vraiment, je lui dirai moi-même. Mais pour le reste, elle choisira elle-même ses costumes. »

Dans le film, vous faites une remarque sur son accoutrement. Quand vous la voyez avec ses pantalons, sa veste, sa cravate et son chapeau, vous lui dites : « Où avez-vous donc été élevée ? Dans un tableau de Norman Rockwell ? » Pour ma part, lorsque je vois vos films, je pense à un autre peintre américain : Edward Hopper.

Diane Keaton et Woody Allen dans Annie Hall.

J'aime beaucoup Hopper, bien sûr. Tous les Américains aiment Hopper. Ses tableaux dégagent une certaine mélancolie qui me touche.

Y a-t-il d'autres artistes américains que vous aimez, ou qui vous ont influencé ?

Je ne me sens guère influencé par les peintures, mais j'aime beaucoup les expressionnistes abstraits, De Kooning, Pollock et Frankenthaler. J'aime aussi beaucoup de choses chez Warhol, chez Rauschenberg et Jasper Johns. En fait, j'adore la peinture contemporaine américaine.

Dans Annie Hall, *Diane Keaton a l'air toujours assez distraite. Parfois, cela semble être une attitude défensive, dans les scènes où elle est souvent en retrait. Était-ce par choix délibéré, venant d'elle ou de vous ?*

Oh, elle est vraiment comme ça. La première chose qu'elle fait le matin en se réveillant, c'est de s'excuser. C'est dans son tempérament. Elle se met tout le temps en retrait. Elle est très modeste, comme tous les gens très intelligents. Elle ne la ramène jamais. C'est une qualité qu'elle a.

Donc, lorsque vous avez écrit Annie Hall, vous lui réserviez déjà le premier rôle ?

Indubitablement. Le rôle était taillé sur mesure pour elle.

Immédiatement après la première nuit qu'Alvy et Annie passent ensemble, suit la scène de la librairie où Alvy évoque sa vision particulièrement pessimiste de l'existence : « Dans la vie, il y a deux choses : l'horreur et la tristesse. Ce sont les deux catégories fondamentales. » Partagez-vous ce point de vue avec Alvy ?

Oh oui. C'est exactement mon sentiment sur la question. On peut s'estimer heureux de n'être que triste.

Le personnage d'Annie Hall est donc directement calqué sur celui de Diane Keaton. Mais celui d'Alvy est-il calqué sur votre propre personnalité ? De tous vos personnages, pensez-vous qu'il soit celui qui est le plus proche de vous ?

Non. Assez bizarrement, non. C'est une question qu'on me pose bien souvent. Il y a de cela des années, Paddy Chayefsky[1] a dit que l'auteur était un peu tous ses personnages. Je crois qu'il y a du vrai là-dedans. Je me suis tout autant identifié à Cecilia dans *La Rose pourpre*, ou à la mère d'*Intérieurs*, qu'à Alvy. Je me retrouve un peu partout. J'aurais peine à dire s'il existe un de mes personnages qui soit plus proche de moi. Chacun reflète une facette de ma personnalité. On peut se travestir de bien des façons. Changer à volonté d'âge ou de sexe. Selon Pauline Kael[2], le personnage qui me représenterait le plus dans *Intérieurs* serait celui qu'interprète Mary Beth Hurt. Pauline Kael a affirmé cela en se fondant sur la ressemblance dans l'accoutrement vestimentaire. Or, en réalité, elle a fait fausse route. J'ai peut-être projeté certains éléments de ma personnalité dans Joey, le personnage que joue Mary Beth Hurt. Mais le problème de Joey, c'est qu'en dépit d'une réelle sensibilité, elle n'a aucun talent pour s'exprimer dans le champ esthétique. Moi, j'ai eu la chance d'avoir du talent, je n'ai donc pas ce problème. Le personnage auquel je me suis le plus identifié dans *Intérieurs*, c'est la figure maternelle de Geraldine Page.

Comment cela ?

C'est juste un sentiment que j'ai eu. Il y a chez moi un peu de cette rigidité, de cette froideur, de ce côté obsessionnel. C'est une autre de mes facettes. Tout doit être parfait, et s'agencer parfaitement.

La vie doit s'agencer parfaitement ?

Oui. Et dans des tonalités douces et chaudes. Avec les meubles qu'il faut où il faut. C'est vraiment compulsif.

Colleen Dewhurst, qui joue la mère d'Annie dans le film, marque l'émergence de ces mères à poigne que l'on retrouvera, par la suite, dans nombre de vos films.

Je l'ai choisie non seulement parce qu'elle est une bonne actrice, mais aussi parce qu'elle ressemble à la mère de Diane. La mère de Diane a ce côté pionnier, ce côté américain très classique. Mais, outre cette ressemblance, Colleen est aussi une excellente actrice.

J'imagine pourtant que ce n'est pas par pur hasard que, dans vos films, les mères sont souvent des femmes à poigne, telles Geraldine Page dans Intérieurs, *Maureen O'Sullivan dans* Hannah, *Elaine Strich dans* September, *ou Gwen Verdon dans* Alice.

Quand j'ai commencé à écrire, je ne pouvais le faire que d'un point de vue masculin. L'homme, c'était moi, et chaque situation était vue d'un point de vue masculin. Mais peu à peu – j'ignore comment j'en suis arrivé là – mon approche a évolué. Et soudain, pour telle ou telle raison, je me suis mis à écrire surtout du point de vue des femmes. D'où tous ces portraits de femmes. Voyez les rôles de femme que j'ai écrits entre les mères et les sœurs, tant dans *Intérieurs*, ou *Hannah et ses sœurs* que *September*... les rôles que j'ai écrits pour Diane Keaton, et ceux que j'ai écrits pour Mia Farrow... ces rôles féminins sont toujours des rôles centraux. Je ne sais pas comment ça m'est venu, ni pourquoi, ni quand, mais quelque chose a changé.

Serait-ce sous l'influence de Bergman ? Dans ses films, les femmes ont souvent des rôles très forts.

Je l'ignore, toutefois... ça m'étonnerait. Je ne crois pas qu'une telle évolution puisse procéder d'une influence extérieure. Elle relève plutôt d'une révolution intime. On pourrait dire que Bergman brosse de magnifiques portraits de femmes, mais moi, je ne pouvais pas, car je ne pouvais pas pénétrer la psychologie féminine. Pourtant, soudain, en moi, au plus profond de mon être, quelque chose a changé. Cela tient peut-être à mon analyse, ou peut-être à ma relation avec Diane. Car Annie Hall est sans doute le premier personnage de femme vraiment valable que j'aie écrit. Le premier qui soit vraiment bon. Depuis, j'ai écrit de bons rôles féminins, souvent même meilleurs que les rôles masculins. Dans *Maris et femmes*, les rôles féminins me semblent bien supérieurs aux rôles masculins.

Serait-ce parce que vous vous intéressez à certaines actrices ? D'autant que, comme vous le disiez, il vous est difficile trouver de bons acteurs, capables d'assurer les rôles masculins de vos films. Inconsciemment, peut-être choisissez-vous d'écrire des rôles susceptibles d'être interprétés par de bonnes actrices, extrêmement douées.

Je le crois volontiers. J'ai toujours rêvé de faire un film qui réunirait toutes mes actrices préférées : Mia, Diane Keaton, Dianne Wiest, Meryl Streep et Judy Davis. Pour n'en citer que quelques-unes ! Il y a tant de femmes qui ont du talent !

Bien sûr, il existe aussi de formidables acteurs, tels Gene Hackman ou Robert De Niro. Mais ces acteurs-là exigent des rôles plus virils. On ne peut pas les mettre en situation de faiblesse. Ils ne sauraient pas jouer de tels rôles, comme Emil Jannings a pu le faire en Allemagne, ou parfois Edward G. Robinson et Fredric March aux États-Unis.

Robert De Niro, Jack Nicholson, Al Pacino, pour ne parler que des plus grands, ne pourraient jamais interpréter Willy Lohman. Du moins, pas sans forcer leur jeu. Ils sont trop virils, trop attirants pour tenir ce genre de rôles. Dustin Hoffman en serait capable, encore qu'il soit un peu jeune. Il pourrait jouer ce rôle, à soixante ans sonnés. Aux États-Unis, Dustin Hoffman est peut-être le seul acteur qui possède une telle sensibilité. En revanche, il y a des acteurs européens qui la possèdent.

Gene Hackman était cependant très intéressant dans Une autre femme.

C'était un rôle assez viril, mais il est vrai que l'on aurait difficilement pu trouver mieux.

Dans ce film, son jeu laissait transparaître une certaine fragilité.

Peut-être. Car il jouait dans un registre romantique, chose qu'il fait très rarement. Il n'interprète jamais les amants romantiques, mais même là, il restait encore viril. Hackman est un cas à part. Il peut se risquer dans un sens ou dans l'autre, et davantage que d'autres acteurs. Prenez son rôle dans *Conversation secrète* [*The Conversation*, de F.F. Coppola], où il montrait une certaine sensibilité. Il pourrait verser dans un sens ou dans l'autre. Mais cette qualité n'est pas très répandue. Dans le temps, George C. Scott était capable de faire les deux. Quant aux autres, comme Redford ou Newman… Ils sont très bons, ce sont de vrais héros, et tous deux de formidables acteurs… mais très loin de l'homme de la rue.

Pourquoi avoir choisi de montrer en simultané sur l'écran, en split-screen, les séances d'Alvy et d'Annie chez leurs analystes respectifs ?

Parce que j'ai pensé qu'il serait intéressant de montrer comment deux personnes relatent leur version personnelle d'un même phénomène. J'ai estimé que le procédé ferait plus théâtral.

Dans Annie Hall, *vous laissez largement place à la réflexion, quoique le film et l'intrigue soient menés très vivement. Le film possède à cet égard une grande richesse, une grande densité. Par exemple, la scène où Annie et Alvy se disputent dans la rue, raccorde sur celle où Alvy fait la vaisselle, tandis que leur dispute continue sur la bande son. Et puis soudain, Annie rentre dans le champ, dans ce nouveau décor, et nous nous trouvons dans une nouvelle situation. Vous souvenez-vous de ça ?*

Je ne m'en souviens pas très nettement, car je ne revois jamais mes films. Mais je

Diane Keaton et Woody Allen avec leurs analystes respectifs dans Annie Hall.

me souviens d'avoir employé ce genre de procédé. Dans ce film, je m'étais efforcé d'aller dans le sens de l'introspection, si bien qu'on pénètre souvent l'esprit d'Alvy.

J'ai employé à deux reprises ce genre de procédé, mais c'est avec *Stardust Memories* que je l'ai poussé à l'extrême. Là, tout se déroule dans l'esprit du personnage, si bien que n'importe quoi peut arriver. Mais dans *Annie Hall*, j'essayais le truc pour la première fois.

Alvy traverse l'existence en gardant constamment à l'esprit une foule de souvenirs et d'expériences récentes. Cela confère au film un caractère improvisé. Telle était sans doute votre intention originale ?

Évidemment ! Car ce que j'aime dans les films, c'est de faire ce qui me plaît. Cela procure un sentiment de grande liberté.

Dans le film, Alvy va voir à Los Angeles son ami Rob (Tony Roberts), qui est désormais devenu une star de la télé. Tony lui fait visiter les studios de télévision, où Alvy n'a que mépris pour des émissions utilisant du rire en boîte. Et vers la fin de son séjour, Alvy déclare : « Je commence à éprouver la nausée qui m'accable toujours, dès que j'atterris à L. A. » Quelle est votre opinion sur cette ville, et l'industrie cinématographique ?

Ma foi… Cette industrie cinématographique ne semble pas bien intéressante. Car c'est une industrie qui fabrique surtout des films très chers et très nuls, qui ne produit pas grand-chose de qualité. Elle vise les jeunes et le grand public, si bien qu'elle ne produit guère que de la camelote. En revanche, les meilleurs cinéastes doivent toujours se battre pour pouvoir réaliser correctement leurs œuvres. Quant à la ville même de Los Angeles, elle n'est pas mal. Toutefois, je n'en raffole pas. Les gens se figurent que je déteste cette ville, mais ce n'est pas vraiment le cas. J'ai beaucoup d'amis là-bas. Je n'aime simplement pas ce genre de lumière. Je n'aime pas le soleil, ni les villes si étendues qu'on ne peut s'y déplacer qu'en voiture. Los Angeles n'a pas le charme cosmopolite des villes auxquelles je suis habitué, telles Londres, Paris, Stockholm, Copenhague ou New York. Los Angeles a un côté banlieusard, si bien que je n'y suis pas à l'aise. J'aime pouvoir sortir de chez moi, et sentir toute la ville vibrer autour de moi... pouvoir arpenter les rues et aller dans les boutiques, ou dans un grand nombre d'endroits. Une fois accoutumé à New York, Paris ou autre, il est très difficile de se faire à une ville comme Los Angeles. C'est pourquoi je m'en moque toujours. Il faut dire aussi qu'à Los Angeles, l'industrie du film ou de la télévision ne réalise que de mauvais produits, faits sur mesure pour la distribution. Évidemment, comme partout, il s'y trouve parfois des choses potables. Mais l'essentiel de ce qu'on produit là-bas est le fruit d'ambitions minables, du goût du lucre ou de la gloire, etc. Je crois qu'aux États-Unis, il n'y a qu'une poignée de réalisateurs réellement motivés pour faire des films. Les autres sont perpétuellement « sur des coups », comme ils le disent eux-mêmes. Il leur faut un temps fou pour concrétiser. Chaque « coup » est précédé de quantité de déjeuners, de dîners, de rendez-vous avec des scénaristes, des réalisateurs, des acteurs. Toute leur existence tourne autour de ces rituels préludant à la phase de production. Et quand ils finissent par réaliser le film en question, ce n'est généralement qu'une nullité commerciale. Rares sont à Hollywood les réalisateurs sérieux, qui s'efforcent de faire des films intéressants en prenant des risques, et dont le but premier n'est pas de faire de l'argent.

En fait, certains des plus doués et des plus intéressants des réalisateurs contemporains américains vivent ailleurs qu'à Los Angeles. Ils racontent des histoires qui se déroulent ailleurs, comme vous et Martin Scorsese à New York, Gus Van Sant à Portland ou David Mamet à Chicago. Un réalisateur comme Barry Levinson a commencé à travailler à Baltimore, à réaliser des films tournés dans cette ville, et sur cette ville, qui est d'ailleurs sa ville natale.

Effectivement. Tout comme les films de Francis Coppola, réalisés à San Francisco, les films de ces réalisateurs décentralisés semblent plus personnels que les produits de grande série faits en Californie. Pas toujours, mais la plupart du temps. Évidemment, John Cassavetes constituait une exception, mais il a dû lutter énormément pour pouvoir réaliser ses films.

Durant son séjour à Los Angeles, vous faites dire à Alvy : « Ils distribuent des tas d'Oscars. C'est à peine croyable ! Et maintenant, le prix du "plus grand des dictateurs fachos" va à… Adolf Hitler ! » Annie Hall *a remporté deux Oscars. Que pensez-vous de cette institution, et du système des prix en général ?*

Il est idiot de mettre en compétition des livres, des films ou des œuvres d'art. Qui pourrait dire quel est le meilleur ? Je crois qu'il serait préférable que chaque année, les représentants de l'industrie cinématographique se réunissent pour déclarer avec dignité : « Voici nos films préférés de l'année. Nous avons voté, et voici quels sont nos cinq films préférés. » Mais pas « le meilleur film » ! Car il est impossible de comparer les films nominés, tant ils sont différents les uns des autres, dans leur style propre. Les Academy Awards sont particulièrement redoutables, car les gens font pression sur vous, pour que vous votiez pour eux et pour leurs amis. Ils font campagne pour tel film ou tel candidat, et parient sur tel ou tel. « Le meilleur film de l'année », ça n'existe pas. Tout ça me semble bien sujet à caution.

Mais apparemment, ces institutions ont une grande importance pour l'industrie cinématographique.

Certes, sur le plan commercial. Mais une importance tout à fait transitoire. Un acteur qui remporte un prix a la cote pendant un an, et puis s'il tourne un film qui ne marche pas très bien… il est fini, il n'a plus la cote.

Il est très rare que vous présentiez vos films dans un festival étranger. Est-ce par choix ?

Je les présente parfois dans des festivals, mais jamais, au grand jamais, en compétition. Je n'ai aucune envie de les présenter en compétition. Ils ne sont pas faits pour ça, mais uniquement pour donner ou non du plaisir au public. Il me suffit donc de les envoyer à Cannes, à Venise ou dans d'autres festivals de cinéma. Je n'ai jamais été dans aucun de ces festivals[3]. Mais j'ai cru comprendre qu'ils étaient devenus très politisés, tout comme les Jeux Olympiques. Une initiative née d'une idée généreuse et pure a dégénéré pour offrir un tremplin promotionnel.

Annie Hall *se termine par un résumé. Pourquoi avoir choisi une telle fin ?*

Parce qu'en cherchant à donner à ce film la meilleure fin qui soit, Ralph Rosenblum, le monteur, et moi-même avons pensé que le mieux serait encore de tout ressaisir pour en revenir au début. Cette fin, que nous avons rajoutée ultérieurement, n'existait pas dans le scénario. En revanche, c'était celle du scénario original du film policier qui est devenu *Annie Hall*.

Là-dessus, vous terminez le film en beauté, sur un plan de trente secondes, montrant une rue vide.

Exactement, une fois qu'Annie et moi sommes séparés.

Vous souvenez-vous pourquoi vous avez choisi cette fin ?

Eh bien, je tournais cette scène avec Diane Keaton ; or, quand on tourne en pleine rue et spécialement quand on tourne une scène décisive d'un film, comme le premier plan, le dernier plan ou tout autre plan un peu emblématique, je considère ma scène, et je me demande comment faire pour exploiter au maximum la fin, sur le plan de l'émotion et de la dramaturgie. En l'occurrence, je me suis dit que puisque je n'avais que cette rue, avec ce petit café, je n'avais qu'à laisser mes acteurs sortir du champ, et laisser courir le plan, sur lequel la vie de la rue continue. Cette idée m'est venue instinctivement. J'ai senti que le plan allait captiver le spectateur, en intensifiant encore l'émotion. Plus tard, quand j'ai pu le voir avec la musique, j'ai vu que c'était vrai, et j'ai laissé le plan dans toute sa longueur.

Dans Annie Hall, *on aperçoit deux acteurs, qui devaient devenir assez célèbres par la suite. La première, c'est Sigourney Weaver que l'on voit en plan large devant un cinéma, et qui joue la nouvelle fiancée d'Alvy. Et le second est Jeff Goldblum, que l'on aperçoit dans la fête à Hollywood. Ça me rappelle un acteur qui faisait une apparition dans* Bananas, *sans doute sa première à l'écran. C'est un acteur qui devait devenir très célèbre et très populaire : Sylvester Stallone. C'est bien lui, qui joue le voyou dans le métro ? Est-ce par hasard que ces acteurs ont fait leurs débuts en jouant de petits rôles dans vos films ?*

Sigourney Weaver était bonne dès le premier instant. Lorsque je l'ai vue pour la première fois, elle n'était encore qu'une toute jeune actrice, mais elle était déjà excellente, et je voulais la faire travailler. Pour Stallone, ce n'était pas du tout la même chose. Je voulais deux durs, et deux types se sont présentés, Sylvester Stallone et un autre. Je les ai regardés, et j'ai dit : « Ce n'est pas ce qu'il me faut. Ces types n'ont pas l'air assez dangereux. » Alors ils m'ont supplié de leur laisser une chance. Ils étaient prêts à changer de vêtements, de coupe de cheveux. Je leur ai dit : d'accord. Il ne leur a pas fallu plus de cinq minutes. Quand ils sont revenus, ils étaient géniaux. Je n'ai jamais oublié cet épisode, où mon manque d'intuition a failli me faire rater quelque chose. S'ils n'avaient pas insisté…

J'imagine que c'était son premier rôle.

Certainement. Et maintenant, quand le film passe dans une petite ville, il est annoncé comme *Bananas, avec Woody Allen et Sylvester Stallone.*

1. Scénariste entre autre de *Marty* de Delbert Mann et de *Network* de Sidney Lumet.
2. Pendant plus de 20 ans Pauline Kael a été l'une des critiques de cinéma les plus influentes aux États-Unis. Elle a collaboré à divers magazines et a assuré la critique de cinéma du *New-Yorker*. Elle a publié plusieurs ouvrages consacrés au cinéma dont *I Lost it at the Movies* (1965) et *The Citizen Kane Book*, 1971.
3. Depuis, Woody Allen a accepté de se rendre à la soirée d'ouverture du Festival de Cannes 2002, pour la projection d'*Hollywood Ending*.

9

Intérieurs

ALVY : « Vous savez, je suis… je suis obsédé par l'idée de la mort, je crois. Ça me poursuit. »
ANNIE : « Ah oui ? »
ALVY : « J'ai une conception de l'existence ultra-pessimiste. Mieux vaut que vous le sachiez, si on doit sortir ensemble. Pour moi, dans la vie, il n'y a que des trucs horrible ou accablants. Que deux catégories. Un truc horrible, ce serait, par exemple, d'être atteint d'une maladie incurable, vous voyez le genre ? Ou encore d'être aveugle, ou mutilé… »
ANNIE : « Ouais. »
ALVY : « Je ne sais pas comment les gens atteints de trucs pareils peuvent endurer de vivre. Et les trucs accablants, c'est le lot du commun des mortels. Il n'y a rien d'autre. Si bien que les vivants peuvent s'estimer heureux d'être simplement accablés, car en fait… On doit déjà s'estimer heureux… d'être accablé. »
ANNIE : « Mhm. » *(Annie Hall)*

Si je ne me trompe, Intérieurs *est un film que vous vouliez faire depuis longtemps. Avez-vous, pour ce faire, rencontré des difficultés, des résistances, sous prétexte qu'il s'agissait d'un film « sérieux », d'un drame ?*

De la part du studio ? Non. Les gens pour lesquels je travaille sont très éclairés, très libéraux. À l'époque c'était encore Arthur Krim qui dirigeait la United Artists, et il m'a dit simplement : « Vous avez fait des films très drôles, et si maintenant, vous vous sentez capable de passer à autre chose, allez-y ! Vous l'avez bien mérité. »

*Le succès d'*Annie Hall, *et l'Academy Award qu'il a remporté, ont sans doute contribué à faire passer cette idée.*

Sans doute. United Artists m'a donc donné le feu vert, et j'ai fait le film. Aux États-Unis, la critique lui a réservé un accueil mitigé. Dès la présentation, certains critiques l'ont apprécié. Mais ce fut tout de même la première fois qu'une bonne part de la presse était mauvaise pour l'un de mes films.

Pourquoi croyez-vous qu'il en fut ainsi pour Intérieurs *? Parce que personne ne s'attendait à ce que vous fassiez un film dramatique ?*

Oui. Les gens furent choqués, déçus, parce que j'avais rompu le contrat qui nous liait implicitement. Surtout en réalisant un tel film… vraiment pas le genre de drame que le public américain apprécie. Aux États-Unis, les drames sont plutôt des *soap operas* tels qu'on en voit à la télévision. Or, *Intérieurs* ne cadrait pas du tout. Les gens furent contrariés de découvrir que leur comique favori avait soudain la prétention de leur imposer un truc pareil, un tel drame. Ils furent gênés par cette atmosphère un peu solennelle, que pour ma part j'apprécie dans les films. En outre, n'oubliez pas qu'*Intérieurs* était mon premier drame, et que mon inexpérience et ma gaucherie m'ont sans doute desservi. Je ne prétends pas qu'*Intérieurs* soit un chef-d'œuvre shakespearien. Ce fut un coup d'essai. Mais les gens ne se sont pas montrés très charitables. J'ai même été accusé d'avoir floué le public.

Comment avez-vous réagi à ces attaques ?

Intérieurs ressemblait à ce que j'avais voulu réaliser. Je n'aurais pas pu faire mieux, à l'époque. J'avais envie de m'essayer au genre dramatique. Sans vouloir me limiter à ce genre, je tentais alors simplement d'élargir ma palette. Cependant, je n'étais pas prêt à me contenter de demi-mesures. Je ne voulais pas faire une comédie dramatique, ni même un drame conventionnel, ou un mélo commercial. Je voulais faire un drame ambitieux. Fût-ce au risque d'échouer… Mais tant qu'à faire, j'avais l'ambition de réaliser un film assez dense. Je ne prétends pas y être parvenu, mais au moins, mes intentions étaient bonnes, et mes ambitions, élevées. Voilà quel était mon sentiment. Et j'ai été vraiment navré de voir ce film si violemment rejeté et si durement critiqué. J'ai trouvé ça lamentable.

Intérieurs *commence sur des images très belles et très suggestives : la maison au bord de la plage, les chambres de la villa… cela établit le climat, l'esprit du film. Ces images sont presque des natures mortes.*

Oui. Je tenais à établir un certain rythme, dès le début.

Viennent ensuite les premières scènes dialoguées, où, à travers diverses séquences, on découvre les sœurs près de la fenêtre. À la fin du film, on revoit des compositions semblables, on retrouve les sœurs devant leur fenêtre, si bien que le film semble être construit suivant une structure en boucle.

À un moment, on a pensé à appeler le film *Windows*. Et quand Gordon Willis a réalisé son premier film, il l'a d'ailleurs appelé *Fenêtre sur New York* [*Windows*, 1980].

Arrive ensuite une image assez inattendue, où le père (E.G. Marshall), assis devant la fenêtre de son bureau, dos au spectateur, fait à l'intention de son fils un rapide résumé de l'histoire. À quel moment avez-vous décidé de placer cette séquence à cet endroit ?

Cette séquence était censée s'inscrire bien plus tard dans le film. Mais en la regardant avec Ralph Rosenblum, nous nous sommes demandé s'il ne serait pas intéressant de la placer au début du film, pour obtenir un certain effet.

Pourquoi ? Pour des raisons psychologiques, ou…

Pour une raison ou pour une autre, ça rendait le début plus intéressant. Je me rappelle que quand nous avons eu cette idée, nous nous sommes dit que cette séquence fonctionnerait très bien à cet endroit, au troisième ou au quatrième plan. Alors nous l'avons collée là, nous avons regardé le résultat obtenu, en nous demandant si la fin du film n'en pâtirait pas. Et en voyant que ça ne posait pas de problème, nous l'avons laissée là. Sur d'autres films, il m'est déjà arrivé de déplacer une séquence qui était censée se situer à un autre endroit du film. Généralement, l'idée m'en vient tout d'un coup. Je marche dans la rue pendant qu'on est en montage, et soudain, j'entrevois des possibilités d'aménagements. C'est parfait, car spontané, ce qui redonne un peu de vitalité au film, comme pour la séquence que vous venez d'évoquer.

L'histoire tourne principalement autour du personnage de la mère, Eve. Même quand elle n'est pas à l'écran, sa présence pèse lourdement sur la vie, et sur les faits et gestes des autres personnages.

Oui. La mère est bien le personnage central.

Mais c'est une mère très dominatrice, une femme à poigne, comme on en trouve beaucoup dans vos films. Pourquoi cette figure tient-elle une telle place dans votre œuvre ? Cela reflète-t-il un phénomène spécifiquement américain ?

Non, car les pères constituent eux aussi des figures dramatiques très fortes, aux États-Unis. Mais depuis quelques années, je me sens plus à l'aise avec les personnages féminins. C'est sans doute pourquoi la présence de ces mères a pris peu à peu une certaine importance dans mes films. Cela dit, j'écrirais volontiers une histoire avec un père à poigne.

Votre mère était-elle une femme de ce genre ?

Non. Elle est toujours en vie. Elle était très bien. Elle est très agréable. J'ai de très bons rapports avec elle. Mon père et ma mère vivent très près de chez moi. Je crois qu'on pourrait voir en elle un véritable archétype. Un peu trop stricte, parfois, mais toujours gentille, au fond.

Dans Intérieurs, *le personnage de la mère est joué par Geraldine Page…*

À l'époque, c'était sans doute la meilleure actrice de cet âge. Et elle était parfaite pour le rôle. Elle est très dynamique, très expressive et très raffinée. D'une manière générale, j'aime faire confiance aux acteurs. Quand un acteur fait quelque chose de bon, quelque chose qui a du sens, je préfère laisser la caméra sur lui, pour le laisser faire sans interférer. Geraldine Page était exactement ce genre d'actrice. Elle était fiable.

Diane Keaton, Kristin Griffith et Mary Beth Hurt dans Intérieurs.

Le décor au sein duquel elle évolue possède également son importance, dans la mesure où il reflète parfaitement sa personnalité.

Je voulais qu'autour du personnage de Geraldine Page, ne règnent que douceur et harmonie, avec seulement les meubles nécessaires, sans plus. Et quand le malheureux homme qui a vécu avec elle durant des années finit par rompre, c'est pour rejoindre une femme d'un tout autre genre, nettement plus énergique. Quant à Joey, le personnage que joue Mary Beth Hurt, elle n'est pas très bien lotie. Car Joey n'a pas de talent. Elle ressent une foule de choses, sans être en mesure de les exprimer. Elle est victime de sa terrible mère. Si bien que quand sa mère meurt, il m'est apparu que le baiser que Joey reçoit de son autre mère est un baiser de vie ; j'ai eu l'impression qu'en cet instant, elle renaissait, et qu'elle pouvait raisonnablement commencer à croire en l'avenir.

Il y a une séquence où, par mégarde, Joey s'adresse à Pearl, la seconde femme de son père (jouée par Maureen Stapleton), en lui disant : « Maman ». À quoi Pearl répond : « Oui. Tu as dit Maman, et je te réponds : oui ». Cela annonce évidemment le dénouement.

Oui. À partir de ce moment-là, Pearl devient sa mère.

Dans tout le film, Maureen Stapleton porte des couleurs vives, et par exemple, une robe d'un rouge éclatant, la première fois qu'elle est présentée à la famille.

C'est exact. Elle aime la viande rouge, elle fait des tours de magie, et des tas de trucs comme ça. Je crois que si je retournais le film aujourd'hui, je saurais en faire un succès.

Vous n'êtes donc pas satisfait de ce film, sous sa forme actuelle ?

Si, j'en suis satisfait, mais après l'avoir vu, j'aurais aimé pouvoir y faire quelques aménagements. D'un strict point de vue technique, structurel. Aujourd'hui, mon instinct de scénariste me pousserait à faire intervenir Maureen Stapleton plus tôt dans l'histoire. Je crois que j'aurais pu trouver un biais.

Quand le père annonce sa décision de quitter la famille, cette révélation fait l'effet d'une bombe. Il annonce ça tout crûment autour de la table du petit-déjeuner. Pourquoi avoir choisi de le confronter violemment à tous les autres membres de la famille réunis ?

On m'a raconté un incident de ce genre : un mari a profité du petit-déjeuner pour annoncer très calmement et très courtoisement aux siens qu'il partait. La mère a quitté la table, pour aller s'enfermer dans sa chambre, et s'y suicider. Sans vouloir aller aussi loin dans *Intérieurs*, je me suis inspiré de cette histoire.

Cela me rappelle le début de Maris et femmes, *où Sally et Jack annoncent tranquillement à leurs amis leur intention de divorcer. Naturellement, ce qui est intéressant à ce moment-là, c'est la réaction de Judy.*

Maureen Stapleton et E. G. Marshall dans Intérieurs.

Dans *Maris et femmes*, je voulais que les personnages soient tout le temps en train de se contredire… toujours en train de dire un truc, et d'en faire un autre… toujours en train de prétendre réagir d'une certaine façon, alors qu'au fond, on voit bien qu'ils réagissent tout autrement.

Dans Intérieurs, *les personnages sont presque tous des intellectuels, tant les sœurs (hormis celle qui joue dans des* sitcoms) *que leurs maris. Ils ont tous leurs blocages et leurs névroses. Selon vous, ce trait caractérise-t-il ou a-t-il caractérisé l'intellectuel new-yorkais ?*

Non. Du reste, je ne crois pas que la problématique new-yorkaise soit très présente dans *Intérieurs*. J'étais surtout intéressé par la portée symbolique, voire métaphysique, de l'histoire. Même si cette histoire est située à New York, le thème de la ville est totalement absent du film. Je voulais que tout se déroule à un niveau inconscient, purement inconscient.

Il y a dans le film une scène qui se déroule dans une église, où Geraldine Page renverse soudain des cierges rouges. Faut-il voir dans ce geste une action symbolique par laquelle elle tente d'expulser l'autre femme hors de sa vie ?

Non. C'est simplement le geste d'un être bouleversé. Pour moi, ce geste devait simplement traduire la violence de ses sentiments.

Dans Intérieurs, *comme dans* Hannah, *il y a trois sœurs. Est-ce par hasard, ou vous intéressez-vous particulièrement aux situations et aux rapports qui se créent dans des familles nombreuses ?*

Je suis particulièrement intéressé par les rapports qui s'instaurent entre les femmes. Quand Sidney Lumet a tourné *The Group* [1965], je mourais d'envie de voir le film, que j'ai attendu avec une grande impatience. Pour la même raison, j'ai aussi beaucoup aimé *Cris et chuchotements*. Les rapports des femmes entre elles me passionnent.

Aussi bien de femmes amies que parentes ?

Amies, éventuellement. Encore que les rapports existants entre des sœurs présentent pour moi un intérêt tout particulier.

Dans Intérieurs, *le personnage le plus complexe est sans doute celui de Joey, la sœur cadette. Pourquoi avoir choisi Mary Beth Hurt pour jouer ce rôle ?*

C'est Juliet Taylor qui me l'a présentée ; dès qu'elle est entrée dans la pièce, sitôt que j'ai posé les yeux sur elle, elle m'a semblée incarner idéalement le personnage que j'avais en tête. Il se trouve que Juliet la connaissait, et que c'est une remarquable actrice.

Comme vous le disiez, divers critiques ont cru voir en elle une projection de vous-même. Pourquoi, à votre avis ?

Sans doute parce que la costumière lui avait fait porter le genre de vêtements que je porte moi-même : pull gris et veste de tweed. Je ne vois pas d'autres raisons.

Elle se trouve au cœur de l'action. Lors de la présentation de Pearl, par exemple, vous focalisez vraiment l'attention sur elle.

Effectivement, parce qu'elle est en rivalité avec Pearl.

Joey a toujours été la « petite préférée » de son père, qui lui en préfère maintenant une autre…

Oui, mais Pearl amène un peu d'air frais dans le film. Pearl incarne l'énergie, la vie dans ce qu'elle a de plus frémissant. Mais en fin de compte, Pearl sauvera Joey. Elle la sauvera de la noyade, et en lui faisant du bouche-à-bouche, elle la ramènera à la vie.

Pensez-vous qu'après ça, Joey puisse changer de vie ?

On peut l'espérer. C'est en tout cas vraisemblable, en ce qui la concerne. En revanche, les autres sont déjà trop mal parties. La première est une actrice des plus superficielles, et l'autre, une artiste glaciale, qui se dissimule toujours derrière son talent. Joey est plus susceptible de pénétrer la réalité, car, quoique dénuée de talent, elle perçoit très bien les choses. Avec une autre mère, Joey s'en serait tirée sans problème. Au fond, ce qui manque à tous ces personnages, c'est un peu de chaleur. Mais vous avez raison, à la fin du film, Joey trouve une nouvelle mère, laquelle lui permettra d'entamer une nouvelle vie.

Pearl ne tarde guère à critiquer la vie de cette famille, en risquant par exemple des remarques très simples et très directes, au cours du dîner, et de la discussion portant sur une pièce algérienne.

Oui, Pearl est quelqu'un d'ordinaire, au meilleur sens du terme. Elle a à Las Vegas un fils qui peint d'atroces clowns fluos, sur fond de velours noir. Mais elle-même reconnaît volontiers que ses tableaux sont épouvantables. Bien qu'elle soit ordinaire, Pearl déborde de vie, de naturel, d'authenticité, alors que tous les autres sont des individus prétentieux, hautains et conventionnels.

Intérieurs *est le premier de vos films où vous ne jouez pas. Aviez-vous envisagé de le faire ? Vous auriez pu, par exemple, jouer les rôles assurés par Richard Jordan ou Sam Waterston.*

Non. Je n'ai pas envisagé la chose une seconde.

À cause du genre du film ?

Oui. Parce qu'étant un comique, je ne sais pas si j'aurais su jouer ce genre de rôle. Je crois que les gens auraient ri en me voyant apparaître à l'écran. Aussi, cette idée ne m'est-elle jamais venue à l'esprit.

Il n'y a pratiquement pas de musique dans Intérieurs. *Vous avez plutôt joué des ambiances : bruit des vagues, vent, etc.*

Je venais juste de finir *Annie Hall*, et j'étais encore très indécis sur la façon dont je souhaitais traiter la musique dans mes films. Je n'avais donc pas mis de musique dans *Annie Hall*, ni dans *Intérieurs*. À cette époque, j'étais dans une phase de transition, entre la musique composée spécialement pour le film, et le repiquage de musiques que j'aime. *Intérieurs* étant un film sérieux, je me suis dit qu'il n'avait pas besoin de musique. Et du coup, les ambiances sont très présentes.

La séquence du suicide de la mère a une qualité presque onirique. On pourrait se demander si c'est un rêve, ou un événement réel.

Moi, je tenais à lui donner l'impact d'un événement réel, tout en montrant la mère détachée de l'acte qu'elle est en train de commettre. J'ai donc dû trouver un biais qui satisfasse cette nécessité. Bien qu'elle se suicide vraiment, je tenais à montrer dans quel état d'esprit elle le fait.

Nous avons beaucoup parlé de Joey, mais Renata, sa sœur aînée (jouée par Diane Keaton) est un personnage également fort complexe. D'une certaine manière, elle trahit l'angoisse de devenir un jour comme sa mère. Renata représente l'un des personnages stables du film. Joey l'adore, et l'admire, au fond Renata n'est pas conforme à l'image que celle-ci s'en fait.

Non. Renata a du talent, mais elle est aussi égoïste que sa mère. Son talent ne l'excuse pas, contrairement à ce que pensent les gens.

Mais vous, que pensez-vous d'elle ? Est-ce un personnage positif et généreux, ou au contraire, une mauvaise sœur, surtout pour Joey ?

Contrairement à Joey, Renata a la chance d'avoir son talent, qui lui permet d'exprimer toutes les choses douloureuses qui l'atteignent dans l'existence. Mais elle est égoïste, comme le sont selon moi beaucoup d'artistes. Ils ont besoin de s'isoler, de se plier à une discipline, voire de se comporter envers autrui d'une façon qui les arrange eux, sans être forcément très sympathiques. Et Renata s'est aperçue de fort bonne heure que son talent ne la sauvera pas, ce qui la tourmente. J'ai parfois l'impression que l'art est la religion des intellectuels. Pas mal d'artistes pensent que l'art les sauvera, leur permettra d'atteindre à l'immortalité, et ainsi, de se survivre. Mais, en l'occurrence, la vérité, c'est que l'art ne sauve personne. Pour moi, l'art n'est que simple divertissement d'intellectuels. Mozart, Rembrandt ou Shakespeare ne sont que des histrions de haut vol. Leurs œuvres peuvent susciter un intense intérêt, et procurer un intense plaisir, une intense satisfaction à des individus sensibles et cultivés. Sans sauver l'artiste pour autant. Par exemple, si les pièces de Shakespeare lui ont survécu, il n'en a pas retiré le moindre bénéfice. Il aurait sans doute préféré survivre, quitte à voir ses pièces tomber dans l'oubli.

Ressentez-vous de façon particulièrement aiguë ce dilemme, avec la nécessité de vous isoler, et de vous retirer du monde ?

Ma foi, je n'ai pas ce problème, car je suis déjà naturellement très isolé. (*Rires*) Mais j'ai éprouvé le même problème que Renata : quand vous êtes jeune, vous vous dîtes, je serai artiste, et cela me sauvera. Vous avez toujours cette idée en tête, même sans la formuler ainsi. C'est un penchant que je qualifie de « Syndrome d'Ozymandias »[1], dans *Stardust Memories*. C'est un terme de mon invention, qui décrit bien ce phénomène spécifique : un beau jour, vous vous apercevez que vos œuvres ne vous sauveront pas, et qu'au fond, l'art n'a pas de sens. En fin de compte, l'univers disparaîtra, et tout y passera, jusqu'aux œuvres de Shakespeare et de

Renata et Joey – Diane Keaton et Mary Beth Hurt dans Intérieurs.

Beethoven. J'ai éprouvé ce sentiment, et Renata l'éprouve aussi, en se demandant à quoi rime tant d'acharnement.

Dans le film, Renata dit à Joey que « la création est un processus très fragile, qui exige que l'on s'isole ». Partagez-vous cette idée ?

Je lui ai écrit cette réplique pour bien faire sentir combien elle était égoïste. Mais je ne partage guère cette idée car, pour moi, la création n'est pas un processus tellement fragile. C'est sans doute vrai pour certains artistes, tel Kafka, qui ne pouvait supporter d'entendre le moindre bruit. La muse de Kafka était très exigeante. D'autres, tel Fellini, ne peuvent s'épanouir qu'en pleine agitation. Pour Fellini, la création n'a rien d'un processus fragile. Avec cent personnes qui se pressent sans cesse autour de lui, Fellini produit des œuvres magnifiques. En la matière, il n'y a pas de règle. En ce qui concerne Renata, on peut parler de fragilité de la création, parce que Renata est égoïste, et ne s'intéresse ni à Joey, ni à son mari. Renata ne s'intéresse qu'à elle-même.

Elle est cependant très angoissée, comme en témoignent ses visions, et le rêve récurrent où elle se voit menacée par des branches d'arbres qui veulent se refermer sur elle.

Oui, mais en fait, elle a peur d'elle-même, peur de se découvrir mortelle. Ce rêve reflète en partie mon propre rapport à la nature, qui est loin d'être amicale, dès qu'on y regarde d'un peu près. Partout ne règnent que rivalité meurtrière et cannibalisme. Telle est la vision de la nature qu'a Renata : comme elle voit ce qu'est la nature, ce qu'est la vie, elle a conscience que son talent ne la sauvera pas… ne la protégera pas.

Un peu plus tard dans le film, Renata et Flynn, sa benjamine, parlent du fait que les vieux films de Flynn repassent à la télévision, comme s'ils lui assuraient une pseudo-immortalité, alors qu'en fait ni ces films, ni les apparitions de Flynn n'ont plus le moindre sens. J'ai souvent remarqué, en manière de plaisanterie, que ça ne m'intéresse nullement de survivre dans le cœur de mes compatriotes, et que je préférerais nettement continuer à vivre dans mon appartement. C'est vraiment mon sentiment profond. C'est là un thème qui revient souvent dans *Intérieurs*. En définitive, on ne parle jamais que d'une seule chose : la tragédie d'avoir à disparaître… à vieillir et à disparaître. Chose effroyable, si effroyable à envisager pour les hommes qu'ils préfèrent l'éviter. Ils inventent des religions, ils font des tas de choses pour éviter de l'envisager. Ils essaient d'évacuer cette idée par tous les moyens. À défaut de pouvoir l'évacuer, il est possible de choisir la voie prise par Renata, qui s'efforce d'exprimer certaines choses à travers la poésie. Mais si on n'a pas de chance, si on est quelqu'un comme Joey, on ne sait que faire. On est incapable de se trouver. Cependant, même quelqu'un comme Renata, qui a plus de chance que Joey, en arrive en fin de compte à une autre conclusion : bien qu'elle soit artiste, et qu'elle puisse exprimer à sa façon les idées qui la torturent, son talent ne la sauvera pas. Elle disparaîtra comme tous les autres, même si ses poèmes sont encore lus dans mille ans.

Cette peur de disparaître est à mon sens un thème récurrent dans vos films. Peut-être est-ce pourquoi on y voit des gens de tous âges, et même souvent des gens âgés.

Il n'y a pas de plus grande angoisse. On peut maîtriser toutes les autres angoisses, tous les autres problèmes : la solitude, le manque d'amour, de talent, d'argent... on peut tout affronter. D'une certaine façon, on peut toujours se débrouiller. Vous avez des amis qui peuvent vous aider, des médecins qui peuvent vous aider, mais tout se ramène à la peur de disparaître. Je crois fermement aux idées avancées par Ernst Becker dans *Le Déni de la mort* [*The Denial of Death*], livre que je recommande à Diane Keaton dans *Annie Hall*. C'est l'ouvrage le plus intéressant sur ce sujet, sur la mort, qui y est abordée de façon extrêmement ingénieuse.

1. *Ozymandias* est un poème de Shelley, que nous avons traduit pour une meilleure compréhension de ce syndrome baptisé par Woody Allen : « J'ai croisé un voyageur venu d'une antique contrée / Qui m'a dit : dans le désert, se dressent / Deux immenses jambes de pierre – sans tronc... / Et tout près, à demi-enfouis dans le sable, / Gisent les fragments d'une tête / Dont le front sourcilleux et la lèvre au pli impérieux / Attestent que le sculpteur sut rendre les passions / Qui survivent encore, imprimées sur ces choses inanimées. / À la main qui les sculpta et au cœur qui les nourrit. / Et sur le piédestal sont gravés ces mots : / J'ai pour nom et titre Ozymandias, Roi des Rois. / Contemplez mes œuvres, ô puissants de la terre, et affligez-vous ! / C'est tout ce qui subsiste. Autour des restes / De cette colossale épave, les sables / Déserts et désolés s'étendent jusqu'à l'infini. »
(NdT).

10

Manhattan

ISAAC : « *Chapitre 1* : "Il adorait New York. Il l'idôlatrait au-delà de toute mesure." *(Non ! Si je mettais plutôt :)* "Il en avait une vision romantique à l'extrême. En toute saison, cette ville semblait n'exister qu'en noir et blanc, et ne battre qu'au rythme des airs géniaux de George Gershwin." *(Bon, je recommence...).*
Chapitre 1 : "C'est par pur romantisme qu'il aimait Manhattan, comme tout ce qu'il aimait ; d'ailleurs, l'agitation et le trafic lui convenaient à merveille. Pour lui, New York c'étaient de belles femmes et des mecs à la coule..." *(Non, trop... ringard à mon goût. Je réessaie mais en plus profond).*
Chapitre 1 : "Il adorait New York. Pour lui, New York métaphorisait le déclin de la culture contemporaine. Le même manque d'intégrité individuelle qui pousse les gens à s'évader transformait rapidement la ville de ses rêves en..." *(Voilà que ça vire au sermon ! C'est vrai, quoi... soyons honnête : il faut que le bouquin reste vendable).*
Chapitre 1 : "Il adorait New York, même si New York métaphorisait le déclin de la culture contemporaine. Il était dur de survivre dans une société insensibilisée par la drogue, la musique stridente, la télévision, les crimes, les ordures..." *(trop agressif, je ne tiens pas à faire agressif).*
Chapitre 1 : "Il était aussi... dur et romantique que la ville qu'il adorait. Derrière ses lunettes noires, il cachait la puissance sexuelle d'un grand félin *(j'adore ça !)* New York était et serait à jamais sa ville." »

(Manhattan)

Pourquoi avez-vous choisi de tourner Manhattan *en scope noir et blanc ?*

Un soir où je dînais avec Gordon Willis, nous évoquions les films de guerre tournés dans ce format avec des tanks et des avions, et nous nous sommes dit qu'il serait intéressant de tourner ainsi un film intimiste. J'ai réfléchi à cette idée, et après avoir écrit Manhattan, j'ai pensé que tourner dans ce format nous apporterait deux choses : d'une part, une vision originale de New York, qui est l'un des personnages du film, et d'autre part, la possibilité de voir quels problèmes intéressants et quelles solutions intéressantes induit le fait même de tourner ainsi.

Dans le film, le personnage que vous jouez, Isaac, prétend ne pas pouvoir vivre ailleurs qu'à New York. Des tas de gens pensent qu'il en va de même pour vous. Est-ce vrai, ou n'est-ce qu'un mythe ?

C'est à moitié vrai. Je crois que je m'accommoderais d'une capitale cosmopolite, comme Paris, Londres ou Stockholm. Seulement voilà : j'adore New York, c'est la ville que je préfère.

Pourriez-vous envisager de faire des films ailleurs qu'à New York ?

Non, pas des films. Mais je pourrais concevoir d'aller tourner en Europe, si l'intrigue l'exigeait.

L'ouverture de Manhattan *est magnifique, et le montage des images révèle un véritable amour de cette ville. Cette ouverture se termine sur une image de l'enseigne au néon de Elaine's. Est-ce l'un de vos endroits de prédilection ?*

C'est un endroit que j'ai pas mal fréquenté, depuis des années.

Manhattan n'a été tourné qu'en décors naturels, intérieurs compris ?

Oui. Tout a été tourné en décors naturels.

Au début, Isaac déclare à son ami Yale (Michael Murphy) : « Tu ne devrais pas me demander conseil. En matière de relations avec les femmes, je mérite le Prix Auguste Strindberg ! ». Vous avez dans vos films deux personnages déchirés par le même dilemme. Par exemple, dans le premier, Prends l'oseille et tire-toi, *le personnage principal, Virgil, déclare : « La compagnie des femmes me rend nerveux. J'ai tendance à baver comme un idiot. » Croyez-vous que beaucoup d'hommes réagissent ainsi ?*

Pas nécessairement. Je crois simplement que le personnage que j'aime jouer souffre de ce genre de problème. C'est l'un des registres que j'aime à exploiter pour faire rire le public. Mais je ne crois pas que ce problème soit très répandu, même si je suis certain qu'il affecte certaines personnes. De toute façon, il est typique du personnage qu'il m'est facile d'incarner.

Un peu plus tard dans le film, quand Isaac va faire des courses avec sa petite amie Tracy (Mariel Hemingway), il déclare : « Je suis vieux jeu. Je ne crois pas aux relations extra-conjugales. Je crois que les gens devraient s'apparier pour la vie, comme les pigeons ou les catholiques. » Serait-ce une opinion que vous partagez avec votre personnage ?

Oui, je crois que c'est l'idéal. J'en suis persuadé. Même si cet idéal est difficile à atteindre, il constitue ce que recherche chacun d'entre nous : une relation profonde, durable et permanente, avec un être du sexe opposé. Cependant, c'est chose plus facile à dire qu'à faire. À moins d'avoir beaucoup de chance.

En matière de fidélité, les Américains semblent avoir des vues rigides et strictes. C'est du moins ce qu'il m'a semblé en visitant les États-Unis, et en voyant des films américains. Le moindre adultère semble ébranler n'importe quelle relation. En Europe, nous réagissons peut-être différemment devant une telle éventualité, qui n'a pas nécessairement des conséquences aussi catastrophiques. Attribuez-vous la rigidité américaine à la morale en vigueur aux États-Unis ?

Oui. Je crois qu'en Europe, il est assez répandu qu'un homme ou une femme ait un amant ou une maîtresse. En revanche, aux États-Unis, une telle incartade est extrêmement mal vue. Aussi les gens s'efforcent-ils d'être fidèles dans le mariage, un point c'est tout. Même si ce n'est pas facile, nous nous efforçons de le faire.

Mariel Hemingway et Woody Allen dans Manhattan.

Dans la bourgeoisie américaine, il semble également que les gens se marient fort jeunes, vers dix-huit, dix-neuf, vingt ans. J'imagine que c'est l'un des effets du puritanisme américain ; les gens ne sont pas censés vivre ensemble en concubinage, hors des liens du mariage.

Oui. Tel est le rêve américain sur le plan des relations amoureuses. Il consiste à grandir, à rencontrer un homme ou une femme dont on tombe amoureux et à l'épouser. Après quoi, on élève ses enfants tout en restant fidèle à son conjoint. Bien entendu, la réalité vient souvent contredire cet idéal.

Dans Manhattan, *il y a une scène où Isaac passe chez son ex-femme, pour chercher son petit garçon. Là-dessus, Isaac et Jill commencent à se disputer. Cette dispute est merveilleusement mise en scène, avec un long plan-séquence habilement chorégraphié : les acteurs sortent parfois du champ pour demeurer quelques instants invisibles. Vous souvenez-vous comment vous avez réglé ce plan séquence ?*

Gordon Willis et moi-même, nous préparons toujours les entrées de champ, les sorties et les *off* des acteurs. C'est ce que nous avons fait à ce moment-là avec Meryl. Je me souviens combien nous nous sommes amusés. Meryl Streep est une merveilleuse actrice, et c'était marrant de travailler comme ça. Nous avons repris ce procédé dans plusieurs autres films.

Oui, je me souviens d'un plan mis en scène de façon identique entre vous et Tony Roberts dans Songe érotique d'une nuit d'été, *où ce procédé est utilisé à des fins plus comiques. Vous prenez un escalier, disparaissez du champ, avant de réapparaître…*

Oui. Nous avons utilisé ce procédé à maintes reprises. Tout d'abord dans *Annie Hall*, dans la séquence où nous nous partageons les livres, avant de quitter la maison. Annie et Alvy discutent et se disputent, puis je sors du champ pour prendre des livres, après quoi, elle sort du champ à son tour, si bien qu'il ne reste personne à l'écran. Nous nous sommes amusés à reprendre le même procédé dans des tas de films. Dans *Maris et femmes*, la caméra bataille sans cesse pour garder les personnages dans le cadre (*Rires*).

Quand faites-vous de tels choix de mise en scène ? Avant le tournage, ou sur le plateau ?

Toujours sur le plateau.

Il y a beaucoup de plans larges dans Manhattan, *tels ceux de la magnifique scène entre Diane Keaton et vous, près du pont, dont a d'ailleurs été tirée l'affiche du film.*

Oui. Je crois que ce genre de plans larges donnent une certaine atmosphère au film.

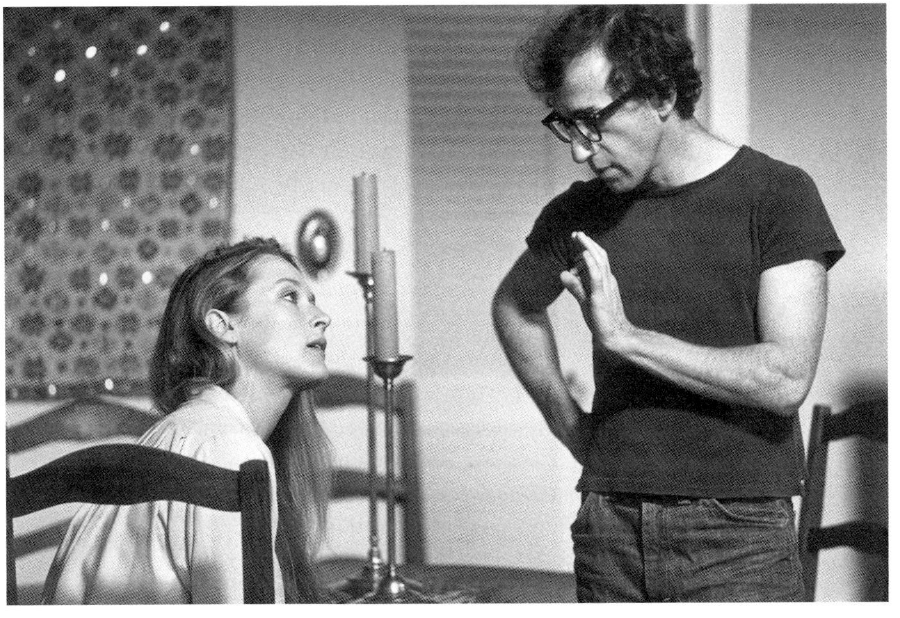

Meryl Streep et Woody Allen dans Manhattan.

Puisque nous parlons de chorégraphie, j'aimerais aborder la séquence du planétarium…

Les trois quarts de cette séquence ont été tournés dans le vrai planétarium, et le reste dans un décor construit à cette seule fin.

Cette séquence est particulièrement réussie, et très bien cadrée.

Oui, elle ne manque pas de style.

Comment choisissez-vous vos cadres, pour une séquence ? En discutez-vous avec le chef-opérateur ? Et procédez-vous différemment selon les opérateurs avec lesquels vous travaillez ?

Non, ça ne dépend pas du chef-opérateur, mais, de ce point de vue, tout est toujours soigneusement préparé. Tourner une séquence aussi soignée exige de vérifier sans cesse à l'œilleton l'effet obtenu, d'aller voir les acteurs, de modifier leurs déplacements, de retourner jeter un coup d'œil dans l'œilleton – le tout à d'innombrables reprises. Le chef-opérateur et moi-même travaillons en totale coopération. Cette phase assez fastidieuse prend toujours un temps fou, que je travaille avec Sven Nykvist, avec Carlo Di Palma ou avec Gordon Willis.

Quand vous jouez vous-même dans une séquence, utilisez-vous une doublure lumière pour régler vos déplacements ?

Bien sûr.

Dans Manhattan *apparaît pour la première fois un acteur qui assurera des petits rôles dans vos films ultérieurs : Wallace Shawn, qui joue l'ex-mari de Mary (Diane Keaton). Auparavant, je ne l'avais vu que dans* My Dinner with André, *de Louis Malle. Pourquoi lui avoir confié ce rôle ?*

J'ai souvent fait appel à lui au cours de ces dernières années. C'est un merveilleux comédien. Comme vous vous en souvenez sans doute, Mary ne cesse de me parler de son ex-mari, censé avoir été un amant hors pair. Aussi avais-je cherché un acteur n'ayant absolument pas le physique de l'emploi. C'est alors que Juliet Taylor, qui faisait mon casting, m'a dit : « Je vois qui il te faut ! Tu connais Wally Shawn ? » J'ai répondu que non. Alors elle l'a convoqué, et dès l'instant où je l'ai vu, je me suis dit : « C'est exactement ça. Il sera parfait. »

Vous ne l'aviez jamais vu jouer auparavant ? Il est également dramaturge, n'est-ce pas ?

C'est exact. Mais je ne l'avais jamais vu jouer. J'ignore même s'il avait déjà écrit quoi que ce fût à l'époque. C'est un acteur-né. Je l'ai repris pour *Radio Days* et *Ombres et brouillard*, et je le reprendrai encore, si j'en ai l'occasion.

Diane Keaton et Woody Allen dans Manhattan.

À un moment, Isaac déclare : « Je ne peux pas faire de compromis. Je ne peux pas détourner les yeux. » Isaac est-il là votre porte-parole ?

Ma foi, dans la vie, il est assez dur de faire des compromis, pour qui que ce soit. La pilule du compromis est toujours assez désagréable à avaler.

J'ai entendu dire, ou j'ai lu, que vous étiez très insatisfait, que vous doutiez de Manhattan*…*

… Quand je l'ai terminé ? Effectivement, je ne suis jamais satisfait de mes films quand je viens de les terminer. Quant à *Manhattan*, j'étais tellement déçu que je ne tenais pas à le sortir. Je voulais demander à United Artists de ne rien en faire. J'étais même prêt à réaliser un autre film gratuitement, pour qu'ils acceptent de mettre *Manhattan* à la poubelle.

Pourquoi étiez-vous donc si mécontent de Manhattan ?

Je ne sais pas. J'avais beaucoup travaillé dessus, et le résultat final ne me plaisait pas. Plusieurs autres films m'ont causé pareille déception.

N'avez-vous jamais l'impression d'avoir réussi un film?

Uniquement *La Rose pourpre du Caire*. C'est le seul de mes films qui m'ait jamais satisfait. Après l'avoir terminé, je me suis dit : cette fois-ci, je crois que j'y suis arrivé.

Et Maris et femmes ?

J'en suis assez content. Si je pouvais retourner, il y a tout de même des choses que j'écrirais différemment. Mais à présent, je ne peux plus rien y changer... Enfin, c'est quand même l'un des films qui m'a donné le plus de satisfaction.

Quand nous avons évoqué Intérieurs, *vous m'avez dit que vous aimeriez le retourner.*

Oui, je crois que je pourrais l'améliorer.

Sur quel plan ? Celui du contenu, ou de la forme ?

Les deux. Je voudrais lui donner plus de fluidité. Je crois que l'image pour laquelle j'ai opté avec Gordon Willis justifie la fraîcheur de l'accueil du public... que je comprends fort bien. Aujourd'hui, j'en ferais un film plus drôle, et comme je l'ai dit, j'introduirais plus tôt dans l'intrigue le personnage de Maureen Stapleton. Je crois m'être montré un peu trop timoré. Au fil du temps, je me retrouve avec un drôle de problème : mes films préférés, ceux qui me plaisent vraiment, sont toujours des films étrangers, des films que je vois en version sous-titrée. Les dialogues de ces films, on les lit plus qu'on ne les écoute. Du coup, quand j'écris les dialogues de certains de mes films, j'ai tendance a travailler dans un style plus écrit que parlé. C'est curieux... Et je crois que pour *Intérieurs*, j'aurais dû opter pour un style plus relâché, plus parlé, moins littéraire.

Trouvez-vous ce film trop statique, quand vous le revoyez ?

Je ne le revois jamais, mais j'ai l'impression qu'il est bien plus statique qu'il n'aurait dû l'être.

C'est intéressant, ce que vous venez de dire, à propos des films sous-titrés. Pensez-vous que ce soit l'une des raisons pour lesquelles vos films sont mieux accueillis en

Europe qu'aux États-Unis? En Europe, nous les voyons effectivement en version sous-titrée. Même si nous entendons et nous comprenons le dialogue, puisque la plupart des Européens parlent ou comprennent l'anglais, nous avons tout de même le texte sur l'écran.

C'est un point de vue intéressant. Je sais qu'aux États-Unis, les sous-titres sauvent pas mal de films étrangers, d'autant qu'il est toujours difficile d'apprécier le jeu des acteurs jouant dans une langue étrangère. D'autre part, le dialogue est l'un des outils avec lesquels il faut travailler, mais c'est un outil d'un maniement délicat. En fait, il est bien plus facile de faire un film non dialogué. Les gens me disent souvent : « Dans les comédies d'aujourd'hui, les acteurs parlent tout le temps. C'est bien plus facile que du temps du muet, où il n'y avait pas de son. » En fait, il y a la même la différence qu'entre le jeu de dames et les échecs. Il est plus facile de faire un film non dialogué, et plus facile encore de faire un film en noir et blanc. Il suffit de voir les films de Chaplin et de Buster Keaton.

Avec le temps, on s'aperçoit qu'il y a très peu de bonnes comédies, parmi les films parlants et en couleurs. La plupart des grandes comédies datent du muet, et celles qui existent parmi les films parlants sont en noir et blanc. Quand on en arrive à la couleur, on ne trouve pratiquement pas de bonnes comédies.

Parmi les réalisateurs américains ou étrangers, quels ont été les meilleurs dialoguistes, à votre avis ?

Sans forcément réaliser des films géniaux, certains metteurs en scène se sont montrés d'excellents dialoguistes, tel Mankiewicz. Les dialogues de *Eve* [*All About Eve*] sont merveilleux. Sur le plan cinématographique, le film est assez conventionnel, mais les dialogues débordent d'esprit et d'intelligence. *Eve* constitue un bon exemple de dialogue littéraire. En revanche, si les dialogues sont censés conférer une certaine réalité aux personnages, ceux des films de Martin Scorsese y parviennent par leur banalité même. Ils réussissent à créer des personnages vrais, car ces gens-là parlent effectivement ainsi. Tout dépend donc de la fonction que l'on assigne au dialogue. Dans un film de Scorsese, celui-ci ne brille ni par l'esprit ni par la profondeur psychologique, mais il sert parfaitement les buts qu'il est censé servir.

Oui, ces dialogues donnent toute leur texture aux films.

Exactement. Une texture parfaite. Dans *Eve*, les dialogues ne prétendent pas restituer la façon dont on parle vraiment, mais ils sont merveilleux à leur manière. Il y a aussi de remarquables dialogues dans *Infidèlement vôtre* [*Unfaithfully Yours*] de Preston Sturges, ou dans *Le Grand Sommeil* [*The Big Sleep*] de Howard Hawks, et bien sûr, dans la plupart des films de Bergman, sinon dans tous.

Et chez Renoir ?

Bien sûr ! *La Règle du jeu* est un film merveilleusement dialogué. La perfection même !

Manhattan est votre premier film avec la monteuse Susan Morse.

Oui, il me semble. Elle était l'assistante de Ralph Rosenblum, et j'avais donc déjà travaillé avec elle. Quand Ralph et moi avons cessé de collaborer, elle m'a appelé pour me dire qu'elle travaillerait volontiers avec moi. J'ai dit : « Parfait » et depuis, nous avons continué.

Vous assistez toujours au montage de vos films ?

Oui, dès le premier jour de montage de mon premier film. Car le montage est un stade capital de la réalisation d'un film. Si capital, que ne pas y assister équivaudrait pour moi à ne pas assister au tournage. Je ne saurais procéder autrement.

Vous arrive-t-il de modifier le film sur la table de montage ? D'y entrevoir de nouveaux biais pour raconter votre histoire ?

Ça m'arrive. Prenez la séquence d'*Intérieurs* où E.G. Marshall, le père, parle devant la fenêtre. À l'origine, cette séquence devait figurer un peu avant la fin du film. Mais tout d'un coup, elle nous a paru constituer une très bonne image, suffisamment forte pour être placée bien plus tôt dans le film. Un tel phénomène se produit fréquemment. Soudain s'impose l'idée de raconter l'histoire non pas comme elle avait été écrite, mais différemment. Ce qui lui donne un caractère intéressant.

Vers la fin de Manhattan, *Isaac évoque au magnétophone toutes les choses qui font que, selon lui, la vie vaut la peine d'être vécue : « Bon, tout d'abord Groucho Marx… Le second mouvement de la* Symphonie Jupiter. Potato Head Blues *de Louis Armstrong. Les films suédois, naturellement.* L'Éducation sentimentale *de Flaubert. Frank Sinatra. Marlon Brando. Les géniales pommes de Cézanne. Le crabe de « chez Sun Wo. » Ces choix seraient-ils les vôtres ?*

Je pourrais évidemment établir une liste bien plus exhaustive, mais tous les gens et toutes les choses mentionnées là y figureraient à coup sûr. Mais, par exemple, le restaurant chinois que j'évoquais dans *Manhattan* n'existe plus.

Aimeriez-vous y mentionner d'autres restaurants ? Fréquentez-vous beaucoup d'endroits différents, ou seulement deux ou trois établissements de prédilection ?

Les deux. Je circule pas mal, tout en continuant à aller dans des endroits que je fréquente depuis toujours, comme *Elaine's*. Mais comme je mange souvent dehors, je connais pas mal de restaurants.

Les choses qui font que la vie vaut la peine d'être vécue. Woody Allen dans Manhattan.

11

Stardust Memories

SANDY : « J'en ai ras-le-bol de faire des films comiques. Ils peuvent pas me forcer à continuer. Je... bon... je ne suis pas d'humeur à rire. Je regarde autour de moi et, partout, je ne vois rien d'autre que des êtres humains qui souffrent. »
LE MANAGER : « C'est pas avec la souffrance humaine qu'on remplit les salles de Kansas City. »
SANDY : « Oh ! »
LE MANAGER : « À Kansas City, ils veulent s'amuser. Ils ont travaillé toute la journée dans des champs de blé. » *(Stardust Memories)*

Tout récemment, j'ai revu Stardust Memories ; *ce fut pour moi une véritable révélation. Je ne l'avais pas revu depuis des années, bien qu'à l'époque il m'eut beaucoup impressionné et ému. C'est un film que j'adore, et qui s'est encore bonifié avec le temps.*

Je crois que c'est l'un de mes meilleurs films. Et l'un de ceux qui m'ont valu les plus féroces critiques, aux États-Unis. J'ignore quel accueil lui a réservé la critique européenne, mais la critique américaine l'a éreinté. Il reste néanmoins l'un de mes films préférés.

Sur quoi portait la critique ? Le style ? Le contenu, ou les deux ?

Pas le style. Plutôt le contenu. Les critiques ont cru que le héros n'était autre que moi, et non un personnage imaginaire. Ils ont cru que j'exprimais une certaine agressivité envers mon public. Ce qui n'était nullement l'ambition du film. Le film tourne autour d'un personnage qui, de toute évidence, traverse une crise et une passe difficile de son existence, en dépit du succès qu'il connaît. Or, les gens ont réagi en disant : « Vous estimez donc que les critiques ne valent rien, et le public non plus. » J'ai eu beau dire : « Non, non, non, ce n'est pas moi... » J'imagine que si j'en avais confié le premier rôle à Dustin Hoffman ou à un autre acteur de cette carrure, le film aurait été moins éreinté. Du moins, je le suppose, même si ce n'est là que pure spéculation.

Mais n'est-ce pas le risque inhérent à tous vos films, où la critique et le public sont tentés de vous confondre avec les personnages que vous incarnez ?

Sans doute, mais une telle réaction est vraiment puérile. Je peux concevoir qu'une certaine frange de la population réagisse ainsi, mais j'attendrais tout autre chose de la part de critiques plus informés, et d'un public plus cinéphile. Certes, il y a eu des gens prêts à se battre avec Clark Gable, en lui disant : « Écoutez, vous vous prenez pour un dur... » De tels individus ont tendance à confondre l'acteur et son personnage, comme ceux qui tenaient pour une brute Humphrey Bogart, qui était en fait un homme très cultivé.

Voyez vous, je ne me suis moi-même jamais confondu avec le personnage que j'interprète d'ordinaire. Pas plus que Charlie Chaplin avec son personnage de clochard, ni avec aucun des autres personnages qu'il a incarnés. Pas plus que Jerry Lewis avec le personnage loufoque qu'il incarne dans ses films. Malgré certaines ressemblances, ce personnage ne me représente pas. Or, les critiques ont cru qu'il me représentait et que le film était strictement autobiographique. Je crois pourtant que les années passant, les gens verront *Stardust Memories* d'un autre œil, avec beaucoup moins de résistance.

Au début du film, un cadre du studio déclare, en parlant du metteur en scène que vous interprétez : « De quoi se plaint-il ? Ne sait-il pas qu'il a le plus grand don que l'on peut avoir, le don de faire rire ? » Cette réplique traduit-elle votre réaction à l'accueil fait par le public à Intérieurs *?* Intérieurs *vous a-t-il valu de telles critiques, de la part de gens estimant que vous devriez vous cantonner dans le registre comique, sans vous aventurer dans d'autres domaines ?*

J'ai effectivement essuyé de telles critiques. Beaucoup de gens m'ont dit : « Pourquoi faire un film comme *Intérieurs*, quand vous pouvez faire des films drôles ? » *September* et *Une Autre Femme* m'ont valu des réflexions identiques. Des gens m'ont dit : « Si vous pouvez faire un film comme *Hannah et ses sœurs*, pourquoi faire un film comme *September* ? » Malheureusement, il m'est impossible de répondre à de telles questions.

Pourriez-vous me parler de la première séquence du film, celle du rêve embrumé avec les deux trains et leurs passagers ? Dans une certaine mesure, cette séquence rappelle la scène du rêve, au début de Huit et demi, *de Fellini.*

Si l'on compare ces deux séquences, on s'aperçoit qu'elles présentent pourtant des contenus radicalement différents. L'une est un rêve, et l'autre, une séquence de cinéma. Dans *Huit et demi*, cette séquence a une portée bien plus personnelle, celle d'un rêve, rêve dans lequel un homme se sent sur le point d'étouffer, de perdre la vie. Bloqué dans les embouteillages, il voudrait s'envoler et s'évader, et se trouve ramené à la réalité par son comptable et par les suiveurs qui s'accrochent à ses basques. Mais c'est bien un rêve.

En revanche, ma propre séquence a une portée métaphorique. C'est tout à fait différent. Dans cette séquence, mon personnage se retrouve dans un train bourré de ratés, qui l'emmène inexorablement vers une existence misérable, et il voit un autre train entraînant d'autres personnes vers une destination bien différente. À bord du second train, tout le monde s'amuse. Ces gens sont beaux et riches, alors qu'il se trouve assis au milieu d'individus à l'air sinistre. Il voudrait descendre pour changer de train. Mais il a beau se débattre, c'est impossible ! Et à la fin, les deux trains se retrouvent sur la même décharge publique. Ma propre séquence constitue donc une métaphore philosophique, tandis que celle de *Huit et demi* éclaire simplement le caractère du héros du film.

Stardust Memories *n'en demeure pas moins un film assez « fellinien ». J'imagine que vous respectez et admirez Fellini.*

Bien sûr. Évidemment. J'adore ses films. Avec Renoir, Kurosawa, et, évidemment, Bergman, Fellini est l'un des réalisateurs qui ont fait des films que j'adore. Tout comme eux, c'est un excellent réalisateur.

Pensez-vous que la problématique centrale de Stardust Memories *soit d'explorer l'opposition réalité/fiction ?*

Pour une part. Mais je crois qu'au fond, comme dans beaucoup d'autres de mes films, je voulais surtout montrer le rapport qu'entretient l'homme avec la mort, avec sa condition d'être mortel. Ainsi, mon personnage qui semble jouir de l'aisance qu'assure le succès, avec chauffeur, etc. est saisi d'angoisse, et ne songe qu'à l'éventualité de sa propre fin quand sa gouvernante déballe un lapin mort, dans sa cuisine, au début du film. Tout le reste du film est ensuite montré de son point de vue. Lorsqu'il est invité à une rétrospective de son œuvre, il voit défiler toute son existence, ce qui éclaire le spectateur sur le caractère, la vie, les maîtresses, la sœur, les parents, et les difficultés du héros. Et à la fin du film, il est abattu par ses plus fidèles admirateurs. Mais il ne meurt pas pour autant, et, si ma mémoire est exacte, il déclare alors qu'il échangerait volontiers son Academy Award contre une minute de survie. Là encore, j'étais surtout intéressé par la portée philosophique du sujet. C'est exactement ce que je voulais traiter.

La conception de ce film, si essentielle par rapport au reste de votre œuvre, et par rapport à votre personnalité, a-t-elle exigé plus de travail que celle de vos autres films ?

Le tournage de *Stardust Memories* a été très long ; il a duré six mois. Le film était si minutieusement orchestré que sa réalisation s'est avérée très complexe. D'autant qu'elle a nécessité pas mal de *retakes*, notamment pour des questions de météo. Ce fut vraiment un film difficile à faire.

Il compte énormément de décors.

Effectivement, dont certains furent construits spécialement.

La rétrospective cinématographique se déroule dans un immeuble ressemblant à un établissement thermal. Il s'agit sans doute d'un décor réel ?

L'équipe de *Stardust Memories* tourne dans la décharge.

Oui. C'est une église, dont on n'a filmé que la façade. Tout l'intérieur a été reconstitué en studio.

Au début du film, vous faites dire à votre personnage, Sandy, le cinéaste : « Je n'ai plus envie de faire de films drôles. Personne ne peut m'y forcer. Moi je n'ai plus envie de rire. Je regarde le monde autour de moi et je ne vois que des gens qui souffrent. »

Oui, c'était important pour le personnage. Mais pas pour moi. Moi, je ne vois pas les choses ainsi. J'avais envie de continuer à tourner des comédies, tout en faisant un film plus sérieux de temps en temps. Le public s'est imaginé que je ne voulais plus faire de comédies. Il a pris à la lettre tout ce qui est dit dans le film.

Dans le film, Sandy se voit sans cesse conseillé, ou admonesté, par toutes sortes de gens : des admirateurs, des critiques, des policiers, qui lui disent ce qu'il devrait faire ou ne pas faire, et quel genre de films il devrait réaliser. Même les extra-terrestres lui disent : « On adore vos films, surtout les premiers, ceux qui étaient marrants… »

Oui, les gens lui parlent tout le temps de ses premiers films, qui ne sont plus à ses yeux que de vulgaires pantalonnades. Évidemment, on m'a parfois dit les mêmes choses, à moi, mais jamais de façon aussi caricaturale que dans le film.

Woody Allen dans *Stardust Memories ;* son état d'esprit se reflète dans le décor changeant de l'appartement de Sandy.

Dans l'appartement de Sandy, il y a un grand salon, que l'on voit deux fois dans le film. La première fois, on voit, placardée sur l'un des murs la célèbre photographie de l'exécution d'un jeune Vietnamien à Song-My. Un peu plus tard, à la faveur d'un flash-back, on revoit le même mur, mais cette fois, Groucho Marx a remplacé l'image de la Guerre du Viêtnam. Pourquoi avoir choisi ces deux images? Qu'ont-elles à voir avec le personnage principal, et avec sa vie ?

L'appartement de Sandy reflète son état d'esprit. Les images sur le mur changent donc en fonction de la période qu'il traverse. Au début du film, il est littéralement obsédé par la souffrance humaine, et par la culpabilité qu'engendrent chez lui le succès, la richesse et la reconnaissance. Dans le flash-back que vous évoquiez, il se souvient d'une période plus heureuse de sa vie, lorsqu'il vivait avec Charlotte Rampling. Groucho Marx est l'image de ces jours heureux. Mais ensuite, on voit aussi une photo de Louis Armstrong, non ?

Oui c'est vrai.

Cela reflète simplement son état d'esprit. (*Le téléphone sonne, et Woody Allen va répondre.*)

Lorsque vous avez décroché le téléphone, je vous ai entendu dire : « Ici, Woody Allen ». Vous n'utilisez donc jamais votre vrai nom ? Vos amis, ou vos parents non plus ?

Non, pas même mes parents. Ça fait tellement longtemps que j'ai changé de nom… quarante ans, peut-être.

Dans Stardust Memories, *on a vraiment l'impression que vous abordez le cinéma sans complexe. Avez-vous eu vous-même cette impression, à l'époque où vous avez tourné le film ?*

J'ai senti que je maîtrisais la technique. Comme je l'ai déjà dit, la réalisation d'*Annie Hall* et ma rencontre avec Gordon Willis ont marqué un tournant de ma carrière. À l'époque où j'ai tourné *Stardust Memories*, j'avais l'impression de maîtriser le cinéma en tant que forme d'expression. Je pouvais utiliser cette forme d'expression comme je le souhaitais. Après, j'eus l'impression de pouvoir faire tout ce que je désirais.

Et le public et la critique n'étaient pas prêts à accepter que vous fassiez un tel film, ou…

Je vois deux possibilités. Ou ils se sont trompés, ou c'est moi qui me suis trompé. C'est tout ce que je peux dire. Pour moi, *Stardust Memories* est un film très intéressant. Mais la plupart des spectateurs ont fort mal réagi. Je crois cependant que la réception du film pourrait évoluer avec le temps. Je pense que les gens qui iront voir *Stardust Memories* après avoir aimé mes films ultérieurs le verront d'un œil plus favorable. Ils pourront le trouver intéressant. Enfin, je ne sais pas. Ça sera sûrement curieux. Remarquez, même à propos de *La Rose pourpre du Caire*, qui est mon film préféré, tout le monde m'a dit : « Pas étonnant que ça soit votre film préféré. Personne ne l'a aimé. En fait, vous voulez protéger votre enfant dont vous êtes seul à ne pas voir les difformités. » Moi, j'ai toujours répondu : « Pas du tout ! Je crois que c'est le meilleur film que j'aie jamais réalisé. » Enfin, telle est mon opinion. Mais ça ne change rien. Quoi qu'on puisse dire de ce film, ou de mes autres films… seul le temps tranchera. Seules perdurent les choses de valeurs, le reste est vite oublié.

Si votre position de cinéaste n'avait pas été aussi assurée, si vos producteurs ne vous avaient pas garanti une totale indépendance économique, l'échec de Stardust Memories *aurait pu vous causer un tort considérable. L'incompréhension du public et de la critique aurait très bien pu briser la carrière d'un metteur en scène moins assuré.*

Woody Allen et Jessica Harper dans Stardust Memories.

C'est exact… d'autant que j'ai dû affronter deux échecs auprès du public coup sur coup : celui d'*Intérieurs*, puis celui de *Stardust Memories*. Je crois cependant avoir bénéficié de circonstances atténuantes : d'une part, comme je n'étais pas dans le circuit commercial, les gens se sont dit : « Il essaie des trucs. Il essaie d'étendre ses possibilités. Il ne veut pas faire de film bateau, ni même de film sans surprise. Il a échoué, c'est vrai, mais voyons tout de même ce qu'il tentera de faire à l'avenir. » D'autre part, il y a une seconde explication, peut-être plus déterminante: je fais tant de films que je n'attache pas une importance primordiale au fait que dans le lot, il y en ait un qui marche moins bien que les autres. Alors que je venais de tourner *Intérieurs* et *Stardust Memories*, et avant même qu'ils ne soient sortis, je travaillais déjà sur autre chose. Le film pouvait faire un tabac, comme *Manhattan* ou comme *Hannah*, sans que ça signifie grand-chose à mes yeux. Je m'organise pour faire de mes films des non-événements. Tout ce qui m'intéresse, c'est de travailler, de sortir un film que les gens puissent voir. Moi, je veux continuer à mouliner de la pellicule. J'espère rester en assez bonne forme, tant physique que psychique, pour travailler jusqu'au bout. À l'approche de la vieillesse, j'espère pouvoir considérer mon œuvre, en me disant : « J'ai fait cinquante films… D'excellents, de moyens, et d'assez drôles… ». Je veux éviter de me retrouver dans la position de certains de mes contemporains, qui sortent un film tous les cinq ans, avec l'impression de produire un événement majeur.

À ce titre, j'ai toujours admiré Bergman. Il travaille tranquillement sur son île, il tourne un petit film, il le sort, et il se met à préparer le suivant. Vous savez, seul compte le travail. Ni le succès, ni l'échec éventuel ; ni l'argent, ni l'accueil de la critique. Seul un travail parfaitement intégré à votre vie quotidienne, et vous permettant de vivre décemment. Et en même temps, de pouvoir faire toutes les autres choses que vous aimez : dans mon cas, jouer de la musique, voir mes enfants, aller au restaurant, me balader, regarder des matchs, etc. Si on peut travailler parallèlement, on mène une vie agréable, parfaitement harmonieuse.

Stardust Memories *a très bien vieilli. Ou plutôt, n'a pas vieilli du tout. On dirait un « objet de vertu », une de ces pièces ouvragées qui révèlent de nouvelles facettes, à chaque fois qu'on les considère. Croyez-vous que ce film doive être vu plusieurs fois, et que cela puisse expliquer l'échec qu'il a connu lors de sa première sortie ?*

Non. Je crois que c'était moi qui étais visé. Le public et les critiques ont cru que, dans ce film, je les traitais d'abrutis. Ils ont été d'autant plus furieux qu'ils m'ont réellement pris pour Sandy, pour le personnage du metteur en scène, et qu'ils ont cru que je les insultais ouvertement, en traitant d'abrutis les amateurs de mes comédies, et de débiles prétentieux les critiques. Si telle était mon opinion (ce qu'elle n'est pas), j'aurais au moins été assez malin pour ne pas la claironner dans l'un de mes films !

Dans le film, un personnage déclare à Sandy que « le comique, c'est l'agressivité, c'est la colère. La preuve, qu'est-ce qu'un comique dit, quand il voit que le public marche ? Je les fais mourir de rire ! Je les tue ! Ils rigolent à en crever ! »

D'autres l'ont observé avant moi. C'est un truc que tout le monde sait bien, depuis fort longtemps. Mais c'est vrai. Le comique ne va pas sans une certaine agressivité.

Dans Stardust Memories, *on retrouve Tony Roberts. Dans vos films des années soixante-dix, deux acteurs jouent souvent le rôle de vos copains, et de vos confidents : Tony Roberts et Michael Murphy. Etes-vous amis dans la vie ?*

Oui, encore que je ne vois guère Michael Murphy, qui ne vit pas à New York. En revanche, j'ai toujours été ami avec Tony Roberts. Tourner un film implique de passer tant de temps ensemble que je préfère travailler avec des amis, avec des gens que j'aime.

Vers la fin du film, il y a une scène très intéressante, où le personnage que joue Charlotte Rampling, Dorrie, fait une sorte de dépression nerveuse. Vous la filmez alors en plan fixe, pendant qu'elle parle directement face à la caméra, à laquelle elle confie ses secrets, ses pensées et ses sentiments intimes. Le plan est éclaté en plusieurs mini-séquences, selon une technique qui rappelle un peu celle que vous avez adoptée

Dorrie (Charlotte Rampling) face à la caméra dans Stardust Memories.

pour Maris et femmes. *Comment en êtes-vous arrivé à tourner cette séquence ainsi, à la faire jouer de cette manière ?*

J'ai toujours admiré la peinture cubiste, en me disant qu'il serait intéressant de montrer un personnage en crise, en faisant systématiquement des faux-raccords. En l'occurrence, la scène s'y prêtait à merveille.

Avez-vous tourné cette séquence en plusieurs segments ? Était-ce écrit de cette façon ? Ou avez-vous tourné de longues prises, pour isoler ensuite des moments, sur la table de montage ?

Les deux. J'ai tourné certaines choses en longueur, et j'ai fait quelques petites rustines. Il me semble que c'est une des plus belles scènes de Charlotte Rampling. Elle a été parfaite.

Vous n'avez jamais envisagé de lui confier d'autres rôles, dans vos autres film s?

Nous avons évoqué cette éventualité, sans que je lui fasse pour autant de propositions fermes. Notamment parce qu'elle est anglaise, et qu'il lui faut des rôles taillés sur mesure. Toutefois, dans ce rôle, elle était parfaite. Elle est tellement belle, tellement sexy, tellement intéressante. Elle a une façon très intéressante de jouer les névrosées. Je ne me souviens plus qui a eu l'idée de lui proposer le rôle de Dorrie… je ne sais pas si c'est venu de moi, ou… En tout cas, ce fut une bonne idée. C'était l'actrice idéale.

Et Marie-Christine Barrault ? J'imagine que vous l'aviez vue dans Cousin Cousine *?*

Oui, et je pensais qu'il serait amusant de travailler avec elle. Je l'avais beaucoup aimée dans ce film de Tacchella. Aux antipodes de Charlotte Rampling, Marie-Christine Barrault est très terrienne, très solide. Aux États-Unis, je ne voyais personne dans le même style, personne qui soit doté d'une qualité aussi intéressante.

12

Comédie érotique d'une nuit d'été - Zelig

ZELIG : « C'est sécurisant… d'être comme les autres. »
EUDORA : « C'est ça que vous voulez, être sécurisé ? »
ZELIG : « Ce que je veux, c'est être aimé. »
(Zelig)

Après Stardust Memories, *vous enchaînez sur deux films à la fois.*

Oui, tout de suite après *Stardust Memories*, j'ai fait deux films : *Zelig et Comédie érotique d'une nuit d'été*. J'ai tourné les deux en même temps.

Parce que Zelig a pris plus de temps que prévu à terminer ?

Non. Alors que j'avais déjà terminé le scénario de *Zelig*, et que les producteurs bouclaient le budget et attaquaient la préparation, je me suis retrouvé chez moi, sans rien à faire. Et je me suis dit : « Ce serait rigolo de profiter de l'été pour faire un petit film. » Et j'ai écrit le scénario en deux semaines. Une histoire toute simple, genre partie de campagne. Là-dessus, je me suis dit : « Pourquoi attendre ? » Autant tourner les deux en même temps, ça ne changera rien.

Avez-vous vraiment travaillé parallèlement sur les deux films ?

Il m'est arrivé de passer de l'un à l'autre, mais j'ai fait le gros du travail sur *Comédie érotique*… avant, à cause du temps. Mais le film a mordu sur le planning de *Zelig*. Le casting, la recherche des décors et la préparation se sont faits en même temps. J'ai tourné des gros bouts de *Comédie érotique*…, avant de repasser à *Zelig*, et ainsi de suite. *Comédie érotique d'une nuit d'été* est passé complètement inaperçu. Pour un critique, qui d'ordinaire défend plutôt mon travail, ce serait même le seul film vulgaire de ma carrière.

Qui est donc ce critique ?

Richard Schickel, de *Time Magazine*. Moi, je tenais à faire un film léger, un petit divertissement drolatique. Je ne prétends pas que *Comédie érotique...* soit un grand film, mais il est empreint d'une atmosphère à laquelle les gens restent insensibles, aux États-Unis. Mais moi, ça me plaisait. Je me suis beaucoup amusé en le faisant. Je voulais faire à la campagne ce que j'avais fait à la ville avec *Manhattan*.

La photo de Gordon Willis est somptueuse. Elle semble avoir un éclat singulier.

Nous avons beaucoup discuté de la couleur. Nous voulions tourner ce film aux plus beaux jours de l'année, quand la campagne est la plus belle, pour que cela soit aussi beau que possible. Nous voulions être sûrs d'avoir une lumière constamment parfaite, et un soleil idéalement situé dans le ciel. Néanmoins, vers la fin de l'été, il a tout de même fallu peindre les feuilles des arbres en vert.

Ce film est en quelque sorte une comédie de mœurs. Est-ce pour cette raison que vous l'avez situé dans le passé, entre 1915 et 1920 ?

Oui, quelque chose comme ça. Je me suis dit : « Ne serait-il pas charmant de tourner, de manière aussi esthétique que possible, une petite histoire située en été, au début du siècle, aux alentours de 1910 ? Un après-midi où les gens jouent au badminton, ou partent à la chasse aux papillons. » À l'écriture, j'ai trouvé que ça venait bien, et ensuite, j'ai été content de ce que je tournais. Mais le film n'a absolument pas plu au public. *Comédie érotique*... et *September* restent mes pires échecs commerciaux.

La musique de Mendelssohn établit très bien l'ambiance du film. Avez-vous choisi cette musique avant ou après le tournage ?

Avant. Je connais très bien Mendelssohn, et c'était l'ambiance que je désirais : légère, et pleine de charme. Malheureusement, quand ils me voient en costume d'époque, les spectateurs ne marchent pas. À leurs yeux, je suis indéfectiblement

Woody Allen, en prétendant assidu dans Comédie érotique d'une nuit d'été.

lié à l'époque actuelle, à New York, à la ville, ce qui constituait d'emblée un handicap pour le film. Peut-être aurais-je dû confier mon propre rôle à Dustin Hoffman… peut-être le film aurait-il mieux marché. Enfin, à mes yeux, le film ressemble à ce que je voulais en faire : une pièce montée…

Vous parlez de Dustin Hoffman. Avez-vous déjà envisagé de travailler avec lui ?

Je me suis toujours dit qu'il pourrait interpréter tous mes rôles, et probablement bien mieux que je ne le fais moi-même. Mais je n'en ai pas les moyens. Il se fait payer extrêmement cher. Bien trop cher pour nous. En outre, il n'est jamais libre.

Dans Comédie érotique…, *vous avez confié à José Ferrer le rôle du rationaliste. Pendant son cours, au début du film, il déclare : « Il n'y a de réel que l'expérience ». Il me rappelle un peu Gunnar Björnstrand dans les films de Bergman.*

Ah oui, je vois ce que vous voulez dire. C'est un esprit rationnel, qui ne croit ni aux esprits, ni aux fantômes, mais en devient un lui-même, en fin de compte.

Dans ce film, c'est aussi la première fois que vous travailliez avec Mia Farrow. La connaissiez-vous déjà, ou était-ce la première fois que vous la rencontriez ?

Je la connaissais déjà. J'avais commencé à sortir avec elle pendant *Stardust Memories*.

Dans vos derniers films, elle a joué des rôles très différents. Quelles sont, à vos yeux, ses principales qualités en tant qu'actrice ?

C'est une bonne actrice. Elle peut tenir des rôles très différents, elle a un registre très étendu. Elle peut jouer des rôles sérieux, des rôles comiques. Et puis elle est très photogénique, très belle sur l'écran. C'est une bonne actrice réaliste. Tout le contraire de quelqu'un comme Diane Keaton, qui est excellente dans la comédie, en raison de sa forte personnalité. En revanche, Diane ne peut pas changer de registre, elle demeure toujours la même, et toujours excellente. Un peu comme Katharine Hepburn. Tandis que Mia est toujours différente. Elle a un très large registre, une très large palette de rôles. Elle se sort toujours très bien des rôles les plus bizarres, les plus risqués.

Ce talent vous a t-il parfois inspiré, lorsque vous écriviez certains de vos films ? La liberté de pouvoir créer quelqu'un de complètement différent d'elle vous a-t-elle déjà donné le point de départ d'une nouvelle histoire ?

Non, pas d'une histoire. Mais j'ai beaucoup discuté avec elle. Je lui disais : « Bon, quel personnage aimerais-tu jouer, cette fois ? »

Pouvez-vous nous donner un exemple de personnage écrit sur mesure pour elle?

Je ne pars jamais d'un personnage pour écrire une histoire. Exception faite, peut-être, de *Broadway Danny Rose*, dont j'ai d'ailleurs écrit l'histoire avant de savoir quel personnage confier à Mia Farrow. Ainsi, il m'est arrivé de me dire : « J'ai une bonne idée d'histoire, qui pourrait s'intituler *Radio Days*. Ça serait un film plein de nostalgie, situé du temps de mon enfance, du temps où la radio rythmait encore la vie des gens. » Alors j'ai songé à Mia, et je me suis demandé quel rôle lui confier dans ce film. Finalement, je lui ai dit : « Et pourquoi tu ne ferais pas une de ces petites blondes écervelées que tu adores interpréter ? » J'ai donc développé le personnage, quitte à réaménager mon histoire en fonction de lui. C'est dans cette mesure, et dans cette seule mesure, que le rôle a été taillé pour elle.

Et Diane Keaton dans Radio Days ? *La genèse en a-t-elle été comparable ?*

Diane est une de mes plus chères amies. Elle se trouvait alors à New York, et quand je lui ai demandé si elle voulait faire quelque chose dans le film, chanter ou autre..., elle a accepté immédiatement.

Où avez-vous tourné Comédie érotique... *?*

Dans un endroit qui s'appelle Pocantico Hills. À une quarantaine de minutes de New York, en voiture.

Et la maison ? A-t-elle été construite pour les besoins de la cause ?

Elle a été construite. Je suis tombé sur une photo dans une revue, et j'ai dit : « Construisez-moi ça ! » Les intérieurs ont été tournés sur place.

Et qu'est-elle devenue ?

Elle a été vendue. Naturellement, l'acquéreur a dû faire un certain nombre d'aménagements, car telle quelle, la maison ne répondait pas aux normes du Bâtiment. Mais la production l'a vendue, à quelqu'un qui l'a consolidée pour la rendre habitable.

Dans le même temps, vous travailliez donc sur Zelig. *J'aimerais vous demander comment vous choisissez les noms que vous donnez à vos personnages. À sa façon, un nom peut suffire à caractériser un personnage, à déterminer sa personnalité.*

Oui. C'est l'une de mes fantaisies. Pour moi, il est particulièrement important d'attribuer un nom à mes personnages principaux (mais pas aux seconds rôles). Je m'efforce toujours de le faire avant de me mettre à rédiger. Il m'importe de pouvoir les nommer. Quant aux personnages secondaires, je leur donne les noms les plus courts possible, pour pouvoir taper plus vite. (*Rires*)

Par exemple ?

Tout dépend de l'impression, de l'impression subjective, et tout à fait personnelle, que dégage un nom. Subjectivement, certains noms semblent sonner juste, et d'autres sonner faux. Mais il est essentiel à mes yeux d'avoir attribué à tous mes personnages des noms dont je sois satisfait, avant de me lancer dans l'écriture.

Cela vous demande-t-il une longue réflexion ?

Oui, parfois. Parfois je trouve les noms facilement, et parfois il me faut plus longtemps, car tout me semble sonner faux. J'aime bien m'attribuer des noms qui ne soient pas lourds : Alvy, Ike, Gabe, Sandy. Des noms courants, faciles…

Et Zelig *? D'où vient ce nom ?*

Il m'est venu alors que j'écrivais. J'ai donné à mon personnage le nom de Leonard Zelig, qui m'a semblé sonner juste. Cependant, au départ, je n'avais jamais envisagé d'intituler le film *Zelig*. L'idée ne m'en est venue qu'infiniment plus tard. Divers autres titres de film avaient été envisagés, dont on avait même fait tirer les typons. L'un d'eux était une expression en vogue dans les années vingt-trente : *The cat's pyjamas* – autrement dit : le fin du fin. Et le titre original était *L'Homme-caméléon*. C'est d'ailleurs le titre du film dans le film. Nous avions même pensé à *La Crise de l'identité, et ses rapports avec les troubles de la personnalité*.

Vous avez appelé le principal personnage féminin Eudora Fletcher. C'était, je crois, le nom de l'une de vos maîtresses d'école.

Oui, Eudora Fletcher était la directrice de mon école. J'ai choisi ce nom, parce que c'était un très bon nom. J'avais toujours voulu l'utiliser. C'est un nom très américain, et aussi très daté. Il y a très peu d'Eudora, de nos jours. Cette directrice d'école était une véritable monstresse, mais qu'elle avait un nom magnifique.

Pouvez-vous nous raconter comment vous avez conçu Zelig *?*

Eh bien, j'étais assis ici, exactement à cet endroit. (*À son bureau, dans son appartement.*) Et j'avais envie de raconter l'histoire d'un type qui adapte sans cesse sa personnalité aux situations auxquelles il se trouve confronté. C'est un type qui veut à tout prix être aimé, et qui est prêt pour y réussir à s'adapter à chacun des milieux qu'il est amené à fréquenter. Je me suis dit alors qu'il serait encore plus intéressant de le montrer se transformant physiquement, pour s'identifier littéralement à la personne qu'il a en face de lui. Ensuite, m'est venue une autre idée : celle d'en faire un phénomène international, de raconter son histoire sous une forme pseudo-documentaire, comme s'il avait réellement été une célébrité. C'est ainsi que, progressivement, le film a pris forme.

Je le crois volontiers. Mais comment en avez-vous conçu l'histoire proprement dite ? Avez-vous commencé par écrire le commentaire, avant d'essayer de trouver, de reconstruire le matériel documentaire qu'il nécessitait? Ou inversement, construit l'histoire bribe par bribe, en fonction des documents que vous trouviez ?

J'ai commencé par écrire tout le scénario. Ensuite, j'ai visionné des millions de vieilles bandes d'actualités, et j'ai aménagé mon scénario de façon à y inclure les trésors que je venais d'exhumer. Le tout a exigé deux ans de travail. Le film a été très long à assembler.

J'ai fait appel à des documentalistes, qui ont chiné pour moi. Les gens du montage ont trouvé des trucs qu'on a visionnés ensemble, durant des heures et des heures.

J'imagine que vous avez employé tous les trucages possibles et imaginables, pour donner une certaine patine aux séquences que vous avez réellement tournées ?

En fait, pas tellement. On a utilisé des optiques et du matériel-son datant des années vingt. On a essayé de faire main basse sur tout ce qui fonctionnait encore. On a travaillé les éclairages exactement comme ça se faisait à l'époque. On avait les caches, on les a étudiés. On a bricolé les obturateurs pour que le film qu'on tournait papillote sur l'écran comme les vieux films. On a délibérément rayé le négatif… Sans en faire trop, toutefois. Il s'agissait d'obtenir des images aussi naturelles que possible. Bien sûr, il a fallu truquer certains plans, par exemple pour incruster mon image dans de vieilles bandes, mais seulement en de rares occasions, soit trois ou quatre fois en tout, sur la totalité du film.

Woody Allen et Mia Farrow dans Comédie érotique d'une nuit d'été.

Qu'est-ce qui a posé le plus de difficultés ? L'incrustation d'images dans les vieilles bandes d'actualités ?

Oui, des difficultés techniques. Mais Gordon Willis, qui est un génie, a étudié le genre d'éclairage utilisé à l'époque dans les bandes d'actualité authentiques, et il est parvenu à recréer la même lumière en studio, devant un « écran bleu », permettant d'incruster mon image ultérieurement. En somme, la plupart des images ont été tournées par nos soins.

Combien de temps a nécessité la réalisation de Zelig *? Le seul tournage a sûrement dû exiger un temps considérable ?*

Pas tant le tournage, qui a été facile, que le montage et toute la post-production. Voyez-vous, parfois on tournait une scène où un acteur traversait le champ, et l'opérateur disait : « Oh, non, pas encore ! Reviens ! » Et alors l'acteur, n'ayant aucune idée de ce qui se passait, revenait. Mais sur l'écran, le résultat s'est avéré génial, car l'acteur était réellement pris au dépourvu, et déconcerté, pendant un instant. Nous n'avions mis personne dans la confidence. Et afin d'accroître l'impression de réalisme, les petits rôles, ceux des personnages interviewés, ou ceux qui ont un petit texte, ont été confiés à de simples amateurs, qui ne parlent jamais comme des acteurs, car ils ignorent la diction des acteurs.

Comme Eudora âgée ?

Oui, c'est également une amateur, avec une ressemblance troublante avec Mia.

Mia Farrow alias Eudora Fletcher et Woody Allen alias Leonard Zelig dans Zelig.

À quel stade de la production avez-vous songé à intégrer les interviews d'intellectuels contemporains, ou de personnalités connues, tels Susan Sontag, Saul Bellow ou Bruno Bettelheim ?

En avançant, on a eu besoin d'interviews, et on s'est généralement plié aux disponibilités de ceux qu'il était possible d'interviewer. J'ai eu la chance de pouvoir interviewer Saul Bellow et Susan Sontag.

Pourquoi les avoir choisis plutôt que d'autres ?

Leurs interventions convenaient au genre du film, auquel je voulais conférer un certain poids, un certain sérieux intellectuel, une certaine patine. Je me suis donc adressé à diverses personnalités, que l'expérience a tentées.

Auriez-vous souhaité faire figurer dans Zelig *d'autres personnalités ?*

Garbo, mais elle ne m'a pas répondu. J'aurais également aimé avoir Jack Dempsey, mais il était trop malade.

N'avez-vous jamais rencontré Garbo ?

Non. Je l'ai vue une fois dans la rue. Mais elle ne m'a jamais beaucoup fasciné.

Garbo était-elle l'unique survivante de l'âge d'or du muet que vous souhaitiez voir figurer dans Zelig ?

Non. J'avais également interviewé Lillian Gish, sans obtenir ce que je recherchais. Aussi n'ai-je pas utilisé cet entretien. La carrière de Lillian Gish a commencé dès l'aube du cinéma, et en a couvert toute l'histoire, jusqu'à nos jours. C'est stupéfiant.

Au générique du film, vous remerciez le Dr Eudora Fletcher, et le photographe Paul DeGhuere. Sans doute afin de renforcer la crédibilité, la prétendue authenticité de ce pseudo-documentaire ?

Oui.

Le film commence en 1928, *en pleine ère du jazz. Croyez-vous qu'à cette époque de l'entre-deux-guerres, et donc de la montée du nazisme en Allemagne, beaucoup de gens aient souhaité être « comme les autres », à l'instar de* Zelig *?*

Je crois qu'il y a toujours eu, et qu'il y en aura toujours, partout, de tels individus. Il existe énormément de gens dotés d'une certaine personnalité, mais aussi énormément d'autres qui, à défaut d'une telle personnalité, se mettent volontiers au diapason de la personne qu'ils ont en face d'eux. Et si d'aventure la personne en question prône telle ou telle opinion, ces suiveurs-nés abondent dans son sens.

La séquence de la Danse du caméléon a-t-elle été tournée par vous, ou puisée dans des archives ?

Tournée par nous. Pratiquement tout le film a été tourné, à l'exception des vraies actualités, évidemment. Tout ce qui concerne le caméléon a été tourné.

Toutes ces séquences rendent parfaitement, et collent remarquablement avec les vraies actualités.

Oui, on a beaucoup soigné cet aspect. En réalisant des pseudo-documentaires, certains ont souvent tendance à en rajouter. Or, comme *Zelig* devait faire aussi vrai que possible, tout ce qui paraissait toc a été éliminé.

Et avec le labo, vous n'avez pas eu de problèmes ? De nos jours, il devient fort difficile de travailler en noir et blanc.

En fait, nous avons travaillé avec notre propre labo. Il y a des années, à l'époque où nous avons commencé *Manhattan*, nous avions demandé à ce labo de créer une unité de traitement noir et blanc, ce qui avait été fait, expressément pour *Manhattan*. Depuis, j'ai dû refaire appel au même labo à cinq reprises. Et chaque fois que je désire travailler en noir et blanc, cela ne me pose plus aucun problème : je sais où m'adresser.

Vous avez de la chance, car dans la plupart des labos, les professionnels qui traitaient le noir et blanc sont soit partis à la retraite, soit morts, en emportant parfois leurs secrets avec eux.

Effectivement. Il est très difficile de trouver de bons techniciens. Des années après la sortie de *Manhattan*, des chef-opérateurs du monde entier appelaient Gordon Willis pour lui demander où il avait fait tirer un si beau noir et blanc. Or, *Manhattan* avait été tiré par ce petit labo, à New York même.

Le film dans le film : L'Homme Caméléon *s'inspire-t-il d'un film particulier de cette époque ?*

Non. Seulement du genre de films qu'on pouvait voir à la fin des années trente ou quarante. Gordon et moi savions exactement quel style nous désirions imiter. Nous avions vu tant de ces films au cours de notre vie !

Comme la plupart de vos films, Zelig *trahit un certain éclectisme, ainsi que l'influence, plus ou moins marquée, d'autres films ou d'autres metteurs en scène. Saviez-vous qu'un critique a même épinglé ce travers du nom de « Syndrome de* Zelig *» ?*

Non, mais c'est intéressant. Je puis comprendre, et apprécier la chose.

L'interview avec Eudora Fletcher âgée brille de drôlerie et d'ironie. Mrs Fletcher

L'homme-caméléon Leonard Zelig, se transforme en fonction de son environnement.

ne cesse de donner des réponses inattendues aux questions conventionnelles de celui qui l'interviewe. Vouliez-vous par là stimagtiser la condescendance de certains reporters de télévision envers les malheureux qu'ils interviewent ?

Ma foi, Mrs Fletcher était un personnage assez drôle, et j'ai jugé possible d'en tirer parti ainsi. Les interviewers espèrent toujours conduire l'interview de la façon la plus conventionnelle, et là, le personnage se révélait assez difficile à manœuvrer.

Vers la fin du film, Saul Bellow déclare : « *Une part de lui-même désirait profondément se fondre dans la masse, dans l'anonymat. Et le fascisme en offrit l'occasion à* Zelig. » *Le film prétend-il éclairer le fascisme, ou l'influence du fascisme sur les individus ?*

Absolument. À mon sens, en abdiquant tout libre-arbitre, et en se fondant dans la masse comme un caméléon se fond dans le décor, on risque fort de se laisser séduire par les sirènes du fascisme. Et c'est exactement là-dessus que comptaient les fascistes.

Aviez-vous cette idée en tête, quand vous avez commencé à écrire le scénario de Zelig *?*

Bien sûr. C'était l'un des thèmes principaux du film. À cet égard, aux États-Unis, *Zelig* a été bien reçu par la critique, qui n'en a toutefois pas saisi la portée ; fascinée par la prouesse technique que constituait le film, elle l'a particulièrement encensée,

Grand meeting nazi.
Eudora Fletcher cherche à attirer l'attention de Leonard Zelig sur le podium juste derrière Adolphe Hitler.

au détriment de tout autre aspect. Pour moi, la technique était satisfaisante. J'avais pris énormément de plaisir à réaliser ce film, qui représentait effectivement un petit tour de force. Néanmoins, c'était surtout son thème qui m'intéressait.

À votre avis, la situation politique qui règne aux États-Unis depuis quelques années présente-t-elle certaines analogies avec celle de cette période troublée ?

A propos du suivisme, du désir de se conformer aux opinions dominantes ? Je crois qu'il s'agit là d'un penchant existant en chacun de nous. Pour *Zelig*, tout commence à partir du jour où il prétend avoir lu *Moby Dick*. De telles choses arrivent très fréquemment. Par exemple, lorsqu'on demande à quelqu'un s'il a lu tel ou tel livre, il répond : « Oui, bien sûr ! », même si ça n'est pas vrai, tout simplement pour se faire aimer, pour s'intégrer à un groupe.

Ce film m'a permis de dénoncer le danger que l'on court en abandonnant tout libre-arbitre, pour se faire aimer, pour ne pas faire d'histoires, pour se fondre dans le décor. Je voulais montrer à quelles extrémités conduisait un tel comportement, tant dans la vie quotidienne que sur le plan politique. Il mène à se conformer strictement, à se soumettre rigoureusement à la volonté, aux exigences et aux besoins d'une forte personnalité.

Vu les structures économiques, politiques et sociales existant aux États-Unis, croyez-vous qu'il soit difficile à un individu ordinaire d'y exprimer librement ses vues ?

Aux États-Unis, nous jouissons sur le plan juridique d'une grande, d'une immense, d'une fantastique liberté. Le problème, c'est que nous subissons également une forte pression sociale. Par exemple, dans les années cinquante, chacun avait parfaitement le droit d'être communiste, en théorie. Mais pour peu qu'on fût suspecté d'être sympathisant, on se retrouvait au banc de la société. Autant dire que si la loi y garantit une grande liberté, ce pays ne brille guère par l'esprit de tolérance.

La musique de Zelig *est signée Dick Hyman, qui a également travaillé sur d'autres de vos films. Qui est Dick Hyman, et comment travaillez-vous avec lui ?*

Dick Hyman est un musicien de jazz, un compositeur et un arrangeur fantastique, qui vit à New York. C'est un excellent pianiste, auquel je fais appel, quand j'ai besoin d'un truc particulier. Pour *Zelig*, j'avais besoin de faire écrire des chansons et des arrangements pour la séquence du Caméléon, etc. Hyman s'en est chargé. Il a composé toute la musique du film, qui exigeait des compositions originales, et une musique collant à l'époque aussi bien qu'à l'ambiance. Nous sommes sur la même longueur d'onde. Il s'intéresse avant tout au jazz. Il connaît et aime toutes les chansons que j'adore. Quand j'ai besoin de chansons à la manière de Cole Porter, ou d'arrangements de jazz à la manière de Paul Whiteman ou Jelly Roll Morton, je n'ai pas besoin de lui en dire plus: Hyman sait ce que ça implique.

Et pour les paroles des chansons ?

Les paroles sont également de lui. Les titres sont de moi. Mais les chansons sont de lui.

Il y a dans le film une chanson intitulée Chameleon Days, *et chantée par May Questel, qui devait incarner votre mère dans* Le Complot d'Œdipe, *votre sketch de* New York Stories.

Mae Questel faisait la voix du dessin animé *Betty Boop*, et doublait également Helen Kane, une chanteuse des années vingt. C'est pourquoi je l'ai prise.

L'avez-vous engagée dès l'époque de Zelig *pour tenir le rôle de votre mère dans* New York Stories ?

Absolument pas ! À l'époque, je ne l'avais même pas vue. Elle était juste venue enregistrer en studio. Plus tard, quand nous faisions le casting du *Complot d'Œdipe*, elle est venue, parmi d'innombrables autres vieilles dames, et elle s'est avérée géniale.

13

Broadway Danny Rose

MORTY, UN COMIQUE : « Je croyais que c'était une histoire marrante, mais c'est à pleurer ! »
SANDY, UN AUTRE COMIQUE : « Et alors ? Que veux-tu que j'y fasse ? Ça n'est pas ma vie ? »

(Broadway Danny Rose)

À quel stade avez-vous décidé de donner à Brodway Danny Rose *sa structure particulière, avec les piliers de bar qui évoquent Danny Rose et ses poulains ?*

Dès le début. Car il y a des années, du temps où je me produisais dans les boîtes de nuit, on faisait ça tout le temps : chaque soir, on se retrouvait dans un des *délicatessen* qui abondent entre Broadway et la 7ème Avenue, pour se détendre. On mangeait un morceau, on discutait, on se racontait des histoires, des heures durant. Les gens avaient le goût de l'anecdote, à cette époque.

L'un des personnages de ce délicatessen *est apparemment votre producteur, Jack Rollins. Incarne-t-il l'un des conteurs ?*

Non, plutôt l'un des auditeurs, même s'il glisse parfois un mot par-ci par-là. Mais il a beaucoup fréquenté ce genre de lieu, où il restait des heures à écouter ses clients parler du showbiz.

Et vous en faisiez autant, à l'époque où vous passiez dans les boîtes ?

Oui. D'ailleurs, tous les gens qui figurent dans ces séquences de *Broadway Danny Rose* sont de vieux habitués de l'endroit. Ce sont tous des comiques, ou d'ex-comiques, qui avaient coutume de se retrouver là.

Et tous étaient vos amis ?

Amis ou simples connaissances. Je les connais tous. J'ai travaillé avec les uns, et simplement discuté avec d'autres.

Qui est donc l'acteur qui lance toute l'histoire, en évoquant le premier Danny Rose ?

Je crois que c'est Sandy Baron, un fantaisiste et comédien très doué, qui a d'ailleurs tourné dans quelques films. Danny Rose sert à tous ses poulains le même conseil : « Juste avant d'entrer en scène, répète-toi bien les trois S : STAR, SMILE STRONG ». J'avais entendu un fantaisiste raconter cette anecdote, il y a des années.

À un moment, Danny dit aussi : « Si c'est démodé d'aimer Danny Kaye, Bob Hope ou Milton Berle, alors je suis démodé. » Vous nous avez déjà dit tout le bien que vous pensiez de Bob Hope et de Danny Kaye, mais que pensez-vous de Milton Berle ?

Quand il se produisait dans les boîtes, Milton Berle pouvait être extrêmement drôle. En passant à la télévision, il a eu tendance à forcer le trait, à faire des numéros vraiment bêtas... avec des pantalons de clown, des dents qui tombent... vous voyez le genre... bêta, quoi. Tandis que dans les boîtes, il était très drôle, et très original. Il a énormément de talent ; c'est pourquoi il a eu tant de succès entre les années cinquante et soixante. Milton Berle était alors une vraie star. Quand il était plus jeune, il était connu de tous. Il a littéralement fait de la télévision ce qu'elle est, aux États-Unis.

Vous avez rencontré Milton Berle lorsque vous étiez bien plus jeune, n'est-ce pas ? A-t-il exercé sur vous une influence quelconque ?

Non, il ne m'a jamais influencé. C'était simplement le plus célèbre fantaisiste des États-Unis, aux tous débuts de la télévision.

Dans Broadway Danny Rose, *vous montrez un New York très anonyme, très quelconque. Comment avez-vous choisi les décors du film ?*

Ce travail fut assez facile, car il s'agissait justement de repérer des lieux assez quelconques, ni esthétiques, ni romantiques. On s'est contenté de retenir des lieux, des rues, des restaurants, etc., fréquentables par un personnage comme Danny Rose.

Woody Allen dirige ses acteurs dans Broadway Danny Rose *: Sandy Baron, Will Jordan et Jack Rollins.*

Mia Farrow dans Broadway Danny Rose. *« Ça a été une décision très courageuse de sa part de jouer tout le long du film sans jamais montrer ses yeux. »*

L'entrepôt aux têtes de carnaval aurait offert un parfait décor de vieux polar…

Il fallait un lieu permettant de tourner la poursuite ; et en découvrant ce capharnaüm, on s'est dit qu'il pouvait présenter un intérêt visuel. Puis, quand m'est venue l'idée d'utiliser l'hélium, qui donne des petites voix suraiguës, je me suis décidé à poursuivre la scène sur le même lieu, ce qui en a accentué la drôlerie.

Vous avez affublé Mia Farrow de lunettes noires pendant tout le film. On ne voit vraiment son visage qu'à l'occasion de la brève séquence où il se reflète dans le miroir d'une salle de bains.

Il fallait du cran pour accepter une telle gageure, car c'est extrêmement difficile de jouer sans pouvoir utiliser son regard. Elle s'en est très bien sortie, et ces lunettes typaient bien son personnage.

Quand vous typez ainsi un personnage, en prenez-vous la décision vous-même, ou de conserve avec le comédien (ou la comédienne) concerné ?

D'ordinaire, ce genre d'idée vient plutôt de moi. Si quelqu'un me fait une suggestion qui me paraît intéressante, je l'accepte… En l'occurrence, le rôle de Mia a nécessité des tâtonnements, des essais en costume, avec et sans lunettes, Avec ces lunettes, elle était géniale, et quand elle les ôtait, elle semblait moins impressionnante. Sur l'écran, les lunettes donnaient une image très forte.

Woody Allen avec Milton Berle.

Qui est donc Nick Apollo Forte, l'acteur qui joue le chanteur Lou Canova, et comment l'avez-vous trouvé ?

J'ai vu des centaines de chanteurs célèbres ou inconnus… sans parvenir à trouver celui qu'il me fallait. On commençait à désespérer. Et puis un jour, Juliet Taylor est entrée chez un disquaire et a acheté énormément de disques, dont un avec la photo de Nick Apollo Forte, sur la pochette. Quand on l'a retrouvé, Forte chantait dans une petite boîte d'un patelin du fin fonds du Connecticut. Il est venu à New York, et je l'ai fait auditionner. Ensuite, j'ai comparé son audition avec celles de tous les autres, et il m'a paru le meilleur.

A-t-il été facile à diriger, malgré son manque d'expérience ?

En un sens. Il était très gentil, très agréable. Mais certains plans avec lui ont nécessité cinquante prises. Il n'arrivait pas à piger le truc. À part ça, il était vraiment sympa.

14

La Rose pourpre du Caire

« Les êtres vivants voudraient que leur vie devienne fiction, et les êtres de fiction voudraient qu'elle devienne réelle. »
TOM BAXTER : « J'imagine que je vais devoir trouver un travail. »
CECILIA : « Ça risque de ne pas être très facile. En ce moment le pays entier cherche du travail. »
TOM BAXTER : « Alors on vivra d'amour et d'eau fraîche. Il faudra bien faire quelques compromis, mais quelle importance puisqu'on est ensemble tous les deux. »
CECILIA : « Tu parles comme dans un film. » *(La Rose pourpre du Caire)*

Naturellement, vous avez vu Sherlock Junior, *de Buster Keaton. Ce film vous a-t-il inspiré, pour* La Rose pourpre du Caire ?

Que les choses soient claires : je ne me suis absolument pas inspiré de *Sherlock Junior*. Je l'avais vu des années auparavant, mais je crois vous avoir déjà dit ce que je pense de Buster Keaton. Quoique parfois extrêmement brillants, ses films ne comptent pas parmi mes préférés. L'idée de faire rentrer le personnage dans l'écran m'est venue bien après avoir commencé la rédaction du scénario. À l'origine, voilà comment se présentait l'histoire : un personnage qui hante tous les rêves d'une femme sort de l'écran. Cette femme en tombe amoureuse, et quand survient l'acteur qui incarne ce personnage, elle se trouve obligée de choisir entre

Mia et ses sœurs : Stephanie Farrow et Mia Farrow dans La Rose pourpre du Caire.

la réalité et la fiction. Naturellement, nul ne peut jamais choisir la fiction, sous peine de sombrer dans la folie. Il faut donc choisir la réalité. Mais le problème, avec la réalité, c'est qu'elle s'avère souvent pénible. C'est aussi simple que ça. Toutes les autres idées me sont venues au fur et à mesure que j'écrivais.

Ce film a-t-il été plus long à écrire que les autres ?

Non. J'ai écrit la moitié du scénario avant de me retrouver bloqué, sans savoir comment m'en sortir. J'ai donc mis le scénario de côté, pour écrire autre chose. Et je ne m'y suis remis qu'après avoir trouvé l'idée susceptible de faire fonctionner le film : l'idée de faire entrer dans l'histoire le véritable acteur. C'est cette idée qui m'a permis de tout développer.

J'imagine que vous avez pris plaisir à tourner le film dans le film ?

Énormément de plaisir ! Ça m'a rappelé tous les films que je voyais étant gosse, toutes ces « comédies au champagne », comme je les avais baptisées… ces comédies pétillantes des années trente-quarante, peuplées de personnages romanesques en smoking, partageant leur temps entre des boîtes de nuit et de somptueux appartements, où le champagne coule à flots.

Je suppose que ce n'est pas par hasard que le film est situé dans les années trente ?

Évidemment. Cet artifice a permis de le tirer dans le sens de l'abstraction : la même histoire, située de nos jours, n'aurait pas autant de charme.

Avez-vous confié le rôle de la sœur de Mia Farrow dans le film à Stephanie Farrow, parce qu'elle est sa propre sœur dans la vie, ou parce qu'elle est également actrice ?

Stephanie a souvent servi de doublure à Mia. Sans jamais avoir prétendu devenir comédienne elle-même, elle a un petit talent, qui tient de famille.

L'écrivain suédois et Prix Nobel Harry Martinson, égale-

Dianne Wiest joue pour la première fois dans un film de Woody Allen. Mia Farrow dans le rôle de Cecilia, fan des stars de cinéma, reçoit la visite de son idole, jouée par Jeff Daniels. Cecilia devant le temple du cinéma qui donne La Rose pourpre du Caire.

ment critique de cinéma, a qualifié les cinémas d'asiles de timorés, d'individus qui ont peur de la vie. Que pensez-vous d'une telle définition ?

Elle me semble extrêmement pertinente. Ce n'est bien sûr qu'une définition, mais elle colle parfaitement, et notamment en ce qui me concerne. Comme lui, j'estime effectivement que le cinéma offre, entre autres plaisirs, celui d'éviter les dures réalités de l'existence.

C'est donc ainsi que vous l'avez vécu dans votre adolescence ?

Tout à fait. Je vivais à Brooklyn, et par les jours d'été engourdis de touffeur où l'on ne savait que faire, on pouvait entrer pour 25 *cents* dans des centaines de cinémas, et trouver des friandises et du pop-corn dans la fraîcheur des salles obscures, qui jouissaient de l'air conditionné. Il suffisait de se payer une place pour voir deux films au même programme.

Par exemple, d'abord on prenait la mer, en s'embarquant dans une histoire de pirates ; et ensuite, on se retrouvait dans un luxueux appartement de Manhattan, parmi des gens chics. Et le lendemain, il suffisait d'entrer dans un autre cinéma, pour se retrouver à batailler contre des nazis, avant de côtoyer les Marx Brothers dans le second film au programme. C'était un pur bonheur. Le tranquillisant idéal !

Croyez-vous que les films qui passent à la télé le matin et l'après-midi puissent remplir la même fonction ?

Jusqu'à un certain point. Comparée au cinéma, la télévision représente une tout autre expérience, car non ritualisée. Le grand plaisir était de pénétrer dans d'immenses salles obscures, sous d'énormes lustres. Les cinémas avaient un certain cachet, ils étaient totalement coupés de la réalité extérieure. Chez vous, quand vous regardez la télé, il y a le téléphone qui sonne tout le temps, sans compter la lumière. Ça peut avoir son charme, mais pas le charme des vieux cinés. Parfois, lorsque je me retrouve chez moi, seul, désœuvré, ou un peu déprimé, j'allume la télé, qui passe justement un film intéressant ; et même si je l'ai probablement déjà vu, je prends tout de même le temps de le regarder.

Tout comme Tom Baxter, le héros de La Rose pourpre *qui prétend que, dans son univers, les gens sont plus consistants, qu'on peut s'appuyer sur eux. Le monde des films paraît toujours très consistant.*

C'est vrai.

Van Johnson est le seul acteur connu figurant dans le film dans le film ?

Oui, je ne voulais pas de grands noms, seulement des acteurs capables d'assumer ce genre d'emploi. Quelqu'un m'a suggeré Van Johnson, et ça m'a paru une bonne idée. Il avait alors disparu des écrans depuis quelque temps.

Par bien des aspects, La Rose pourpre du Caire *a pour thème l'innocence.*

Cecilia vit une existence parfaitement innocente. Et le personnage qui jaillit soudain de l'écran. Tom Baxter, est lui aussi si parfaitement innocent, si pur, qu'il émeut jusqu'aux putes du bordel. Malheureusement, cette innocence est purement fictive, car nul ne peut survivre en étant aussi innocent.

Vous employiez là pour la première fois Dianne Wiest, qui interprète le rôle d'Emme, la pute au grand cœur. Pourquoi l'avez-vous choisie, et comment s'est-elle intégrée par la suite à votre univers cinématographique, à votre tribu d'acteurs ?

Un beau jour, elle est passée à mon bureau, dans ma salle de montage, avec une autre comédienne. Dès que je l'ai vue, il m'a semblé qu'elle illuminait la pièce. À l'instant même où elle est entrée, j'ai senti qu'elle avait quelque chose de frappant, de particulier… et je me suis dit que je devais absolument l'employer.

Quelles sont selon vous ses qualités propres, en tant que comédienne ?

Je crois que Dianne est l'une des plus grandes actrices d'Amérique. Je ne dis pas ça d'une façon générale, ni pour lui lancer des fleurs. Dianne est l'une de nos plus grandes actrices, en quelque registre que ce soit, comique ou tragique… Une très grande comédienne. Quoi qu'elle fasse, elle est tout simplement brillante. Ces dernières années, elle ne tenait pas tellement à travailler, car elle venait d'adopter deux enfants, auxquels elle consacrait l'essentiel de son temps. Mais elle n'a pas sa pareille.

Dans le film, il y a une séquence empreinte d'une grande beauté et d'une puissante nostalgie : celle de la virée nocturne en ville.

Une telle séquence sort tout droit des films de mon enfance. L'opérateur du film, Gordon Willis, et moi-même, avons grandi en buvant des yeux, en nous gorgeant de ce genre de films, comme on se gorge du lait de sa mère. Aussi n'avons-nous eu nul besoin de nous documenter pour réaliser la séquence en question. Il nous a suffi de prendre le temps d'en discuter, pour l'imaginer, telle que vous l'avez vue.

15

Hannah et ses sœurs

« On a passé un moment extraordinaire. » *(Hannah et ses sœurs)*

« La seule vérité absolue à laquelle peut atteindre l'homme, c'est que la vie n'a pas de sens. » (Tolstoï, cité dans *Hannah et ses sœurs)*

Hannah et ses sœurs est votre premier film avec Carlo Di Palma. Votre collaboration s'avère-t-elle différente de celle que vous entreteniez avec Gordon Willis ?

Lorsque je me préparais à tourner *Hannah*, Gordon Willis était sur un tournage, qui devait durer longtemps, et le nôtre ne pouvait attendre, nous devions commencer à tourner. J'ai donc dû trouver un autre chef-opérateur. Comme je vous l'ai déjà dit, Carlo Di Palma a toujours été l'un de mes opérateurs préférés. Il était disponible, et il est venu aux États-Unis. Nous avons commencé par discuter énormément. Ma collaboration avec Carlo ne diffère qu'à un seul égard de celle que j'ai entretenue avec Gordon. Carlo et Gordon sont tous deux de formidables opérateurs. Gordon est sans doute un peu plus habile, techniquement parlant, et Carlo plus imprégné de ce style européen, qui privilégie le mouvement, la mobilité. Gordon, qui fait une superbe image, on ne peut plus américaine, aurait certainement pu travailler pour John Ford. Moi, quand j'ai commencé à travailler avec Gordon, je ne connaissais pas grand-chose au métier. Gordon, qui est un génie, a fait mon éducation ; il m'en a donc toujours imposé. En revanche, quand j'ai connu Carlo, j'étais sûr de moi, et je savais ce que je voulais. J'avais déjà développé mon style propre.

Face à Gordon, j'étais un éternel apprenti. Aussi ai-je alors eu la vague impression de partir de chez mes parents, d'être devenu adulte, et capable de m'en aller faire mes propres trucs. Avec Carlo, je savais exactement ce que je voulais – en l'occurrence, faire des films avec un cachet un peu plus européen. Carlo était donc l'homme qu'il me fallait.

Regardez-vous dans l'œilleton aussi souvent avec Carlo Di Palma qu'avec Gordon Willis ?

Oui, forcément. Je ne saurais pas faire autrement. Je mets toujours l'œil à l'œilleton.

*Pourquoi avoir utilisé des citations pour illustrer chaque partie d'*Hannah et ses sœurs *?*

Mia Farrow, Barbara Hershey et Dianne West dans Hannah et ses sœurs.

Je voulais faire ça depuis longtemps. Un beau jour, j'ai tenté l'expérience, j'ai tenté de plaquer des citations sur ce film, qui y a gagné en intérêt. J'ai donc décidé de conserver les citations.

Procédé qui rappelle celui des romans anglais classiques, comme ceux de Fielding ou de Dickens…

C'était l'effet que je voulais obtenir.

Il semblerait que chaque chapitre soit dédicacé à l'un des personnages principaux.

Oui, plus ou moins. Ce n'était pas prémédité. L'idée m'en est venue pendant que je faisais le film.

Le début du film, la séquence du dîner de Thanksgiving a un caractère très libre, presque improvisé. Aviez-vous l'intention de plonger le spectateur dans une ambiance familière ?

Oui, encore que rien ne soit improvisé, puisque tout était écrit. Par la mise en scène, j'ai voulu donner aux spectateurs l'impression d'être à la maison, en famille. Mais aussi, j'avais de bonnes comédiennes, qui ont parfaitement su rendre cette ambiance.

Combien vous faut-il de temps pour régler une telle séquence ? Toute la séquence du dîner, j'entends…

Je ne m'en souviens pas. Quelques jours, environ trois ou quatre. Je déteste diriger tant de monde à la fois. C'est tellement pénible. Il y a des gens qui adorent ça, mais moi, j'ai horreur de diriger des foules. C'est infiniment plus complexe. Il faut tenir compte de tous, chacun doit jouer son rôle, et le jouer correctement. Le tout exige beaucoup de travail. Or, je suis assez paresseux.

C'est le premier film où vous brossez un portrait de groupe. Il est impossible de dire qui a le rôle principal dans l'histoire.

C'est vrai. Le film constitue un tout. J'adore les romans, tel Anna Karénine, où l'auteur ne livre que quelques bribes de l'histoire d'un personnage, puis quelques bribes de l'histoire d'un autre, puis d'un troisième, avant d'en revenir au premier, et ainsi de suite… Ce procédé, cette structure me plaisent, et j'avais envie de l'expérimenter. Depuis, j'ai d'ailleurs repris plusieurs fois ce procédé.

Quoique située en milieu urbain, l'histoire d'Hannah a un caractère assez tchékhovien… et pas uniquement à cause des trois sœurs.

J'adore Tchékhov, naturellement. On peut ne pas aimer Tolstoï, Dostoïevski, Proust, Kafka ou T.S. Eliot, mais je n'ai jamais rencontré personne qui n'aimait pas Tchékhov.

Dans le film, vous citez Tolstoï à deux reprises, d'une part dans les dialogues et d'autre part en exergue de l'un de vos chapitres : « La seule vérité absolue à laquelle peut atteindre l'homme, c'est que la vie n'a pas de sens. » Est-ce là le point de départ du film ? Pensez-vous que Hannah confirme ou infirme cette idée ?

Cette citation ne constitue pas le point de départ de l'histoire, même si le film, l'histoire et l'intrigue sont imprégnés de cette problématique. Je crois que si j'en avais eu le cran, j'aurais abondé plus encore dans le sens de Tolstoï. Mais je me suis dégonflé, et finalement j'en ai un peu rabattu.

Dans quelle mesure ?

La fin est un peu trop bien ficelée. En fait, je n'aurais pas dû m'en satisfaire si aisément.

Estimez-vous qu'il aurait été préférable de laisser plus d'ouverture aux personnages, dans leurs destins respectifs ?

Oui, plus d'ouverture, au lieu de m'acharner à tout résoudre. C'est là une mauvaise habitude, que j'ai contractée à force de voir trop de films américains. Pas forcément un happy-end, mais une fin susceptible de satisfaire tout le monde, d'une façon ou d'une autre. Enfin, de film en film, je tente de résister à ce mauvais penchant.

Mickey, le personnage que vous interprétez dans le film, est un hypocondriaque. S'agit-il là d'un trait de votre personnalité, ou simplement d'une façon de typer le personnage ?

Minute ! Je suis alarmiste, pas hypocondriaque. Je ne suis pas constamment malade. Mais à chaque fois que je tombe malade, je me dis que je suis foutu. Je m'angoisse assez facilement.

L'assistante de Mickey est jouée par Julie Kavner. Comment l'avez-vous trouvée? Désormais, elle fait également partie de votre tribu d'acteurs.

Il y a des années, je l'avais vue à la télé, et je l'avais trouvée extrêmement drôle. Ensuite, je l'ai complètement perdue de vue, et quand on m'a suggéré son nom, j'ai dit : « Julie Kavner ? Génial ! Je l'ai toujours trouvée très bonne ! » Je l'ai donc employée, elle s'est révélée excellente.

Sam Waterston apparaît aussi régulièrement dans vos films.

Oui, je l'aime bien. C'est un type ordinaire, pas un pistolero ou un macho. Un homme normal, quoi.

Dans le film, il joue le rôle d'un architecte, qui montre à Dianne Wiest et Carrie Fisher ses immeubles préférés à New York. Ces immeubles sont-ils également vos préférés ?

Oui, pour certains. L'architecture de New York me passionne, et je suis toujours furieux de voir bâtir un nouvel immeuble, au mépris de l'environnement dans lequel il doit s'intégrer.

Woody Allen et Dianne Wiest unis pour le meilleur et pour le pire dans Hannah et ses sœurs.

Michael Caine et Barbara Hershey dans Hannah et ses sœurs.

Radio Days

16

JOE : « J'adore les vieilles histoires de radio, j'en connais des millions. Ça fait des années que je les collecte, c'est un vrai hobby. Des anecdotes, des potins, des histoires secrètes sur les stars. En plus je me rappelle tellement d'expériences personnelles depuis l'époque où j'ai grandi en écoutant chaque show l'un après l'autre. Maintenant, tout a disparu. À part les mémoires. L'histoire se passe à Rockaway. À l'époque de mon enfance. C'est mon ancien quartier, et il faut excuser ma tendance à enjoliver le passé. Je veux dire par là que tout n'était pas toujours aussi orageux et pluvieux, mais c'est comme ça que je m'en souviens parce que c'est comme ça que c'était le plus beau. » À cette époque la radio était allumée chez nous en permanence. » *(Radio Days)*

Avez-vous beaucoup puisé dans votre propre enfance pour écrire Radio Days ?

J'ai puisé dans mes souvenirs d'enfance certains éléments du film, avant d'extrapoler. J'ai réellement vécu au sein d'une famille très étendue, entre grands-parents, oncles, tantes, etc.

Et à une certaine époque, j'ai vécu non loin de l'Océan à Long Beach. Mais je n'avais aucune envie de retourner à Long Beach pour faire ce film.

Nombre d'événements relatés dans le film sont authentiques, tels mes rapports avec les institutrices, l'intérêt pour la radio, ou l'épisode de la *yeshiva*. On allait souvent sur la plage, pour voir les avions allemands, les bateaux allemands.

Woody dans la maison de son enfance, entouré de Dianne Wiest, Renee Lippin, Josh Mostel, Seth Green et Julie Kavner dans Radio Days.

J'avais une tante qui n'arrivait jamais à trouver chaussure à son pied, et risquait de rester vieille fille – ce qui lui est d'ailleurs arrivé. Nos voisins étaient vraiment communistes. *Radio Days* abonde en détails authentiques.

Par exemple, on m'a effectivement emmené à New York à l'*Automat*, et à l'enregistrement de programmes de radio. Ma cousine habitait bien avec nous, et notre ligne téléphonique nous permettait vraiment d'écouter les conversations des voisins. Toutes ces choses sont bel et bien authentiques.

Vouliez-vous faire Radio Days *depuis longtemps ?*

Ce film est en fait né d'une idée : celle d'évoquer certains souvenirs, à travers des chansons qui m'avaient marqué. Et mon idée s'est enrichie, plus je repensais au temps où j'écoutais la radio, à la place que tenait dans ma vie d'adolescent cet appareil, qui semblait alors tellement important, tellement magique à tout le monde.

Vous avez donc choisi les chansons avant d'écrire le scénario du film ?

Effectivement, pour la plupart.

Avez-vous discuté de ce choix avec Dick Hyman, le compositeur ?

Non. Je n'ai fait appel à Dick Hyman que pour les arrangements de deux chansons. Je désirais aussi qu'il écrive la musique des fausses pubs, et des trucs comme ça...

Mais les chansons sont surtout celles qui ont bercé mon enfance, et qui me rappellent bien des choses.

L'une d'entre elles, September Song, *vous fournit même le thème principal, utilisé sur chacune des séquences de plage.*

C'est vrai... parce que *September Song* était une chanson exceptionnelle, la meilleure chanson américaine qui ait jamais été écrite, selon certains, qui n'ont peut-être pas tort.

L'avez-vous choisie à cause des paroles, ou à cause de la mélodie ?

Des deux. Quand j'étais plus jeune, on entendait cette chanson partout. Elle a été interprétée par énormément de gens.

Pourquoi avoir choisi le rôle du narrateur ? Parce que l'histoire de Radio Days *est très proche de la vôtre.*

Oui. J'ai senti que je devais raconter moi-même cette histoire.

Le scénario est très élaboré, avec tous les éléments qu'il comporte : la famille, l'école, la radio, avec ses grands moments, ses célébrités...

Un film comme *Radio Days* pose un problème particulier. Dès que l'on sort du genre d'histoire où l'intrigue commande tout le reste, dès que l'on travaille sur l'anecdote, le problème devient, selon moi, de restituer chaque élément avec sa brillance, son rythme, son style propre.

Pour faire un tel film, vous devez être prêt à travailler comme une brute, pour être sûr de ne pas ennuyer les spectateurs en leur contant des anecdotes pendant une heure, voire une heure et demie. Ces anecdotes doivent paraître neuves, et amusantes.

Il est toujours très difficile de faire des films qui ne reposent pas sur l'intrigue, ou qui reposent sur une intrigue originale.

Pour écrire ce scénario, avez-vous adopté la même méthode que d'ordinaire, ou procédé différemment – par exemple, en recherchant les anecdotes, avant de concevoir la trame, la structure du film ?

Non, j'ai strictement filmé ce que j'avais écrit, en déplaçant simplement certaines choses. Ainsi, la séquence qui ouvre le film, celle des deux cambrioleurs qui s'introduisent dans la maison, devait s'insérer ultérieurement dans le film. Mais le rayon des torches électriques balayant la pièce m'a semblé donner une image très surprenante, et j'ai décidé d'ouvrir le film par cette séquence.

C'est une décision que vous avez prise au montage ?

Oui. J'ai toujours pensé qu'un film s'écrit à toutes les étapes de sa réalisation. On écrit une première mouture, qu'on retravaille… au moment du casting, on procède à certains aménagements… on modifie encore quand on cherche les décors, etc. Je donne toujours le même exemple : pour *Annie Hall*, mon père était censé être un chauffeur de taxi, habitant le quartier de Flatbush, à Brooklyn. Or, un jour où nous roulions pour chercher d'autres décors, nous avons repéré la fameuse baraque construite sous les montagnes russes. J'ai aussitôt modifié le scénario en conséquence.

J'aménage donc le scénario quand je fais le casting, au moment des repérages et parfois même simplement parce qu'il me vient une nouvelle idée. Il arrive aussi que le producteur me prévienne que nous ne pourrons nous permettre de tourner telle séquence comme je voulais la tourner. Je modifie donc le scénario sur le plateau, ou je l'aménage dans la salle de montage. Ça ne me pose aucun problème. Par exemple, je suis toujours ravi de prendre une scène qui était censée être la vingtième, pour en faire la première du film. Un film doit évoluer constamment.

Votre père a vraiment travaillé comme chauffeur de taxi ? C'est également la profession du père du narrateur dans Radio Days.

Oui. Il a été chauffeur de taxi.

Où avez-vous trouvé Seth Green, le garçon qui joue le premier rôle, votre alter-ego dans le film ? Avez-vous dû auditionner beaucoup de jeunes acteurs, professionnels ou amateurs ?

Ma directrice de casting, Juliet Taylor, connaît parfaitement le milieu des acteurs… qu'ils travaillent à Broadway, pour le cinéma, pour la radio ou pour la télévision.

Généralement, elle me propose pour chaque rôle toute une liste de noms, dont certains me sont connus, et d'autres inconnus. Seth Green comptait parmi les jeunes acteurs qu'elle avait trouvés, et lorsque je le l'ai vu, il m'a paru évident que c'était un acteur-né.

Lui avez-vous fait faire un bout d'essai ?

Non. Je fais rarement des bouts d'essai. On sait tout de suite à qui on a affaire. Seth Green était bon, et je n'avais pas besoin de bout d'essai pour m'en assurer. C'est un gosse très brillant, très intelligent.

Radio Days *constitue une exception, car d'ordinaire, vous ne vous intéressez qu'à l'univers des adultes. Dans certains de vos films, tels* Hannah et ses sœurs, Alice, *ou* Maris et femmes, *des enfants interviennent parfois, sans guère influer sur l'intrigue. Ce parti pris vous est-il dicté par des considérations strictement pratiques, ou n'éprouvez-vous tout simplement pas la nécessité d'intégrer des enfants à vos histoires ?*

Eh bien, je montre des enfants lorsque l'intrigue l'exige. Mais comme ils ne sont jamais au cœur de l'intrigue, je ne m'attarde pas sur eux. Ils sont présents. Par exemple, on sait qu'Alice a des enfants, on les aperçoit, on les voit se mettre au lit, ou aller à l'école maternelle. Mais ils n'influent nullement sur l'intrigue.

En panachant acteurs célèbres et acteurs moins connus, vous parvenez à créer dans Radio Days *un style de jeu très vif, très spontané. Comment avez-vous choisi les acteurs, pour ce film ?*

Je voyais un peu *Radio Days* comme un dessin animé. J'ai donc choisi tel ou tel acteur parce qu'il me semblait capable d'incarner un personnage de dessin animé. Tels qu'ils apparaissent dans le film, mon oncle Abe, ma mère, ma maîtresse d'école, mes grands-parents sont des charges, des caricatures des personnages originaux.

Vous a-t-il fallu longtemps pour attribuer tous les rôles ?

Oui. Dès qu'on part avec cette idée de « dessin animé », comme pour *Radio*

Seth Green dans le rôle de Woody-enfant dans Radio Days.

Days ou pour *Stardust Memories*, tout exige beaucoup de temps. Parfois, on trouve des gens qui ont des têtes très intéressantes, mais qui ne savent pas jouer. Il n'empêche qu'ils ont quelque chose, et qu'on tiendrait à les utiliser. Voilà pourquoi un tel casting est si long à boucler.

En revanche, pour un film comme *Maris et femmes*, j'ai été voir Juliet Taylor pour lui donner le scénario, et je lui ai dit : « Il y aura Mia et moi, et pour l'autre rôle féminin, j'aimerais beaucoup Judy Davis ou Dianne Wiest. » Auquel cas, le casting est vite expédié. Sauf en ce qui concerne des personnages secondaires, mais originaux, comme la fille avec laquelle devait sortir Sydney Pollack, par exemple. Il nous a fallu un certain temps pour trouver une fille qui convienne.

Mais un tel casting reste très facile, comparé à ceux où il faut chercher des têtes, des physiques.

Est-il plus difficile de diriger un plateau sur lequel des vedettes côtoient des amateurs et des comédiens moins connus, comme dans Radio Days, *que de travailler exclusivement avec des professionnels chevronnés ?*

Non. Parfois, les amateurs, les gens qui n'ont jamais joué auparavant, jouent mieux que des professionnels. J'ai travaillé avec beaucoup de professionnels qui ont fait des seconds couteaux toute leur vie, et qui ne sont ni très bons, ni très convaincants. Quand un amateur est doué, il se révèle meilleur, dès qu'il ouvre la bouche.

Pourriez-vous citer quelques amateurs doués ?

Nick Apollo Forte, le chanteur, dans *Broadway Danny Rose*, par exemple. Il n'avait jamais joué de sa vie. Il chantait dans des boîtes de nuit. Pourtant, il s'est révélé meilleur que tous les professionnels auditionnés pour ce rôle, et cela, dès le premier instant. Il y a une grande différence entre jouer au cinéma et jouer au théâtre. Au cinéma, il suffit d'avoir de la personnalité et d'avoir l'air naturel, sans plus.

Le scénario original de Radio Days *comptait-il des épisodes que vous avez supprimés, en fin de compte ?*

Effectivement. Entre autres choses, il y a des séquences que je n'ai pas pu tourner, et d'autres que j'ai tournées, mais que je n'ai pas utilisées… diverses choses, des trucs sur la radio.

J'avais fait un bref historique de la radio, montrant les premiers appareils, les premières antennes… Mais je l'ai supprimé, car je trouvais que j'avais déjà trop de matériel.

Parmi les photos de plateau, j'en ai vu une où Sally embrasse plusieurs garçons

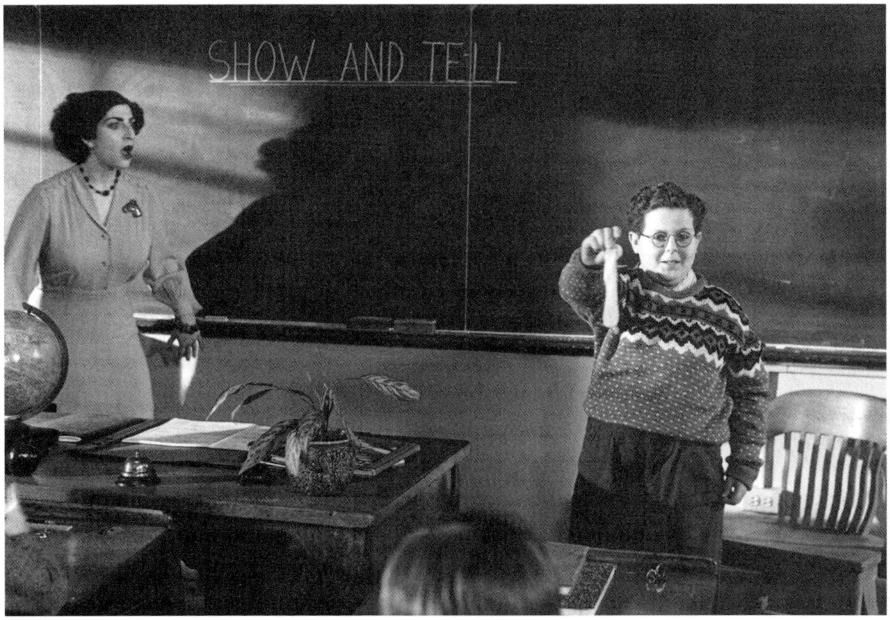

Mindy Morgenstern et David Mosberg dans Radio Days

qui partent au service militaire. Il s'agit sans doute d'un épisode de la saga de Sally que vous avez supprimé au montage.

Oui. Je n'ai pas utilisé cette séquence. Sur bien des films, il m'arrive de tourner des choses que je n'utilise pas en définitive, lorsque je découvre qu'elles ne sont pas nécessaires. Il est difficile de savoir ce qui sera nécessaire ou non avant d'avoir assemblé le film. Encore une fois, il est très difficile de soutenir l'intérêt du spectateur, avec un film qui ne repose pas sur une intrigue.

Mais *Amarcord*, par exemple, ne repose sur aucune intrigue. C'est pourtant l'un de mes films préférés.

Radio Days *a d'ailleurs un petit parfum fellinien. Fellini vous aurait-il inspiré, pour ce film ?*

Non, pas vraiment. Ce qui m'a inspiré, c'est le désir de rapprocher mes souvenirs des chansons qui ont marqué mon enfance. Tout est parti de là.

Dès que je me suis mis à transcrire les souvenirs évoqués par ces chansons, il m'est venu d'autres scènes, d'autres séquences, enrichissant et renforçant mes souvenirs. Si j'avais respecté ce principe à la lettre, *Radio Days* ne compterait pas moins de vingt-cinq chansons, avec tous les souvenirs qui y sont attachés.

Pourriez-vous citer une chanson qui vous ait ainsi fourni une situation, ou une séquence, pour le film ?

Eh bien, je pensais à l'une des chansons que j'entendais étant gosse… celle de Carmen Miranda, par exemple. Et elle me rappellait ma cousine, qui dansait dès qu'elle l'entendait en faisant des mines, avec un chapeau ridicule.

D'une certaine manière, je ressuscitais la scène, ou plutôt, les sentiments qui y demeuraient attachés. Car ces chansons sont pour moi autant de souvenirs. C'étaient de vraies chansons, qui me rappellent de vrais souvenirs.

J'ignore si j'ai toujours bien raccordé la bonne chanson au bon souvenir, mais je sais en revanche qu'il s'agit de véritables souvenirs, dont certains restent très vivaces en moi.

On entend beaucoup Glenn Miller, dans Radio Days.

Naturellement. Glenn Miller était une grande vedette, dans mon enfance.

Il y a aussi une scène très touchante, celle où l'on entend In the Mood, *alors que la tante Bea ramène à la maison un jeune homosexuel.*

La scène de la cuisine ? Il me semble qu'il s'agit de *Getting Sentimental over You*, par Tommy Dorsey… une chanson fort célèbre dans mon enfance. Pour une

Tante Bea présente son nouvel admirateur. Robert Joy et Dianne Wiest dans Radio Days.

fois que ma tante sortait avec un garçon, qu'elle le trouvait tendre, gentil, etc. – ce qu'il était effectivement… – il était homo.

C'est donc un véritable souvenir ?
Oui.

Dans la première scène où elle apparaît avec l'un de ses galants, elle va faire du patin à roulettes. Plus tard, tous deux se trouvent perdus en plein brouillard, tandis que l'autoradio diffuse la célèbre émission réalisée par Orson Welles, à partir de La Guerre des Mondes. *Comment vous est venue l'idée de cette scène ?*

J'étais trop jeune pour avoir écouté moi-même cette émission, mais mes parents m'en avaient parlé. Je voulais depuis longtemps tirer quelque chose de cette histoire. J'ai donc forgé de toutes pièces cette péripétie, qui pourrait d'ailleurs être authentique. Je voulais la situer dans un décor inquiétant, noyé de brouillard. Comme dans *Ombres et brouillard*. Le brouillard permet toujours de faire passer des extérieurs reconstitués en studio.

Bea a un autre petit ami, qui l'emmène au Radio Music Hall *avec le petit Joe. Je crois savoir que ce rôle a été tenu par l'un de vos techniciens, un ingénieur du son. Pourquoi lui avoir confié ce rôle ?*

Il s'agit de Jimmy Sabat, qui travaille toujours avec moi. Je me rappelle qu'un

Woody Allen dirige Mia Farrow dans Radio Days.

jour où je déjeunais avec Tom Reilly, mon premier assistant, je me suis plaint de ne pas arriver à trouver un type avec une gueule marrante, pour emmener Dianne Wiest au *Radio City Music Hall*. « Pourquoi pas Jimmy Sabat ? », m'a alors dit Tom. L'idée m'a paru bonne. Je suis donc allé proposer le rôle à Jimmy, qui s'est empressé d'accepter.

C'est une très belle scène.

Oui, c'est joli. Et le *Radio City Music Hall* est tellement beau…

Vous déclarez alors dans le commentaire : « C'était comme d'entrer au Paradis. Je n'avais jamais rien vu d'aussi beau. » Vous avez sans doute puisé cette scène dans vos souvenirs d'enfance ?

Bien sûr.

Pourquoi avoir créé le personnage de Sally? Pour offrir un rôle à Mia Farrow ?

Oui. Ce personnage ne figurait pas dans les premières versions. Lors de son premier jour de tournage, nous avons fait des essais ou plutôt, tourné des scènes entières, en essayant différentes voix, différents trucs. Et j'ai opté pour ce qui m'a semblé le plus comique, et j'ai développé le personnage dans ce sens-là.

Dans une petite séquence, on voit Sally dans un cours d'art dramatique. Elle est assise au fond de la classe, près d'une fenêtre, à travers laquelle on devine une enseigne au néon, sans doute installée pour les besoins de la cause.

Nous avons effectivement installé nous-mêmes cette enseigne, comme il en existait beaucoup, à l'époque. D'une part, elle offrait une découverte plus intéressante qu'une simple fenêtre vide, et d'autre part, elle situait l'épisode dans le temps.

Radio Days *a été tourné en partie en studio, et en partie en extérieurs. Quels sont à vos yeux les avantages et les inconvénients du studio ?*

Il est bien plus agréable de travailler en studio, où l'on contrôle mieux la situation, et on l'on jouit d'une grande tranquillité. Comme on ne doit pas déménager sans cesse d'un endroit à l'autre, on dispose de loges, on peut se poser. Mais le studio présente deux inconvénients : le premier, c'est qu'il revient fort cher ; le second, c'est qu'il nuit à l'authenticité, et donc à la qualité du film, notamment pour un certain genre de films.

Le studio n'autorise-t-il pas aussi une plus grande intimité avec les acteurs, et l'équipe technique ?

Non, je ne crois pas. On est toujours assez intime avec son équipe technique. Et même avec les acteurs.

Nous n'avons guère évoqué votre famille, mais je sais que vous avez une sœur. Tient-elle une place importante dans votre vie ?

Oui. Nous sommes très proches. Elle a huit ans de moins que moi. Elle a toujours été formidable, et j'ai toujours entretenu d'excellents rapports avec elle.

Radio Days *finit sur une note assez tragique, avec l'épisode de la petite fille tombée dans un puits.*

Il s'agit d'une histoire vraie, et très célèbre, aux États-Unis. Cet incident a rapproché des familles entières, qui se serraient autour du poste, pour suivre avidement l'histoire de cette malheureuse petite fille qui a trouvé la mort dans l'affaire. Néanmoins, *Radio Days* ne termine pas sur cet épisode, mais sur une note plus légère.

C'est exact, cependant l'épisode du puits est placé vers la fin du film. Pourquoi avoir inclus cette scène dans le film ?

Pour plusieurs raisons. Pour montrer la relation que j'avais avec mes parents et pour évoquer la radio de l'époque, qui ne diffusait pas que des histoires humoristiques, des trucs vulgaires, du sport et des jeux…

Parfois, elle diffusait aussi des nouvelles graves. La radio s'intégrait à la vie des gens. J'étais encore adolescent, lorsque j'ai entendu cette émission.

Radio Days *finit sur la fête du Nouvel An, le 1er janvier 1944. C'est à cette occasion que Diane Keaton apparaît en chanteuse de boîte de nuit, pour interpréter* You'd be so Nice to Come Home too, *de Cole Porter*.

Encore une chanson qui a marqué mon enfance. Une chanson très connue, pendant la guerre. Comme Diane avait accepté de faire une apparition dans le film, je tenais à lui faire interpréter une chanson marquante.

17

September

September *a été qualifié par la critique de drame intimiste. Qu'est-ce qui vous a poussé à donner cette forme au film, à l'origine ? Ce style de drame intimiste, dense et resserré, vous a-t-il été imposé par l'histoire elle-même, ou vouliez-vous expérimenter au cinéma une telle structure dramatique ?*

J'allais souvent dans la maison de campagne de Mia, qui m'avait toujours semblé pouvoir offrir un excellent décor de film, en raison de l'ambiance qui y régnait. Aussi ai-je tenté de concocter une intrigue susceptible de s'y dérouler. Mais avant même que mon idée n'ait pris forme, et n'ait été couchée sur le papier, bref, entre la fin de l'été et l'approche de l'hiver, la maison s'est trouvée désertée et inutilisable. Alors je me suis dit : « Pourquoi ne pas tout refaire en intérieur, dans un faux décor, reconstitué en studio ? » Et c'est ce qui a été fait.

J'avais toujours voulu faire une pièce, un film sur l'histoire d'un personnage féminin haut en couleurs, une mère liée à un truand, qu'elle tue, pour laisser ensuite sa fille payer à sa place.

Le plateau ressemblait donc aussi à la maison de campagne de Mia Farrow ?

Dans une certaine mesure, car sa maison de campagne est plus grande, et bien plus ouverte sur l'extérieur. Santo Loquasto, notre décorateur, s'est rendu sur les lieux pour en faire des croquis.

L'anecdote qui constitue le point de départ du film, cette histoire de meurtre, avec la mère, la fille et le truand, vous a-t-elle été inspirée par la célèbre affaire de Lana Turner et de sa fille Cheryl Crane ?

Même si je n'ignorais pas cette affaire, je ne m'en suis pas inspiré. Enfin… peut-être vaguement inspiré, encore que… cette affaire remonte à fort longtemps, vous savez. Pour moi, l'intérêt était de concocter une intrigue. Et au fond, c'est l'envie de tourner quelque chose dans cette maison de campagne qui m'a déterminé.

Pourquoi avoir intitulé le film September ?

Il s'est avéré difficile de trouver un titre. Finalement, *September* a paru le plus approprié, parce que le film se passe aux premiers jours de septembre, et que, pour les gens, septembre représente aussi l'automne de la vie. *September* collait donc assez bien.

Pourtant, vers la fin du film, un des personnages dit : « Le mois d'août tire à sa fin. » Je me demandais donc si ce titre ne visait pas en quelque sorte à prolonger le film, à l'ouvrir sur l'avenir.

Non, non… Septembre arrive, sans rien impliquer de positif quant à l'avenir. Les personnages marchent non vers l'hiver, mais vers l'automne de leur vie.

Exactement comme dans September Song, *que vous avez utilisée bien souvent dans vos films.*

Oui, on retrouve vaguement la même tristesse. Mais *September* a été un véritable désastre, aux États-Unis. Le film a été mal accueilli, et personne n'est venu le voir.

C'est étonnant, car September *demeure à mes yeux l'un de vos meilleurs films. J'en parlais l'autre jour avec Carlo Di Palma, qui me disait justement que selon lui,* September *était le meilleur film que vous ayiez fait ensemble.*

Il a accompli un travail vraiment magnifique, sur *September*.

Je sais que ce film a une histoire peu commune. Pouvez-vous nous parler des deux versions ? Car si j'ai bien compris, vous auriez tourné, avec d'autres comédiens, une première version du film qui ne vous donnait pas satisfaction. Vous en avez donc tourné une seconde, celle qui a été diffusée en salle.

C'est exact. J'ai tourné une première version, que j'ai montée, etc. Je fais toujours des *retakes*, sur tous mes films. Parfois, j'en fais peu, comme sur *Maris et femmes*, où deux jours suffirent à la tâche. Mais il me faut parfois un mois, ou cinq semaines. Or, une fois terminé le tournage et l'assemblage de *September*, je me suis aperçu que je devais retourner plusieurs séquences. Vous savez que c'était Maureen O'Sullivan, la mère de Mia, qui jouait la mère dans le film. Sa prestation ne m'avait pas satisfait. Quant à Charles Durning, un excellent acteur, il tenait le rôle du voisin ; il m'a semblé que ce rôle ne lui convenait pas, et que je ferais mieux de le remplacer par Denholm Elliot. Alors je me suis dit : « Au lieu de me contenter de quatre semaines de *retakes*, pourquoi ne pas refaire tout le film correctement ? » Le décor était encore disponible, et comme il n'y en avait qu'un, je n'avais donc pas à courir entre vingt-cinq décors ; enfin, un drame intimiste tel que *September* ne nécessitait que peu d'acteurs. Plutôt que de tourner des rustines pendant quatre semaines, je pouvais refaire tout le film en six ou sept semaines. Alors je me suis dit : « Autant faire les choses bien, en prenant d'autres acteurs… une autre actrice pour le rôle de la mère, Denholm Elliot à la place de Charles

Durning, et ainsi de suite… » Le rôle du jeune premier m'a toujours posé un problème. Le premier acteur que j'avais pris pour ce rôle était Christopher Walken, que je considère comme un immense acteur. Malheureusement, le rôle ne lui convenait pas. Je ne saurais pas dire pourquoi… Il était un peu trop sexy, un peu trop… pas macho, mais viril et sexy. Ensuite, j'ai donc pris Sam Shepard. J'aime beaucoup Shepard, mais au fond, jouer la comédie n'a pas grand intérêt pour lui. Il ne joue que pour s'assurer les moyens d'écrire ses pièces. Aussi le rôle n'offrait-il guère d'intérêt pour lui. Mais je l'aimais bien. C'est quelqu'un d'agréable. Cependant, je me suis dit que je ne pourrais pas lui demander de refaire tout le film, car il n'en aurait sûrement aucune envie.

Vous avez donc commencé le film avec Christopher Walken, avant de donner son rôle à Sam Shepard. Les deux acteurs figurent dans la première version ?

Oui. Et pour la seconde version, j'ai demandé à Sam Waterston de reprendre le même rôle. En fait, c'est à lui que le rôle convenait le mieux. Il n'était pas disponible lors du premier tournage. Il travaillait pour la télé, sur des petites séries, ou des trucs comme ça…

Mais c'est à lui que vous pensiez confier le rôle, au départ ?

Je pensais plutôt à quelqu'un de ce genre, oui. Je veux dire que j'aurais peut-être pu me débrouiller sans lui, mais qu'il s'est révélé idéal pour le rôle.

Avez-vous tourné la seconde version exactement comme la première ?

Oui, en corrigeant toutefois les erreurs que j'avais pu relever, en visionnant la première. À l'arrivée, j'étais très satisfait de la deuxième version. Je savais que le film ne serait sans doute pas un grand succès populaire, car il n'était pas suffisamment accessible. Le film a pourtant été défendu. Richard Shickel en a dit du bien dans *Time Magazine*. J'ignore comment *September* fut reçu en Europe, mais il n'a pas plu aux Américains. Que le film soit bon ou mauvais, ce n'est vraiment pas un genre qui les intéresse. En un sens, on pourrait comparer *September* à *Oncle Vania*, d'Andreï Kontchalovski – quoiqu'*Oncle Vania* soit bien meilleur. Kontchalovski avait particulièrement réussi son image. C'est la plus belle version d'*Oncle Vania* que j'aie jamais vue. Je ne crois pas qu'on puisse donner de meilleure interprétation de l'œuvre de Tchékhov. Le rôle du docteur est interprété par Sergueï Bondartchouk. Le film est parfait. Pourtant, aux États-Unis, personne, strictement personne, n'est allé le voir. Lorsque je suis allé le voir avec Diane Keaton, nous étions les deux seuls spectateurs dans la salle. Le film a tenu une semaine. Je savais que *September* connaîtrait le même sort, d'autant qu'il n'était pas aussi bon. Du coup, je me suis dit : « Si, dans ce registre, *Oncle Vania* frôle le pinacle, mon film en est loin. Donc, personne n'ira le voir. »

Sam Waterston et Dianne Wiest dans September.

September *est très tchékhovien, par bien des aspects.*

Oui, il s'inscrit dans cette tradition. Il tente de ressusciter la même atmosphère. J'ai fait un certain nombre de films en sachant par avance qu'ils ne seraient pas très populaires aux États-Unis : tels *Stardust Memories, September*, et plus récemment, *Ombres et brouillard*. J'estimais qu'ils pouvaient remporter un certain succès critique, tout en sachant pertinemment qu'ils ne pourraient jamais séduire le grand public. Je savais que ces trois films ne combleraient pas l'attente des gens qui vont au cinéma. *September* a tenu quelques mois au Paris Theatre, avant d'être repris dans quelques salles, ainsi que hors de New York. Le film est sorti dans quelques villes universitaires, quelques grandes villes… mais si rares ! Aux États-Unis, il est passé totalement inaperçu.

Avez-vous conservé la première version ?

Non. Elle a disparu.

September *entretient, me semble-t-il, certaines affinités avec* Intérieurs. *Ces deux films commencent de la même manière, sur l'image d'une pièce vide, même si l'image est traitée de façon fort différente dans les deux cas. Dans* Intérieurs, *les premières images évoquent des natures mortes, tandis que dans* September, *la caméra bouge, comme si elle cherchait à travers la maison.*

Quand j'ai tourné *Intérieurs*, je travaillais encore avec Gordon Willis. Mais nous ne nous entendions plus… nous discutions sans cesse du cadre et de la composition. Gordon avançait l'idée qu'il se faisait de l'image, en me disant toujours : « Non. Il faut faire comme ça. Crois-moi. Fais-moi confiance. » Parfois, je m'insurgeais, mais il revenait toujours à la charge, en me demandant de lui faire confiance, de m'en remettre à son opinion. Je l'ai fait, et lui ai donc délégué certaines responsabilités. Lorsque j'ai cessé de travailler avec lui, j'ai pris une tout autre voie. À présent, mes films sont structurés en bien plus longues séquences. Il m'est plus facile de travailler ainsi. Sur des films trop découpés, je suis moins à l'aise ; en fait, je n'ai même jamais été à l'aise.

Les premières images du film sont magnifiques : la caméra parcourt lentement la maison, tandis que l'on entend Dianne Wiest et Denholm Elliot converser en français. Ces images établissent à merveille l'ambiance et le rythme du film.

Oui, elles établissent l'ambiance, tout en décrivant la maison. Car, comme dans *Intérieurs*, la maison de *September* est l'un des personnages. Et c'est sur cette base que j'ai bâti le scénario. La maison est donc un élément essentiel du film, que je désirais montrer, exactement comme j'avais voulu montrer celle d'*Intérieurs* dont le personnage principal, la mère, était décoratrice, ce qui conférait encore plus d'importance à la maison. Par contre, dans *September*, il est question de vendre la maison. À mes yeux, la maison est un personnage essentiel.

Comment avez-vous travaillé avec Santo Loquasto, votre décorateur ? Quel genre de discussions avez-vous eu avec lui, préalablement à la conception ?

Étant donné que tout le film se déroulait à l'intérieur de la maison, celle-ci devait offrir de nombreuses perspectives intéressantes. Je tenais à pouvoir disposer constamment d'une grande profondeur de champ, et je ne voulais pas de pièces trop étouffantes, ni trop cloisonnées. Je désirais une maison baignée d'une lumière chaude – détail essentiel à mes yeux. La maison devait constituer un lieu hospitalier et chaleureux. Mais il m'importait surtout de pouvoir varier les points de vue, afin que la maison ne finisse jamais par sembler ennuyeuse, ni étouffante ; j'ai donc demandé à Santo Loquasto de se concentrer sur ce problème. Au début, nous avons tenté d'éclairer de façon à pouvoir voir au travers des fenêtres, derrière lesquelles nous avions des découvertes. Mais comme le résultat s'est avéré décevant, nous y avons renoncé.

En fait, les découvertes n'étaient pas indispensables. Notamment dans la scène où Dianne Wiest appelle son mari : elle va jusqu'à la porte principale, et hésite un instant sur le seuil, laissant ainsi penser qu'il y a quelqu'un sur le perron. Et effectivement, il y a Sam Waterston, qui l'attend. La scène fonctionne très bien sans que l'on voie l'extérieur.

Nous avions installé dans le studio des buissons et des arbres, qui, en fin de compte, n'ont pas été utilisés. Car à chaque essai, ils ne rendaient pas grand-chose.

En revanche, vous avez beaucoup travaillé la bande-son, qui contribue énormément à alléger l'atmosphère, durant tout le film.

Oui, mais ça ne présentait pas vraiment de difficulté. Il est vrai qu'on a mis des cigales, du vent…

… des crapauds, des oiseaux… Comme je le disais, September *rappelle beaucoup* Intérieurs, *et notamment par les personnages. Ainsi, le personnage de Lane (Mia Farrow) dans* September *rappelle celui de Joey (Mary Beth Hurt) dans* Intérieurs. *Toutes deux hésitent à se mettre à la photographie, tout en caressant l'idée d'avoir un enfant.*

C'est exact. À mes yeux, il est tragique de ressentir intensément la vie, l'amour, la foi, bref, toute l'existence, dans ses plus profonds aspects, sans avoir suffisamment de talent pour pouvoir l'exprimer. Un être qui souffre, et qui possède des dons poétiques, pourra toujours extérioriser sa souffrance à travers son art. Or, il existe énormément de gens intelligents et sensibles, qui, faute de talent, ne peuvent exprimer leurs sentiments, tout en s'en rendant compte. C'est un fait extrêmement triste.

Croyez-vous qu'en ayant des enfants, de telles personnes puissent compenser ce manque, tout comme vos deux héroïnes envisagent soit de s'essayer à une forme d'expression artistique, soit de faire un enfant ?

Faire un enfant permet parfois de compenser un manque, voire de donner sens (quelque sens, ou, du moins, assez de sens) à la relation qui lie un homme et une femme, et permet donc de supporter les blessures de l'existence. Ainsi, dans *Un tramway nommé désir [A Streetcar Named Desire* de Elia Kazan, 1950], Blanche souffre de savoir que Stella va avoir un enfant, événement positif, permettant de dépasser, jusqu'à un certain point, les douleurs de l'existence.

En évoquant September, *je songe aussi à un autre film :* Sonate d'automne, *de Bergman. Que pensez-vous de ce film ?*

Ce n'est pas son meilleur film – du moins, de l'aveu de Bergman lui-même. Pour moi, j'aime tellement tout ce que fait Bergman qu'à mes yeux, *Sonate d'automne* l'emporte de loin sur n'importe quel film de tout autre réalisateur.

Le personnage de la mère de September *diffère toutefois de celui de* Sonate d'automne. *Quoique très égocentrique, elle est plus chaleureuse, plus compréhensive, envers sa fille.*

Effectivement, elle n'est pas froide, simplement égoïste.

Pourquoi avoir confié ce rôle à Elaine Stritch, que je trouve d'ailleurs très bonne ?

Je partage cet avis. Elle est parfaite. Dans la première version, j'avais pris la mère de Mia, car Mia me disait toujours que sa mère était exactement comme le personnage, drôle et pleine d'énergie. Je la connaissais, et j'étais d'accord avec elle. Malheureusement, son jeu manquait de force. Et pour la nouvelle distribution, j'ai cherché quelqu'un qui soit vraiment capable d'incarner un tel personnage. Et comme j'avais vu quelques trucs qu'Elaine Stritch avait tournés pour la télévision, j'ai décidé de la prendre.

Elle a fait très peu de films, ces dernières années. Je ne me rappelle pas l'avoir vue dans aucun film, depuis Providence, *d'Alain Resnais, où elle était très impressionnante.*

Absolument. Elle a beaucoup travaillé pour le théâtre et pour la télévision. Elle est très bonne, et je ferais volontiers appel à elle pour un autre film.

À présent que nous avons évoqué la structure du film, pourrions-nous en analyser une scène particulièrement représentative : celle du billard, entre Dianne Wiest et Denholm Elliot. C'est une scène très longue, et fort bien chorégraphiée.

Dans la plupart des films, le problème était – et reste – de maintenir l'intérêt sans recourir aux artifices conventionnels du montage. *(Coup de ciseaux imaginaires, pour illustrer le rythme induit par un montage et un découpage conventionnels).* Dans un film réaliste, lors de la mise au point des mouvements de caméra, les acteurs ne doivent pas évoluer aussi naturellement que dans la vie. Ils doivent évoluer à un certain rythme, pour apparaître au bon moment devant la caméra. L'implantation d'une scène dépend donc à la fois de ce qu'ont à faire les acteurs, et de la caméra, l'ensemble exigeant un minimum de mise au point. Les mouvements de la caméra ne doivent pas contrecarrer le jeu des acteurs ; par exemple, si les acteurs font preuve d'une certaine sensibilité, les mouvements de caméra ne doivent surtout pas être trop rapides, ou trop mécaniques. Tout doit tendre vers le même but, renforcer la même atmosphère. D'ordinaire, nous nous réunissons pour que je règle la chorégraphie, ce qui est long, et exige énormément de travail, pour moi comme pour l'opérateur. En revanche, cette mise au point préalable permet de tourner toute une séquence d'un trait, ce qui s'avère productif. Il devient inutile de faire des raccords, de se couvrir, de faire

Elaine Stritch dans September.

des gros plans, etc. Il importe particulièrement de faire évoluer les acteurs aussi naturellement que possible, afin qu'ils passent élégamment d'une position à une autre, d'une grosseur à l'autre : plan-moyen, gros plan, plan général, pour pouvoir insérer un gros plan, sans couper pour autant. En se déplaçant, l'acteur vient lui-même se placer en gros plan. Mais ces déplacements sont très pénibles à régler.

Dans la scène à laquelle vous faites allusion, nous sommes assis autour du billard, Dianne Wiest, Denholm Elliot et moi-même. Je me suis efforcé de régler les déplacements des acteurs et ceux de la caméra. Sitôt qu'un défaut de mise au point apparaît, il doit être corrigé, ce qui pose de nouveaux problèmes. Mais à force de tâtonnements, on parvient à régler la séquence.

Combien a-t-il fallu de temps pour régler cette séquence ?

Pour régler la chorégraphie, la dramaturgie de la séquence, il faut deux heures. Le tournage à proprement parler ne pose pas de problèmes, lorsque les acteurs sont très bons. Or, Denholm Elliot et Dianne Wiest sont excellents, et très professionnels.

Lorsque vous avez conçu la structure de September, *cherchiez-vous une forme susceptible de traduire également le contenu du film ?*

Oui. Je m'efforce toujours de trouver une forme qui reflète le contenu de la scène. Vous savez, lorsqu'on écrit une nouvelle, ou un roman, il faut souvent très longtemps pour trouver la première phrase. Mais ensuite, tout coule de source. Par son rythme et par diverses autres particularités, la seconde phrase reflète la première. Eh bien, un film se construit exactement de la même façon.

Dès la première scène de *September*, lorsque la caméra s'approche lentement des personnages, on est happé par un certain rythme, un certain style. Et par la suite, si on commet une erreur, on le sent immédiatement, tout simplement parce que ça jure avec le reste.

*C'est vrai. On observe la même chose avec les « natures mortes » du début d'*Intérieurs, *ou les mouvements de caméra frénétiques de* Maris et femmes, *qui tentent de poursuivre les personnages se déplaçant dans l'appartement.*

Oui. Cette ouverture crée déjà une certaine nervosité. Une fois qu'on a donné le tempo, il faut le tenir, sinon on commence à éprouver une gêne, et l'on sait qu'on fait erreur.

Dans September, *la caméra approche les personnages avec discrétion, tout comme les personnages s'approchent les uns des autres. Cette discrétion se justifie parce que chacun aime quelqu'un qu'il n'est pas censé aimer, ce qui est aussi très tchékhovien.*

Exact. On ne peut trouver plus tchékhovien qu'une maison de campagne réunissant un groupe de gens entre deux âges, sans grand avenir, débordants de rêves déçus et de passions inassouvies.

Il y a une chose que j'apprécie particulièrement dans Septembre, *une chose qu'on a rarement l'occasion de voir au cinéma : des gens d'un certain âge qui parlent d'amour. Dans le cinéma, et surtout dans le cinéma américain, l'amour devient obscène, passé la quarantaine. On ne doit plus en parler, ni* a fortiori *le montrer. Dans* September, *les scènes entre Elaine Stritch et Jack Warden dégagent pourtant beaucoup de tendresse, de légèreté. Ils parlent sans détours. Elle déclare sans ambages qu'ils font l'amour ensemble, et qu'ils y prennent plaisir. Il en va de même pour d'autres couples âgés dans certains de vos films : E.G. Marshall et Maureen Stapleton dans* Intérieurs, *ou Maureen O'Sullivan et Lloyd Nolan dans* Hannah et ses sœurs.

Oui, ou dans *Une autre femme*. On m'en a d'ailleurs fait reproche, pour ce film. Pas la presse, mais les spectateurs. À leurs yeux, ces personnages étaient trop âgés pour avoir ce genre de préoccupations. Moi, je ne vois absolument pas les choses ainsi, car je connais des gens de cet âge qui se posent exactement ce genre de questions.

Je voulais faire de la mère de *September* un personnage superficiel, égoïste, narcissique. Ainsi, malgré son âge, elle reste élégante, et se considère comme une belle femme, féminine et désirable. Sa fille souffre d'ailleurs de la voir attirer des hommes qui ne sont pas des imbéciles. Car le « petit ami » de la mère n'est ni un truand, ni un joueur ni même un autre acteur. Si bien que Lane, la fille, pense : « Bon Dieu, mais il ne voit donc pas au-delà de la surface ? Il est pourtant intelligent, cultivé. C'est un physicien. Il devrait pourtant savoir que derrière son aimable façade, ma mère est superficielle, vaniteuse, égoïste et obsédée par son apparence physique. » Pourtant, elle attire les hommes, et pas seulement des imbéciles.

Vous lui avez donné de jolies répliques, qui lui permettent d'exprimer tout cela elle-même. Ainsi, vers la fin du film, vous lui faites dire : « Quelle horrible chose que de vieillir, quand au fond de vous-même, vous avez toujours vingt ans ! » Ou encore : « Un jour, vous vous dites qu'il vous manque quelque chose, et vous vous apercevez que c'est votre avenir. »

Oui. Tout le drame est là.

Dans Intérieurs, *la mère de Joey apparaît comme un personnage très froid, rigide, à l'origine de toutes les difficultés de sa fille, qui mène une existence malheureuse. Dans* Septembre, *la mère de Lane encourage tout de même sa fille. Elle la soutient, en lui manifestant l'intérêt qu'elle lui porte. Lane est pourtant malheureuse et insatisfaite. Faut-il en rejeter la faute sur ses parents ?*

Oui. La mère de Lane a détruit sa fille. Lane aimait son père, alors que sa mère s'en fichait éperdument. Lane a eu une enfance lamentable. Ensuite, elle a dû endurer une terrible épreuve, en devant prétendre avoir tué quelqu'un par accident, à seule fin de couvrir sa mère, qui n'a d'ailleurs pas hésité à l'y autoriser. Cette mère n'est donc pas très sympathique, au fond. Mais elle l'ignore elle-même, tant elle est superficielle. Ces mères séduisantes et talentueuses ont donc un effet désastreux sur leurs filles. Car ces malheureuses perdent sur tous les tableaux. Ce sont toujours les mères qui séduisent des hommes intéressants, et qui accaparent l'attention de tous. Ce qui ne les empêche pas de se montrer cruelles, froides, et incapables de générosité.

Vous avez pourtant une certaine sympathie pour la mère de September ?

Oui, car elle ignore tout ça. Elle n'est pas mal intentionnée. Elle se contente d'agir comme elle peut, sans trop savoir pourquoi. Naturellement, le jeu d'Elaine Stritch aide beaucoup, car c'est une comédienne très subtile.

Il me semble que dans les films comme celui-ci, vous avez un faible pour les situations embarrassantes, telle la scène où l'on découvre Dianne Wiest et Sam Waterston en train de s'embrasser dans la resserre.

Oui. C'est un vieux ressort dramatique, mais il marche toujours. En l'occurrence, la situation est fort embarrassante, puisque Lane est en train de faire visiter la maison à des acheteurs potentiels. Voilà une façon assez cruelle d'apprendre ou plutôt… de vérifier ce que l'on soupçonnait. C'est vraiment une vieille recette.

Dianne Wiest fait donc désormais partie de votre tribu d'acteurs. Pensiez-vous déjà à elle, lorsque vous avez écrit le rôle qu'elle joue dans September ?

Elle compte parmi les meilleures actrices américaines, aussi ai-je probablement pensé à elle. Je ne m'en souviens pas précisément, mais probablement…

J'ai toujours donné à Mia le droit de choisir la première. Dianne Wiest a aussi le droit de choisir, tout comme Diane Keaton, bien sûr. Elles peuvent m'appeler à tout moment pour me dire : « Je veux jouer dans ton prochain film ! » Je me débrouillerai toujours pour leur ménager un rôle. Elles sont toutes deux tellement bonnes !

Vous êtes-vous déjà trouvé contraint de modifier un scénario pour permettre à ces comédiennes, ou à d'autres acteurs qui vous l'auraient demandé, de jouer dans un film où, au départ, aucun personnage ne leur correspondait vraiment ?

D'ordinaire, j'en suis averti par avance, et non pas quand j'en suis déjà au stade de la préparation.

J'adorerais faire un film avec Dianne Wiest, Diane Keaton et Judy Davis… avec les trois ensemble. Comme je connais bien Dianne Wiest et Diane Keaton, ce film pourrait sans doute se faire, et je crois que Judy serait ravie d'y participer. Je pourrais ainsi travailler avec les trois meilleures actrices actuelles ! Ce serait tellement génial !

Pensez-vous que vous puissiez trouver une histoire en partant de cette simple idée ?

Ce serait fort possible.

J'ai lu dans les Cahiers du cinéma *une interview de Judy Davis, où elle déclare que, son rôle dans* Maris et femmes *est le meilleur que lui ait offert le cinéma américain.*

Judy est incroyable. Elle a été géniale, dès la seconde où je l'ai vue. Mais ça n'a pas grand-chose à voir avec moi, ni avec mon film. Quel que soit le film dans lequel elle joue, *Barton Fink* des frères Coen ou un film australien… elle est toujours excellente. Comme Dianne Wiest. Par exemple, elle confère un peu de dignité à un petit film léger comme *Portrait craché d'une famille modèle (Parenthood)*. De même, quand Diane Keaton joue dans un film commercial comme *Baby Boom*, elle l'illumine de sa lumière propre. Si bien que finalement, les réalisateurs paraissent bons… (*Rires*) avec des actrices de cette envergure.

Jack Warden et Elaine Stritch dans September.

Dans la première version de September, *vous aviez confié le rôle de Howard à Charles Durning, avant d'opter pour Denholm Elliot dans la seconde. Quels sont à votre avis les plus grands mérites de Denholm Eliott, en tant qu'acteur ?*

Je dois admettre que Charles Durning était bon. Je le trouvais merveilleux. Pourtant, j'ai eu l'impression qu'il n'était pas à sa place, dans ce rôle. Même si je reconnais qu'il avait fait du bon boulot. Dans la première version, Denholm Elliot jouait le rôle du physicien, amant de la mère. Mais dès que je l'ai vu jouer, je me suis dit : « Mince ! Je me suis trompé ! Il vaudrait bien mieux lui confier le rôle du voisin, et trouver quelqu'un d'autre pour faire le physicien. »

Il y avait longtemps que j'avais envie de travailler avec Denholm Elliot. Je le trouve excellent, comme acteur. J'avais d'ailleurs envisagé de lui donner le rôle du père dans *Intérieurs*. Mais je ne voulais pas que le père soit anglais. Son agent m'avait alors assuré qu'il pouvait prendre un accent américain parfait.

Mais il n'y avait qu'un moyen de joindre Denholm Elliot : en appelant à une heure précise un certain café d'Ibiza où on lui passait la communication. Il y a fort longtemps, j'ai donc appelé ce café, j'ai demandé à parler à Denholm Elliot, et effectivement, on est allé le chercher. Nous avons parlé, et comme je lui trouvais un net accent anglais, je lui ai demandé s'il était capable d'imiter l'accent américain. Il m'a assuré que c'était dans ses cordes. Alors je lui ai demandé de le faire, histoire d'en juger. Il m'a dit : « Je pourrais vous réciter une comptine : Hickory Dickory Dock, the mouse ran up the clock. » J'ai dit : « Allez-y. » Et de son café d'Ibiza, il s'est mis à me réciter au téléphone : « Hickory… Dickory… Dock », en contrefaisant de son mieux l'accent américain. « The mouse… ran up… the cloc ». Malheureusement, moi, je lui trouvais toujours l'accent anglais, alors je lui ai dit : « Écoutez, il faut que j'y réfléchisse ». Et finalement, je ne l'ai pas pris, à cause de son accent, tout en me promettant de l'employer un jour. Et l'occasion s'en est enfin présentée. Ce fut merveilleux. C'est un très bon acteur. Il est fantastique !

Les scènes de la panne de courant sont très suggestives, très belles…

Oui. Carlo s'est surpassé. Il a fait un travail magnifique.

Vous n'avez vraiment filmé qu'en lumière naturelle… je veux dire, avec les bougies ?

À l'exception de quelques petits renforts. Mais très réduits.

Dans cette séquence éclate un orage qui jouera un rôle très important dans l'histoire, et dans l'évolution des rapports entre les protagonistes. Dans vos films, la pluie vient souvent renforcer le sens de certaines situations. Aimez-vous la pluie, et le temps pluvieux ?

J'adore la pluie ! Parfois, lorsqu'on va repérer un extérieur, les techniciens me disent : « Écoute, on veut bien te mettre de la pluie, mais il faudra toute la matinée pour installer les machines à pluie, alors que tu n'as que quelques répliques à dire… Est-ce que ça vaut vraiment le coup ? » Et je me laisse dissuader.

Mia Farrow et Denholm Elliott dans September.

Au début de *Radio Days*, je montre l'endroit où j'ai grandi, non loin de l'Océan, et de la plage. Dans cette séquence, il fait un temps de chien. Les vagues s'écrasent sur la plage, et je dis… enfin, le narrateur dit : « Tout était si beau dans mon enfance. » Du coup, le public rigole. Mais j'étais sérieux. Pour moi, c'est très beau. Voilà pourquoi, dès qu'il fait mauvais, j'en profite pour tourner des extérieurs. Dans mes films, il fait rarement beau… toujours plutôt gris – à croire qu'il pleut autant à New York qu'à Londres, qu'il y fait toujours gris, et sombre.

J'adore l'idée même de la pluie. J'en apprécie tout particulièrement la beauté. Évidemment, il est pénible, pour ne pas dire cauchemardesque de tourner sous la pluie. J'adore pourtant avoir dans mes films l'ambiance que procure la pluie. Il pleut dans *Hannah*, dans *Radio Days*, dans *Crimes et délits*, et dans *Meurtre mystérieux à Manhattan*.

Avez-vous inventé ce nom pour elle, ou connaissiez-vous des femmes qui le portent ?

De toute ma vie, je n'ai jamais connu qu'une Rain. C'était une chanteuse de New York, il y a très longtemps… une trentaine d'années.

Et dans Alice, *il y a deux scènes de pluie qui sont des scènes essentielles ; l'une, dans l'appartement du musicien de jazz, où Alice et lui font l'amour pour la première fois. La pluie dégringole de tous les côtés, et tambourine sur le toit de la véranda où ils sont couchés.*

Effectivement. Vous savez, j'aimerais beaucoup faire un film dans lequel, chaque fois que les amants se retrouveraient, il pleuvrait. Il pleuvrait lors de leur rencontre, quand ils feraient l'amour, tout le temps. Chaque fois qu'ils seraient ensemble, il pleuvrait.

Croyez-vous que la pluie ait un effet particulier sur l'humeur des individus ?

Bien sûr ! Si, en me réveillant le matin, je regarde par la fenêtre et je vois qu'il fait un temps gris et nuageux, comme aujourd'hui, je suis ravi. Plus le temps est moche, plus je suis content. Tant qu'il fait vraiment gris, et qu'il pluvine, tout va bien. En revanche, si le soleil brille, j'aurai une journée plus difficile. Bref, tout le contraire de ce qu'on est censé ressentir.

Vous est-il difficile de travailler, d'écrire par exemple, lorsqu'il fait trop beau ?

Non, il ne m'est pas difficile d'écrire, seulement d'être heureux. (*Rires*) Quand j'écris, je ne fais que ça. Mais si j'étais en mesure de contrôler la météo, j'alternerais volontiers cinq ou six jours de temps gris contre un jour de soleil… ou deux, à la rigueur… pour varier un peu. Et pour moi, au cinéma, aucune scène ne peut être vraiment romantique sans pluie. La pluie contribue à renforcer l'ambiance.

« *J'aime l'idée même de la pluie.* » *Woody Allen dans* Maris et femmes *et dans* Broadway Danny Rose.

Mais n'aimeriez-vous pas aussi la pluie parce qu'elle oblige à se dépêcher ? D'ordinaire, quand il pleut, les gens s'empressent d'agir, et même de prendre des décisions.

Je ne sais pas... J'ai toujours l'impression que la pluie accroit et valorise l'envie de se replier sur soi, le désir d'intimité. Les gens restent chez eux, ou vont se mettre à l'abri, ils rentrent chez eux en courant, ils s'empressent de rentrer s'abriter. Tout le monde rentre chez soi. Pour moi, ce sentiment est aussi associé à l'Océan, à l'Atlantique. L'Océan a une grande importance à mes yeux. Dans mes films, j'ai souvent tourné des séquences qui se déroulent non loin de l'Océan. Par exemple, dans *Annie Hall, Intérieurs* ou *Crimes et délits.* Et en l'occurrence, je recherche toujours une ambiance triste. Je ne filme jamais la mer en plein soleil. À la rigueur, je pourrais filmer la toute fin d'un coucher de soleil, le moment où celui-ci ne projette plus qu'une lueur diffuse dans le ciel.

Je crois aussi que la pluie rapproche les gens. Quand il pleut dans *September,* les personnages se retrouvent soudain coincés à l'intérieur, entre eux. La pluie qui tombe dehors les rapproche, elle les contraint à partager une certaine intimité. Elle crée également une atmosphère propre aux coups de foudre, ou en tout cas au partage d'expériences communes, et souvent assez intimes. D'une certaine façon, la pluie détermine l'humeur des personnages. Imaginez que vous allez faire l'amour avec une femme : dans une chambre où toutes les lumières sont allumées, vous baignez dans une certaine atmosphère. En revanche, si vous baissez les lumières, si vous ménagez un éclairage tamisé, vous obtiendrez une atmosphère plus douce, plus romantique. Or la lumière du soleil produit le même effet que la lumière électrique. Hors de la lumière du soleil, vous obtenez une atmosphère plus calme, plus propice aux confidences, à l'expression de sentiments profonds.

En ce sens, la pluie contribue à permettre à Alice de faire l'amour avec Joe, chose qu'elle n'aurait peut-être pas faite, s'il n'avait pas plus ce jour-là.

Exact. Dans *Alice,* il y a deux grands moments : tout d'abord, lorsqu'elle rencontre Joe, la pluie tombe à verse (et, détail assez touchant, ils porteront tous deux un parapluie, lorsqu'ils se croiseront à l'école) ; ensuite, quand elle est au lit avec lui, la pluie ruisselle sous les vitres. Pour moi, ça comptait beaucoup. Comme je vous l'ai déjà dit, j'adorerais faire un film où il pleuvrait chaque fois que les personnages se retrouveraient, même en sachant quelles difficultés poserait le tournage de telles scènes.

J'imagine que vous devez bien aimer Chantons sous la pluie [Singin'in the rain *de Stanley Donen, 1952*] ?

J'adore *Chantons sous la pluie* ! C'est un film merveilleux ! (*Rires*). J'adore aussi le début de *Rashomon* [d'Akira Kurosawa], où un terrible orage force tous les personnages à se mettre à l'abri...

... Et donc à raconter l'histoire.

J'adore aussi la scène où il se met soudain à pleuvoir à verse, au moment où tous les personnages attendent un miracle. Cette scène possède une très grande force poétique.

*Woody Allen avec Carlo Di Palma, chef-opérateur d'*Alice. *« Il était si beau, l'endroit où j'ai grandi. » : Woody Allen sur le tournage de* Radio Days.

18

Une autre femme

MARION : « Cinquante. Ça m'a fait ni chaud ni froid quand j'ai eu trente ans. Pourtant tout le monde m'avait mis en garde. Ensuite ils m'ont dit que je serais détruite quand j'aurais quarante ans. Mais ils se sont trompés. Je n'y ai même pas pensé une seconde. Ensuite ils m'ont dit que je serais totalement traumatisée quand j'atteindrais les cinquante ans. Et là ils ont eu raison. Je vais te dire la vérité. Je n'ai pas retrouvé mon équilibre depuis que j'ai eu cinquante ans. »
HOPE : « Pourtant c'est pas si vieux cinquante ans. »
MARION : « Je sais bien, mais... Soudain tu fais le point et tu vois là où tu en es. »
HOPE : « C'est plutôt une bonne période pour toi, non ? »
MARION : « C'est ce que je croyais. Mais ensuite je me suis rendue compte de toutes les opportunités qui se sont présentées à moi et qui ont définitivement disparu maintenant. »
HOPE : « Quoi par exemple ? »
MARION : « Je n'en sais rien. »

(*Une autre femme*)

Une autre femme *était votre premier film avec Sven Nykvist. Quelles sont à votre avis les qualités de ce chef-opérateur ?*

Sven Nykvist compte parmi les meilleurs opérateurs du monde. Une chose agréable, avec lui, c'est qu'il ne fait pas abstraction de sa sensibilité personnelle en travaillant. On peut tenter d'analyser en quoi consiste la valeur d'un opérateur... Il y en a qui éclairent beaucoup, comme Carlo Di Palma, d'autres qui préfèrent une image plus dense, comme Gordon Willis. Il y en a qui veulent constamment déplacer la caméra, d'autres qui préfèrent une image plus statique. Au bout du compte, seule compte la sensibilité. Et Sven s'investit énormément dans son travail.

Le travail qu'il a fait pour Bergman est extraordinaire. *Persona* est un chef-d'œuvre, extrêmement poétique, jusque dans le traitement de la photographie. *Cris et chuchotements* est superbe, tout comme *Fanny et Alexandre*. Certes, tous les films de Bergman sont superbes, mais ces trois-là sont particulièrement frappants.

Qu'appréciez-vous particulièrement dans l'image de Sven Nykvist ?

Eh bien, l'esthétique de sa photographie. Comme on peut le faire avec tous les opérateurs, on peut tenter d'analyser et de détailler ses éclairages, son cadre ou ses mouvements de caméra. Mais ce genre d'analyse ne permettra jamais de tout cerner. La qualité d'une image est quelque chose d'assez indéfinissable. Nombre d'opérateurs sont capables de faire un joli cadre et d'éclairer correctement: mais pourtant, au-delà de la stricte technicité, subsiste quelque chose d'indéfinissable. De la même façon, Chaplin est toujours drôle, là où d'autres comiques ne le seraient pas forcément. Sven Nykvist est réellement doué. Il suffit qu'il filme

Woody Allen avec Sven Nykvist, chef-opérateur de Crimes et délits.

quelque chose pour que ça passe bien. Tout comme Carlo Di Palma. Or, le résultat ne dépend pas tant du cadre ou de l'éclairage, que d'un instinct indéfinissable. Certains individus ont l'art d'être parfaitement efficaces, et Sven est ainsi.

Vous avez aussi bénéficié de la collaboration de Gena Rowlands. À mes yeux, l'histoire est indissociable de sa performance d'actrice. Songiez-vous déjà à lui confier le rôle, en écrivant le scénario ?

Non, mais elle fut la première et la seule à qui je l'ai proposé. Au départ, je lui avais demandé d'interpréter le rôle de la mère dans *September*, mais elle ne s'en ressentait pas. Elle ne pensait pas avoir l'énergie nécessaire. Mais elle craignait que je ne lui propose rien d'autre, si elle refusait ce rôle. Les comédiens s'imaginent parfois que les metteurs en scène sont furieux s'ils refusent un rôle. C'est idiot ! Toujours est-il que j'ai demandé à Gena Rowlands de jouer dans *Une autre femme*, et qu'elle a accepté. Elle compte parmi nos meilleures actrices. Elle a un talent fou, et elle est très professionnelle.

Pouvez-vous nous expliquer comment vous est venue l'histoire ?

De façon assez intéressante. Des années avant d'écrire *Une autre femme*, j'avais eu une idée de comédie. J'avais imaginé un appartement dans lequel, à travers les gaines d'aération, j'entendrais tout ce qui se passait dans l'appartement d'en-dessous. Or, l'appartement en question était le cabinet d'un analyste, qui recevait une femme dont je pouvais ainsi surprendre les secrets les plus intimes.

Après l'avoir entendue parler, je me ruais à ma fenêtre et je découvrais qu'elle était belle. Je dévalais donc l'escalier, et je m'arrangeais pour faire sa connaissance. Sachant quel était son idéal masculin, je m'évertuais à l'incarner de mon mieux. J'ai caressé un moment cette idée, et puis j'ai décidé de la garder sous le coude. Un beau jour, je me suis dit : « Ne serait-il pas plus intéressant de tirer de cette idée un drame psychologique, où une femme surprendrait une conversation venant de l'appartement voisin. Mais pour quel genre de femme opter ? » Alors j'ai pensé : « Et si c'était une femme hyper-intellectuelle, mais refoulant tous ses sentiments intimes ? Elle s'apercevrait progressivement que son mari entretient une liaison, que son frère ne l'aime pas vraiment, que ses amis non plus. » Elle pourrait être prof de philo, et avoir toujours refoulé tous ses sentiments intimes. Finalement, elle atteint un point de son existence où il ne lui est plus possible de tout refouler. Les murs lui renvoient alors littéralement l'écho de son désarroi intime, et elle se sent interpellée par les voix qu'ils laissent filtrer.

Vous arrive-t-il de trouver des idées d'intrigue en observant les gens ? Ou d'étudier leur comportement pour en tirer une intrigue ?

Non. Les idées me viennent plutôt par hasard, de façon tout à fait spontanée. Parfois, je prends le temps d'imaginer une histoire. C'est ce que je vais faire mardi, d'ailleurs… avec un collaborateur, cette fois, pour varier les plaisirs. La plupart du temps, j'écris seul, mais parfois, j'aime bien collaborer, pour éviter la monotonie. Je vais donc m'installer tranquillement, sans doute ici même, et lancer un truc du genre : « Au fond, c'est quoi, une bonne idée ? » À partir de là, on s'y mettra, et on trouvera une idée.

Et que se passe-t-il alors ? Est-ce qu'un personnage pénètre soudain dans la pièce, ou s'impose à votre esprit ? Est-ce plutôt une situation qui vous vient, et sur laquelle vous bâtissez votre idée ?

Ça dépend. Pour *Broadway Danny Rose*, par exemple, tout est venu du personnage que Mia Farrow avait envie d'interpréter. Ça m'a aidé à trouver l'histoire. Pour *Radio Days*, c'est plutôt venu des chansons, que je tenais à utiliser. Le point de départ d'*Une autre femme*, c'étaient les bruits de l'autre côté de la cloison. Il n'y a que des cas d'espèce.

Hormis le personnage de Tina Vitale, dans Broadway Danny Rose, *y en a-t-il d'autres qui aient ainsi séduit votre imagination, et capté votre attention, avant de s'imposer à vous ?*

Naturellement. *Zelig*, par exemple. Le film reposait entièrement sur son personnage. J'avais souvent observé que certaines personnes changent de personnalité, de goûts et de penchants, au gré de leurs rencontres. Si on discute avec ces personnes, fût-ce au niveau le plus trivial, et qu'on leur dit : « Hier soir, j'ai vu tel film que j'ai vraiment détesté. Et vous ? Qu'est-ce que vous en pensez ? », elles vous répondent toujours qu'elles n'ont pas trouvé le film très intéressant. Une heure plus tard, face à quelqu'un d'autre qui aura trouvé le film très bien, très drôle, elles diront qu'en dépit de certaines réserves, elles se sont beaucoup amusées. De telles personnes modèlent leurs réactions sur celles d'autrui, que ce soit au niveau le plus banal, ou à des niveaux plus sérieux, ce qui s'avère vite très compliqué, et très dangereux. Dans cette mesure, le personnage de Zelig m'a réellement fourni le point de départ de tout le film.

*Au début d'*Une autre femme, *Marion (Gena Rowlands) dit : « Si on me demandait de faire le bilan de ma vie à cinquante ans, je soutiendrais sans doute que je me suis épanouie aussi bien sur le plan personnel que professionnel. Mais je n'irais pas au-delà. Ce n'est pas que je redoute de mettre au jour les côtés les plus obscurs de ma personnalité. Mais j'ai toujours estimé que quand ça tourne rond, il faut laisser les choses en l'état. » Vous aviez à peu près le même âge que Marion lorsque vous avez tourné ce film. Éprouviez-vous comme elle le besoin de faire le bilan de votre existence ?*

Je n'ai jamais fait le bilan de mon existence. Je me suis toujours contenté de bosser. Je ne fais que bosser, en pensant que tant que je continuerai à le faire, à me concentrer sur mon travail, tout le reste marchera correctement. Peu importe que je gagne ou non beaucoup d'argent, peu importe que mes films marchent ou pas.

Gena Rowlands domine pleinement son rôle de premier plan dans Une autre femme.

Tout cela est insignifiant, parfaitement superficiel, accessoire. Il suffit de considérer le travail que l'on a à faire, de tâcher de le faire, de s'évertuer à atteindre les buts que l'on s'est fixés si ambitieux soient-ils. Le reste n'a aucune importance. Et lorsqu'on procède ainsi, on s'aperçoit que tout le reste suit.

Cela explique d'ailleurs pourquoi j'ai eu tant de mal à faire *Meurtre mystérieux à Manhattan*, que je ne trouvais pas assez ambitieux à mon goût. J'avais l'impression de me passer une faiblesse, de m'offrir un petit plaisir.

Et vous vous sentez coupable ?

Oh oui. J'ai hésité à faire ce film pendant douze ans.

Envers qui vous sentez-vous coupable ? Envers vous-même, ou envers le public et la critique ?

Les deux. D'abord envers moi-même, parce que je ne devrais pas perdre un an à faire quelque chose qui me fait plaisir, mais qui n'est pas très substantiel. Je ne prétends pas que mes films soient effectivement plus substantiels d'ordinaire, mais qu'ils ambitionnent de l'être. Même s'ils sont ratés, telle est leur ambition. Et tant pis si j'échoue en tentant le coup, tant pis si le film ne marche pas, du moment que je sais avoir fait de mon mieux, et avoir visé aussi haut que possible. En revanche, même si le film fait un tabac, je me sentirai coupable, dès l'instant où je saurai ne pas avoir visé aussi haut que possible.

Il me semble pourtant que cette fois, vous vouliez faire un film assez léger.

Oui, mais en fait, c'est une dérobade. Car c'est à ce niveau-là que ça se passe. Ce film n'a rien à voir avec ce que je devrais faire. En faisant ce film, je me suis offert une année sabbatique, dans ma carrière de cinéaste.

Lorsqu'on voit Une autre femme, *on ne peut s'empêcher de penser aux* Fraises sauvages. *Dans ce film, Bergman explorait lui aussi l'âme d'un individu esseulé et assez froid. Avez-vous jamais pensé à rapprocher ces deux films ?*

Non, mais je peux le concevoir, maintenant que vous en parlez. *Les Fraises sauvages* est un film tellement réussi, tellement merveilleux… que je n'aurais pas osé…

On parle parfois de road movies. *D'une certaine manière,* Les Fraises sauvages *constitue une version bergmanienne du* road movie. *De la même façon,* Une autre femme *pourrait aussi être qualifié de* road movie. *Exactement comme* Les Fraises sauvages, *votre film relate un périple intérieur.*

Voilà une idée intéressante… Oui, *Une autre femme* constitue indubitablement un périple intérieur. Absolument. C'est précisément l'idée que j'entendais exprimer.

La structure du film est assez libre. On le suit, on vous suit là où vous nous emmenez. Vous vous servez ainsi des souvenirs, des rêves et des précédentes expériences de Marion pour entraîner le personnage tout au long de l'histoire.

Avez-vous imaginé ces rebondissements a posteriori, *au stade du montage, ou alors même que vous écriviez le film ?*

Non, je me suis trouvé contraint d'emprunter cette direction, car l'intrigue du film était assez dense. Pourtant, ce film n'a pas très bien marché. Le public l'a jugé trop froid.

À cause de la froideur émanant de l'héroïne ?

Probablement, quoiqu'en définitive, je sois convaincu qu'il en va plutôt de ma faute.

Il est intéressant de voir comment les spectateurs désirent s'identifier à l'héroïne, surtout quand celle-ci est un personnage extrêmement fort, autour duquel tourne toute l'intrigue. Aussi, lorsque ce personnage n'est pas une figure positive, le public éprouve certaines difficultés à suivre son histoire, faute de pouvoir s'y identifier pleinement.

Oui, vous avez parfaitement raison. Lorsque les personnages sont trop intellectuels, comme dans *Une autre femme*, *Intérieurs* ou *September*, le public a du mal à s'y identifier. Dans *Crimes et délits* ou dans *Maris et femmes*, il est plus facile de suivre l'histoire des personnages, car, quoique plus violents, ils sont toujours plus chaleureux.

Sueurs froides [Vertigo], *qui est l'un de mes films préférés d'Hitchcock, ne fut pas très bien accueilli à sa sortie. Il me semble que cet accueil mitigé s'explique, dans la mesure où le personnage de James Stewart n'est pas très positif. Il est hanté d'obsessions assez pathologiques. Nul n'a envie de s'identifier à un ex-flic hanté d'obsessions. D'ordinaire, Hitchcock tablait sur l'identification du spectateur au héros.*

C'est intéressant, car d'ordinaire, le public adorait ses films, et ses héros.

À sa sortie, le film fut l'un des rares échecs commerciaux.

C'est bizarre, car maintenant, le public adore ce film. C'est un bon film. Ce n'est pourtant pas mon Hitchcock favori. Je préfère de loin *L'Ombre d'un doute* [*Shadow of a Doult*], *Les Enchaînés* [*Notorious*] et *L'Inconnu du Nord-Express* [*Stranger on a Train*], qui sont mes trois favoris. Mais encore une fois, je ne suis pas d'accord avec François Truffaut pour qui ces films seraient lourds de sens, hyper-signifiants, et véhiculeraient un message. Moi, je les trouve tout simplement agréables, distrayants, bref, parfaitement réussis par Hitchcock. En tant que simple divertissement, ces films sont de petits chefs-d'œuvre. Sans plus.

J'ai remarqué que certaines personnes réagissaient pareillement vis-à-vis de mon film Behind the Shutters [Derrière les jalousies], *dont le personnage principal, interprété par Erland Josephson, n'est guère sympathique et ne facilite donc pas l'identification du spectateur.*

D'accord, mais Erland Josephson est un acteur très chaleureux, aussi chaleureux que Victor Sjöstrom dans *Les Fraises sauvages*. Et à mes yeux, Gena Rowlands est également une actrice très chaleureuse. Mais je pense qu'*Une autre femme* s'inscrit dans un genre qui n'est pas très populaire aux Etats-Unis. Mes drames psychologiques ont remporté infiniment plus de succès en Europe. J'ignore pourquoi. L'éducation européenne porte peut-être plus à apprécier ce genre de littérature et de films.

L'Américain moyen ne porte guère non plus d'intérêt à la littérature américaine contemporaine, bien que les États-Unis comptent un certain nombre d'auteurs intéressants, tels que Raymond Carver (qui est mort récemment), Paul Auster, Richard Ford, Tobias Wolff, Ann Beattie et autres. Les auteurs ne font pas défaut dans ce pays.

Sans doute, mais ils ne jouissent pas d'une très large audience. Personnellement, je lis des romans contemporains, quoiqu'en général, je ne lise guère de romans. Mais le même accueil est réservé aux États-Unis aux classiques du cinéma. Lorsque je m'adresse à des lycéens, ou même à des gens plus âgés, je me rends compte qu'ils n'ont jamais vu un film comme *Le Voleur de bicyclette* ou *Sciuscia*, de Vittorio De Sica. J'ai même rencontré des lycéens qui n'avaient jamais vu *Citizen Kane*, ni aucun des premiers films de Bergman. Ils ignorent tout du *Septième Sceau*, des *Fraises sauvages* et de *Persona*. Ils ignorent jusqu'aux titres de films tels qu'*À travers le miroir* [1961] ou *Les Communiants* [1962]. Idem pour les films de Fellini, de Truffaut ou de Godard. Aux États-Unis, tout un pan de la critique cinématographique demeure extrêmement populiste, ce qui ne me paraît pas très sain. Beaucoup des tenants de cette critique sont des intellectuels, qui font la fine bouche devant les bons films européens, ou les bons films en général, et encensent sans vergogne les grosses machines faites pour drainer le public. Et nombre de metteurs en scène (je ne citerai pas de noms) réalisent de grosses machines qui constituent par ailleurs des films plaisants. Mais à mon sens, il n'est pas juste de glorifier ce qu'ils font, ni de les encenser, ni de s'acharner à trouver du sens dans leurs films. En revanche, un de ces critiques a émis sur l'œuvre de Bergman des jugements très sévères, pas forcément négatifs, mais laissant à entendre que Bergman pourrait mieux faire. *Idem* pour Fellini, alors que certains cinéastes américains carrément nuls se voient portés aux nues.

Vous dites n'avoir jamais éprouvé le besoin de faire le bilan de votre existence, à la différence de Marion, dans Une autre femme. *N'avez-vous donc jamais été tenté par ce genre d'introspection ?*

Si. Vers la fin de mon adolescence, je me suis aperçu que des distractions s'offriraient toujours à moi. J'ai estimé que tout ce qui me détournerait de mon travail, et de la concentration d'énergie qu'il exigeait, n'était au fond que simple leurre, extrêmement nuisible, à terme. Quand on veut écrire, pour éviter de se laisser piéger dans d'innombrables rituels, pour éviter de perdre du temps, il suffit de s'y mettre, et de bosser. Les milieux artistiques, et le show-biz en particulier, sont bourrés d'individus qui se contentent de pérorer à longueur de journée. Quand ils pérorent, ils peuvent sembler brillants ou spirituels ; mais en fin de compte, il s'agit tout de même de voir qui est capable de s'asseoir à sa table, et de produire quelque chose. Tout le reste n'est que du vent.

Dans Une autre femme, *Marion dérive à travers la réalité, à travers ses souvenirs et ses rêves. J'aimerais que vous nous parliez un peu des séquences oniriques, qui révèlent une grande imagination, et une grande force d'expression.*

Je me suis aperçu que, du moment que l'on se situait dans l'esprit même du personnage, tout devenait possible. Dès l'instant où, dans la première partie du film, j'instaurais le système des voix émanant du mur, où, en somme, je rompais avec le réalisme, je pouvais faire tout ce qui me chantait. Avec le personnage joué par Mia Farrow, j'étais convaincu de détenir la clé permettant d'amener Marion à certaines révélations. D'une certaine manière, Mia incarne le moi intime de Gena Rowlands.

Vous établissez souvent des correspondances directes entre deux personnages. Par exemple quand Hope (Mia Farrow) déclare à son psychanalyste : « Il y a des moments où je me demande si je fais les bons choix dans la vie. » À ce moment-là, vous raccordez directement sur Gena Rowlands et Gene Hackman, sur leur conversation pendant une fête, une scène parfaitement interprétée, avec un dialogue très fort.

Oui, car Marion ne fait jamais les bons choix, dans sa vie. Elle choisit ce qui lui paraît le plus sûr, le plus réfléchi, mais jamais ce qui lui conviendrait réellement.

Pensez-vous qu'en faisant de tels choix, Marion a spéculé sur son avenir ?

Non, elle a choisi ce qui lui paraissait le plus sûr. Si elle avait spéculé sur l'avenir, elle aurait fait certains choix, tout en ignorant jusqu'où ceux-ci pouvaient la mener. Mais elle a choisi la sécurité. Car choisir Ian Holm, c'est choisir la sécurité. Il est médecin, il est bien établi. C'est quelqu'un de sûr, de froid, comme elle. Tout le contraire de Gene Hackman, qui est chaleureux, brutal et viril. Mais Hope amène pourtant Marion à rencontrer certaines personnes, et à se trouver elle-

Woody Allen dirige Gena Rowlands dans Une autre femme.

*Gena Rowlands et Gene Hackman, couple d'amants inattendu d'*Une autre femme.

même. Marion a l'impression de voir Hope dans la rue, du coup, elle la suit et rencontre ainsi une personne surgie de son passé. Le personnage que joue Mia l'amène toujours à découvrir certaines choses.

Vous rappelez-vous comment vous avez bâti les séquences oniriques, comment vous avez rassemblé les éléments pour la séquence dans le théâtre, celle où elle discute avec son premier mari de l'opportunité d'avoir un enfant ?

Non, je ne m'en souviens pas précisément. Tout m'est sans doute venu sous le coup de l'inspiration. Il me semblait important qu'une partie du rêve se situe au théâtre. Son amie était aussi une actrice, et je tenais à communiquer cette information d'une façon très théâtrale. J'en aime beaucoup le résultat, au plan esthétique. Esthétiquement parlant, il m'a paru plus séduisant de procéder ainsi, que de traiter ça comme un simple souvenir.

Lorsque Marion est seule dans l'appartement qu'elle a loué pour travailler, vous faites soudain deux gros plans d'elle, en train d'écouter à la bouche d'aération. Vous ne faites guère de gros plans, d'habitude. Que pensez-vous des gros plans, et de la meilleure manière d'en user ?

Je constate que j'y recours davantage dans mes drames psychologiques. Dans mes films comiques, ou plus légers, je m'efforce de limiter les gros plans, qui ne me semblent jamais très drôles.

Mais ils confèrent un certain poids à un drame psychologique. Les gros plans sont tellement puissants, avec des visages démesurés s'étalant sur l'écran. Ils servent à merveille certains effets. Mais dans les films où le mouvement prime, comme dans *Annie Hall*, *La Rose pourpre du Caire* ou *Maris et femmes*, de tels expédients s'avèrent inutiles. Car les gros plans paraissent toujours assez artificiels.

Bergman les utilise de façon théâtrale. Naturellement, ça marche très bien, car Bergman s'est forgé un langage qui lui permet de faire sentir au public l'évolution de la psychologie intérieure de ses personnages. Dans l'article que j'ai écrit sur son autobiographie *Laterna Magica*[1] pour le *New York Times*, j'ai fait remarquer que, chaque fois que son sujet l'oblige à passer de l'univers extérieur à l'univers intérieur, Bergman utilise une grammaire, une syntaxe permettant particulièrement de révéler les conflits intérieurs. Le gros plan, qu'il utilise comme personne ne l'avait fait avant lui, constitue l'un des éléments de cette grammaire. Ses gros plans sont très serrés, souvent extrêmement longs et statiques. Ils sont très impressionnants, car ils révèlent le génie propre de Bergman. Le gros plan constitue un élément important de sa technique.

Quant à moi, je me sens moins à l'aise avec le gros plan. Il me semble qu'un gros plan vient soudain vous rappeler que vous êtes dans un film. Je les utilise pourtant dans certaines situations particulièrement dramatiques, ou poétiques. Mais très rarement, en fait.

Il y a une chose amusante : dans une interview, Bergman a déclaré que, dans une certaine mesure, le cinéma fait de la musique un usage qui lui semble barbare, selon ses propres termes. Tel n'est pas mon sentiment. Selon moi, la musique est l'un des principaux outils du cinéaste, au même titre que la lumière et le son. En revanche, à mes yeux, l'abus de gros plan peut être vraiment barbare. Chez Bergman, les gros plans sont géniaux, mais la plupart du temps, les autres cinéastes (et je me mets dans le lot, car je n'ai pas son expérience) ne parviennent pas à les utiliser correctement.

Pour les metteurs en scène qui n'y connaissent rien, le gros plan semble un bon moyen de tourner les difficultés. Mais contrairement à ce qu'ils s'imaginent, ce n'est pas si simple. Ils sont convaincus qu'un gros plan génère de l'émotion. C'est comme si un écrivain suicidait un de ses personnages, ou se mettait tout à coup à le faire jacter argot, à seule fin d'accentuer le côté dramatique, ou réaliste. De la même façon, certains se figurent qu'en montrant des flots de sang, ils feront des films plus forts. C'est un peu grossier.

Il me semble qu'il n'y a pas un seul gros plan dans *Meurtre mystérieux à Manhattan*, pas plus que dans *Maris et femmes* ou dans *Hannah et ses sœurs*. Je sais qu'après avoir tourné *Hannah et ses sœurs*, Michael Caine avait prévenu Gena Rowlands que je ne faisais jamais de gros plans. Elle a donc été fort surprise, lorsque j'ai fait deux gros plans d'elle dans *Une autre femme*. Mais aussi, elle est tellement bonne, tellement expressive…

En l'occurrence, ces deux gros plans fonctionnent très bien, par rapport au style du film, par rapport au personnage de Marion, et à tout ce que vous voulez faire passer à travers lui.

Je ne fais pas de gros plan sans m'assurer de son efficacité ; sinon, je ne prends jamais le risque d'en faire. J'y recours très rarement. Au début de ma carrière, je n'avais pas ce souci, car j'ignorais tout de la mise en scène. Aussi ai-je commis les mêmes erreurs que tous les cinéastes débutants.

Pour ce film, vous avez fait appel à des acteurs à la fois très divers, très impressionnants et très bons : Gena Rowlands, Mia Farrow, Gene Hackman, Sandy Dennis et John Houseman, ainsi qu'à d'autres, moins connus, mais non moins excellents, tel Harris Yulin. Pour ma part, je ne l'ai vu que dans des films d'aventures, des films d'action où il jouait les durs.

La première fois que je l'ai rencontré, j'étais sur *Intérieurs*. Il avait été retenu pour un petit rôle. Il jouait le mari de l'une des sœurs. Je ne me souviens plus de laquelle. Pendant les répétitions, il se sentait assez mal à l'aise, et m'a finalement déclaré qu'il préférait ne pas faire le rôle. Je lui ai dit : « Si tu ne le sens pas, tu as raison. » Néanmoins, j'ai toujours voulu travailler avec lui, si bien que, des années plus tard, je l'ai appelé pour lui proposer ce rôle dans *Une autre femme*. Il était enchanté de venir faire ça. C'est un gars formidable et un bon acteur.

Pour jouer le père de Marion, vous avez fait appel à une véritable légende du théâtre et du cinéma, en la personne de John Houseman, qui fut le producteur d'Orson Welles au temps du Mercury Theater, et sur Citizen Kane. *Ce fut sans doute son dernier rôle.*

Oui. Il était merveilleux et très amical. C'était un plaisir de travailler avec lui. Pour étrange que cela paraisse, divers acteurs sont morts peu après avoir tourné avec moi : John Houseman, et Lloyd Nolan, le père de Hannah.

Lorsque Marion vient rendre visite à son père, elle découvre dans la maison un recueil de poèmes que sa mère adorait. C'est un livre de Rilke, et Marion cite quelques vers de La Panthère : *« Puisqu'il n'est plus pour toi d'endroits où tu ne puisses être vue, il te faut changer de vie. » Vous avez déjà cité Rilke dans certains de vos autres films, et dans* Maris et femmes, *le nom du personnage de Rain est emprunté à l'un de ses poèmes. Rilke est-il un de vos poètes préférés ?*

Oui. J'aime beaucoup Rilke. J'aime les idées de ce poète. Il se préoccupait des

Gena Rowlands dans Une autre femme.

questions existentielles qui me préoccupent moi-même. Sa poésie est imprégnée de philosophie, ce que j'apprécie beaucoup. Sans être mon poète préféré, il compte parmi mes poètes favoris. Mon poète préféré serait peut-être Yeats, qui m'étonne toujours. Naturellement, j'aime également T.S. Eliot, pour les sujets qu'il traite et son style. J'aime Emily Dickinson, premier poète dont l'œuvre m'ait vraiment touché.

Vous l'avez lue lorsque vous étiez jeune ?

Oui. Emily Dickinson est le premier poète que j'ai réellement compris, et apprécié. E.E. Cummings est trop spirituel pour ne pas être apprécié. Il y a également William Carlos Williams, et bien sûr, Rilke… que, malheureusement, je ne peux pas lire dans le texte. À mes yeux, Yeats demeure cependant le plus grand de tous les poètes. Il est difficile de trouver, après Shakespeare et Milton, quelqu'un qui écrive aussi parfaitement l'anglais. Comme eux, Yeats compte parmi les plus grands.

Pour illustrer l'une des séquences oniriques, vous avez choisi un morceau d'Erik Satie. Vous aimez ce compositeur ?

Oui, j'aime bien Satie, même si, là encore, ce n'est pas mon compositeur préféré. J'ai utilisé l'une de ses *Gymnopédies*, un très joli morceau, qui collait bien à l'ambiance. J'écoute parfois certaines pièces de Satie, mais pas très souvent. Dans la musique classique, il y a bien d'autres compositeurs que je préfère à Satie. Il y a bien sûr ceux que tout le monde aime, tels Mozart, Beethoven… mais j'aime aussi beaucoup Mahler, et plus encore Sibelius. J'adore Sibelius. Exception faite des grands maîtres, je dirais que mes préférences vont à Mahler et à Sibelius. J'aime aussi énormément Stravinski.

Dans le film, figure aussi un tableau qui a une certaine importance : L'Espoir, *de Gustav Klimt. Pourquoi avoir choisi ce tableau ? Par hasard, ou parce que vous appréciez particulièrement Klimt ?*

Il m'a semblé qu'il en émanait l'impression que je recherchais. Je m'aperçus plus tard que, par une étonnante coïncidence, le tableau s'appelait *L'Espoir* (Hope), comme le personnage joué par Mia. Personne ne mentionne jamais le titre de la toile dans le film, mais il apparaît au générique. Étant donné que Gena Rowlands était censée enseigner la philosophie allemande, j'avais essayé de trouver un artiste d'origine germanique, et ce tableau m'avait paru idéal.

Mais sur le plan visuel, ce tableau évoque également le personnage de Mia Farrow, puisque la femme représentée sur la toile est enceinte, comme elle.

C'est exact.

1. *Laterna Magica*, Ingmar Bergman, éd. Gallimard, 1991, coll. Folio.

Le Complot d'Œdipe

19

Le Complot d'Œdipe, *le sketch que vous avez réalisé pour la série* New York Stories, *est une pure comédie, une petite farce, que vous avez tournée immédiatement après* Une autre femme. *Après avoir réalisé un drame comme* Une autre femme, *avez-vous délibérément choisi d'adopter un ton plus léger, de marquer une rupture en réalisant une petite pièce purement comique, et fort distrayante ?*

Après s'être longtemps consacré à un projet, on éprouve souvent le besoin de passer à quelque chose de radicalement différent.

J'ai lu ou entendu dire que vous seriez à l'origine du projet de New York Stories.

Seulement jusqu'à un certain point. J'avais parlé de ce projet à mon producteur, Robert Greenhut, qui a jugé intéressant de confier la réalisation des trois sketches à trois metteurs en scène différents. Au départ, il pensait faire appel à Martin Scorsese (avec lequel il avait déjà travaillé une fois), à Steven Spielberg et à moi-même. Il nous a donc réunis dans son bureau, où nous avons tous trois accepté de faire le film. Nous étions chacun convaincus que l'idée était bonne. En définitive, Spielberg n'a pas pu faire le film, et Coppola a pris la relève.

Comment cela s'est-il passé, puisque Coppola ne vit pas à New York, et que l'idée de départ était bien de confier chaque sketch à un réalisateur new-yorkais ?

Non. En fait, l'idée d'appeler le film *New York Stories* ne vient pas de moi, ni d'aucuns de mes co-réalisateurs. C'est le studio, Disney en l'occurrence, qui avait choisi ce titre de travail. Par la suite, ils ont sorti le film sous ce titre, parce qu'ils l'aimaient bien. Pour ma part, je ne trouvais pas ce titre très bon, parce que trop limitatif. Mais au fond, il n'est pas pire qu'un autre...

Il est vrai que dans son sketch, Coppola ne se limite pas à New York. La fin de son histoire entraîne même le spectateur à Athènes.

Pour vous dire la vérité, je n'ai jamais vu le film. Comme je ne vais jamais voir mes films après les avoir terminés, je n'ai jamais vu non plus les sketches tournés par Scorsese et Coppola. J'ai vu tous leurs autres films, et je les tiens tous deux pour de grands metteurs en scène. Mais je n'ai pas vu leurs sketches, car je n'avais aucune envie de devoir me retaper le mien.

Les personnages joués par Mia Farrow et vous-même s'appellent respectivement Lisa et Sheldon. Apparemment, il s'agirait là des noms de deux personnages dans un sketch de Tout ce que vous avez toujours voulu savoir… *qui ne figure pas dans le montage définitif. Mais j'ignore si ce sketch a été tourné ou pas.*

Mais oui, vous avez tout à fait raison. Et ce sketch a bien été tourné. Louise Lasser, ma première femme, et moi-même y apparaissions au milieu dans une toile d'araignée géante. Elle était l'araignée femelle, et moi, le mâle. Nous faisions l'amour, après quoi elle me tuait, et me dévorait. L'idée était très bonne : hélas, je n'ai pas su en tirer ce qu'il fallait, et j'ai dû retirer ce sketch du film définitif.

Vous souvenez-vous pourquoi vous avez donné ces deux noms aux personnages du Complot d'Œdipe ?

Pas du tout, sinon que je préfère utiliser des noms courts, quand je tape à la machine ; car je ne raffole pas du travail de frappe.

Dans une certaine mesure, Le Complot d'Œdipe *constitue un hommage à la magie que vous adoriez dans votre enfance.*

Avant de publier un ouvrage consacré à Preston Sturges, Diane Jacobs, qui est l'une des meilleures critiques américaines, m'a consacré un livre, intitulé… *But you need the eggs*. Elle y soutient que toute mon œuvre révélerait une véritable passion pour la magie, qu'elle voit à l'œuvre dans ce sketch, *Le Complot d'Œdipe*, dans *Une autre femme*, dans *Zelig*, dans *La Rose pourpre du Caire* et dans ma pièce *The Floating Light Bulb*, dont le personnage principal est un illusionniste. Elle estime que la magie tient une large place dans mes films, tel *Alice*, où l'héroïne a affaire à un praticien chinois, qui est aussi un peu magicien. Cette thèse me semble assez juste. Diane Jacobs a traqué la magie à travers toute mon œuvre. Naturellement, ce thème est particulièrement manifeste dans *Le Complot d'Œdipe*.

La magie constituait l'un de vos passe-temps favoris, lorsque vous étiez enfant ?

Oui. J'ai pratiqué la chose, je m'y suis intéressé de près, et je faisais des petits tours devant ma famille, ou mes amis.

Étiez-vous un bon illusionniste ?

Oui, et il m'en reste encore quelque chose. Je me suis entraîné pendant des jours, des semaines, des années. Je suis encore capable de faire certains tours de cartes, de manipuler des pièces de monnaie ou des petits trucs comme ça.

Certaines des photos de plateau que j'ai pu voir, vous montrent en train de jouer aux échecs avec Mia Farrow, sur le tournage de plusieurs de vos films. Vous aimez donc également les échecs ?

Disons que j'y joue, sans être bon. Mais, j'adore les échecs, et j'adore regarder d'autres y jouer. J'ai trop peu l'occasion d'y jouer pour avoir la mémoire visuelle nécessaire. Mais il y a huit ou dix ans, je jouais beaucoup plus et j'étais donc meilleur. Ces temps derniers, en jouant de moins en moins, j'ai beaucoup régressé.

Les figures maternelles sont très présentes dans vos films précédents. Le Complot d'Œdipe *constitue-t-il, dans le registre comique, une tentative d'en finir pour toujours avec la figure maternelle ?*

Pour tout vous dire, j'étais un jour assis dans cette pièce, en train d'écouter un disque de Sidney Bechet. Je regardais le ciel, et je me disais : « Bon sang, qu'est-ce qu'il me manque ! Qu'est-ce que ça serait génial, et impressionnant, si je le voyais tout d'un coup en train de jouer dans le ciel, avec sa bouille démesurément agrandie, et son saxophone soprane ». Sa musique était tellement belle que j'avais presque l'impression de le voir jouer en plein ciel.

Cette image m'est restée. Je me suis demandé s'il ne serait pas amusant de raconter l'histoire d'un gars qui a tué sa femme, par exemple, et qui la voit réapparaître dans le ciel, pour le tourmenter. Je voyais ça comme une histoire à la James Thurber. Finalement, j'ai pensé qu'il serait plus drôle encore que ce soit ma mère, une mère persécutrice… Restait à trouver un prétexte pour la faire monter au ciel, et c'est là que m'est venue l'idée du spectacle de magie. Elle disparaît, et réapparaît en plein ciel.

Dans ma première version de l'histoire, elle était censée persécuter tout New York. Mes concitoyens commençaient par trouver la chose sympathique, avant de

Mia Farrow et Woody Allen dans Zelig.

connaître le calvaire que j'avais moi-même dû endurer pendant tant d'années. Cependant, l'histoire marchait mieux si ma mère ne persécutait que ma petite amie goy et moi, avant d'aller consulter un voyant dont elle tombait rapidement amoureuse.

Est-ce donc si grave d'introduire une goy, une non-juive, dans une famille juive ? Cela constitue-t-il une impardonnable entorse aux lois de la famille ?

Un juif était tenu d'épouser une juive. Les usages se sont peut-être un peu assouplis avec le temps. On trouve ce genre d'interdits parfaitement stupides dans la plupart des religions, qui proscrivent tout mariage mixte. Je trouve ça abominable. Et sur ce point, la religion juive est au moins aussi coupable que toutes les autres.

Est-ce à dire que, lorsque vous étiez jeune, et que vous commenciez à sortir avec des filles, vos parents espéraient ne vous voir sortir qu'avec des filles juives ?

Oui, quoiqu'en ce qui me concerne, ça ne m'ait guère posé de problèmes, et cela, pour deux raisons. Tout d'abord, je me fichais pas mal de ce qu'ils pouvaient penser, ça me laissait indifférent. Par ailleurs, ayant la chance de grandir dans un quartier presque exclusivement juif, je n'avais guère l'occasion de sortir qu'avec des filles juives. Cependant, si j'étais tombé amoureux d'une goy, d'une Noire ou d'une Asiatique, je n'aurais pas hésité un instant. À mes yeux, toutes ces prescriptions religieuses sont au mieux, grotesques, et au pire, intolérables.

Et cela n'a pas posé trop de problèmes, de projeter ainsi en plein ciel la figure maternelle ?

Des problèmes ? Et comment ! Peut-être pas tant pour Sven Nykvist. Par bonheur, nous avions trouvé un expert, qui nous a expliqué comment réaliser correctement cet effet. Nous avons pu mener la chose à bien. Ce fut très amusant, Sven a tourné des images parfaites, mais il fallut tout de même beaucoup de temps pour faire fonctionner le truquage et en particulier pour estomper l'image de la mère de façon satisfaisante. Ce qui se révéla fort difficile. J'ai toujours beaucoup de problèmes, dès que je dois faire appel à des effets spéciaux, car mes budgets ne me le permettent guère. Chaque fois, c'est un problème : dans *Alice*, ou Mia et Alec Baldwin devaient voler, dans *Le Complot d'Œdipe*, avec la mère dans le ciel ou dans *Songe érotique*…, avec le petit revenant qui apparaît à la fin.

La plupart du temps, les gens qui savent réaliser correctement ce genre d'effets (Steven Spielberg et George Lucas, par exemple) ont d'assez d'argent pour faire les essais indispensables. Pour ces seuls essais, ils dépensent à peu près la moitié du budget d'un de mes films. Voilà pourquoi le résultat est extraordinaire. En revanche, moi qui n'ai pas les fonds nécessaires pour réaliser correctement ce genre de truquages, je dois me contenter de la version bas de gamme.

Si nous avions eu l'argent nécessaire pour nous payer ce qu'il y a de meilleur, et des caméras assistées par ordinateur, la scène d'*Alice* où Mia et Alec Baldwin volent aurait été géniale, et aussi impressionnante que *Superman*. Cette séquence a été effroyablement longue, et éprouvante à tourner. Tout ça pour ne garder en définitive que trois ou quatre plans, qui ont tous demandé une journée de tournage !

Vous est-il difficile d'avoir à gérer ces problèmes très techniques, et très coûteux ?

Très difficile ! Je dois dire que, si j'avais travaillé avec Gordon Willis, je me serais sans doute senti plus détendu ; en effet, tout en étant un authentique artiste, Gordon est aussi un véritable magicien, sur le plan technique. Enfin, peut-être pas si détendu que ça, puisqu'il était opérateur sur *Songe érotique*... Dès qu'il faut travailler avec un laboratoire spécialisé, les choses deviennent extrêmement compliquées.

*Les effets d'*Alice *sont pourtant parfaitement réussis.*

Vous ne voyez que le résultat, qui a nécessité un travail harassant, et l'emploi d'une caméra assistée par ordinateur. La réalisation technique s'est révélée extrêmement ardue.

Alice *comportait-il à l'origine d'autres séquences, que vous avez dû sacrifier pour raisons techniques ?*

Oui. Plusieurs. Je me souviens aussi que pour la séquence du sous-marin allemand, dans *Radio Days*, la maquette du sous-marin ne faisait qu'un mètre de long. Le tournage avait été très difficile, et avait exigé beaucoup de travail. En définitive, si je voulais que ça ressemble à quelque chose, je n'avais pas d'autre choix que de retourner, et de filmer le vaisseau avec un cache, comme si le sous-marin était vu à travers des jumelles. Or moi, je voulais qu'on voie le garçon voir le sous-marin. J'ai pourtant dû me résoudre à retourner son plan, et à lui mettre des jumelles. De cette manière, j'ai pu couvrir un certain nombre de défauts. Mais je hais les effets spéciaux.

J'aimerais que nous évoquions à présent les deux vieilles dames du film, Mae Questel et Jesse Keosian, qui jouent respectivement la mère de Sheldon et sa tante. Je sais que Mae Questel avait prêté sa voix à Betty Boop, et qu'elle chantait l'une des chansons de Zelig. *Mais comment en êtes-vous venu à confier ces deux rôles à ces actrices ?*

Je crois que, Juliet Taylor a auditionné toutes les vieilles dames juives de New York. Elle a écumé les maisons de retraite, les troupes de théâtre amateur. Et finalement, après avoir reçu une trentaine de comédiennes, j'ai eu la surprise de voir arriver Mae Questel qui venait pour un petit rôle. À l'instant même où je l'ai vue

La mère et la tante, Mae Questel et Jesse Keosian dans Le Complot d'Œdipe.

(Woody claque des doigts), à l'instant même où elle s'est mise à lire, j'ai su qu'elle était le personnage. Il aurait été impossible de trouver mieux. Et en outre, Mae Questel ressemblait physiquement à ma mère.

En ce qui concerne Jesse Keosian, c'est une autre histoire. C'était ma prof de sciences au lycée, quand j'avais quatorze ou quinze ans. C'était une toute petite dame, qui offrait prise à bien des plaisanteries. Elle était si petite qu'on la voyait à peine, derrière son bureau. Je l'ai eue un an, et je crois ne pas avoir ouvert la bouche une seule fois à son cours. Après le bac, je n'ai plus entendu parler d'elle… pendant trente-cinq ans. Et puis un jour, Juliet Taylor m'annonce qu'après avoir écumé les maisons de retraite, elle venait de recevoir une vieille dame merveilleuse, qui m'aurait connu lorsque j'étais au lycée, où elle enseignait les sciences. Je me suis écrié : « Madame Keosian ! », et je lui ai donné le rôle. Plus tard, sur le plateau, je fus incapable de l'appeler par son prénom, comme tout le monde, car pour moi, elle demeurait Madame Keosian. (*Rires*).

Comment était-elle arrivée dans le bureau de Juliet Taylor ?

Eh bien, Jesse Keosian est une femme très intelligente et très cultivée. Elle passe le plus clair de son temps à courir les galeries d'art, les concerts, etc. Elle vit dans une maison de retraite où elle s'est avisée qu'on cherchait des vieilles dames pour jouer dans un film. Tentée par l'expérience, elle est venue se proposer, d'elle-même. Et depuis, elle a tourné dans d'autres films, et dans quelques publicités.

Comment s'est passée votre collaboration ? Demeuriez-vous à ses yeux le petit garçon qu'elle avait connu au lycée ?

Pas du tout. Elle a fait preuve d'une grande intelligence. Elle n'avait jamais joué auparavant, et posait pourtant de bonnes questions quant à son personnage, dont elle avait fort lucidement analysé la portée. Elle a été vraiment fantastique.

20

Crimes et délits

ISAAC : « Je vais probablement être obligé de donner moins d'argent à mes parents. Mon père, ça va le tuer. Il ne pourra plus avoir une aussi bonne place à la synagogue. Cette année il va devoir s'asseoir au fond, loin de Dieu, loin de l'action. » *(Manhattan)*
LE PÈRE DE JUDAH : « L'œil de Dieu est posé sur nous en permanence. » *(Crimes et délits)*

J'ai cru comprendre que vous auriez écrit le scénario de Crimes et délits *durant un voyage en Europe. Est-ce exact ?*

Oui. Mais souvenez-vous de ce que je vous disais l'autre jour : le gros du travail se fait avant l'écriture, pendant la préparation. Si la préparation a été bien faite, tout le reste coule de source. Je puis écrire n'importe où. Je peux profiter de l'interruption temporaire d'un tournage pour prendre une chambre d'hôtel, et y écrire quelques pages, puis, une fois dans une autre ville, profiter d'une autre interruption, pour continuer à écrire. Voilà comment j'ai écrit le scénario de ce film. Mais le gros du travail avait été fait auparavant.

Crimes et délits *est un film très riche, par bien des aspects. Dans une certaine mesure, ce film renverse les barrières qui séparent les genres, un peu comme le Romantisme l'avait fait dans le domaine littéraire.* Crimes et délits *semble animé par les mêmes visées. Ce film est tout à la fois un drame, une comédie, une comédie de mœurs.*

Oui. Je définis certains de mes films, dont *Crimes et délits*, comme des « romans en images ». Dans ce film, l'on étudie différents personnages et l'on suit plusieurs histoires en même temps. Parmi ces histoires, certaines sont plus légères que d'autres, qui posent des problèmes plus philosophiques. Reste évidemment à ficeler le tout de manière à ce qu'il soit possible de bien suivre chaque histoire, et de passer de l'une à l'autre sans s'ennuyer.

Est-ce un procédé que vous appréciez dans le domaine littéraire ?

Certainement. Par exemple lorsque je lis un roman de Tolstoï, qui a poussé ce procédé à son point extrême. Certains romans sont bâtis et écrits de manière tout à fait admirable.

On a dit de la littérature romantique qu'elle réalisait la fusion du Chaos et de l'Éros. Cette définition pourrait s'appliquer à votre film, en un sens.

Oui, c'est une chose que je peux concevoir, le Chaos et l'Éros… (*Rires*) Cette combinaison se retrouve dans *Hannah et ses sœurs* et dans *Crimes et délits*. Mais le Chaos et L'Éros ne constituent-ils pas les principaux outils du dramaturge ? Le Chaos étonne et fait rire, et l'Éros fascine ; alors forcément, il est très efficace de combiner les deux. Le pur Chaos produit la farce, j'imagine. Quant au pur Éros, j'ignore ce que ça peut produire. Mais il est intéressant de combiner les deux, me semble-t-il.

Étant donné qu'il reprend de grands thèmes existentiels (telle la situation de l'homme dans l'existence, et au sein du monde), ce film pourrait également être qualifié d'existentialiste.

Exact. Ce thème est du reste le seul qui m'intéresse. La philosophie contemporaine n'a guère d'intérêt pour le dramaturge. À l'époque où, avec Kierkegaard et Dostoïevski, émergèrent ces questions existentielles, elles constituèrent le matériau même du dramaturge. Voilà ce qui fait l'attrait des œuvres littérales ou théâtrales abordant ces sujets, qui paraissent si merveilleuses, si drôles. Plus drôles en tout cas que des intrigues fondées sur la philosophie linguistique moderne.

Vous êtes-vous inspiré d'un personnage connu pour brosser le portrait de Louis Levy, le philosophe du film ?

Curieusement, certaines personnes ont cru que je m'étais inspiré de Primo Levi, à cause de l'homonymie ; cet auteur ne m'a pourtant pas influencé. Je songeais depuis longtemps à tourner un polar abordant des thèmes existentiels, où un professeur de philosophie mettrait fin à ses jours ; en me fondant sur ses propres théories, j'aurais alors démontré qu'il était rigoureusement impossible que ce prof se soit suicidé. Comme un suicide allait à l'encontre des théories fondant toute son existence de penseur, j'aurais prouvé qu'il avait été assassiné. Voilà comment j'en suis venu à concevoir un personnage dont l'existence même exclut qu'il puisse se suicider.

En le voyant pour la première fois, j'ai eu l'impression que par cet aspect, le film était un documentaire, et que le personnage de Louis Levy vous avait été inspiré par un individu réel.

C'est vrai, en un sens. Car le rôle est tenu par un psychanalyste.

La mort constitue le thème central de Crimes et délits.

Non seulement la mort, et la situation de l'homme au sein de l'univers, mais aussi certains problèmes d'ordre éthique.

Il y a fort longtemps que vous traitez ce sujet, qui constituait déjà le thème central de votre courte pièce Death Knocks, *ainsi que de votre pièce en un acte* Death, *dont vous avez tiré l'argument d'*Ombres et brouillard.

Oui. Il s'agit d'un thème-clé, que Bergman a traité de façon particulièrement magistrale dans *Le Septième Sceau*. Quant à moi, j'ai toujours espéré trouver une métaphore susceptible de condenser les observations et les sentiments que m'inspire cette question. Hélas, je n'ai jamais pu trouver de métaphore aussi pertinente que celle du *Septième Sceau*. Je crois d'ailleurs que ce n'est pas possible. Je suis convaincu que Bergman a su métaphoriser cette question mieux et plus efficacement que quiconque, dans le registre dramatique.

La métaphore exploitée dans *Ombres et brouillard* fonctionne assez bien, mais que moins bien que dans *Le Septième Sceau*, où Bergman va droit au fait, avec un extraordinaire talent.

Mais aussi, pourquoi chercher à tout prix une métaphore ? Il me semble qu'avec Crimes et délits, *vous êtes parvenu à traiter le sujet en profondeur sans le secours d'aucune métaphore.*

Effectivement… Au fond, *Crimes et délits* est un film réaliste. Il n'empêche que j'aimerais pouvoir aborder le sujet de façon plus poétique. Je préférerais traiter cette idée sous forme poétique, plutôt que de façon prosaïque. D'ordinaire, la différence est tranchée. Ainsi, *Persona* ou *Le Septième Sceau*, sont des films poétiques, tandis que les films de John Huston s'avèrent plus prosaïques, si merveilleux soient-ils. De temps à autre, on peut voir certains films qui semblent d'abord prosaïques, avant que l'on ne s'aperçoive qu'ils sont en fait très poétiques, tel *Le Voleur de bicyclette*. Tout en semblant de prime abord extrêmement réaliste, ce film transcende pourtant cette catégorie. En revanche, je ne crois pas que l'on puisse en dire autant des films de Jean Renoir. *La Grande Illusion* et *La Règle du jeu* sont de grands films réalistes, mais pas des films poétiques. Ce sont d'excellents films prosaïques, comme ceux de Huston.

Vous envisagez donc de traiter à nouveau le thème de la mort, de façon plus poétique ?

C'est ce que j'ai tenté de faire avec *Ombres et brouillard*, mais… Oui, j'aimerais bien. Tout d'abord, parce qu'à mes yeux, les seules questions dignes d'intérêt sont les questions existentielles – si galvaudé que semble aujourd'hui ce terme. À chaque fois que l'on traite d'autre chose, on se limite délibérément. Ce faisant, on peut traiter de sujets très intéressants, mais à mes yeux, pas des plus profonds. Je ne conçois pas que l'on puisse aborder de sujet plus profond que les questions dites « existentielles », ou spirituelles.

Voilà sans doute pourquoi je place les romanciers russes au-dessus de tous les autres. Car même si Flaubert, par exemple, se révèle meilleur styliste que Tolstoï ou Dostoïevski (et en ce qui concerne Dostoïevski, c'est évident), son œuvre ne me paraît pas aussi grande que les leurs.

Très souvent, les gens évitent d'émettre des jugements de valeur. Pour ma part, j'en use différemment. Il me semble au contraire qu'il faut se risquer à le faire. J'y mets un point d'honneur. D'aucuns peuvent prétendre apprécier davantage Flaubert que Kafka, ou Stendhal que Tolstoï, mais pas moi. Il me semble qu'un individu en pleine possession de ses moyens, doit viser aussi haut que possible, et donc, à mon sens, s'aventurer dans le domaine spirituel, existentiel. L'approche réaliste peut donner de grandes œuvres, tout comme l'approche poétique. Mais cette dernière demeurera toujours plus intéressante, plus mystérieuse, à mes yeux.

Prenez par exemple un film comme *De sang-froid* [*In Cold Blood* de Richard Brooks, 1967]. C'est un film empreint de naturalisme, où les questions existentielles sont très présentes. Dans cette petite ville où l'on découvre soudain des meurtres odieux, la vie de tous s'en trouve bouleversée. Le film traite cette histoire fascinante de façon réaliste, et cette histoire, déjà fascinante dans le livre de Truman Capote, le reste à l'écran. Pourtant, en ce qui me concerne, j'aurais préféré voir le sujet traité de façon plus poétique.

J'adorerais pouvoir adapter *Le Procès* de Kafka, qui est particulièrement riche en sentiments, en intuitions, et en idées d'une grande profondeur, mais traitées sur un ton très poétique. Cette idée me tente énormément.

À propos de Crimes et délits, *j'ai évoqué la littérature romantique.*

Dans une œuvre intitulée The Borderers, *Wordsworth crée un personnage que l'on pourrait qualifier de premier existentialiste ; en effet, par ses actes, ce personnage revendique son individualité, son autonomie, et ses propres valeurs. Sur ce plan, il a certains points communs avec le personnage de Judah, dans votre film.*

Absolument. Judah ne se plie qu'à ses propres valeurs. Il vit dans un monde où nul ne peut le châtier, sinon lui-même. Judah n'hésite donc pas à tout mettre en œuvre pour arriver à ses fins. Il s'en sortira toujours ! Et l'on peut penser que rien ne l'empêchera ensuite de mener une merveilleuse existence. S'il ne choisit pas de se châtier lui-même comme il le mérite, il s'en sortira toujours. Exactement comme il s'en sort, lors de la discussion sur le nazisme autour de la table du dîner, chez ses parents. Il se trouve que nous avons gagné la guerre, mais en cas contraire, l'histoire aurait sûrement pris un autre cours.

Pourquoi avoir attribué au héros le nom de Judah ?

Parce que c'est un nom d'origine biblique, empreint d'une certaine sagesse, selon moi. Judah est un nom très chargé, empreint de sagesse, qui conférait au personnage un côté patriarche qui servait l'histoire.

La culture juive est plus explicitement présente dans Crimes et délits *que dans la plupart de vos autres films.*

Judah est affronté à un problème hautement significatif, notamment dans la mesure où il heurte la foi et les préceptes de la religion. Or la religion juive est la seule que je puisse décrire avec assez de précision. J'ignore tout des arcanes du catholicisme.

La scène où Judah discute avec le rabbin m'a étonné. Comment se fait-il qu'en entendant Judah projeter ainsi le meurtre de Delores, le rabbin ne réagisse pas plus violemment contre de telles pensées ?

Dans la scène du bureau, pendant l'orage ?... le rabbin n'existe pas vraiment, dans cette scène. Ou plutôt, il n'existe que dans l'esprit de Judah, à titre d'interlocuteur dans un dialogue purement intérieur.

La vue et les visions constituent l'un des thèmes directeurs du film, et pas seulement parce que le rabbin devient aveugle. Durant la scène du meurtre, Delores se trouve, elle aussi, complètement aveuglée ; et dans celle où Judah se rend à son appartement et la trouve morte, vous faites un gros plan très frappant sur le visage de la victime, avant que Judah ne lui ferme les yeux.

Dans cette intrigue, les yeux fonctionnent en tant que métaphore. Judah exerce la profession d'ophtalmologue. D'un côté il soigne donc des gens, mais de l'autre, il veut supprimer quelqu'un. D'une certaine manière, il n'y voit plus très clair lui-même – au sens figuré, car il est incapable de voir et de considérer les choses avec les yeux de l'âme. Le rabbin, lui, est aveugle aux réalités de la vie moderne ; cependant, sa force spirituelle lui permet de surmonter ce handicap. *Crimes et délits* évoque des individus qui ont perdu la vue, qui ne savent plus se voir tels que les autres les perçoivent, et qui, dans certaines situations, ne peuvent distinguer le bien du mal. Cette métaphore est donc très présente dans le film.

Bien sûr, d'autant que le personnage que vous interprétez, Cliff, le réalisateur de documentaires, considère le monde à travers l'objectif de sa caméra, tout comme son beau-frère Lester, même si ce dernier n'est jamais montré, au travail, derrière sa caméra.

C'est exact. Et Lester ignore radicalement l'opinion que j'ai... ou plutôt, que Cliff a de lui, à la fin du film. Il se figure que je le vois tout autrement, alors que, durant tout le film, il est montré à travers ma caméra.

Le film ne cesse de commenter tout cela. Ainsi, peu après la séquence du meurtre, un flash-back montre Judah, auquel Dolores déclare : « Ma mère a toujours préten-

du que les yeux étaient le miroir de l'âme. Qu'en penses-tu ? » À quoi Judah répond qu'il n'en croit rien. Etes-vous conscient de la puissance d'un tel thème et du rôle qu'il joue dans l'intrigue, lorsque vous écrivez un scénario ?

C'est une question d'instinct. Je n'ai pris aucune note en ce sens, par exemple. Mais en écrivant un scénario, on sent à quel moment faire affleurer un thème. Et si ça semble fonctionner, on le laisse affleurer.

Mais saviez-vous que ce thème était au centre même du film, au moment où vous entamiez la rédaction du scénario ?

Je savais que les yeux représenteraient un élément essentiel de l'intrigue. J'en étais sûr. Suivant en cela mon instinct, j'avais décidé que Judah serait ophtalmologue, avant même d'utiliser la métaphore de l'œil, miroir de l'âme. Ensuite, en rédigeant le discours qu'il prononce lorsqu'il reçoit son prix, au début du film, j'ai vu l'intérêt d'y placer cette métaphore. Je me suis donc efforcé de le faire de mon mieux.

Vous avez confié le rôle de Judah à Martin Landau, que je trouve excellent. En dépit de grandes qualités, Martin Landau n'est peut-être pas considéré comme un acteur de premier plan, selon les canons en vigueur à Hollywood. Il a pourtant joué de nombreux seconds rôles importants, en particulier dans Tucker *de Coppola, juste avant de tourner dans* Crimes et délits.

Aux États-Unis, il est toujours très difficile de trouver des acteurs comme il en existe énormément dans le théâtre anglais. Je ne parvenais donc pas à trouver quelqu'un de satisfaisant pour le rôle de Judah. Pourtant, j'avais vu Martin Landau dans *Tucker*, et je l'avais trouvé très bon. Coppola l'avait tiré de l'obscurité, et comme Coppola est un grand metteur en scène, ils avaient fait du bon travail ensemble. Coppola a su reconnaître le talent de Martin Landau, et lui permettre de donner enfin toute sa mesure. En l'occurrence, je ne puis prétendre avoir rien découvert. Je me suis contenté de le voir dans le film de Coppola, et d'y apprécier son impressionnante prestation. De plus, Juliet Taylor me l'avait recommandé. Juliet Taylor et moi l'avons donc fait venir à New York, avec l'idée de lui confier le rôle de Jerry Orbach, le frère. Nous lui avons fait lire le scénario, et il a accepté le rôle. Ensuite, nous avons voulu profiter de son séjour à New York pour l'auditionner dans le rôle de Judah, qui restait à pourvoir. Nous lui avons donc demandé de lire le rôle. Ce qu'il a fait avec un très vif plaisir, en nous assurant qu'il adorerait jouer ce rôle, auquel il trouvait « une grande portée ». Dès la première lecture, il s'est montré parfaitement naturel. Cette expérience s'est révélée très intéressante: de tous les acteurs avec lesquels j'avais travaillé, seul Martin Landau lisait mon texte exactement comme je l'entendais moi-même, avec les mêmes inflexions, la même prononciation, les

Woody Allen dans le rôle du documentariste censé faire un film sur son beau-frère qui a réussi dans la vie : Alan Alda, dans Crimes et délits.

mêmes relâchements. Tout sonnait juste. De tous les acteurs qui aient jamais dit mes dialogues, il a été le premier à trouver si vite le ton juste. Il ne faisait jamais la moindre erreur d'interprétation. J'ai pourtant travaillé avec des acteurs exceptionnels, mais Martin Landau avait la particularité de dire le texte exactement comme je l'avais écrit.

Peut-être est-ce parce qu'il est originaire d'un coin de Brooklyn où j'ai grandi moi-même. Nous avons grandi dans des rues voisines. Dans sa jeunesse, qui ressembla sans doute à la mienne, il a vécu parmi des gens qui s'exprimaient ainsi. Aussi est-il susceptible de me comprendre d'instinct. Ayant grandi dans cette langue, il en possède toutes les nuances, ce qui nous assurait naturellement les bases d'une collaboration idéale.

Et Anjelica Huston ? En comptant Meurtre mystérieux à Manhattan, *vous avez fait deux films avec elle. Mais dans* Crimes et délits, *elle partageait la vedette avec vous.*

Pour ce rôle, je voulais une femme grande, impressionnante, avec une forte personnalité. Bien que je tienne Anjelica Huston pour l'une de nos meilleures actrices, je n'aurais jamais cru qu'elle puisse vouloir jouer un rôle qui me semblait trop modeste pour elle, et qui l'obligeait, en outre, à mourir assassinée. Elle a pourtant accepté. Naturellement, elle a fait merveille, rendant ainsi le personnage cent fois plus intéressant qu'il ne l'aurait été, interprété par une autre. Elle était faite pour ce rôle, et ce fut évident, d'emblée.

Quand elle revient de chez le marchand de légumes, avec son chignon… son attitude, sa fureur, sa prestance… Elle dégageait juste assez de rage et de folie. On n'aurait pu faire mieux.

Les scènes entre Martin Landau et Anjelica Huston dans l'appartement de Delores comptent à mon sens parmi les meilleures du film. Elle sont aussi très habilement mises en scène. L'appartement étant fort exigu, vous avez dû restreindre au minimum les mouvements des personnages. Avez-vous tourné en décor réel ?

C'était un vrai appartement. Depuis que j'ai opté pour de longs plans-séquence, l'expérience m'a enseigné à les rendre aussi efficaces que possible, et à en éliminer tout ce qui est négligeable. L'essentiel est de faire évoluer l'action dans le bon sens, et donc de régler les mouvements de caméra et les déplacements des comédiens de manière à les faire apparaître sous le meilleur angle, au meilleur moment. Bien souvent, tel acteur, ou tels acteurs peuvent rester hors champ à tel moment, ce qui évite de s'en préoccuper. Voilà une chose qu'il faut savoir. Il faut pouvoir sentir à quel moment un acteur n'a pas besoin d'être dans le champ. Ça peut être sur ses répliques les plus fortes, les plus décisives. Il arrive parfois que ces répliques s'avèrent tout aussi décisives, ou plus décisives

Jerry Orbach et Martin Landau, deux frères qui partagent le secret de Crimes et délits.

Anjelica Huston et Martin Landau dans Crimes et délits.

encore, si le comédien qui les prononce n'apparaît pas à l'écran. Il faut donc régler cette chorégraphie de sorte que les acteurs rentrent, sortent et passent du plan serré au plan large au meilleur moment. Que ce soit avec Sven Nykvist, Carlo Di Palma ou Gordon Willis, il m'est arrivé de travailler comme un forcené, sans rien pouvoir tourner jusqu'à cinq heures de l'après-midi. La journée entière se passe alors en préparation, et vers cinq heures, on tourne pendant dix minutes, mettant ainsi en boîte sept pages de scénario. Du point de vue de la production, ça reste très honnête, comme journée de travail.

Je vous ai vu travailler avec Anjelica Huston dans un appartement qui était lui aussi très exigu. Vous imposez-vous cela comme une gageure ?

Non, mais j'aime qu'un appartement ait l'air vrai. Ça compte beaucoup, pour moi. Si mes personnages sont censés vivre dans un petit appartement, je leur trouve un petit appartement. Je tâche toujours de leur trouver l'appartement qu'ils auraient dans la réalité. Ce parti pris fait râler Carlo Di Palma, mais je n'y peux rien. De temps à autre, il arrive qu'en venant visiter un décor que j'ai choisi, il m'explique qu'on ne pourra jamais y tourner à moins de contorsions infernales. Dans ce cas-là, je laisse tomber, et on tâche de trouver un autre appartement, de préférence avec terrasse, afin qu'il puisse y installer ses projecteurs. De manière générale, Gordon Willis, Sven Nykvist et Carlo Di Palma sont pourtant passés maîtres dans l'art de tourner dans des espaces réduits.

Après le meurtre de Delores, une séquence fort impressionnante montre quelques plans de Judah, qui considère attentivement ses propres traits, passablement ravagés, dans le miroir de sa salle de bains. Vous souvenez-vous des raisons qui vous ont déterminé à opter pour ce montage ?

Selon moi, dès l'instant où son frère lui annonce que le meurtre a été exécuté, Judah passe un cap décisif de son existence, et s'aperçoit peu à peu qu'il ne pourra jamais plus rebrousser chemin. Il en est soulagé, mais aussi terrifié. Aussi, quand il se retrouve parmi des gens qui parlent de tout et de rien, il ne parvient pas à s'intéresser à leurs propos, il est ailleurs. Il s'aperçoit qu'il doit retourner à l'appartement de sa maîtresse, ce qui l'emplit aussitôt d'appréhension et de terreur. Lorsqu'il ira à l'appartement, il saura pourtant se maîtriser, et faire ce qui doit être fait. En l'occurrence, je ne m'intéressais qu'à ce qui se passe dans son esprit à ce moment-là.

Vous marquez donc un temps, pour nous faire partager l'état d'esprit de Judah au moment où il prend conscience de la portée de son acte.

Oui, car ce tournant est d'une extrême importance. Il fallait absolument interrompre le cours du récit, afin de sonder les pensées du héros, qui affronte alors un important conflit intérieur. Il prend enfin conscience de la terrible portée de son acte.

Nous avons déjà évoqué l'usage que vous faites des gros plans, à propos de Gena Rowlands et du rôle qu'elle tient dans Une autre femme. *Dans ce film, vous présentez également Martin Landau en gros plan.*

Oui, parce que Martin Landau affronte un conflit intérieur, tout comme Gena Rowlands dans *Une autre femme*. En pareil cas, le meilleur parti à tirer de la caméra est sans doute de s'approcher suffisamment du visage du personnage pour tenter d'y saisir un indice. Car évidemment, le cinéma ne permettra jamais d'appréhender l'intériorité.

Comment avez-vous conçu la mise en scène de la séquence où Judah découvre le cadavre de Delores ? C'est une séquence très frappante. Vous faites d'abord un gros plan du visage de Martin Landau, puis la caméra descend sur ses chaussures, et le suit tandis qu'il marche, jusqu'à découvrir le visage de Delores en gros plan. Ensuite, Judah doit s'asseoir près d'elle, car on remonte sur son visage à lui, en gros plan.

Je m'en souviens très précisément. Je tenais à conférer à cette séquence un rythme très fluide ; car à partir de cet instant, le film devait prendre un tour plus poétique. Je voulais que cet instant soit un instant de réflexion. J'ai donc tout filmé *legato*, afin de ne pas casser l'ambiance de la séquence, pour préserver la fragilité de l'instant. J'ai tenté de montrer, de prolonger l'espèce de transe où entre alors Judah. Avec ce travelling, la caméra ne casse pas le rythme, et aucune coupe intempestive ne vient rompre l'envoûtement. L'image vous berce, et vous entraîne progressivement dans les préoccupations du personnage.

Pour la scène du meurtre, vous avez choisi un quatuor de Schubert. Qu'est-ce qui a déterminé ce choix ? Vous en souvenez-vous ?

Oui. Pour choisir cette musique, j'ai procédé un peu comme sur *Manhattan*. J'aime ce morceau depuis de longues années. Bien avant d'écrire *Crimes et délits*, je m'étais souvent dit que ce morceau illustrerait parfaitement un moment de tension, où l'attention ne doit pas se relâcher un instant. Lorsque je cherchais une musique à mettre sur cette séquence, je me suis souvenu de ce quatuor de Schubert, en me disant qu'il collerait parfaitement à l'ambiance. Je me suis donc remis à ma machine, et j'ai modifié deux ou trois répliques, pour y inclure Schubert, et établir ainsi certains rapports.

Au moment où Delores passe la porte de son immeuble pour rentrer chez elle, la musique s'enfle de façon très dramatique.

Oui. Les instruments expriment une douloureuse appréhension. Ce quatuor est un véritable chef-d'œuvre !

Dans ce film, on parle aussi beaucoup d'argent. Delores menace Judah de le faire chanter, on assiste à la négociation de Judah avec le tueur à gages, on détaille l'opposition entre votre personnage, Cliff, qui vit très chichement, et celui de son beau-frère, Lester, qui jouit d'une assez grande fortune, etc. Quelle place tient l'argent dans votre existence ? Êtes-vous de tempérament généreux, ou éprouvez-vous au contraire des difficultés à dépenser votre argent ?

Je suis très généreux, et l'argent ne me préoccupe pas. Seul mon travail m'intéresse. Si vous me demandez si j'aimerais être immensément riche, je vous répondrais que oui. J'adorerais être immensément riche, mais je ne lèverais jamais le petit doigt pour le devenir. En tout cas, je ne ferai jamais un film, et n'écrirai jamais un scénario dans ce seul but. Si quelqu'un vient me proposer une fortune pour jouer dans un film idiot, j'accepterai, car cela m'indiffère. Mais en ce qui concerne mon propre travail, je ne ferais jamais rien à seule fin de gagner plus l'argent. Avec *Crimes et délits*, je voulais faire la satire d'une certaine conception du succès, fondée sur la réussite matérielle, l'argent et la gloire. Car il ne suffit pas d'avoir le cœur pur et de nobles ambitions. La société récompense le succès. Peu importe que Lester soit un imbécile, du moment qu'il est reconnu. Ce succès lui vaut d'être invité à faire des conférences dans les universités, de récolter des prix, et de pouvoir séduire sans coup férir une femme comme Holly. Cliff, au contraire, démontre

Le point de non-retour. Judah reçoit le message de son frère.

qu'aux yeux du monde, les meilleures intentions n'importent guère. Dans la vie, dans la réalité, lorsque je sors un film, je peux toujours m'évertuer à expliquer aux gens la pureté de mes intentions, ils s'en fichent royalement. Ils ne s'intéressent qu'à ceux qui réussissent. Et à tout ce qu'implique le succès: gloire, argent, réussite matérielle.

Au début, on voit toujours Lester par les yeux de Cliff. On le voit comme un pitre, un parvenu, un carriériste. Par la suite, vous tentez d'affiner le personnage, de révéler d'autres facettes de sa personnalité, notamment dans la scène du dîner, où Cliff cite Emily Dickinson, et où Lester termine la citation à sa place.

Lester n'est pas un imbécile. Les Lester que l'on rencontre un peu partout de nos jours ne sont pas des hommes des cavernes qui auraient décroché le gros lot par hasard. Ils sont instruits, intelligents, mais n'ont qu'indifférence pour les véritables valeurs. Ils se prennent au sérieux, tout comme les autres les prennent au sérieux. Le plus triste, dans le film, c'est que tous prennent Lester au sérieux.

Mais au fond, Lester n'est pas un mauvais bougre.

Le poème d'Emily Dickinson que citent Cliff et Lester évoque également la mort. Sans doute est-ce délibéré ?

« Moi qui ne serais jamais allée trouver la Mort, / La Mort vint me trouver ». C'est bien ça ? Ce poème est magnifique. Je l'avais déjà cité dans *September*,

Martin Landau et Anjelica Huston dans Crimes et délits.

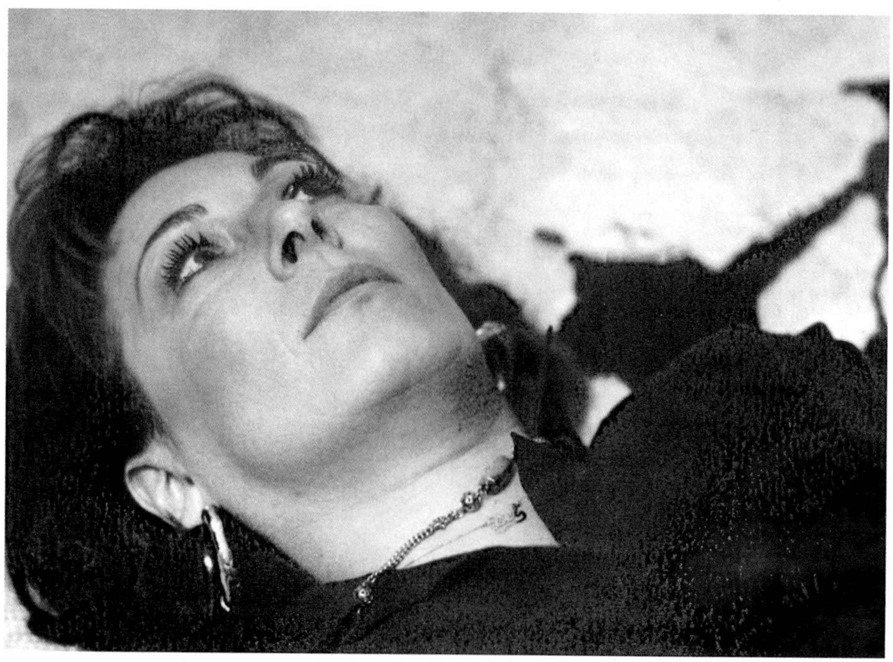

mais dans une scène que j'ai supprimée au montage. Le poème était cité par le personnage de Sam Waterston, enfin... par celui de Christopher Walken, qui figurait dans la première version du film, celle où Sam Waterston ne jouait pas.

Dans Crimes et délits, *vous avez utilisé des fragments, des extraits de film, pour commenter l'action, comme vous ne le faites jamais ailleurs. Vous montrez par exemple une séquence du film d'Hitchcock,* Joies matrimoniales [Mr et Mrs Smith, 1941], *dans laquelle se disputent Robert Montgomery et Carole Lombard, qui déclare à son partenaire lui avoir sacrifié les meilleures années de sa vie. Ensuite, vous raccordez directement sur une dispute entre Martin Landau et Anjelica Huston. De la même façon, vous insérez plus tard un extrait de la chanson de* Murder, he Says...

Oui, j'établis des liens directs, car l'un des thèmes du film est l'opposition entre la réalité et la fiction. Il y a la vie réelle, la vie au cinéma et la vie fantasmatique. Film est synonyme de fantasme. Dans la vie réelle, peu importe la noblesse des ambitions. Seule importe la réussite. Des gens commettent des meurtres et s'en tirent impunément, des justes se retrouvent aveugles. Par bonheur, il existe aussi un univers fantasmatique, qui offre en quelque sorte un exutoire, un univers parallèle où les gens se réfugient sans cesse. Or, dans mon film, même si Betty Hutton peut chanter sur l'écran *Murder, he Says*, il y aura néanmoins un vrai meurtre au bout du compte. Voilà toute la différence qui sépare l'univers fantasmatique du monde réel.

À la fin du film, vous reprenez ce thème, lorsque Cliff croise Judah, à l'occasion du mariage. Judah mentionne alors l'existence de quelqu'un qui aurait concocté un crime parfait, et vous lui demandez s'il s'agit d'une intrigue de scénario. À quoi il vous répond que non, mais que l'histoire est réellement arrivée à l'un de ses amis. C'est ainsi que vous concluez le débat que vous avez ouvert en émaillant le film d'extraits d'autres films.

Oui, car je prends cette idée pour un aimable fantasme, alors qu'en fait, elle a été réalisée. Mon personnage ne peut concevoir le meurtre, hormis dans l'univers cinématographique, tant il est persuadé qu'on ne peut en arriver à de telles extrémités dans l'univers réel. Et pourtant...

Dans le film, Cliff et sa nièce passent le plus clair de leur temps dans le cinéma de Bleeker Street, qui a malheureusement disparu depuis. Fréquentiez-vous beaucoup ce cinéma ?

Oui, et pour deux raisons. D'abord parce que j'aimais ce cinéma, qui était magnifique, esthétiquement parlant. Et ensuite parce que pendant des années, les films qui y passaient étaient formidables. J'avais donc pris l'habitude de fréquenter cette salle, l'une des rares où l'on pouvait voir des films d'Antonioni, de Truffaut, d'Orson Welles et de beaucoup d'autres metteurs en scène.

Cliff fait remarquer au cours du film qu'il se sent responsable de sa nièce, car lorsque le père de la jeune fille était sur son lit de mort, il a promis de lui donner la meilleure éducation possible. Aller au cinéma en matinée constitue donc pour vous la meilleure éducation possible ?

Oui. Pour moi, l'éducation n'a rien à voir avec le cursus universitaire. Il y a énormément d'autres choses à apprendre, notamment dans le domaine culturel. Il faut aller voir des films, apprendre à pêcher correctement, à jouer au base-ball…

Cliff conseille également à sa nièce de ne pas écouter ce que lui racontent ses profs, mais d'étudier soigneusement leur apparence extérieure.

Bien sûr, car les profs discourent inlassablement. Mais il suffit de les regarder, du moins ceux que j'ai eu du temps où j'allais en cours, pour s'apercevoir qu'ils exsudent la méchanceté, la tristesse et l'amertume. Ils ont beau pérorer sans relâche, il suffit de les considérer pour deviner quelle existence ils mènent et quelles sont leurs valeurs. Ainsi, on en apprend bien plus sur la vie en les regardant qu'en les écoutant discourir.

Parmi d'autres questions, vous abordez dans ce film celle de l'amour, et des rapports entre homme et femme. Vous montrez ainsi un extrait de l'interview que Halley (Mia Farrow) fait du philosophe Louis Levy, dans lequel celui-ci soutient que « chez l'homme, l'amour constitue au fond un paradoxe fort étrange, car il nous pousse d'une part à retrouver le souvenir des êtres qui nous attiraient dans notre enfance, à retourner vers le passé, et de l'autre à dénouer les liens qui nous rattachent à ce passé même. » Êtes-vous d'accord avec cette assertion ?

Oui, je la trouve assez pertinente. Nous passons notre existence à tenter de résoudre ce paradoxe. Nous essayons constamment de retourner en arrière et de résoudre des problèmes remontant à notre enfance.

Ben, le rabbin, compte parmi les personnages les plus importants. Il déclare à un moment : « Je ne saurais vivre sans une morale chevillée au cœur, donnant son sens au monde et m'incitant au pardon, ni sans la présence d'une force qui me dépasse. »

À mon sens, Ben est déjà aveugle avant de perdre la vue. Il est aveugle au monde réel. Il a pourtant la chance de posséder la meilleure chose qui y ait au monde, le meilleur don qui soit: la plus authentique foi, sans rien de frelaté. Il croit sincèrement ce qu'il soutient, et peut ainsi affronter la pire adversité. Même s'il devient aveugle, cela ne l'empêche pas d'aimer, d'aimer le monde, d'aimer la vie et d'aimer sa fille. Le père de Judah était croyant, tout comme Ben. Ils croyaient

« L'intrigue d'un film ? » Judah explique à Cliff ce qui est arrivé.

sincèrement en Dieu, et leur foi les aidait à surmonter bien des épreuves. Car la foi triomphe des pires épreuves. En tant qu'auteur de cette histoire, j'estime pourtant que Ben est aveugle avant même de perdre la vue, car il demeure incapable d'appréhender la réalité. Mais il a la chance d'être naïf.

Sam Waterston fait très bien passer toutes ces nuances.

Oui, car c'est un merveilleux acteur.

Est-ce pour cette raison que vous terminez le film sur l'image de Ben dansant avec sa fille, après le mariage ?

Oui, car je crois que Ben est l'un des seuls personnages qui triomphent dans le film. Cliff est un raté. Lester reste un imbécile prétentieux. Judah doit recourir au meurtre pour se tirer d'affaire. Le professeur Levy se suicide. Les personnages n'ont pas l'existence facile, dans ce film. La vie leur en fait voir de toutes les couleurs. Ben triomphe pourtant, car la foi est seule chose qui puisse vous faire triompher des épreuves de l'existence, c'est le meilleur atout que l'on puisse avoir, supérieur même à l'amour terrestre, à l'amour qui peut lier un homme et une femme. Car si merveilleuse, si enrichissante que puisse être la relation amoureuse, il est inéluctable que l'un des deux amants finisse par mourir, et que l'autre se retrouve seul, ne pouvant compter que sur sa propre force spirituelle. À moins d'être animé par le souffle de la foi, il est fort difficile de triompher des épreuves de l'existence.

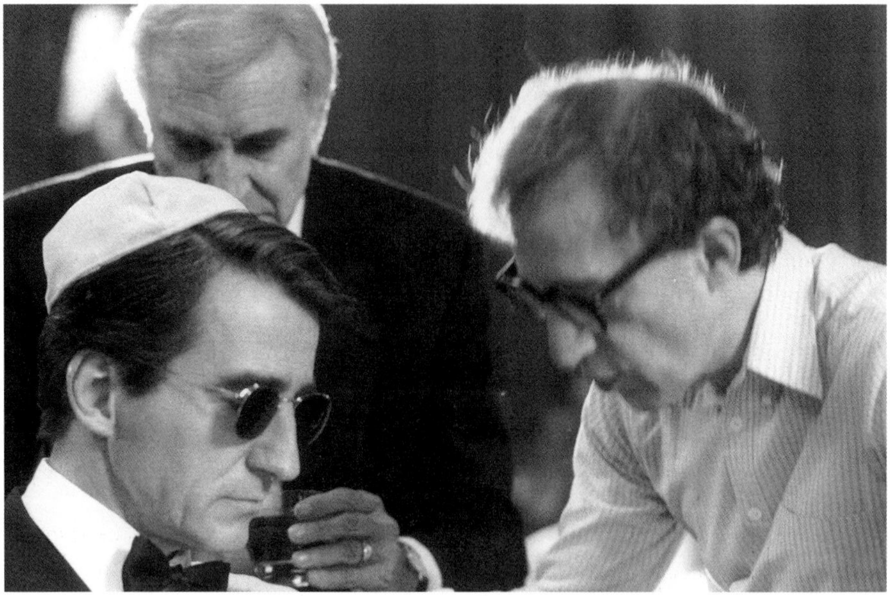

Woody Allen conseille Sam Waterston et Martin Landau sur le tournage de Crimes et délits.

Ben est donc le seul qui en triomphe, malgré son incapacité à appréhender les réalités de l'existence. D'aucuns soutiendront que Ben a une perception plus profonde de ces réalités. Telle n'est pas mon opinion.

Selon moi, elles lui échappent, et c'est pourquoi j'ai fait de lui un aveugle. J'avais le sentiment qu'il était animé par une foi aveugle, qui ne peut lui être d'aucun secours, s'il ne ferme les yeux au monde.

Quelle est votre attitude personnelle par rapport à la foi ? Vous estimez-vous plus croyant que la plupart des gens ?

Plutôt moins ! Pour moi, dans le meilleur des cas, l'univers n'est qu'indifférent. Dans le meilleur des cas. Hannah Arendt a parlé de la banalité du mal. L'univers n'est pas moins banal, et donc hostile, par voie de conséquence. Cela ne signifie pas que l'univers soit animé d'intentions diaboliques, mais d'une indifférence qui le rend banalement hostile. Si vous arpentez les rues et qu'en voyant des sans-abri qui crèvent de faim, vous ne leur manifestez qu'indifférence, vous agissez mal, en un sens. Pour moi, le mal est là, dans l'indifférence.

Vous faites également dire à Louis Levy que « l'univers est un lieu passablement glacial, que nous réchauffons de nos sentiments ».

Exactement. Ainsi pouvons-nous créer un univers illusoire, où il nous est possible d'exister. À un niveau trivial, on assiste au même phénomène dans l'univers du sport. Par exemple, il existe aujourd'hui l'univers du football. Les gens s'égarent dans cet univers, et se préoccupent des trucs les plus ineptes: quelle équipe va l'emporter, etc. Ils se prennent au jeu. Certains en profitent pour gagner des fortunes, des milliers d'autres suivent passionnément les matches, persuadés que seule la victoire compte. Alors qu'en fait, dès que l'on prend un peu de recul, on s'aperçoit que la victoire n'a absolument aucune importance. La victoire ne signifie rien en elle-même. De la même façon, nous nous créons un univers qui paraît totalement dénué de sens, dès que l'on prend un peu de recul. Cependant, il faut bien y donner sens, car au fond, il n'y en a pas.

Vous venez de parler des sans-abri. Il suffit d'arpenter les rues de New York pour être horrifié par le nombre de déshérités qui y croupissent. On se croirait quasiment dans le tiers-monde. Pensez-vous que les États-Unis, et les Américains soient devenus indifférents aux questions de politique sociale, et aux valeurs humanistes ?

J'ignore si, en la matière, l'Amérique manifeste plus d'indifférence que les autres pays. On ne peut faire ce genre de généralités. Il y a beaucoup d'Américains qui se montrent très indifférents, mais aussi beaucoup d'autres prêts à se responsabiliser, et bouleversés par le sort des Somaliens ou des sans-abri. L'Amérique s'est bien souvent montrée très généreuse. Naturellement, elle s'est également rendue coupable d'actions particulièrement odieuses, révélant un terrible mépris et une grande insensibilité. Toutefois, à terme, il me semble que les choses s'équilibrent. Chaque pays, et dans chaque pays chaque groupe doté de quelque pouvoir réalise de bonnes et de mauvaises choses. Je ne crois pas que les uns soient meilleurs que les autres. À part le fascisme, qui est une plaie, et non un système politique.

Pensez-vous que Judah soit en mesure de résoudre son conflit moral, à la fin de Crimes et délits *?*

De le résoudre ? Non. D'ailleurs, il ne le perçoit même pas. Dès que son frère lui suggère de se débarrasser de Delores – passé le premier instant de stupeur, dictée par le milieu dont il est issu – et avant même que son frère ne reparte, Judah envisage très sérieusement cette éventualité. Ensuite, il ne se préoccupera plus que de rationaliser son acte, afin de s'autoriser à mener son plan à exécution. Judah n'éprouve donc aucun dilemme moral. Et quand bien même il en éprouverait, sans doute trouverait-il de bonnes raison d'en user comme il le désire. Il fait donc ce qu'il veut, et impunément. Après quoi, il traverse des moments de tension, mais sans plus. Il quitte la fête avec sa ravissante épouse. Sa fille va bientôt se marier. Tout est pour le mieux dans le meilleur des mondes. Et s'il ne choisit pas un jour d'expier, nul ne lui fera expier. Car l'on n'est jamais puni, tant qu'on ne se fait pas prendre. Judah est un être abominable, mais parfaitement à l'aise dans sa peau.

Que pensez-vous de Crimes et délits, *par rapports à vos autres films ?*

Je crois que ce film compte parmi mes meilleurs. Je pense que c'est l'un de ceux qui fonctionnent le mieux. J'ai l'impression que c'était un film assez riche, et je trouve qu'il traite, sous une forme assez plaisante, les idées et les questions philosophiques qui m'intéressaient. Certains passages sont assez drôles, d'autres assez prenants. Le bilan est donc globalement positif.

21

Alice

DR YANG : « L'idée d'être libre est effrayante. »
(Alice)

Sans doute n'est-ce pas par hasard si vous avez appelé votre héroïne (et votre film) Alice.

Si, en un certain sens. Mon Alice n'a rien de commun avec celle de Lewis Caroll. Alice est par excellence un prénom qui fleure bon la haute bourgeoisie américaine, et les privilèges des wasps, des Blancs, de religion protestante et de vieille souche anglo-saxonne. Une Alice ne saurait être juive, italienne, ni issue d'aucune autre minorité. Je voulais qu'Alice Tate soit blonde, riche et soignée. En ce sens, j'aurais fort bien pu la prénommer Leslie, et intituler mon film Leslie.

Êtes-vous familier du milieu où vivent les Tate et leurs amis ? Car le film constitue indéniablement une satire de la haute bourgeoisie.

Je vis dans ce milieu. J'habite un luxueux appartement de la Cinquième Avenue. Je réside dans l'Upper East Side, soit l'un des quartiers les plus chics de New York. Par les petits matins d'hiver, lorsque j'allais déposer, ou chercher, mes enfants à l'école, je me retrouvais au milieu d'une quinzaine de mères en manteau de vison ou d'hermine. Ces grandes bourgeoises mènent une existence très protégée. Elles possèdent des maisons de campagne dans le Connectitut ou dans les Hamptons, et résident sur Park Avenue, ou sur la Cinquième Avenue, dans de somptueux appartements aménagés par des décorateurs renommés. Elles passent leur temps à courir les magasins et à déjeuner entre elles. De temps à autre, l'une d'entre elles soutient le projet d'un artiste, d'un écrivain ou d'un homme politique. Mais tout cela demeure évidemment très superficiel. Je n'ai rien contre ces personnes. Je ne les trouve pas odieuses. Leur style de vie m'amuse. Je pense toutefois qu'elles s'en sortiraient mieux si elles se préoccupaient de choses un peu moins futiles. Certaines d'entre elles le font, d'ailleurs. Ce milieu est plein de bonnes âmes, qui passent le plus clair de leur temps à réunir des fonds pour des œuvres de charité.

Mais, d'une certaine manière, vous vouliez tout de même tirer Alice de sa léthargie ?

Oui. Je pensais que le personnage d'une femme telle qu'Alice pourrait fournir matière d'une histoire amusante. Car de telles femmes ne se préoccupent d'ordinaire que d'acupuncture, de diététique, de massage, de maquillage, de liftings, etc. J'ai donc trouvé amusant d'expédier mon personnage chez un acupuncteur, qui, se révélant en fait magicien, bouleverse radicalement son existence. Car le mal qui la ronge n'est pas d'origine physique, mais bien psychique.

Vous vouliez donc la tirer de sa léthargie en la plongeant dans l'univers du merveilleux et de ses rêves ?

Oui. Je voulais lui faire découvrir une autre facette de l'existence. Je voulais qu'au bout du compte, elle change radicalement de mode de vie.

Au cours de ces dernières années, de nombreux films américains font la part belle aux phénomènes surnaturels, aux fantômes, en montrant des personnages qui ont l'occasion de revivre leur vie, de retrouver la jeunesse, etc.

À l'heure de l'effondrement des religions, les Américains semblent en effet très préoccupés de spiritualité. Cette soif de spiritualité conduit les uns sur le divan d'un analyste, et les autres dans le cabinet d'un acupuncteur, d'un diététicien ou d'un nutritionniste. Les gens ont besoin de croire à quelque chose susceptible de donner sens à leur vie intérieure. Bien des choses peuvent répondre à de telles aspirations. Et ces préoccupations ressurgissent dans les films.

Ces préoccupations déterminent aussi le regain d'un certain genre, qui fut très populaire durant les années trente, la Deuxième Guerre mondiale, et au début des années quarante, avec des films comme Ma Femme est une sorcière [I Married a Witch, *de René Clair*], Le Ciel peut attendre [Heaven Can Wait, *d'Ernst Lubitsch*], *et autres. Le genre a ressurgi vers la fin des années quatre-vingt. L'époque des années trente et la nôtre vous paraissent-elles comparables, sur le plan politico-social ?*

Je n'y vois qu'un point commun: dans l'une, comme dans l'autre, les gens avaient soif d'évasion. Dans les années trente à quarante, ils voulaient oublier les rigueurs de la guerre, tandis qu'au cours des dernières années, ils tentent plutôt de combler un vide spirituel. Cette question ne me préoccupait guère, lorsque j'ai entrepris de faire *Alice*. Je ne m'intéressais qu'à mon héroïne, et à la possibilité d'en bouleverser l'existence. En fait, *Alice* est en quelque sorte la version comique d'*Une autre femme*. Dans *Une autre femme*, par un procédé quasi magique, l'héroïne, Marion, entend des voix qui vont bouleverser son existence. *Alice* constitue une approche plus légère de la même problématique. Marion et Alice, qui sont des femmes assez semblables, dressent, chacune à sa manière, le bilan de leur existence, pour des raisons comparables.

Pensez-vous que cette interprétation ait constitué une gageure pour Mia Farrow ?

Non, elle aimait le rôle et l'a parfaitement interprété. Elle était géniale ! Elle l'a merveilleusement incarné. Sur le plan strictement visuel, il eût été impossible de trouver mieux qu'elle. Pour elle, *Alice* fut une bonne chose.

Et William Hurt ? Comment est-il arrivé sur le film ?

Je tenais à trouver un acteur capable d'incarner le type même du banquier, issu de la haute bourgeoisie. Je n'aurais jamais cru que William Hurt accepte ce rôle. J'étais sûr qu'en lisant le scénario, il trouverait le personnage trop antipathique, et le rôle trop mince. En fait, pas du tout. Il a accepté le rôle, et l'a joué à la perfection. Nous nous sommes beaucoup amusés, et il a fait du bon boulot.

C'est également mon avis. Il y a une scène remarquable, dans la chambre à coucher, entre William Hurt et Mia Farrow. Alice demande à son mari s'il l'a jamais trompée, celui-ci nie mais se sent pourtant obligé de lui retourner la question, avec un air entendu et un petit sourire ironique.

Oui. William Hurt est un acteur attentif à ce genre de subtilités.

Alice est un film sur la liberté, sur la libération de la femme. Mais comme le dit fort bien le Dr Yang : *« L'idée d'être libre est terrifiante ».*

Les existentialistes ont posé cette assertion en axiome. Le fait de se retrouver libre est évidemment angoissant.

Je serais tenté de rapprocher cette réplique de celle de Gabe, dans Maris et femmes, *qui soutient à sa femme que « l'évolution, c'est la mort ».*

Oui, l'évolution, c'est la mort. Telle est mon opinion. Je suis contre l'évolution. L'évolution, c'est la vieillesse, l'écoulement du temps, la destruction de l'ordre établi. Vous me direz qu'à un certain stade de l'existence, on aspire pardessus tout à évoluer et à détruire l'ordre établi. Mais à terme, du moins en ce qui me concerne, l'évolution n'est pas une alliée. Comme la nature, elle peut parfois être votre alliée, mais seulement pour un temps. Les pauvres, qui croupissent dans la misère, aspirent naturellement à voir évoluer leur situation. Quand leur situation évolue, cette évolution joue en leur faveur, pour un temps, mais pas éternellement. L'évolution n'est donc pas une alliée très fiable, à long terme.

En ce qui concerne Alice, évolution est pourtant synonyme de vie, non ?

À court terme, oui. Alice bénéficiera de son évolution. Mais une évolution radicale, un bouleversement profond, ne lui permettront pas d'être heureuse durant toutes les années qui lui restent à vivre. Ses enfants vont grandir, et la quitter pour se risquer dans le monde. Elle va commencer à éprouver le poids de l'âge. Elle ne sera donc pas si satisfaite que cela par l'évolution. Si elle avait le choix, sans doute choi-

Mia Farrow et Key Luke dans Alice.

sirait-elle de préserver éternellement sa jeunesse, comme il est dit dans *L'Ode sur une urne grecque*, le poème de Keats. Elle voudrait demeurer à jamais telle qu'elle est.

Que choisirait-elle alors ? J'imagine qu'elle ne souhaiterait pas demeurer éternellement telle qu'elle apparaît au début du film ?

Sans doute. Mais en fin de compte, elle se contenterait de n'importe quoi. Elle refuse de stagner. Elle veut évoluer. Et après avoir évolué, elle pourra mener une existence plus satisfaisante, selon moi. Mais cette existence n'échappera pas à l'évolution, et à un moment donné, Alice se heurtera fatalement à des difficultés. Elle se contentera alors de n'importe quoi, et elle acceptera de retourner auprès de son mari (William Hurt), de faire tout ce qu'il désire. Son évolution prendra alors un tour qui ne me semble pas très alléchant.

Après avoir bu une première tasse d'infusion chez le Dr Yang, Alice connaît une évolution extrêmement, drôle, quand elle entreprend de séduire Joe Mantegna à l'école maternelle.

Oui. Mia a parfaitement interprété cette scène.

Pourquoi avoir donné le rôle de l'amant à Joe Mantegna ? L'aviez-vous vu dans les films ou dans les pièces de David Mamet ?

Oui, je l'avais vu au théâtre dans *Glengarry Glen Ross*. Et également dans le premier film de David Mamet, *Engrenages* [*House of Games*, 1987] que j'aime beaucoup. J'avais beaucoup apprécié sa prestation.

Alec Baldwin et Mia Farrow dans Alice.

Hier, je suis allé voir Oleanna *de David Mamet, qui est, à mon avis, l'un des meilleurs dramaturges américains contemporains. J'apprécie également ses films. Connaissez-vous bien son travail ?*

Je n'ai pas vu tout ce qu'il a fait, mais ce que j'ai vu m'a plu. J'apprécie son travail, et j'aime beaucoup ses films. *Engrenages* est un film extraordinaire. J'ai bien aimé *Parrain d'un jour* [*Things change*], le film qu'il a réalisé avec Don Ameche, ainsi que le film tiré de *Glengarry Glen Ross*. Je tiens David Mamet pour un auteur de premier plan.

Il travaille dans un style fort différent du vôtre. Même quand ils prennent une certaine ampleur, ses dialogues semblent constitués de répliques isolées, de petites phrases entrecoupées de pauses.

C'est exact, il a une écriture assez musicale, très poétique. Il obtient de nombreux effets en rythmant ses répliques.

À propos de New York Stories, *nous avons déjà évoqué les difficultés techniques présentées par les séquences oniriques. Mais qu'en est-il de la musique qui illustre ces séquences ? Lorsque Alice revoit Eddie, son ancien petit-ami, par exemple, la musique est très belle. S'agirait-il de* Alice's Blue Gown ?

Non. C'est I *Remember You*, dans une version pour cordes, un morceau d'une grande beauté, d'un grand charme. J'ai réservé la musique la plus émouvante à l'apparition d'Eddie. *Alice's Blue Gown* ; est aussi un très joli morceau, une valse. J'ai utilisé cette valse très nostalgique au moment où Alice songe à sa sœur (Blythe Danner).

22

Ombres et brouillard

LE CLOWN : « Nous autres artistes, nous ne sommes pas comme les gens ordinaires. Notre talent nous donne des responsabilités. »
(Ombres et brouillard)

Comme la plupart de vos films, Ombres et brouillard *est un film tout à fait inattendu.*

Inattendu, sûrement. Mais ce film fut très amusant à réaliser. J'ai pris énormément de plaisir à le faire.

Quand et comment vous en est venue l'idée ?

Des années auparavant, j'avais écrit une petite pièce en un acte qui traitait du même sujet. Le temps passant, je me suis dit qu'un tel argument pourrait donner matière à un film intéressant, à condition de tourner en noir et blanc. Mais où tourner un tel film, sinon en Europe ? Finalement, j'ai pris conscience que je pouvais fort bien tourner ce film entièrement en studio. L'idée a donc fait son chemin, et peu à peu, je me suis senti prêt à tenter l'aventure.

Comment s'appelait cette pièce en un acte ?

La Mort. J'avais écrit une sorte de triptyque, constitué par trois actes respectivement intitulés : « La sexualité », « Dieu » et « La mort ».

La pièce a-t-elle jamais été jouée ?

Elle l'a été, mais personnellement je n'en ai vu aucune représentation.

Qu'avait-elle de commun avec Ombres et brouillard ?

Le thème est le même : le héros est réveillé au beau milieu de la nuit, et expédié dans les rues, où une horde de gens prétendent faire régner l'ordre, ou traquer un assassin. Et plus la nuit avance, plus il se retrouve empêtré dans cette histoire. Cet argument, ce thème se trouvaient déjà dans la pièce. Il m'a semblé intéressant d'exploiter cette métaphore : l'aventure d'un type tiré du lit, et obligé de sortir dans les rues où il doit affronter des événements dramatiques. J'ai estimé que si je parvenais à en tirer un film assez riche… à la fois distrayant, captivant, amusant et angoissant… il pourrait avoir des implications psychologiques, philosophiques et sociales. Car tel est toujours le but des métaphores.

Ce film mêle tragique et comique, ce que j'apprécie beaucoup.

C'est précisément la veine que je tente de creuser depuis quelque temps. Je m'efforce de faire des comédies possédant également une certaine dimension tragique. Ce qui me demande bien des efforts. (*Rires*)

Pourquoi ?

Pourquoi des efforts ? Parce qu'il est fort difficile de maintenir l'équilibre entre le comique et... une dimension tragique, plus sombre. Cela requiert beaucoup d'habileté. On s'y essaie, avec la peur de rater son coup, mais avec un peu de chance, on arrive à quelque chose.

Il me semble quant à moi que vous y êtes fort bien arrivé, car d'emblée, ce film suscite un malaise, et le spectateur ignore absolument où l'histoire va l'emmener. Il s'écoule un certain temps avant que (vers la fin de la deuxième bobine), il puisse appréhender la structure sous-jacente aux péripéties. Cette structure se reflète dans le filmage même, dans le traitement de chacune des séquences. Sans doute l'aviez-vous conçue avant le tournage.

Oui. Nous avons estimé que le contenu de chaque séquence devait en conditionner la forme. Les ombres *(shadows)* et le brouillard *(fog)* constituaient le seul fil rouge de la nuit en question. Seule la séquence du bordel qui est un refuge chaleureux, offre au spectateur un instant de répit.

Prenons par exemple la séquence avec Kate Nelligan, qui joue la fiancée de Kleinmann. Celle-ci n'apparaît que de loin, penchée à sa fenêtre. Toute la scène n'est qu'un long travelling circulaire, qui commence sur elle, penchée à sa fenêtre, puis descend dans la rue sur vous, et sur le personnage joué par Mia Farrow.

Oui. Car cette femme n'est qu'une silhouette imprécise, qui incarne la terne existence du tout petit-bourgeois qu'est Kleinmann. Petit employé, Kleinmann voudrait épouser cette femme, qui, au fond, ne l'aime pas, et ne l'aimerait que s'il obtenait une promotion. Elle n'est qu'une voix impérieuse, qui résonne au-dessus de lui, dans les ténèbres.

Bien des scènes reprennent pourtant ce schéma. Ce sont toutes des plans-séquences très denses.

À présent, je ne tourne plus guère que des plans-séquences. Regardez *Alice*, *Crimes et délits*, ils ne comportent plus guère que des plans-séquences. En tout cas, dans mes derniers films, les raccords sont très rares. Je dois me faire violence pour me décider à découper. J'ignore pourquoi, mais lorsque je tourne, il m'est très difficile de penser en termes de découpage. Il m'arrive de découper si nécessaire, pour faire passer une idée, mais en général, cette écriture ne correspond pas à mon rythme métabolique.

Cette attitude par rapport au découpage s'explique-t-elle par une raison particulière ? D'ordre moral, par exemple. Je pense par exemple aux acteurs, qui se sentent peut-être plus à l'aise, grâce à cette méthode.

Oui. Je crois que cela satisfait les acteurs, qui n'ont pas à resservir le même texte plusieurs fois, sous un angle, puis sous un autre et ainsi de suite.

Cela leur procure sans doute aussi un sentiment de sécurité, car ils sont sûrs que ce qu'ils donnent pour une séquence donnée figurera bien sur l'écran à l'arrivée.

Exactement. Ils ne sont plus à la merci du monteur, qui altérait leur prestation. En revanche, ils se plaignent de la longueur des textes qu'ils ont à apprendre. Voilà une chose qu'ils n'aiment guère. Mais quand une scène est terminée, elle l'est vraiment, et ils apprécient la chose, même s'ils sont obligés, en contrepartie, d'apprendre neuf ou dix pages de texte. Chaque fois qu'un comédien est engagé sur l'un de mes films, il sait qu'il aura sans doute à venir retourner quelques scènes. C'est ainsi que je travaille. Je suis capable de retourner une fois, deux fois, trois fois, cinq fois, et même de retourner tout le film si nécessaire. Tous les acteurs se prêtent à ce jeu. C'est mon petit défaut. En revanche, ils savent qu'avec moi, ils n'auront jamais à revenir pour des post-synchro, c'est l'avantage.

De telles idées, de telles considérations vous ont-elles déterminé à bâtir vos séquences comme vous le faites ? Les séquences plus liées, plus complexes ne vous sont-elles jamais inspirées par certains impératifs d'ordre technique ?

Je les tourne comme je sens devoir les tourner. Je n'éprouve aucun besoin de découper. Je n'en vois pas la nécessité. Je ne vois d'ailleurs que très rarement la nécessité de découper. Si elle s'impose de loin en loin, si je le juge absolument nécessaire, je m'y résous. Mais il est rare que j'aie à le faire.

Pour moi, Ombres et brouillard *évoque irrésistiblement l'œuvre d'un maître du cinéma muet que j'adore : Murnau.*

Murnau était assurément un génie. L'idée même de *Ombres et brouillard* et l'histoire qu'il raconte évoquent automatiquement l'expressionnisme allemand. Ce film n'aurait pu être situé à l'époque actuelle. L'intrigue imposait un décor de petite ville européenne. Ce n'est pas une histoire américaine. Elle n'a pas le rythme, le tempo des histoires américaines. Aux États-Unis, cette histoire ne pourrait arriver que sous une forme bien différente. Je ne puis songer aux ombres, au brouillard, à des personnages menaçants, au fait de devoir s'aventurer seul dans la

Michael Kirby dans
Ombres et brouillard.

nuit, sans repenser aux maîtres du cinéma allemand, qui surent admirablement exploiter ce genre d'atmosphères, et qui tournèrent tous leurs films en studio.

Pour moi, cette atmosphère évoque plus Murnau que Lang, à l'œuvre duquel certains critiques ont comparé ce film.

Oui, Murnau a un côté poétique. Lang est toujours plus percutant, tandis que Murnau privilégie le *legato*.

En voyant Ombres et brouillard, *on repense aussi à* L'Aurore.

Oui. *L'Aurore* est un film bouleversant.

Ombres et brouillard *est un film d'atmosphère, au style et à la structure très évocateurs. Le film repose sur des plans très longs et très bien préparés. Comment se passe votre collaboration avec Carlo Di Palma sur des plans aussi complexes ? Tenez-vous compte des idées qu'il peut vous proposer quant au filmage d'une séquence ?*

Imposez-vous au contraire vos idées, vos partis pris ?

Nous discutons de tout cela à l'avance. Nous discutons dans le détail de l'effet à obtenir, compte tenu de la séquence à tourner. Prenons par exemple la séquence du cirque, dans *Ombres et brouillard*. Nous prévoyons ensemble d'installer des lumières fortes filtrant au travers de certains éléments, de manière anti-réaliste, nous décidons de ne pas nous soucier de tel détail, de ne pas montrer un visage ici, mais une silhouette là-bas, etc. Tout est mis au point comme ça se passera par la suite.

Vous avez aussi beaucoup joué des contre-jours dans Ombres et brouillard.

Avec le brouillard, dès qu'on éclaire à contre-jour, on obtient un effet moins réaliste, plus poétique.

Cette idée vient-elle de vous, ou de Carlo Di Palma ?

Avant le tournage, nous avons fait une demi-journée d'essais. Nous sommes allés sur le plateau, où nous avons essayé plusieurs éclairages différents. Nous avons essayé la lumière naturelle, essayé différentes pellicules, essayé les contre-jours, essayé de laisser certaines zones de l'image dans une obscurité quasi totale… En visionnant ces essais, nous sommes arrivés à la conclusion que le film gagnerait à être éclairé de manière anti-réaliste, en jouant beaucoup sur les contre-jours.

Il y a par exemple une scène hautement dramatique, où vous êtes poursuivi le long de grilles…

Oui. On aurait fort bien pu l'éclairer de façon réaliste, mais il était bien plus amusant de l'éclairer de façon dramatique. Et partant du principe que nous étions dans un studio, où donc rien n'est réel, nous nous sommes sentis autorisés à faire ce genre d'éclairages.

Il n'y a aucun décor naturel dans le film ?

Non, tout a été construit en studio. Il n'y a pas eu un seul plan de tourné dans une vraie rue. Santo Loquasto est un décorateur génial. Naturellement, le noir et blanc d'une part, et le brouillard de l'autre, jouaient en notre faveur. Une fois le décor construit, nous ignorions encore si nous ne risquions pas d'en épuiser toutes les possibilités en une semaine, et de nous apercevoir alors qu'il serait impossible de tourner le reste du film sans un décor dix fois plus grand. Mais nous avons découvert qu'en calculant judicieusement nos mouvements, et en dissimulant certaines parties du décor, nous pourrions faire tout le film sur ce seul plateau.

J'aimerais que nous parlions un peu des acteurs, pour lesquels vous semblez manifester un certain intérêt. Vous travaillez souvent avec des acteurs que vous n'avez jamais employés auparavant. Dans Ombres et brouillard, *vous avez ainsi John Malkovich, Jodie Foster, Kathy Bates, Lily Tomlin, Kate Nelligan et John Cusack. Serait-ce par désir de travailler parfois avec des gens dont la créativité, le talent et le tempérament vous amènent un sang neuf ?*

Non, ce n'est pas aussi concerté. Nous nous contentons de tâcher de trouver le meilleur comédien. Et lorsque nous y sommes parvenus, de le décider à accepter le rôle. Nous n'attachons guère d'importance à la position qu'il occupe dans le milieu. Peu m'importe qu'il soit très célèbre ou totalement inconnu. Tout ce qui m'importe, c'est qu'il convienne pour le rôle.

Par ailleurs, parfois, quelqu'un comme Jodie Foster m'appelle pour me dire qu'elle aimerait bien faire quelque chose dans l'un de mes films. Là, j'ai donc feuilleté mon scénario, et je me suis rendu compte que la seule chose que je pourrais lui proposer, c'était un petit rôle dans le bordel. Je l'ai appelée pour lui expliquer que cela ne lui demanderait que trois ou quatre jours, à quoi elle m'a répondu : « Parfait. Je ne tiens pas à en faire plus. » Il arrive donc que les gens se proposent d'eux-mêmes, mais la plupart du temps, nous nous contentons de tâcher de trouver le meilleur comédien pour un rôle, en excluant tout autre considération.

Les séquences dans le bordel sont très amusantes. J'apprécie particulièrement le long plan-séquence autour de la table, le travelling circulaire où les personnages n'apparaissent pas forcément à l'écran quand ils parlent.

Lily Tomlin, Jodie Foster et John Cusack dans Ombres et brouillard.

Oui, car ça n'a aucune importance. Seules comptent la conversation et l'ambiance que l'on doit pouvoir ressentir dès qu'on pénètre dans le bordel. Après l'obscurité froide et menaçante de la rue, ce lieu où les gens parlent, mangent et débordent d'énergie doit sembler chaleureux.

Vous m'avez décrit la façon dont vous travaillez avec vos acteurs. Vous ne les rencontrez donc jamais avant le tournage ? Vous ne déjeunez pas avec eux pour discuter de leur rôle ?

Non, jamais. Je n'apprécie guère ce genre de mondanités.

Vous pourriez aussi bien les voir ici, à votre bureau, ou…

Non, j'évite autant que possible de le faire. S'ils me semblent convenir, je me contente de leur donner tout le scénario à lire. Après quoi, il arrive qu'ils m'appellent pour me dire qu'ils aiment le rôle et qu'ils sont prêts à le faire, ce qui me ravit. Il arrive aussi qu'ils me posent une ou deux questions, mais la plupart du temps, ils ne le font même pas. Je me contente alors de leur donner rendez-vous sur le plateau. Ils arrivent donc sur le tournage, le premier jour, sans avoir jamais répété. Ce jour-là, je commence par régler la première séquence. Puis, après la leur avoir faite jouer deux ou trois fois, je travaille un petit peu avec eux. Mais pour commencer, je préfère toujours les laisser faire à leur idée, en m'abstenant d'intervenir, afin de ne rien gâcher de leur fraîcheur.

Pendant les répétitions-caméra, tandis que vous réglez les détails techniques de la mise en scène, les acteurs ne sont donc pas censés jouer, ni dire leur texte avec la bonne intonation, ou la bonne expression ?

Non, je n'exige pas grand-chose d'eux pendant les répétitions-caméra. Je m'efforce de préserver leur liberté de mouvement, afin qu'ils n'aient pas à se préoccuper de marques trop précises. Je n'aime pas qu'ils répètent. Je décide de l'implantation de la séquence avant même qu'ils n'aient vu le plateau. Je préfère qu'ils restent dans leur loge pendant que je règle la séquence, avec Carlo et les techniciens. Quand ils arrivent sur le plateau, je me contente de leur indiquer leurs déplacements, ainsi que les gestes qu'ils auront à faire. Voilà les seules répétitions que je leur accorde. Le dialogue n'est jamais prononcé avant le tournage de la première prise. Et bien souvent, cette prise s'avère la meilleure.

Mais qu'arrive-t-il quand un acteur éprouve certaines difficultés à faire une chose précise ?

Oh, je ne les force jamais. Je leur conseille toujours de ne pas considérer le scénario comme définitif. Si jamais quelque chose les gène, ils ont toute liberté d'aménager à leur guise. Je préfère qu'ils se sentent libres.

J'imagine pourtant que les comédies où les répliques ont toujours une grande importance ne leur laissent guère de latitude pour aménager leur texte.

Sans doute. Aussi tâchent-ils alors de ne rien modifier. Lorsqu'on engage un acteur comique, il sait d'ordinaire en quoi réside le gag, le ressort du comique, et il protège son effet. D'ordinaire, je joue dans mes comédies, où je me réserve la plupart des répliques drôles. Mais vous avez raison, les comédies posent un problème légèrement différent, car d'eux-mêmes, les acteurs ont tendance à respecter davantage le scénario et les dialogues.

Le personnage que vous jouez dans Ombres et brouillard *a beaucoup de points communs avec ceux que vous incarnez dans vos films situés à l'époque contemporaine. Bien que vivant dans un univers qui évoque les années vingt, Kleinmann rappelle à bien des égards les autres personnages que vous avez incarnés à l'écran.*

C'est exact. Je ne me crois d'ailleurs pas capable d'interpréter d'autres personnages. Je ne pense pas être un acteur. Je suis plutôt un comique d'un certain type, et c'est pourquoi je m'en tiens à ce genre de personnages.

Vous avez pourtant interprété d'autres rôles, sous la direction d'autres metteurs en scène, tel Martin Ritt, pour Le Prête-nom [The Front, 1976].

Oui, mais le rôle était assez proche de celui que je tiens d'habitude.

Au début du film, le clown (John Malkovich) déclare : « Nous autres artistes, nous ne sommes pas comme les gens ordinaires. Notre talent nous donne des responsabilités. » Confirmeriez-vous cette assertion ?

Je pense qu'elle comporte une certaine part de vanité. L'artiste qui se pense différent des autres croit au fond leur être supérieur. Je ne vois pas les choses ainsi. Pour moi, l'artiste n'est nullement supérieur aux autres, ce n'est pas un être à part. Pour moi, le talent ne représente pas une prouesse, mais, en quelque sort, un don de Dieu. En revanche, je crois que si l'on a la chance d'avoir du talent, cela implique des responsabilités. Tout comme le fait de naître riche.

Toujours dans Ombres et brouillard, *vous déclarez à un moment : « La nuit procure un sentiment de liberté. » Faut-il voir là l'une des répliques-clés du film ?*

Oui, elle résume pour une part la métaphore sur laquelle repose le film. Quand vous sortez, la nuit, vous pouvez avoir l'impression que toute civilisation est abolie. Tous les magasins sont fermés, partout règne l'obscurité… Vous vous apercevez alors que la ville n'est que pure création des hommes et qu'au fond, seul importe le fait de vivre sur une planète, force vive issue de la nature. En somme, la civilisation qui vous protège et vous permet d'envisager l'existence, vous paraît alors construite de toutes pièces et plaquée sur une réalité qui la dépasse.

John Malkovich dans Ombres et brouillard.

La ville, le décor du film pourraient également être vus comme une projection du bouleversement intime et des limitations du héros. Prenez par exemple la scène où Kleinmann et Irmie affrontent le patron. En les acculant tous trois au fond d'une impasse, vous utilisez le décor de façon à élucider le sens de la scène.

En l'occurrence, le décor vient renforcer l'émotion. Le décor, l'environnement, l'atmosphère comptent énormément dans un film. J'en suis convaincu depuis *Stardust Memories*. Dans ce film, chaque fois que l'on me voyait à New York, dans mon appartement, il avait été retapissé. Les murs de l'appartement révélaient mon état d'esprit. L'environnement dans lequel vit quelqu'un me semble souvent refléter son état d'esprit, son intériorité.

Dans Ombres et brouillard, *cette idée est d'autant plus flagrante que tout le film a été tourné en studio, ce qui en renforce l'impact. Mais comment une telle idée se traduit-t-elle et se développe-t-elle pratiquement, lorsqu'il s'agit de construire le décor ?*

Nous avons pris le temps de discuter de chaque séquence, et des diverses façons de la traiter. Ensuite, Sandro Loquasto, mon décorateur, a réalisé des dessins et des maquettes. Si tout n'avait pas été tourné en studio, mais en décors réels, nous nous serions rendus sur les lieux, et nous aurions discuté des possibilités qu'ils offraient. Naturellement, *Ombres et brouillard* a exigé une préparation approfondie.

Carlo Di Palma intervient-il également à ce stade de la préparation ?

Oui. Il était là dès la deuxième séance de travail, au stade de la préparation. Par exemple, il est intervenu pour faire remarquer que certaines options lui interdiraient de placer ses projecteurs…

Au tout premier stade de leur production, vos films n'ont souvent pas de titre définitif. Vous est-il jamais arrivé de trouver le titre avant même de commencer à tourner ?

Si, parfois. Je savais par exemple, et dès le premier jour de tournage, que *Hannah et ses sœurs* constituerait le titre définitif. Mais, bien souvent, à ce stade, mes films n'ont pas de titre, pour la simple raison que j'ignore encore quel titre leur donner. Plus tard, en voyant le film terminé, je tâche de lui trouver un titre. Bien souvent, je demande leur avis aux personnes de mon entourage, comme ma monteuse, mon opérateur ou ma costumière. Nous nous réunissons et chacun propose un titre, que les autres critiquent, en disant : « Celui-là est hideux, celui-ci fait trop mélo et cet autre, trop frivole. » Finalement, nous parvenons à en trouver un. Mais d'ordinaire, ce n'est qu'après avoir vu le film monté.

Comme toujours, la musique retenue pour Ombres et brouillard *a été choisie avec soin. Comment avez-vous procédé ?*

Je ne savais absolument pas quelle musique utiliser pour *Ombres et brouillard*. J'ai d'abord tenté de puiser dans la musique classique, mais le film s'en trouvait alourdi. J'ai même envisagé d'utiliser des morceaux de Grieg, mais sans succès. Une fois le montage bouclé, j'ai essayé de voir ce que pouvait donner un morceau de Kurt Weill, qui collait parfaitement. J'en ai donc mis un deuxième, puis un troisième, et c'est ainsi que la bande sonore a commencé à prendre forme. En fin de compte, tout le film a été illustré avec cette musique, qui semblait coller à merveille.

Je n'avais jamais entendu ces enregistrements de Weill. L'orchestration est empreinte d'une atmosphère particulière.

C'est exact. Nous avons utilisé des enregistrements d'époque. Nous avons trouvé des tas de vieux disques. Nous avons embauché un documentaliste qui nous a ramené tout ce qu'il a pu trouver.

23

Maris et femmes

Par bien des aspects, Maris et femmes *est un projet fort audacieux. J'en apprécie précisément le côté direct, brut et cru. Comment en êtes-vous venu à opter pour ce style ? À quel stade avez-vous décidé de donner cette forme au film ?*

J'ai toujours trouvé que l'on perdait un temps fou à faire une belle image, raffinée et précise. Et j'ai fini par penser qu'il serait possible de réaliser des films dont le contenu primerait sur la forme. Je me suis dit : oublions la dolly, travaillons avec la caméra à l'épaule, pour tâcher de filmer ce qu'on peut. Cessons de nous soucier des questions d'étalonnage, de mixage, de privilégier la précision et voyons ce que ça donnera. Ne nous préoccupons pas des raccords, coupons là où ça nous chante, même au risque d'avoir des sautes. Faisons ce qui nous plaît, en ne privilégiant que le contenu du film. Et c'est ce que nous avons fait.

Cette idée vous est venue à un certain point de votre carrière : riche de l'expérience acquise sur la vingtaine de longs métrages que vous aviez réalisés, vous pouviez vous autoriser cette liberté. Pensez-vous qu'il faille en être parvenu à ce stade pour oser rompre ainsi avec la grammaire classique du cinéma, pour percevoir non seulement la possibilité, mais aussi l'intérêt d'un tel filmage ?

Oui. Je crois qu'il faut avoir confiance en soi. La confiance en soi que seule procure l'expérience autorise en effet à prendre des risques qu'un débutant n'oserait jamais prendre. Avec le temps, on devient plus audacieux, car on contrôle mieux ce que l'on fait.

Ainsi que je l'ai déjà dit, lorsque j'ai réalisé mes premiers films, j'avais tendance, comme beaucoup de metteurs en scène, à me couvrir de tous côtés, pour ne pas prendre de risques. Le temps passant, on accumule un certain savoir, une certaine expérience qui permettent de renoncer à prendre tant de précautions, de suivre librement son instinct et de ne plus se soucier de joliesses.

Quelle fut la réaction de votre opérateur, Carlo Di Palma, lorsque vous lui avez demandé de travailler dans ce nouveau style, avant le tournage ?

Il s'est montré très intéressé, car il aime bien que la photo d'un film soit déroutante et s'écarte des normes. L'idée l'a séduit.

Son travail s'en est-il trouvé simplifié ? Par exemple, passait-il autant de temps que d'habitude à régler sa lumière ? Cela lui a-t-il permis au contraire de faire une lumière moins soignée ?

Son travail s'en est trouvé simplifié, car il a pu se contenter d'établir une ambiance lumineuse. J'ai aussi demandé aux acteurs d'évoluer absolument comme ils le voulaient, de jouer leur scène comme ils le sentaient – même au risque de passer dans l'obscurité, ou au contraire en pleine lumière. Je leur ai laissé toute liberté de modifier leur jeu entre les prises, en suivant leurs propres « J'écris sur pellicule. » impulsions. J'ai ordonné au cadreur de filmer tout ce qu'il pouvait. Je lui ai dit : « Si jamais tu loupes quelque chose, recadre et retourne-z-y, et si tu le loupes à nouveau, recadre encore, et retournez-y à nouveau. Fais tes propres plans. » Nous n'avons fait aucune répétition-caméra. Quand nous arrivions sur le plateau, il prenait sa caméra, nous faisions la scène et il essayait de suivre.

Après *Maris et femmes*, je me suis d'ailleurs demandé s'il valait encore la peine de tourner suivant la bonne vieille méthode. Car cette façon de travailler est ultra-rapide, et seul importe le résultat final. Je compte donc essayer de tourner quelques films en suivant cette méthode, qui permet d'économiser beaucoup de temps et d'argent, pour un résultat somme toute satisfaisant.

Le tournage a donc été plus rapide que celui de vos films précédents ?

Bien plus rapide ! C'est la première fois depuis des années… que dis-je ?

Woody Allen et Mia Farrow, l'un des couples de Maris et femmes.

depuis des dizaines d'années que je suis en dessous du budget. Grâce à cette technique, on économise du temps et de l'argent.

Vous n'avez pas tourné de retakes, sur ce film ?

Habituellement, les *retakes* me prennent toujours des semaines, sinon un mois plein. J'ai toujours fait beaucoup de *retakes*. Mais en l'occurrence, trois jours m'ont suffi.

Comment vous-est venue l'idée d'employer un tel style ? En un certain sens, cette forme convient au thème et à l'intrigue du film. Comme Maris et femmes *décrit les difficultés de la vie de couple, les bouleversements de l'existence, en un sens, la forme…*

… convient à l'histoire. Mais sans doute conviendrait-elle à bien d'autres d'histoires. On peut traiter beaucoup de sujets dans ce style. Au vu du résultat, ce style semble particulièrement convenir à *Maris et femmes* ; mais il aurait convenu à nombre de mes films précédents. J'aurais pu l'adopter plus tôt.

Pour quels films, par exemple ?

Ombres et brouillard aurait être réalisé de cette façon, si je l'avais voulu. *Alice* aussi. Nombre de mes films auraient indubitablement pu être tournés ainsi. Car sur le plan émotionnel, spirituel, le public ne retient que le contenu d'un film. Il se souvient des personnages, de la substance même du film. Le filmage joue un rôle purement fonctionnel. On peut changer de style, tout comme l'architecture est passée du gothique au baroque. Tout ce qui compte, c'est d'émouvoir le public, de l'amuser ou de l'amener à réfléchir – choses que permet ce style.

Le film est mené comme une enquête sur la vie des personnages. J'imagine que cela était prévu dès le scénario ?

Oui. Mon idée, c'était que les personnages vivent leur vie devant la caméra, et que la caméra suive ce qu'elle avait envie de suivre. Quand les personnages devaient exprimer leur sentiment sur la situation, ils n'avaient qu'à parler. Je me suis senti libre de faire ce que bon me semblait, sans faire aucune concession au niveau formel.

Pour vous, qui mène l'enquête ?

Je ne me suis jamais posé la question. Je ne me suis préoccupé que du public. Grâce à cette approche très pratique, les personnages s'expliquent d'eux-mêmes.

Ainsi, les confessions et les confidences que nous font les personnages figuraient toutes dans le scénario ? Rien ne vient des acteurs eux-mêmes ?

Non. Tout était écrit. Naturellement, les acteurs rajoutent un mot par-ci par-là, pour rendre le dialogue plus parlé. Mais rien de plus. Tout était écrit.

Maris et femmes *décrit les rapports humains de manière bien plus cruelle que la plupart de vos films précédents. Cela se voit jusque dans le jeu des acteurs, particulièrement chez Judy Davis et Sydney Pollack.*

Oui. L'ambiance est plus tendue, plus explosive.

La scène où Sally téléphone à son mari de l'appartement du mélomane représente l'une des séquences les plus dramatiques du film. Cette séquence est déroutante, et presque gênante ; tragique, et chargée d'un humour très noir. Judy Davis la soutient avec une admirable vaillance.

Bien sûr. Je connais bien ce genre de situation pour m'être retrouvé moi-même en train de téléphoner, non sans arrière-pensée. Il faut dire que Judy Davis est probablement la meilleure actrice du monde.

Je ne connaissais pas Liam Neeson, l'acteur qui joue son amant.

C'est un acteur irlandais, qui a interprété quelques films, dont un avec Diane Keaton : *Le Prix de la passion* [*The Good Mother* de Leonard Nimoy, 1989]. À la fois viril et intelligent, Liam Neeson est un excellent comédien, une « nature ». Rien n'est frelaté en lui. Chacun de ces gestes, chacune de ses paroles respire l'authenticité.

Pourquoi avoir choisi Sydney Pollack pour jouer le mari ?

J'ai tâché de trouver quelqu'un dont le physique et l'âge correspondent au rôle, et le nom de Sydney Pollack a été avancé, alors que je faisais le casting du film avec Juliet Taylor.

Sydney Pollack est donc venu me voir. Il s'est montré très gentil. Il a lu le rôle. En mon for intérieur, j'espérais vivement qu'il soit capable de le lire correctement, car j'aurais été fort embarrassé de devoir lui annoncer qu'en définitive, il n'avait pas été retenu. Par bonheur, il s'en est admirablement tiré. Dès la première lecture, il était très bon, très naturel.

Dans le film, il y a une scène où vous vous promenez dans Central Park avec Rain, la jeune fille jouée par Juliette Lewis, en comparant les mérites de plusieurs écrivains russes. Vous évoquez ainsi Tolstoï, et Tourguéniev et vous qualifiez l'œuvre de Dostoïevski de « repas complet, plein de vitamines et enrichi aux germes de blé ». Vous revenez souvent sur Dostoïevski au détour de vos films, dont certains possèdent

Judy Davis dans Maris et Femmes.

d'ailleurs, une qualité et une saveur quasi dostoïevskiennes. Tels Maris et femmes, Manhattan, Hannah et ses sœurs *ou* Crimes et délits. *Ces films ont d'ailleurs bien des points communs.*

Personnellement, je ne rangerais pas dans la même catégorie *Manhattan*, qui penche davantage du côté de la fiction. *Manhattan* est un film romantique, empreint d'une certaine nostalgie. *Crimes et délits* et *Hannah* sont des films beaucoup plus sombres. J'aime beaucoup l'idée de faire du roman en images. C'est une chose qui me titille. J'aime l'idée de tourner un film comme on écrit un roman. J'ai toujours eu l'impression d'écrire sur pellicule. J'aime l'approche propre du romancier. Et même s'il m'arrive de m'écarter de cette voie, avec un film tel qu'*Alice*, par exemple, j'y reviens toujours. J'aime développer des situations vraies, avec des gens vrais, bref, la vie telle qu'elle est… Le roman permet les mêmes effets que le cinéma, et réciproquement. Ces deux supports sont très proches l'un de l'autre, concrètement parlant. Contrairement au théâtre, par exemple, qui repose sur des bases foncièrement différentes.

Lorsque vous écrivez des scénarios tels que Maris et femmes, Crimes et Délits *ou* Hannah et ses sœurs, *éprouvez-vous le besoin de dresser un tableau synoptique des personnages ? Préférez-vous au contraire que leurs drames intérieurs n'apparaissent qu'au travers de l'évolution des interactions entre les différents personnages ?*

Je procède de manière tout à fait instinctive. Je caresse une idée un moment, pour savoir où elle pourra me mener. J'aime bien me donner le temps de la réflexion, afin d'être sûr que je ne risque pas de me plonger dans la rédaction, d'y investir toute mon énergie, pour me retrouver bloqué au bout de dix pages. Sitôt que j'ai la conviction que mon idée offre matière à développement, je rédige une première mouture, qui me permet d'explorer le terrain. En écrivant cette mouture, je découvre où celle-ci peut me mener ; et lorsque je ne vois pas où elle me mène, j'y fais des aménagements ultérieurs. Mon premier jet terminé, j'y fais quelques corrections et je le remets aussitôt à mon producteur qui entreprend alors d'établir le budget et de lancer la préparation.

Quel est pour vous le moment le plus satisfaisant de la réalisation d'un film ?

Le moment où je tiens l'idée. Car ensuite, j'ai l'impression de la massacrer, à chaque étape de la production : casting, tournage, montage... J'ai l'impression de m'écarter de plus en plus de mon idée initiale, dans sa perfection idéale. Chaque fois que je visionne un film que je viens de boucler, j'éprouve une rude déception. Sur l'écran, le résultat ne me plaît pas. Je songe alors qu'un an auparavant, dans ma chambre, j'avais eu une excellente idée de film, et que tout s'annonçait bien. Malheureusement, à l'écriture, au casting, au tournage, au montage, au mixage, j'ai peu à peu gâté ma belle idée. Je ne pense alors plus qu'à me défaire de ce boulet. Je me refuse à revoir le film. En ce sens, le moment le plus merveilleux est celui où me vient l'idée du film. Lorsqu'on met un film en chantier, on est plein d'idées grandioses. On vise des buts élevés et sublimes. Mais au montage, on se retrouve en train d'assembler des bouts de pellicule en espérant que tout s'enchaîne, et prenne sens. On en vient simplement à souhaiter que le film prenne sens. Il faut se battre pour faire chaque film. En ce qui me concerne, le fait de devoir me battre m'aide beaucoup. Je préfère me battre pour des films plutôt que pour autre chose.

Dans la séquence du taxi, la jeune Rain (Juliette Lewis) fait certains commentaires sur le livre de Gabe. Après avoir manifesté assez ouvertement qu'elle appréciait le livre, elle se met à le critiquer de plus en plus durement. Trouvez-vous que les critiques, les esthètes ou même vos amis finissent généralement par réagir ainsi, partant d'une attitude positive pour durcir peu à peu leur position ?

Oui. L'opinion des gens évolue, et ils ne sont pas toujours très francs. Personnellement, il m'est arrivé de vérifier ce fait : des gens ayant beaucoup aimé un de mes films, doutent en fait tellement de leur propre jugement, qu'ils se mettent à le critiquer, dès qu'ils sont en présence de quelqu'un qui l'a moins aimé qu'eux.

Dans la séquence du taxi, vous avez choisi de rester sur Juliette Lewis. Vous avez donc monté l'image en faux-raccord, plutôt que de jouer le classique contrechamp sur son interlocuteur. Est-ce parce que vous avez coupé le texte correspondant ?

Oui, j'ai fait certaines coupes. Cette séquence fut l'une des plus difficiles à tourner. Pour que nous soyons tous deux dans le plan, il fallait utiliser une focale qui nous déformait horriblement. Le plan de côté était meilleur que celui de face, mais il me faisait une tête horrible, avec un nez énorme... L'objectif me grossissait le nez au point de me défigurer. J'ai donc essayé de faire un plan par personnage... j'ai tout essayé, mais rien ne fonctionnait. Finalement, comme Juliette Lewis est ravissante, je me suis dit qu'on pouvait fort bien rester sur elle, du moment qu'on entendait ma voix... Je trouve le résultat intéressant.

Moi aussi. Très intéressant. Car d'une certaine manière, cet artifice met le spectateur dans votre position, ce qui lui permet d'appréhender Rain exactement comme le fait votre personnage.

Et Juliette Lewis est une très bonne comédienne.

Aimeriez-vous retravailler avec elle comme vous aimeriez pouvoir le faire avec Diane Keaton, Dianne Wiest et Judy Davis ?

Naturellement. Elle est excellente.

Dans ce film, vous utilisez beaucoup le faux raccord, parfois même au point de ne montrer qu'un bref aperçu d'un personnage, et de raccorder presque immédiatement sur la séquence suivante. Au début du film, on voit ainsi une scène ultra-brève, avec Mia Farrow dans l'appartement. Le plan ne dure que quelques secondes, et l'on passe aussitôt sur une conversation au début de laquelle Mia Farrow se tient presque au même endroit que dans le plan précédent. Était-ce un moyen de maintenir le même climat à travers tout le film ?

Oui. Un moyen de déranger le spectateur. Nous parlions l'autre jour de dissonances, eh bien là, c'est l'effet que je recherchais... exactement comme ce qui distingue Stravinski de Prokoviev. Je voulais que ce film soit dissonant, à l'image de l'état d'esprit et des émotions des personnages. Je tenais à ce que le public puisse éprouver cette nervosité, cette impression de raté, cette agitation névrotique.

Auriez-vous pu concevoir de tels artifices si vous n'aviez pas vu les premiers films de Godard, et étudié leur structure ?

C'est très difficile à savoir. Godard a inventé tant de techniques cinématographiques géniales. Je ne saurais dire si j'aurais pu élaborer moi-même ce genre d'artifice, ou si je me contente de profiter en l'occurrence du fabuleux héritage légué par les grands metteurs en scène qui ont su enrichir le vocabulaire cinématographique. Voyez-vous, on a souvent l'impression de découvrir un truc neuf, motivant, exaltant alors qu'en fait, il vient tout droit de la littérature cinématogra-

Juliette Lewis et Woody Allen dans Maris et femmes.

phique ou de la sémantique de l'image. Sur ce chapitre, je ne puis parler qu'en mon nom propre ; je crois pourtant que dans certains films, il m'est arrivé de faire de vraies trouvailles. Parfois, je me contente de reprendre le vocabulaire cinématographique forgé par d'autres cinéastes. Il reste que j'apprécie à sa juste valeur la contribution que Godard a apportée au cinéma.

Moi aussi. Car grâce à Godard, grâce à certains des films qu'il a tournés avec l'originalité qui est la sienne, on a découvert de nouvelles façons de tourner. Godard a fait sauter des interdits.

C'est vrai. Sans doute fut-il le premier qui ait défendu la primauté du contenu, le premier qui ait osé faire ce qu'il voulait, comme il le voulait. Je crois qu'il a apporté, et apporte encore, beaucoup de choses au cinéma.

Je suis certain que ce film marchera. Et je suis certain que Bergman l'aimera beaucoup.

Hum. Bergman est très bon public. Sa générosité le pousse souvent à aimer les films, me semble-t-il.

En fait, Maris et femmes *me rappelle aussi l'un de ses films. Le seul point commun entre ces deux films réside dans votre approche, presque documentaire, et dans votre façon de vous adresser au public.* De la vie des marionnettes *qui est l'un de mes Bergman préférés, pénètre profondément l'existence de personnages anonymes, comme dans votre film.*

Oui. *De la vie des marionnettes* est un film fort intéressant. Il y a bien longtemps que je ne l'ai pas revu. Depuis sa sortie, je crois. Ce film n'a guère tenu l'affiche, ici. C'était un film magnifique.

J'ai relevé un autre lien manifeste, quoique ténu, entre Maris et femmes *et* Hannah et ses sœurs. *Les rapports des personnages joués par Dianne Wiest et Carrie Fisher avec l'architecte (Sam Waterston) dont toutes deux sont éprises ne diffèrent guère de ceux qu'entretiennent Mia Farrow et Judy Davis avec l'éditeur (Liam Neeson).*

Oui. On observe souvent ce genre de comportement. Quand on apprécie quelqu'un du sexe opposé, on s'efforce de le « caser » avec un ou une amie proche. J'ignore ce que l'on espère gagner ainsi.

Peut-être agit-on ainsi afin de vérifier ses intuitions. Dans Maris et femmes, *Judy fait en sorte que son amie Sally vérifie si le romantique Michael est à la hauteur de l'idée qu'elle s'en fait elle-même.*

Peut-être est-ce parce qu'elle aimerait avoir elle-même une aventure avec Michael, sans en avoir l'audace. Sublimant son amour, elle fait en sorte que son amie vive cet amour à sa place.

Croyez-vous que de nombreux couples agissent de manière aussi cachottière que Gabe et Judy, qui vont jusqu'à se dissimuler leurs œuvres respectives : Judy interdit à Gabe de lire ses poèmes, et Gabe préfère faire lire son manuscrit par une autre femme.

Je crois que ça arrive. Il y a des domaines, des choses trop intimes pour que l'on puisse les partager avec la personne dont on est le plus proche ; car une certaine agressivité, une certaine culpabilité sont attachées à ces choses-là. Naturellement, ça pose toujours un problème.

Pourquoi avoir choisi de montrer en images des extraits du roman de Gabe ? Pourquoi les avoir adaptés, au lieu de les faire lire par Gabe ?

Je voulais que l'on perçoive très nettement la qualité des observations émises par Gabe sur les rapports entre hommes et femmes. J'ai pensé que cela passerait mieux ainsi, plutôt qu'en lui faisant simplement lire son manuscrit. Je trouvais cela plus intéressant pour le spectateur. Je voulais le distraire avec ce petit interlude, qui permettait en outre de clarifier les opinions de Gabe sur les relations humaines.

Avant de commencer le montage de Maris et femmes, *aviez-vous discuté de cette nouvelle technique, de ce nouveau style avec votre monteuse, Susan Morse ?*

Oui. J'avais tout noté dans le scénario. J'y expliquais en détail que nous couperions les plans où bon nous semblerait, sans nous préoccuper des sautes ainsi occasionnées, ni d'aucun autre impératif technique.

Comment Susan Morse a-t-elle accepté cette façon de travailler peu orthodoxe ? Avec intérêt, avec plaisir ?

Avec beaucoup de plaisir ! Nous nous sommes beaucoup amusés, tous les deux. Sur le plan physique, technique, tout le monde s'est d'ailleurs beaucoup plus amusé sur ce film que sur aucun autre. Les acteurs ont adoré ça, parce qu'ils n'avaient pas à se retenir, ni à se soucier de leurs marques. Ils pouvaient faire tout ce qu'ils voulaient.

Maris et femmes *peut également susciter des réactions d'envie, chez un cinéaste. Lorsque j'ai vu le film, je ne cessais de me dire : « Pourquoi diable n'ai-je jamais pensé à faire un film comme ça ? »*

C'est comme ça que ça marche. Il ne faut plus se soucier de rien. Cette technique permet non seulement d'économiser du temps et de l'argent, mais aussi de s'amuser infiniment plus. Ce qui donne forcément des films plus toniques, plus vivants. On ne s'enlise plus dans la technique. On n'a plus ce côté solennel, trop horizontal, que procure toujours une caméra montée sur dolly.

Woody Allen et ses actrices Judy Davis et Mia Farrow.

24

Meurtre mystérieux à Manhattan

LARRY : « Je retire tout ce que j'ai dit à propos de la vie qui imite l'art. »
(Meurtre mystérieux à Manhattan)

Meurtre mystérieux à Manhattan *est un film policier…*

Oui, c'est un divertissement, un délassement que je me suis accordé. Je caressais depuis longtemps l'idée de réaliser un film policier. Au départ, *Annie Hall* était censé être un film policier. Mais à force de retravailler le scénario, on avait éliminé cet aspect. J'adore les histoires policières, et les conventions du genre. C'est pourtant la première fois que je me suis risqué à faire tout un film policier.

L'histoire de Meurtre mystérieux à Manhattan *reprend-elle des éléments de la première mouture d'*Annie Hall, *en ce qui concerne l'intrigue, et le mystère ?*

Oui, et j'ai l'impression de m'être lancé dans une entreprise qui manque d'ambition. Je crois que c'est un film un peu quelconque, même si je me suis beaucoup amusé en le tournant[1]. J'ai l'impression de m'être fait un petit cadeau, de m'être accordé le plaisir de faire un film qui m'amuse. J'avais toujours eu envie de tourner une comédie policière. Après avoir tourné quelque vingt-deux ou vingt-trois films, j'avais envie de consacrer six mois à faire un petit film amusant. Ce film a donc été une gourmandise, plutôt qu'un solide repas. Je suis très content de l'avoir fait, car j'en ai retiré beaucoup de plaisir.

Décririez-vous ce film comme un pastiche de film policier ?

Non. Je suis parti d'une véritable histoire policière que j'avais écrite avec Marshall Brickman. C'était très amusant de travailler dans cette veine. Je ne voulais pas faire un policier sérieux. Je tenais à rester dans une veine comique. Je crois que cela donne un petit film léger, et assez distrayant.

Vous intéressez-vous au genre policier, que ce soit au cinéma ou en littérature ?

À mon avis, il existe deux types d'histoires policières. Dans certaines, le crime ne sert que de tremplin, de métaphore permettant de traiter certaines questions profondes. Tel est le cas de *Macbeth* ou de *Crime et châtiment*, où le crime sert de simple vecteur à l'auteur, qui approfondit des idées philosophiques. Dans d'autres, et tant sur le registre tragique que sur le registre comique, le crime peut également être traité sur un mode plus trivial, plus léger, plus divertissant, qui exclut de plus hautes ou de plus profondes ambitions. Naturellement, tout le monde apprécie les premières, qui constituent des œuvres majeures où, le tout en narrant un crime, l'auteur parvient à formuler sa vision du monde et de l'humanité. Sans atteindre à la qualité de telles œuvres, *Crimes et délits* se situait pourtant dans ce registre, puisque le côté policier servait à susciter une réflexion morale.

Il n'en va pas de même avec *Meurtre mystérieux à Manhattan*, qui prétend seulement divertir le spectateur en lui contant une histoire criminelle, dénuée de toute profondeur. Je n'ai aucun mépris pour le divertissement, qui a son intérêt. Prenez par exemple le *Casse-Noisette* de Balanchine, qui est certes un divertissement léger, mais une merveille. De telles œuvres ont leur intérêt, et leur sens. Je n'entends pourtant me faire aucune illusion sur mon film.

Bien des gens vont voir et revoir les films de Hitchcock, ou lisent des ouvrages consacrés à son œuvre. Je ne suis pas du nombre. Je suis persuadé que Hitchcock lui-même n'a jamais prétendu délivrer de message à travers ses films, qui n'en contiennent d'ailleurs pas. Et *Meurtre mystérieux à Manhattan* ne prétend pas être un film à message. J'ai simplement voulu en faire un film léger et distrayant.

Êtes-vous amateur de romans policiers ?

Il n'en existe guère de bons. Le seul bon roman policier que j'aie jamais lu de ma vie fut sans doute *A Kiss Before Dying* d'Ira Levin. Deux films en ont été tirés, aussi mauvais l'un que l'autre. En revanche, le livre est magnifique. À part ce livre, je n'ai jamais rien lu de très emballant dans le genre. Ira Levin me semble avoir atteint là un sommet. *De sang-froid*, de Truman Capote était aussi un roman documenté très intéressant, très captivant.

En général, j'aime beaucoup les films policiers, si rares soient-ils. *Le Faucon maltais* [*The Maltese Falcon*, de John Huston, 1941], est excellent. *Assurance sur la mort* [*Double Indemnity* de Billy Wilder, 1947] est indépassable. On n'a jamais fait mieux. J'apprécie aussi *Compartiment Tueurs* de Costa-Gavras [1965] qui est un assez bon film. Malheureusement, les bons polars sont assez rares. Bien sûr, Hitchcock en a tourné quelques-uns de très bons.

La dernière fois que nous nous sommes vus, avant le début du tournage de Meurtre mystérieux à Manhattan *vous aviez demandé à voir deux films, en projection* : Chinatown [*de Roman Polanski*, 1974] *et* Règlement de comptes [The Big Heat *de Fritz Lang*, 1953]. *Était-ce pour vous en inspirer avant d'attaquer le tournage, ou simplement parce que vous aviez envie de les voir ?*

Larry (Woody Allen) et Carol (Diane Keaton rendent visite à leur mystérieux voisin Paul (Jerry Adler) dans Meurtre mystérieux à Manhattan.

J'avais déjà vu ces deux films auparavant. D'ailleurs, ce jour-là, je n'ai pas pu revoir *Règlement de comptes*. On n'a pas réussi à en trouver de copie. En revanche, j'ai revu *Chinatown*. C'est un film intéressant, surtout au niveau du scénario. Bien sûr, Roman Polanski est un merveilleux metteur en scène, et Jack Nicholson, un acteur génial.

Vous n'avez donc jamais été un mordu de littérature policière, ni d'écrivains tels que Raymond Chandler, Dashiell Hamett ou James Cain ?

Non. Bien sûr, tous savent écrire, et sont de bons écrivains. Mais je n'aime guère les lire. Aucun de ces écrivains ne m'attire vraiment. J'ai toujours eu un petit faible pour des bouquins comme *The Thin Man*. Sans croire que *The Thin Man* [*L'Introuvable* de W.S. Van Dyke II] soit un film de premier ordre, j'ai un faible pour ce style de sous-cinéma. J'adore par exemple *The Great Lover* [*Don Juan de l'Atlantique*, 1949] avec Bob Hope, Roland Young et Rhonda Fleming. Quoique ce soit une farce assez grossière, il développe une intrigue policière pour laquelle j'ai une certaine faiblesse.

Dans votre dernier film, Diane Keaton joue à nouveau un grand rôle. Comment s'est déroulée votre collaboration, cette fois ?

À mon avis, actuellement, les deux meilleures comédiennes sont sans doute Diane Keaton et Judy Holliday ; et m'amuse toujours beaucoup lorsque je travaille avec Diane. C'est une amie très proche, et avec elle, chacun donne le maximum de lui-même. Elle possède une personnalité tellement positive que cela rejaillit sur tout le film.

Pensez-vous que ce rôle soit plus riche que ceux que vous lui aviez confiés dans vos films précédents ?

Non, car au départ, ce rôle était destiné à Mia. Je m'étais donc efforcé d'y mettre des choses que Mia a toujours plaisir à jouer. Mia aime faire des trucs drôles, sans avoir les possibilités que possède Diane. Diane a donc rendu le rôle plus drôle qu'il ne l'était à l'origine.

Avez-vous aménagé le rôle afin de l'adapter à elle et à sa personnalité propre ?

Non. Ce n'était pas possible. Je l'aurais fait pour elle, sur un scénario qui aurait toléré des aménagements. Mais en l'occurrence, comme il s'agissait d'un film policier, doté d'une intrigue relativement complexe, il ne m'était pas possible d'opérer d'importantes modifications.

En vous voyant travailler, j'ai été particulièrement frappé par l'ambiance détendue qui régnait sur le tournage, compte tenu des épreuves que vous avez traversées dans votre vie privée, entre août 1992 et janvier 1993. N'éprouvez-vous donc aucune difficulté à séparer votre vie professionnelle de votre vie privée ?

C'est curieux, mais depuis que nous nous connaissons, depuis que nous discu-

Woody Allen et Diane Keaton, le couple à nouveau réuni dans Meurtre mystérieux à Manhattan.

tons ensemble, tous ces problèmes n'ont pas cessé. Néanmoins, j'arrive à séparer les choses. J'ai senti que durant cette période de tension, il était essentiel, et sain pour moi de travailler et même de me polariser sur mon travail. Je suis assez dur à la tâche, je sais me discipliner.

Dans une séquence de Meurtre mystérieux à Manhattan, *le personnage que vous incarnez s'apprête à secourir Diane Keaton, retenue en otage dans les coulisses d'un théâtre. Il déclare alors : « Je retire tout ce que j'ai toujours raconté sur la vie qui imiterait l'art. » Ai-je raison d'y voir l'une des répliques-clés du film ?*

Assurément. Car un peu plus tôt dans le film, Diane me fait remarquer que la vie imite parfois l'art. À quoi je lui réponds qu'à mon avis, la vie imiterait plutôt la vie, et pas l'art. C'est une question sur laquelle nous nous sommes toujours accrochés, elle et moi. À la fin, le film prouve pourtant que la vie imite bel et bien l'art.

Cela rappelle également une réplique de Maris et femmes, *où la jeune Rain soutient : « La vie n'imite pas l'art. Elle imite seulement la télévision de bas étage. »*

Oui, c'est également vrai.

Il y a maintenant bien longtemps que vous travaillez avec quasiment les mêmes collaborateurs. Kay Chapin, par exemple, est votre scripte depuis Annie Hall. *De même, depuis dix ou quinze ans, on retrouve les mêmes personnes aux postes-clés dans votre équipe: votre décorateur, Santo Loquasto, votre monteuse, Susan Morse, votre producteur, Robert Greenhut, votre premier assistant (et parfois producteur associé), Thomas Reilly ou votre costumier, Jeffrey Kurland. Pourriez-vous nous raconter comment ces personnes en sont venues à travailler pour vous, et pourquoi vous continuez à travailler avec eux, et eux, avec vous ?*

Pour moi, comme pour beaucoup de gens, il est essentiel de garder les mêmes collaborateurs. Si, à chaque nouveau film, je devais intégrer à l'équipe un nouvel élément, cela me demanderait sans doute deux fois plus de travail. Tous ces gens sont venus à moi par hasard. Jimmy Sabat, l'ingénieur du son, avait déjà travaillé sur *Bananas*. Kay Chapin travaille avec moi depuis *Annie Hall*, et Jeff Kurland fut un temps l'assistant de Santo Loquasto. Je ne vois aucune raison de les remplacer. Quand quelqu'un qui vient d'intégrer l'équipe travaille bien, je le reprends sur le film suivant. C'est ce qui s'est passé avec Susan Morse. Elle travaille avec moi depuis des années, depuis *Manhattan*, et je ne vois aucune raison de cesser de collaborer avec elle.

Certains de mes collaborateurs sont devenus des amis, car naturellement, je ne continuerais pas à travailler avec des gens avec lesquels je ne m'entends pas, sur le plan personnel. Nos rapports demeurent pourtant essentiellement professionnels. Nous dénombrions d'ailleurs récemment les naissances, les morts, les mariages, les divorces intervenus durant toutes les années où nous avons fait ces films ensemble. Il est incroyable de considérer l'écheveau des vies qui se sont entrecroisées, tandis que nous faisions ces films ensemble. On passe beaucoup de temps ensemble, lorsqu'on travaille sur un film. On partage beaucoup de moments forts, ce qui rapproche, naturellement. Car mois après moi, on se voit à toute heure du jour, depuis l'aube jusqu'au crépuscule, et l'on entretient des relations assez intenses. Certes, les gens qui travaillent dans des bureaux ou autres, voient également leurs collègues, mais leurs rapports sont d'habitude bien moins intenses.

En tant que metteur en scène, vous êtes également un chef d'équipe. Pensez-vous représenter désormais, pour vos collaborateurs, une figure paternelle, au sens psychologique du terme ? Et si oui, ne trouvez-vous pas cette position difficile à assumer ?

Je crois qu'en l'occurrence, ma position est assez ambivalente. D'un côté, je représente pour eux une figure paternelle, mais de l'autre, ils me jugent totalement incapable de lacer mes chaussures sans leur aide. (*Rires*) Il y a du vrai des deux côtés.

Un jour, mon père étant tombé malade, j'ai dû prendre l'avion pour aller voir mes parents en Floride. Lorsque je suis revenu sur le tournage, les membres de l'équipe ont eu peine à croire que j'avais pu m'y rendre tout seul. « Tu veux dire que tu es allé à l'aéroport tout seul, que tu as pris l'avion pour la Floride tout seul et que tu es revenu à New York tout seul ? » Je leur ai répondu que j'avais fait le tour du monde tout seul, mais ils ne pouvaient pas le croire. Pour eux, c'était inconcevable. En fait, si mon métier me confère la stature d'une figure paternelle, il me fait également passer pour un inadapté. Mes collaborateurs me voient au fond comme une espèce de singe savant, qui ne sait rien faire d'autre que des films.

Quelqu'un a avancé que le travail de metteur en scène de cinéma serait sans doute l'un des plus difficiles, car il oblige à prendre quantité de décisions d'ordre tout à fait différent au cours de la même journée.

Sans aucun doute. Truffaut en a d'ailleurs donné une image très juste dans son film *La Nuit américaine*. C'est vrai, tout le monde vous presse de questions, les acteurs, les décorateurs, les costumiers, l'opérateur. Il faut sans cesse prendre des décisions. Mais on n'y pense pas. On ne se dit pas : « Bon sang, encore des décisions, toujours des décisions à prendre ! ». Car faire un film, c'est ça.

Êtes-vous soulagé de savoir qu'un tournage est fini et que le montage tire à sa fin ? Ou au contraire, déprimé de devoir quitter le plateau, les acteurs et l'équipe technique, au dernier jour du tournage ?

Non, pas déprimé... même si on ressent toujours un petit pincement, au moment de se séparer de tous les gens dont on a été si proche durant de longs mois, et qu'on ne reverra plus avant un bon moment.

Combien de temps Carlo Di Palma passe-t-il aux États-Unis, en moyenne ? Lorsque vous aurez terminé votre nouveau scénario, viendra-t-il aussitôt à New York pour discuter avec vous des problèmes posés par votre nouveau projet ?

Carlo a le choix habituellement, il prend des petites vacances, pour se reposer. De temps à autre, tous les deux-trois ans, il intercale un autre film.

Vous m'avez appris il y a quelque temps que vous comptiez vous mettre à écrire votre prochain scénario mardi prochain. Comment allez-vous procéder ? Allez-vous vous enfermer dans votre bureau de telle heure à telle heure, comme un employé de bureau ?

Oui. J'ai coutume de me lever tôt. Je descends donc ici, où je prends mon petit déjeuner. Puis, je me mets au travail. D'ordinaire, je travaille seul, même s'il m'arrive parfois de prendre un collaborateur. Je me retire donc au fond du salon, et je me mets à réfléchir. J'arpente de long en large la terrasse, ou je vais faire le tour du pâté de maisons. Je remonte à l'étage, je prends une douche, puis je redescends, et je me remets à réfléchir. À force de réfléchir, il arrive qu'une idée me vienne – en somme, je travaille à la sueur de mon front, si j'ose dire…

Les gens incapables de faire ça – autrement dit, la plupart des gens – ne peuvent comprendre comment fonctionne l'imagination. Ils demeurent donc convain-

Woody Allen et Diane Keaton.

Diane Keaton et Woody Allen.

Diane Keaton, Alan Alda, Anjelica Huston et Woody Allen dans Meutre mystérieux à Manhattan.

cus que chacun de mes films est autobiographique. Beaucoup ne peuvent pas comprendre ce qu'il en est. Je ne leur en veux pas pour autant. Mais ils croient toujours que mes histoires, mes idées, je les puise dans la réalité. Je me vois donc forcé d'expliquer à chaque fois que *Annie Hall* n'était pas autobiographique, pas plus que *Manhattan* ou *Maris et femmes*.

Sous sa forme définitive, le scénario de *Maris et femmes* était strictement une œuvre d'imagination. J'avais d'ailleurs terminé ce scénario bien avant que n'arrivent tous les événements que vous avez pu voir étalés dans les journaux. Cette histoire n'a donc rien à voir avec ma vie privée. Lorsque j'ai donné le scénario à Mia, je lui ai demandé si elle préférait jouer le rôle de Judy, ou celui de Sally. Elle m'a répondu qu'elle n'en savait rien, et qu'elle devait y réfléchir. Elle a fini par trancher, mais elle aurait tout aussi bien pu jouer l'autre personnage. D'ordinaire, je la laisse toujours libre de choisir dans le scénario le personnage qu'elle préfère.

Le scénario de *Maris et femmes* ne comporte donc aucun élément autobiographique. Au départ, j'ignorais tout des personnages de Sydney Pollack et de Judy Davis. Ils ont pris corps au fur et à mesure que je travaillais. Je ne fréquente aucune jeune femme du genre de Juliette Lewis, je n'ai jamais rencontré aucune fille qui lui ressemble. J'ai connu des jeunes femmes, mais je ne l'ai pas connue, elle. Je ne saurais même affirmer qu'un tel personnage puisse exister. J'ai d'ailleurs eu beaucoup de mal à trouver une comédienne pour ce rôle, car dans la vie réelle, il n'existe peut-être tout simplement personne comme mon héroïne. Elle est née de mon imagination. Tout cela n'a donc rien à voir avec les rapports personnels que j'entretiens avec Mia. Tout est imaginé ici, dans cette pièce ou sur cette terrasse. Ce n'est que le fruit de mes rêves. Les gens demeurent persuadés que *Annie Hall* et *Manhattan* étaient des films autobiographiques, alors qu'en fait, j'ai écrit les scénarios de ces deux films avec Marshall Brickman, qui y a ajouté beaucoup de matière. De l'autobiographie de qui parle-t-on au juste, dans ces conditions? De la sienne, ou de la mienne ? Tout cela n'a aucun intérêt.

Pour votre prochain scénario, comment va se dérouler le travail d'écriture ?

À partir du moment où la machine est lancée, l'inconscient travaille tout seul. Il arrive parfois que je me sente trop fatigué, et que je m'accorde une petite récréation. Dans ces cas-là, je joue un peu de clarinette, je regarde un film, mais même lorsque je ne réfléchis pas activement, mon inconscient turbine. Et le jour où je me lève prêt à attaquer la rédaction proprement dite, j'ai passé un cap. Ce jour-là, en effet, le plus gros du travail est fini. Le travail le plus pénible est déjà derrière moi. Écrire n'est plus ensuite que pur plaisir.

En outre, j'écris vite puisque tout le travail est déjà fait. Il arrive parfois, mais assez rarement que je bute sur certaines difficultés. Je suis capable d'écrire n'importe où, dans n'importe quelles conditions. Il m'est arrivé d'écrire dans des chambres d'hôtels, ou même dans la rue, assis sur le trottoir. Parfois, je note des scènes au dos d'enveloppes. Je n'ai pas besoin de tout l'attirail ridicule qu'affectionnent certains écrivains, qui ne travaillent que sur du beau papier bien blanc, avec des crayons bien taillés. Tout cela m'indiffère absolument. Il m'arrive d'écrire un grand bout à la main, de taper la suite à la machine, et de terminer au dos d'une note de teinturier. Le scénario original ressemble souvent à un torchon. Mais cela n'a aucune importance, à mes yeux.

Pourtant, dès que j'écris, je le fais avec un vif plaisir. Écrire me procure une vraie jouissance. C'est une activité intellectuelle agréable et jouissive. En revanche, il m'est extrêmement pénible, car difficile, d'imaginer le plan et l'intrigue.

Cette phase est-elle aussi pénible pour chacun de vos scénarios ?

Dans la plupart des cas. Toutefois, de temps à autre, il me vient une idée que je me trouve incapable de traiter. Après m'y être essayé quelque temps, je la mets donc de côté, pour ne la reprendre peut-être que deux ans plus tard. Entre-temps, je fais un autre film. Le processus de maturation de cette idée aura donc pris fort longtemps, mais le cas demeure assez exceptionnel.

Combien diriez-vous qu'il vous faut de temps pour concevoir la trame d'une histoire ? Quelques semaines, ou plus ?

À peu près. Pour mon prochain scénario *Coups de feu sur Broadway*, je m'apprête à travailler avec un écrivain. Nous passerons probablement les deux premières semaines à discuter à bâtons rompus, en abordant toutes sortes de sujets. Nous pourrons envisager tour à tour de faire un film sur les anthropophages, ou un film qui se passe dans un avion, ou un film en noir et blanc, ou un film muet. Bref, toutes les idées qui nous passeront par la tête. Et puis, surgira du lot une idée plus intéressante, qui accrochera notre imagination ; nous y reviendrons à diverses reprises, en sentant que nous tenons quelque chose. Et enfin, nous entreprendrons de la développer.

Cette fois-ci, vous allez donc travailler avec un co-scénariste. S'agit-il de quelqu'un avec qui vous avez déjà travaillé ?

Non. Il s'agit de Doug McGrath, qui est écrivain. J'ai vu et apprécié certaines de ses petites productions, qui sont assez drôles. J'ai également lu un peu de sa prose. Et surtout, je l'ai rencontré, lui. Chaque fois que nous avons eu l'occasion de discuter, il a fait preuve d'un certain esprit, et d'un bon sens de la répartie. Après avoir écrit tant de scénarios tout seul, j'ai pensé qu'il serait amusant d'essayer cette nouvelle collaboration. Si jamais il m'appelle en disant que quelque chose l'oblige à se rendre en Europe, et qu'il n'est pas disponible, je pourrai toujours commencer seul. Pourtant j'aimerais bien voir si notre collaboration ne donnerait pas quelque chose d'un peu original, ou d'un peu neuf. Sinon, j'ai travaillé avec Mickey Rose pour *Prends l'oseille et tire-toi* et *Bananas*. J'ai écrit également quelques films avec Marshall Brickman, qui vit de l'autre côté de Central Park, dans l'immeuble que vous voyez là, avec deux grandes tours. Je travaille encore avec lui de temps à autre, car il écrit bien, il est très drôle et nous nous amusons beaucoup ensemble.

Et il y a en outre un autre type, avec lequel j'ai passé quelques soirées agréables. Il vient de terminer une adaptation de *Born Yesterday* pour Disney. Il était très content, très excité par ce projet, bien que pour ma part, je ne trouve pas que l'idée de faire un remake de ce film soit très bonne. À mon avis, *Born Yesterday* [*Comment l'esprit vient aux femmes* (interprété par Judy Holliday) de George Cukor, 1950] est l'une des meilleures comédies qui aient jamais été écrites pour le théâtre aux États-Unis, et le film qui en avait été tiré constituait lui aussi une œuvre de premier plan.

Vous dites que pour écrire, vous utilisez soit un crayon, soit une machine à écrire. Vous ne vous êtes donc pas mis au traitement de texte sur ordinateur ?

Non, et je ne sais pas si je le ferai jamais. Je travaille toujours sur la vieille machine que je m'étais offerte à seize ans. C'est une Olympia portable de fabrication allemande que j'avais payée quarante dollars. Il suffit de la voir pour être sûr qu'elle est de fabrication allemande: elle a tout du char d'assaut. Pour moi, quarante dollars représentaient une petite fortune, à l'époque. J'avais donc demandé au marchand si cette machine était solide. Il m'a répondu qu'elle nous survivrait sans doute. Il avait raison. Je m'en sers depuis une quarantaine d'années. Je ne tape jamais rien sur une autre machine. C'est une pure merveille mécanique. J'ai vu des traitements de texte, mais je ne pense pas que je remiserai jamais mon Olympia pour travailler là-dessus.

Lorsque vous terminez la première mouture, la laissez-vous reposer quelque temps avant d'entreprendre la seconde ? Comment procédez-vous ?

Je corrige tout de suite. Dès que j'ai fini le premier jet de l'histoire, je m'attelle à la frappe, pour des raisons de lisibilité. Je tape donc une version au propre, que je corrige ensuite au crayon. La correction me prend deux jours, au plus. Je corrige toujours très vite. Cela fait, je toilette une dernière fois le texte, avant de le donner à une dactylo. Mes accords avec la production stipulent clairement que dès ce jour, nous entrons en phase de préparation. Je n'ai donc jamais à perdre de temps à chercher de l'argent, ni rien. Dès que le texte sort de ma machine, on démarre !

Woody Allen à la clarinette, joue du jazz avec Herb All.

Je donne ensuite le scénario au producteur Robert Greenhut, qui me rappelle très rapidement pour m'annoncer, par exemple que, d'après ses calculs, le film coûterait vingt millions de dollars, alors que nous ne disposons que de douze ou treize millions. Toutefois, dès le stade de l'écriture, je tiens compte des questions de budget. Je n'excède donc jamais trop celui dont je pourrais disposer. Néanmoins, Robert Greenhut me fait parfois remarquer qu'il faudra en rabattre d'un demi-million de dollars, par exemple. Il me demande alors si le film n'en pâtirait pas, si je me contenterais de ne tourner que cinq scènes sous la pluie, au lieu de vingt. Il faut toujours faire un certain nombre de compromis.

Mais vous ne faites jamais que deux moutures, la seconde n'étant qu'une mise au propre de la première ?

Exactement. Après quoi, je ne touche plus au scénario.

Vous ne faites jamais lire votre scénario à personne, hormis Robert Greenhut ? Vous n'éprouvez jamais le besoin de consulter quiconque d'autre ?

(Après mûre réflexion). Non. D'ordinaire, je montrais le texte à Mia, à Diane Keaton ou à la star qui devait jouer dans le film, si je l'avais déjà choisie. Et en général, je m'en tenais là. Plus le temps passe, et plus je me fie à moi-même. À l'époque de mes premiers films, j'organisais beaucoup de previews. Je me glissais subrepticement au fond de la salle, pour épier les réactions, en fonction desquelles j'opérais des aménagements ou des coupes. Peu à peu, j'ai réduit les previews, pour me contenter de deux.

Finalement, je me suis mis à organiser ces previews dans ma propre salle de projection.

Lorsque je termine un film, je le projette cinq ou six fois dans ma salle, où j'invite ma sœur et quelques amis. À la fin de la projection, je leur demande s'ils ont des remarques à faire, s'il y a des choses qu'ils n'ont pas comprises ou qui les ont gênés. Ils me disent alors s'ils ont aimé le film ou pas, s'il y a une scène qu'ils n'ont pas comprise, ou mal comprise. Je tiens compte de toutes leurs remarques, même si pour moi, à ce stade, le film est déjà pratiquement terminé.

Les relations que vous entretenez avec vos producteurs font de vous un metteur en scène à part. Vous avez toute latitude d'écrire les films qui vous intéressent, de les réaliser comme vous le désirez, et surtout d'en faire au moins un par an. Vous n'êtes limité que par certains impératifs économiques. Avez-vous l'impression de brider votre imagination, de limiter vos idées, à seule fin de ne pas dépasser les budgets qui vous sont alloués ? Avez-vous dû renoncer à certains projets pour des raisons d'économie ?

Dans une certaine mesure. Par exemple, j'ai toujours rêvé de faire un film sur le jazz. Je suis persuadé que je saurais faire un bon film sur ce sujet. Mais mon idée reviendrait beaucoup trop cher. Jusqu'ici, je l'ai donc remisée dans un coin de ma tête. Le film coûterait très cher, car il retracerait les débuts du style New Orleans, avant d'évoquer les jazzmen de Chicago, de New York et de Paris. Il exigerait une énorme infrastructure. Il faudrait refaire les costumes, recréer les décors. Ce serait sans doute un film merveilleux, mais impossible à faire sans y mettre le prix.

Avez-vous déjà rédigé le scénario de ce projet ?

Non, je n'ai rien écrit. Je me refuse à consacrer du temps à l'écriture d'un projet que je ne pourrais pas réaliser sans me donner la peine de chercher énormément d'argent. Un jour viendra peut-être où j'aurai la possibilité d'obtenir un tel financement, et là, je m'y attellerai.

1. Au moment où Woody Allen parle, le film n'est pas encore totalement terminé.

Le finale dramatique de Meurtre mystérieux à Manhattan *inspiré de celui de* La Dame de Shanghaï *d'Orson Welles où Rita Hayworth se reflète dans les miroirs brisés qui l'encerclent.*

25

Entracte

Nos premiers entretiens, en vue de la première édition de ce livre, remontent déjà à huit ou neuf ans. Ils ont eu lieu durant l'une des périodes les plus difficiles de votre vie, à l'époque où vous vous êtes séparé de Mia Farrow et où vous deviez faire face aux conséquences de cette rupture. J'avais été très impressionné par votre capacité à établir une parfaite étanchéité entre votre vie professionnelle et votre vie privée.

Je me souviens que la nouvelle de votre rupture est tombée un mardi matin, et que nous avions rendez-vous le lendemain. Comme je m'y attendais, votre assistante, Lauren Gibson, m'a appelé pour annuler ce rendez-vous et m'avertir qu'elle me rappellerait quand elle aurait de plus amples informations. Ce qu'elle a fait, un peu plus tard dans la journée, en me proposant de vous rencontrer le samedi suivant à votre domicile et non à votre bureau, comme nous en avions l'habitude jusque là. Ce samedi-là, nous avons donc poursuivi nos entretiens et vous m'avez donné le sentiment d'être presque détaché, vis à vis de toute cette affaire. Vous semblez n'avoir aucune difficulté à séparer vie professionnelle et vie privée.

Sans doute, parce que l'une n'a rien à voir avec l'autre. Pendant toute la période où cette affaire a alimenté les journaux, j'ai beaucoup travaillé. J'ai terminé quelques films, j'ai écrit une pièce en un acte qui été représentée off-Broadway, j'ai réalisé un téléfilm et j'ai continué à jouer tous les lundis soirs avec mon orchestre de jazz. Je ne mélangeais donc pas tout. D'un côté, il y avait un problème juridique dont j'avais confié la gestion à des avocats, parce que j'aurais été bien incapable de prendre moi-même en main ce genre de choses. Naturellement, les avocats m'appelaient de temps en temps pour me poser certaines questions, mais je restais libre de travailler. Tout cela ne m'a pas gêné au point de m'empêcher de travailler.

Vous n'éprouviez donc aucune difficulté ?

Non, aucune.

J'imagine que tout ce qui a été dit et écrit concernant votre relation avec Mia Farrow vous a tout de même affecté, d'une certaine manière. Non ?

Je ne lis jamais ce qui s'écrit sur moi. J'ai découvert il y a très longtemps que la meilleure manière de travailler consiste à ne jamais lire ce genre de choses, et à ne jamais se regarder à la télévision. Je vis un peu en autruche. Je ne lis pas les critiques de mes films ni les articles que l'on écrit sur moi, car tout cela est dénué de sens à mes yeux. Cela étant, si vous me demandez de relire les épreuves de votre livre, je le ferai, naturellement. Pour en revenir à cette période, je me suis donc contenté de continuer à travailler.

Lorsque j'ai commencé dans le métier, on écrivait sans cesse des tas d'articles sur moi. Il y avait des gens qui appréciaient ce que je faisais et d'autres qui n'appréciaient guère. Mais cela ne m'a jamais fait ni chaud ni froid, parce que ça n'a pas beaucoup de sens. Si tout le monde adorait ce que je faisais, cela ne signifiait pas que j'avais fait quelque chose de bien. Inversement, si tout le monde détestait, cela ne voulait pas dire que ce que je faisais était nul (cela voulait juste dire que les spectateurs n'iraient pas voir le film, en général). Il y a donc près de trente ans que j'ai cessé de lire ce qui s'écrit sur moi. Plus de trente ans, en fait.

Si tous les commentaires émis sur cette rupture n'ont pas affecté votre vie privée, ont-ils eu un impact quelconque sur votre vie professionnelle ?

Non. J'ai continué à faire mes films comme je les ai toujours faits. J'ai tourné *Meurtre mystérieux à Manhattan* dans les rues de New York, après quoi j'ai enchaîné sur *Coups de feu sur Broadway*, puis sur d'autres films. A mes yeux, ça ne constituait pas un problème. Je crois que ça ne nous a absolument pas atteints, ni les uns, ni les autres. La question a peut-être été évoquée par des producteurs ou des distributeurs préoccupés par mes ressources ou ma solvabilité, mais si c'est le cas, je n'en ai pas eu vent. Personne n'a jugé bon de prendre l'air désespéré. Personne ne m'a rien dit. Personne ne m'a appelé pour annuler ou différer un projet. Même dans la rue, d'ailleurs. Personne ne m'a arrêté pour me poser des questions sur cette affaire. La presse s'est déchaînée, mais cela n'a eu aucune conséquence sur ma vie. La question de me voir refusée la garde de mes enfants m'inquiétait beaucoup, mais elle ne pouvait être résolue qu'au tribunal.

Durant nos premiers entretiens, en vue de la première édition de ce livre, nous avions abordé votre production par ordre chronologique. Et curieusement, le samedi où nous avons repris le travail, nous devions parler de Comédie érotique d'une nuit d'été, *qui fut votre premier film avec Mia Farrow. Vous m'avez parlé de son travail d'actrice, de ses talents et de ses qualités exactement comme vous me parliez des autres comédiens avec lesquels vous aviez travaillé. Cela m'a paru admirable.*

Mia Farrow est une bonne actrice, et à mon sens, Hollywood ne lui fait pas la place qu'elle mérite. Mais elle a grandi à Hollywood, où sa mère était une actrice célèbre et son père, réalisateur ; ce qui explique la chose, je crois. En tous cas, j'ai toujours eu l'impression qu'en tant qu'actrice, elle ne recevait pas l'accueil qu'elle méritait. Je n'ai jamais eu le moindre problème avec elle, au plan professionnel.

Nos problèmes étaient uniquement personnels. Mais Mia est quelqu'un avec qui il est facile de travailler. Elle était créative. Une très bonne actrice, avec un registre assez étendu. Elle était aussi à l'aise dans le burlesque que dans des rôles très sérieux. Professionnellement parlant, je n'ai que des compliments à lui faire. Et j'ai toujours pensé qu'elle n'avait pas la notoriété qu'elle méritait. Je crois que cela vient de ses origines, de la célébrité qu'elle a connue très tôt, pas en tant qu'actrice, mais en tant que fille de personnalités hollywoodiennes, et en tant qu'épouse de Frank Sinatra, bien sûr. Il me semble qu'aux yeux du public, elle demeurait liée à une certaine idée de Hollywood, passablement frivole et pas vraiment sérieuse. Peut-être était-elle trop jolie, aussi.

Elle n'a jamais été prise au sérieux, exactement comme Tuesday Weld, qui n'a jamais pu s'assurer une place à la hauteur de ses mérites. Tuesday Weld est elle aussi une très bonne actrice qui a tardé à obtenir une reconnaissance méritée. Mais il existe beaucoup de gens qui pâtissent pour les raisons les plus idiotes. Il est possible que le nom de Tuesday Weld soit connoté « léger ». Ce qui est ridicule.

Aux États-Unis, il y a un merveilleux acteur, c'est Rip Thorn. Il a toujours été parfait, au cinéma comme sur scène. Mais son nom a joué contre lui. Il a dû lutter contre son nom. Il a dû passer son temps à prouver qu'il valait mieux que tous ces gens de Hollywood affublés de noms débiles. Mais finalement, il a été pris au sérieux et son véritable talent a été reconnu. Et c'est justice. N'empêche qu'il a eu du mal, parce que les gens restaient focalisés sur son nom, sans s'apercevoir que c'était un acteur fantastique, au répertoire très diversifié. La perception des gens est parfois déterminée par des choses très curieuses.

À cette époque, vous étiez en train de préparer le tournage de Meurtre mystérieux à Manhattan *et j'ai cru comprendre qu'en écrivant le scénario, vous songiez à Mia Farrow pour incarner le premier rôle féminin.*

Oui, elle devait jouer dans le film, mais tout est tombé à l'eau. J'ai donc appelé Diane Keaton pour lui proposer de reprendre le rôle. Elle a accepté tout de suite.

La rumeur prétend que Mia Farrow entendait pourtant garder ce rôle…

Non, ce n'étaient que des gesticulations juridiques, car nous étions encore au tribunal. Elle se félicitait évidemment de ne pas avoir à jouer ce rôle dans de telles circonstances. Il était difficile d'imaginer que nous puissions travailler ensemble à ce moment-là. Mais elle aurait été très bien pour ce film. Des années après, lorsque je faisais le casting de *Maudite Aphrodite* avec Juliet Taylor, nous parlions du rôle qui est finalement revenu à Helena Bonham-Carter et tout d'un coup, je me suis écrié : « Et si on prenait Mia ? Elle serait parfaite pour ce rôle ! » Tous les gens qui étaient dans la pièce m'ont répondu que si je faisais ça, ils quitteraient le bateau. Ils se demandaient comment j'avais pu avoir une idée pareille, après les

Entre les prises de Coups de feu sur Broadway, *Woody Allen se met à l'écart pour prendre conseil au téléphone auprès de son avocat.*

difficultés par lesquelles nous étions passés. Ils me traitaient de fou. N'empêche que Mia aurait été très bien dans le rôle et qu'elle aurait probablement accepté ce travail. Je l'aurais dirigée et elle se serait comportée en professionnelle. La différence, c'est qu'après la journée de tournage, nous serions rentrés chacun chez nous au lieu d'aller dîner ensemble ; nos rapports seraient demeurés strictement professionnels. Mais personne ne voulait entendre parler de cette idée, alors…

J'aurais donc parfaitement pu faire *Meurtre mystérieux à Manhattan* avec elle, même si cela posait pas mal de problèmes juridiques. En fait, ma position s'en serait trouvée affaiblie devant la cour. Car, parallèlement, ses avocats tenaient à faire comme si elle désirait encore jouer le rôle, de manière à mieux défendre ses intérêts et le salaire prévu par son contrat. Si elle a prétendu vouloir jouer le rôle, elle n'était donc pas très sérieuse, en fait.

Croyez-vous vraiment que Mia Farrow aurait accepté de jouer dans Maudite Aphrodite, *si vous lui aviez proposé ce rôle ? C'est une question purement rhétorique, bien sûr.*

Je n'en sais rien. Sur ces questions-là, j'ai conscience de ne pas agir comme la plupart des gens. Il m'est arrivé de proposer des rôles à des comédiens qui m'étaient ouvertement hostiles. Pour moi, ça ne posait aucun problème. Tout ce qui m'importait, c'était de trouver le bon acteur pour le bon rôle. Je me contrefiche des positions politiques et des idées religieuses des uns et des autres, comme de l'affection ou de l'animosité qu'ils peuvent me porter. Tout cela n'entre pas en ligne de compte. Si tel acteur est capable de tenir le rôle, ça suffit. Je n'en veux jamais à personne, du moment que le travail est fait correctement.

Je ne sais si Mia dirait la même chose. Mais c'est possible. Elle en avait l'étoffe et peut-être se serait-elle dit : « Après tout, pourquoi pas ? Je peux jouer ce rôle. C'est un bon emploi, correctement payé et tout… Il suffirait de dire bonjour le matin, de faire mon boulot, puis de dire bonsoir, et c'est tout. » Naturellement, elle aurait tout aussi bien pu se dire : « Il est dingue ! Je refuse de l'approcher à moins de trois mètres ! » Mais si Juliet Taylor avait accepté l'idée, j'aurais probablement appelé Mia dans la minute.

Vous avez donc employé des acteurs qui se montraient assez critiques envers vous. Cela vous a-t-il posé des problèmes ? Avez-vous été obligé, pour travailler avec eux, de changer la manière dont vous dirigez les comédiens qui font partie de « votre famille », pour ainsi dire ?

Non, parce que je suis toujours assez distant, sur les tournages. Je suis très poli avec tout le monde, et pas familier du tout. Dans un interview, un acteur avec lequel j'avais travaillé a prétendu que je ne lui adressais jamais la parole. Que je me contentais de lui dire bonjour le matin, et de lui demander si on lui avait servi un café. Mais c'est sans doute vrai. C'est ainsi que je me comporte envers tout le monde. Je les salue le matin, on travaille et puis je leur dis bonsoir, et voilà… Généralement, je ne déjeune pas avec les acteurs. S'ils me posent des questions, ou s'ils expriment une demande quelconque, je leur réponds.

Ça, je l'ai remarqué en assistant au tournage de deux de vos films – Meurtre mystérieux à Manhattan *et* Coups de feu sur Broadway. *Et j'ai été surpris de vous voir parler si peu aux acteurs entre les prises. Je me souviens surtout du jour je suis venu sur l'un des décors de* Coups de feu sur Broadway *– l'appartement du chef des gangsters. Vous étiez en train de tourner une scène qui réunissait John Cusack, Jack Warden, Jennifer Tilly et Joe Viterelli. Une scène avec un dialogue très vif, et beaucoup de disputes. Mais entre les prises, vous vous écartiez pour laisser les acteurs entre eux ; vous alliez vous asseoir à l'autre bout de la pièce, tout seul ou avec la scripte, Kay Chapin. Et puis juste avant de demander le moteur, vous êtes revenu donner aux acteurs quelques instructions supplémentaires, qui se résumaient essentiellement à leur conseiller de dire leur dialogue plus vite, à un rythme plus soutenu. Vous avez refait la prise et ensuite, vous vous êtes à nouveau écarté.*

C'est exact, il est rare que j'aie quelque chose à dire aux acteurs, à quelques petits réglages près. La plupart des acteurs et des actrices avec lesquels je travaille sont excellents. Ils font leur travail parfaitement. Je n'éprouve donc aucun besoin d'aller les asticoter toutes les deux secondes. S'il y a un pépin, s'ils vont trop lentement, s'ils en remettent dans l'émotion, j'interviens, mais j'ai rarement à le faire souvent. D'ordinaire, les acteurs que j'emploie vont d'instinct à la qualité.

Vous avez sans doute vu des photos prises sur les tournages de Bergman. Bien souvent, on le voit assis sur un divan comme celui sur lequel vous êtes assis à présent, en compagnie d'une actrice ou d'un acteur qu'il serre contre lui.

C'est un homme très sensible, et très chaleureux.

Peut-être éprouve-t-il le besoin de rassurer ses comédiens. Mais on le voit souvent dans cette posture-là. Il a toujours privilégié cette approche très intime.

Je sais, par des gens qui l'ont vu au travail, qu'il est capable de prendre un acteur par les épaules et de se montrer très chaleureux envers lui, d'une manière très personnalisée. Je trouve ça merveilleux et je suis convaincu que ça doit marcher très bien avec les acteurs. On le voit, du reste, parce que Bergman parvient à tirer d'eux des choses admirables. Il stimule leur créativité en les mettant à l'aise.

Cela pousse peut être l'acteur à voir en lui une sorte de figure paternelle.

Oui, il fait preuve d'une réelle affection, d'une réelle empathie, pour les acteurs.

26

Coups de feu sur Broadway

DAVID : « Je suis un artiste et je ne changerai pas une seule réplique de ma pièce ! » *(Coups de feu sur Broadway)*

Nous avions conclu la première édition de ce livre en évoquant les projets que vous comptiez entreprendre. À l'époque, vous n'étiez pas vraiment fixé, mais vous saviez que vous vouliez travailler avec Douglas McGrath.

C'était donc après *Meurtre mystérieux à Manhattan*, alors ?

Oui. Pourquoi avez-vous décidé d'écrire votre nouveau scénario en collaboration ? Vous n'aviez pas d'intrigue en tête, mais il paraissait évident que vous ne vouliez pas écrire seul. Pourquoi avoir choisi McGrath ?

Doug est un ami proche, tout comme Marshall Brickman. De temps à autres, tous les six ou sept films, je finis par me sentir un peu seul, dans la phase d'écriture. Quand on se retrouve seul à sa table, années après années, et que cela se répète, on finit par se dire qu'on pourrait se faire plaisir et travailler avec un ami avec lequel on aime passer du temps. L'écriture devient alors un processus plus agréable. On se retrouve, on se promène, on va dîner ensemble et on parle du projet. On se sent beaucoup moins isolé. De temps en temps, je m'offre donc cette petite gratification, et c'est ce qui s'est passé en l'occurrence.

Avez-vous évoqué d'autres projets, avant de travailler sur Coups de feu sur Broadway *?*

J'ai proposé plusieurs idées à Doug, pour voir celle qui retiendrait son attention. Il a beaucoup aimé *Coups de feu sur Broadway*. Personnellement, ce n'était pas l'idée que je préférais, mais l'enthousiasme de Doug m'a poussé à m'y mettre. Si j'avais été seul, j'aurais sans doute développé un autre projet, mais Doug me soutenait que j'avais déjà traité mes autres thèmes sous d'autres formes, alors que je tenais là quelque chose de différent. En tant que spectateur, il avait l'impression qu'il avait envie de voir un film comme *Coups de feu sur Broadway*. Je me suis donc mis à travailler avec lui. Nous avons commencé à discuter, et l'intrigue s'est esquissée au fil de nos conversations.

Au départ, Coups de feu sur Broadway, *ne vous paraissait donc pas très intéressant, comme projet ?*

L'idée d'un gangster qui veut placer sa petite amie dans une pièce ne me semblait pas très originale. Ce qui me semblait original, en revanche, c'était le personnage du jeune gangster – le bras droit du patron – qui se révèle plus doué comme auteur que le dramaturge de mon histoire. Lorsque nous avons imaginé que le gangster pourrait s'attacher à son scénario au point de tuer la fille, je me suis rendu compte que nous tenions quelque chose, et cela m'a donné envie de poursuivre. L'histoire reposait sur quelque chose de solide. Tout s'organisait autour du dramaturge et du gangster, dont la relation était basée sur leur passion commune, la passion de l'art, si bien qu'à l'arrivée, on ne sait plus très bien qui est le plus artiste des deux. Cette idée suffisait à justifier le projet. Reste que si j'ai fait *Coups de feu sur Broadway*, c'était surtout parce que, de toutes mes idées, c'était celle que Doug préférait.

Avez-vous développé certaines de vos autres idées par la suite ? Vous disiez en avoir soumis quatre ou cinq à Doug McGrath.

Oui, *Escrocs mais pas trop* et *Le Sortilège du scorpion de jade* figuraient tous deux sur la liste. Ces deux idées me paraissaient amusantes, et dignes d'être développées.

Dans le film, le rôle du jeune auteur, David Shane, est interprété par John Cusack. Il a du mal à écrire sa pièce et demande de l'aide à Cheech, le gangster. Étant donné que vous avez écrit le scénario avec Doug McGrath, je me demandais si cette collaboration vous avait donné des idées, pour les séquences qui font intervenir l'auteur.

Non. Ça, c'était l'idée de départ. Un gangster veut caser sa petite amie dans une pièce et il s'avère que ce gangster a de meilleures idées que le dramaturge. Ça, c'était la base. Il ne nous restait plus qu'à concevoir la structure appropriée au traitement de cette intrigue.

Chazz Palminteri – qui joue le rôle de Cheech – est lui même auteur. Connaissiez-vous son travail avant de l'employer ?

Non. Son premier film n'était pas encore sorti, à l'époque, et je n'avais jamais entendu parler de lui. C'est Juliet Taylor qui tenait à ce que je le rencontre, car il lui paraissait idéal pour le rôle. J'ai donc accepté de rencontrer Chazz et à l'instant où il a passé la porte, je me suis rendu compte qu'il incarnait exactement le personnage que j'avais en tête en écrivant le rôle. On n'aurait pu rêver meilleure distribution.

Vous n'avez donc vu aucun de ses films ?

Si, par la suite, j'ai vu *A Bronx Story*. C'est un film très plaisant, profondément autobiographique.

L'intrigue de Coups de feu sur Broadway *est centrée sur le travail du dramaturge, auquel revient le premier dialogue du film, lorsqu'il déclare à son agent qu'il refuse de changer une ligne de sa pièce. Ensuite, petit à petit, il doit faire des concessions. Au gangster, au producteur, aux vedettes, etc. Les gens dont vous choisissez de vous entourer lorsque vous faites un film émettent-ils parfois des remarques sur vos scénarios ? Tentent-ils d'influencer votre travail ?*

Oui, des remarques et des commentaires me parviennent de toutes parts. Mais en règle générale, personne ne voit le scénario. Je ne donne pas mes scénarios à lire, je ne recherche pas d'avis ou d'opinions. Lorsque j'ai terminé un scénario, il entre en production. J'écris ce que j'ai envie d'écrire et personne ne tente de m'influencer à ce stade. Ni le producteur, ni la directrice de casting, ni le chef-opérateur, ni personne. Mais sur le plateau, c'est autre chose. Lorsqu'on commence à tourner, chacun vient mettre son grain de sel, la scripte, le premier assistant, le second assistant-caméra... Tout le monde apporte sa contribution, ou émet des remarques. « Telle blague n'est pas très drôle, tu ferais mieux de la remplacer par telle autre. » Ou bien : « Ça n'est pas très crédible. » Tout le monde a son opinion. Moi, j'écoute tout ça et… Parfois, ces remarques sont justifiées, parfois non.

Mais personne ne vient jamais me proposer d'apporter à mes scénarios des changements radicaux. Les gens se disent que j'ai réalisé suffisamment de films pour savoir ce que je fais. Et comme ils ne savent pas vraiment ce qu'ils font, je crois qu'ils sont trop anxieux pour me faire la moindre remarque. Ils se disent que

L'appartement du chef du gang dans Coups de feu sur Broadway. *John Cusack et Jack Warden, le jeune auteur et son agent, rencontrent Joe Viterelli et sa maîtresse, Jennifer Tilly, qui rêve de faire une carrière à la scène.*

moi je dois savoir m'y prendre, puisque j'ai déjà fait ça tant de fois. Je ne reçois donc pas tellement d'aide, sur un scénario.

La relation entre David et Cheech constitue à mon sens la partie la plus importante du film, car elle évolue constamment, d'une façon très positive, de la méfiance et la rivalité qui les opposent l'un à l'autre jusqu'à une sorte de respect mutuel d'égal à égal.

Absolument, c'est le cœur de l'intrigue. Peu à peu, Cheech va s'emparer de la pièce. Il se contente d'abord d'émettre de petites suggestions et finit par retoucher le texte lui-même. Ce faisant, il en arrive à parler de la pièce comme de *notre* pièce, puis de *ma* pièce, avant d'être prêt à tuer pour la défendre.

John Cusack – qui joue donc le dramaturge – tient un rôle très proche de ceux que vous jouiez vous-même dans des films antérieurs.

J'aurais effectivement pu jouer ce rôle si j'avais été plus jeune. C'est tout à fait mon registre, mais il valait mieux confier le rôle à Cusack. C'est un acteur fabuleux, tout à fait crédible dans des rôles d'intellectuel. J'ai déjà travaillé avec lui plusieurs fois, et je serais prêt à le refaire dès demain. Quelle que soit la qualité du film dans lequel il apparaît, John Cusack est toujours excellent. Il est unique.

L'avez-vous vu dans High Fidelity *?*

Oui, et je l'ai beaucoup apprécié. Je l'ai vu aussi dans *American Sweethearts*. Le film n'est pas très bon, mais lui, il est très bien, comme d'habitude.

Dans Coups de feu sur Broadway, *un des personnages – Sheldon Flender, qui joue le rôle du marxiste – soutient à un moment « qu'un artiste crée son propre univers moral, afin que rien ne puisse lui donner mauvaise conscience ». Jusqu'où pouvez-vous aller, quand il s'agit de défendre vos idées face aux producteurs ou aux autres intervenants ?*

Quand j'étais plus jeune, je devais défendre mes idées bec et ongles. Parfois, la cause était désespérée et je ne l'emportais pas. J'étais alors un simple exécutant, ce qui ne me plaisait pas, évidemment. Lorsque j'ai tourné mon premier film – *Quoi de neuf Pussycat ?* –, j'ai passé mon temps à batailler sans obtenir gain de cause parce que je manquais de surface. J'ai bataillé et bataillé, sans arriver à rien.

L'histoire de Coups de feu sur Broadway *est aussi celle de certaines aspirations. Tous les personnages ont leurs rêves et leurs ambitions. David, le dramaturge, voudrait être reconnu et avoir du succès. Helen Sinclair, l'actrice, voudrait réussir son come-back. Mais on découvre aussi des rêves moins ambitieux et plus surprenants, comme dans la séquence de la salle de billard, où Cheech, le gangster, révèle à David son rêve secret : « J'ai toujours voulu danser », dit-il « As-tu déjà vu danser George*

Raft ? » Les rêves constituent une sorte de lien entre tous les personnages du film.

C'est très agréable de décrire des personnages animés par des ambitions, parce que ça garantit la dynamique d'un film.

Coups de feu sur Broadway *est situé à la fin des années vingt. Aimez-vous tourner des films d'époque ?*

Oh oui, ça m'amuse. Ça n'amuse guère que moi, d'ailleurs, parce que les films d'époque coûtent assez cher. Mais ça me plaît car, à New York, les années vingt, trente et quarante furent des années prodigieuses. La musique était excellente, les voitures étaient splendides ; les boîtes de nuit, les théâtres, les vêtements, les gangsters, les marins et les soldats, tout était superbe. C'était une époque géniale et haute en couleur. Entre les années vingt et les années quarante, tout était très séduisant. Tout le monde fumait des cigarettes, on s'habillait pour aller au restaurant ou dans les boîtes. C'était une époque vraiment très élégante. J'aime donc situer l'action de mes films, ou de certains de mes films, durant ces années-là, parce que c'est très amusant.

Il faut tout de même parler du revers de la médaille. Les années trente ont été marquées par la crise, que vous évoquez d'ailleurs dans un film comme La Rose pourpre du Caire.

C'est exact. Les années trente ont été marquées par la crise, mais dans les années vingt, tout le monde vivait à l'aise ; et dans les années quarante, même quand la guerre a éclaté, les gens vivaient encore très bien. Mais pendant la crise, les gens cherchaient à s'évader. Ils n'avaient plus de travail, plus d'argent et le pays traversait des temps difficiles. Du coup, on cherchait le charme et l'évasion. On courait voir tous ces films et toutes ces pièces parlant de gens qui vivaient dans de luxueux appartements-terrasse new-yorkais. De fait, le théâtre était terriblement vivant à New York, pendant les années trente. Chaque soir, on avait le choix entre cent pièces ; on pouvait courir d'un théâtre à l'autre. Il faut dire qu'il y avait d'excellents auteurs, tels qu'Eugene O'Neill, Thornton Wilder, Clifford Oddets.

Auriez-vous aimé être adulte à cette époque ?

Non, parce que la pénicilline n'était pas encore commercialisée, ainsi que beaucoup de choses dont mon existence dépend aujourd'hui. Mais j'adore faire des films qui évoquent cette époque, et je préférerais sans doute que New York soit un peu plus policée, plus élégante qu'elle ne l'est aujourd'hui. Pensez aux femmes et aux hommes des années cinquante… Pensez au couple d'avocats formé par Katharine Hepburn et Spencer Tracy dans *Madame porte la culotte* [*Adam's Rib*], à ce moment où, alors qu'ils s'apprêtent à dîner dans leur propre appartement, Spencer Tracy monte d'abord à l'étage pour y passer un smoking. Ils sont chez eux et pourtant, ils s'habillent pour dîner. C'était formidable. À l'époque, on allait aux premières de l'opéra en queue-de-pie et aux premières des théâtres en smoking. Évidemment, c'est très superficiel de s'habiller, ça n'a pas beaucoup de sens, mais je regrette tout de même que le charme de cette époque ait disparu.

Oui, d'une certaine façon, ça montrait que les gens avaient certaines aspirations.

C'était une certaine idée de la fête. Quand les gens sortaient, c'était un événement, à l'époque. Aujourd'hui, c'est devenu ordinaire. Quand j'étais petit, c'était très amusant d'aller à Broadway les soirs de première, car on pouvait être sûr de voir toutes les limousines se ranger le long du trottoir, et tous les gens du métier en smokings. Et après, ils faisaient la fête. C'était vraiment quelque chose. Aujourd'hui, après les premières, on se contente d'organiser une petite fête idiote dans la salle d'un restaurant pour yuppies, et tout le monde se pointe en jeans et t-shirt. Ça n'a plus beaucoup de charme.

C'est un sentiment que vous avez également restitué dans Radio Days.

Je suis sans doute parmi les individus les moins élégants du monde. Néanmoins, je préférerais que les gens s'habillent encore pour aller dîner et que le théâtre ne commence pas à 19 h 30. Avant, le théâtre commençait à 20 h 40, ce qui laissait le temps de prendre un petit en-cas avant d'aller voir la pièce ; on sortait vers onze heures et quart et on allait souper dans une boîte, où il y avait même

Woody Allen dirige Dianne Wiest et John Cusack dans Coups de feu sur Broadway.

John Cusack et Dianne Wiest, le jeune auteur prometteur et sa Diva tant admirée dans Coups de feu sur Broadway.

un petit spectacle, parfois. Ensuite, on rentrait chez soi avec le sentiment d'avoir passé une soirée délicieuse. Mais la drogue et la criminalité ont déferlé sur New York, et les gens se sont mis à avoir peur de sortir. Ensuite, tout le monde est parti vivre en grande banlieue, si bien que le public des théâtres habitait désormais dans le Connecticut, à Long Island ou ailleurs encore. Ces gens-là n'ont pas envie de sortir du théâtre à onze heures et quart pour aller prendre leur train. Ils préfèrent rentrer chez eux plus tôt, car ils ont pas mal de route à faire. Tous les horaires ont donc été décalés, ce qui diminue le charme de la ville.

Visiblement, vous aimez tourner des films d'époque, mais ne trouvez-vous pas que cela vous complique la tâche ? D'ordinaire, vous ne travaillez pas en studio. Vous préférez tourner en décors naturels. Sur ce plan, j'imagine que les films d'époque doivent poser pas mal de problèmes à vos collaborateurs, sinon à vous-même.

C'est à Santo Loquasto, le décorateur, qu'il appartient de résoudre ces problèmes. Il sait que nous n'avons pas de très gros budgets. On ne peut pas se permettre de faire construire des boîtes de nuit, des théâtres, ni même des appartements. Santo s'en va donc par les rues et essaie de trouver des décors plus ou moins compatibles avec le projet, et il leur ajoute les éléments nécessaires. Quelques projecteurs, une petite bricole ici ou là et tout d'un coup, le décor est prêt. New York est une ville riche en surprises. J'y ai tourné une trentaine de films et lorsque je pars en repérages, je suis toujours surpris de découvrir le nombre de coins étonnants qui existent encore. Pour *Accords et désaccords*, qui était censé se passer à

Chicago, New York, en Californie et sur les routes qui sillonnent le pays, je n'ai jamais tourné à plus de trente blocks de chez moi.

Est-il arrivé que certains décors vous inspirent des scènes particulières ? Je ne pense pas seulement à vos films d'époque.

Oui, parfois, je vois quelque chose qui me donne une idée. Je me souviens qu'un jour, à l'époque où je travaillais avec Doug McGrath, il m'a montré un immeuble dans les sous-sols duquel on avait autrefois installé une brasserie. On y fabriquait de l'alcool et les gros tonneaux étaient encore sur place. Je me suis dit qu'un jour, je pourrais écrire une séquence située dans cet endroit. Bien souvent, lorsque je découvre une jolie rue quelque part dans New York, je me rends compte, en rentrant chez moi me remettre au travail, que je place mes personnages dans cette rue, preuve que ce décor a exercé une certaine influence sur moi et m'a inspiré.

Établissez-vous une fiche sur la rue ou le quartier que vous venez de visiter ?

Oui, je fais une fiche pour permettre à Santo d'aller voir sur place.

Et lorsque vous découvrez des décors intéressants qui ne sont pas utilisables pour le film en cours, les gardez-vous en mémoire pour des projets futurs ?

Oh, bien sûr. Et parfois, Santo me fait aussi des suggestions. Quand il repère un bel immeuble, même si on n'en a pas besoin pour l'instant, il me conseille d'aller y faire un tour à l'occasion. C'est ainsi qu'il avait repéré un bâtiment qui pouvait fonctionner pour l'ouverture de la séquence de l'appartement de Valenti, dans *Coups de feu sur Broadway*. C'était le rez-de chaussée d'un hôtel de Broadway – l'hôtel Edison. D'après Santo, il suffisait d'ajouter quelques lampes en façade. Je suis donc allé voir sur place. C'était effectivement très bien, très joli. Des bonheurs comme ça, on en a tout le temps. On n'a rien fait construire pour *Coups de feu sur Broadway*. Tout a été tourné en décors naturels au prix de légers aménagements : monter un mur ici, poser une fausse fenêtre là, etc.

La performance de Dianne Wiest dans Coups de feu sur Broadway *est un véritable tour de force. Comment avez-vous écrit son rôle ? Pensiez-vous déjà à elle, ou a-t-elle été choisie à un stade ultérieur ?*

Dianne est une amie. Elle m'a appelé lorsque j'écrivais le scénario pour me dire qu'elle désirait jouer dans mon prochain film. Elle était libre, ne jouait pas au théâtre et n'avait nulle envie de retourner en Californie. J'en ai été ravi. Mais plus tard, quand je lui ai donné le scénario et que je lui ai parlé du rôle que je lui avais réservé, elle a commencé par penser qu'elle ne pourrait pas le faire, que le rôle n'était pas pour elle. J'ai dû revenir à la charge plusieurs fois pour la convaincre. Juste avant le tournage, j'ai tenu son rôle en répétitions – ce que je ne fais pratiquement jamais pour aucun acteur. Mais là, j'ai dû m'y coller et lancer au moins quelques répliques pour lui indiquer ce que je voulais. À partir du moment où elle a pigé le truc, elle s'est montrée parfaite.

J'en suis certain, mais ce rôle demeure tout de même très différent de ce qu'elle fait d'ordinaire.

C'est vrai. Dianne a un registre très étendu. Elle peut tout faire. Moi, je la connais personnellement, et je sais ce qu'elle peut donner, comme actrice. Un autre réalisateur aurait peut-être préféré employer une autre actrice, plus célèbre, ou plus dure en apparence. C'est le drame de beaucoup d'acteurs, qui sont capables de faire des merveilles mais ne peuvent le prouver, parce que les producteurs et les réalisateurs ne considèrent jamais qu'une partie de leur registre.

Dans le cinéma américain, l'habitude d'étiqueter les acteurs finit par constituer un problème, et même un grave problème, pour ceux cantonnés dans un registre précis.

C'est exact, et cela vient du fait que le cinéma américain fabrique des mythes. Quand un producteur confiait un rôle à John Wayne, par exemple, il souhaitait voir John Wayne faire ce qu'il avait toujours fait. Wayne incarnait un mythe, c'est pourquoi on l'a vu et revu dans des films identiques. Il a dû tourner une centaine de films, mais les spectateurs semblaient ne jamais se lasser de l'entendre ressortir les mêmes répliques, refaire les mêmes actions pour la centième fois. C'est ainsi que fonctionne le cinéma américain, en activant et réactivant des mythes. Les stars de cinéma elles-mêmes ont acquis une stature mythique, comparable à celle des dieux grecs. Bette Davis, Humphrey Bogart et Clark Gable ont incarné un mythe, chacun à leur manière. Ils pourraient tous être encore quelque part là-haut, prêts à réactiver leur mythe propre. En revanche, Dustin Hoffman n'est pas un héros mythique. C'est juste un prodigieux acteur. Il est bien rare de trouver un acteur capable d'assumer si bien tant de rôles différents. Mais en règle générale, ce sont les héros mythiques qui font le plus d'argent et sont les plus aimés du public.

Ces acteurs mythiques se laissent peut-être enfermer dans leur personnage par crainte d'abimer leur image et de perdre leur public.

Les deux effets se combinent. Certains acteurs seraient prêts à essayer un registre différent, mais ne parviennent pas à convaincre les décideurs de prendre ce risque avec eux. D'autres craignent de sortir du registre qui leur a permis de décrocher le jack-pot. Ils prétendent parfois vouloir faire autre chose, mais en fait, ce n'est pas vrai.

27

Maudite Aphrodite

LE CHŒUR GREC : « L'obsession est, de toutes les faiblesses humaines, la plus dangereuse. »
(Maudite Aphrodite)

Parmi les grands mythes du cinéma américain, il y a évidemment Marilyn Monroe. Je viens tout juste de lire « Blonde » de Joyce Carol Oates, que je trouve extrêmement réussi. Vous avez lu ce livre ?

Non, pas encore. Il y a tellement de bons bouquins qui sortent. Je devrais les lire, mais je n'arrive pas à suivre le rythme.

Le livre fait 750 pages. C'est un portrait assez fidèle de Marilyn Monroe, mais le plus intéressant, dans ce roman, ce sont les chapitres où Joyce Carol Oates analyse les grands rôles de la star, dans Troublez-moi ce soir [Don't bother to Knock], Niagara, Arrêt d'autobus [Bus Stop] *ou* Les Désaxés [The Misfits]. *Récemment, j'ai revu quelques uns de ses premiers films, et je l'ai trouvée très bien. Marilyn Monroe représentait-elle quelque chose pour vous à l'époque où vous commenciez à aller au cinéma ?*

Pour moi, c'était avant tout une image sexuelle. J'étais encore assez jeune quand sa carrière a explosé et elle dégageait une sensualité presque magique. Elle possédait cette indéfinissable je-ne-sais-quoi propre à certains êtres, et elle était tellement sensuelle ! Quant à ses talents d'actrice, j'ai l'impression qu'on ne lui a guère donné l'occasion de les développer. Deux ou trois fois, je l'ai trouvée pas mal, mais c'est trop peu pour permettre de juger. En la voyant dans des comédies, je trouvais qu'elle se débrouillait bien dans ce registre. Elle faisait peut-être même mieux que de se débrouiller, en fait. Elle a donné quelques grands moments. Mais il semble évident qu'elle avait trop de problèmes personnels pour pouvoir vraiment s'épanouir en tant qu'actrice. Si elle avait été moins instable, peut-être aurait-elle réussi à développer son talent et à l'exploiter au maximum au fil des années et avec pas mal de travail – travail qu'elle se déclarait prête à entreprendre, d'ailleurs. Mais nous n'aurons jamais la possibilité de le vérifier. Elle nous a donné quelques beaux moments, mais trop rares, hélas, pour que nous puissions imaginer ce qu'elle aurait pu devenir. Il y a deux ou trois films dans lesquels elle me paraît très bien. Dans l'adaptation de cette pièce de William Inge, *Bus Stop,* elle était excellente. Et dans *Certains l'aiment chaud* [*Some Like It Hot*], de Billy Wilder, elle était très drôle, comme l'exigeait son rôle.

Elle était prisonnière du système des studios des années cinquante, évidemment. Elle était pieds et poings liés. Elle était salariée et touchait assez peu d'argent, avant de gagner son indépendance et de pouvoir choisir ses rôles.

J'avais peine à voir au-delà de sa sensualité. Établir la distribution d'un film et envisager d'employer Marilyn Monroe, c'était prendre une décision grave. Surtout pour tourner un film situé à l'époque contemporaine. Dans un film d'époque, il aurait peut-être été possible d'estomper l'extraordinaire sensualité qu'elle dégageait, mais il faut bien avouer que Marilyn Monroe n'était vraiment pas madame-tout-le-monde. Elle était tout de même d'une beauté à tomber raide. Il aurait donc été difficile de lui donner – et de lui faire accepter – un rôle dans lequel sa sensualité ne serait pas entrée en ligne de compte. À condition d'être convaincu qu'elle pouvait assumer un rôle de ce genre, on aurait pu laisser tomber cet aspect et lui écrire un rôle plus exigeant, pour lui donner au moins une chance de le jouer. Peut-être aurait-elle pu y arriver, si elle n'a pas été entravée par son manque d'assurance. Elle en avait tellement bavé, elle ensorcelait tellement les hommes… En définitive, c'est une actrice qui n'a pas pu faire ses preuves dans un système qui ne lui laissait pas beaucoup de latitude. Il doit être assez horrible de percer du jour au lendemain et de se dire qu'on doit sa petite célébrité à ses formes et au pouvoir de tourner la tête des hommes.

Comme vous le disiez justement, elle ne répugnait pas à travailler. Elle a quitté Hollywood pour New York, où elle a passé un an à étudier chez Lee Strasberg. Elle avait certaines ambitions.

Sans doute. Elle avait des ambitions, elle avait le cœur bien placé. Mais au plan émotionnel, elle était très perturbée et elle n'a jamais eu l'occasion de nous montrer vraiment ce dont elle était capable. Dans sa position, quelqu'un de moins instable aurait pu s'en sortir beaucoup mieux. Il y a pas mal d'acteurs et d'actrices qui, après avoir été reconnus dans un emploi, ont fait preuve de l'ambition, de la force de travail, du talent et de l'équilibre nécessaires pour nous convaincre qu'ils avaient plusieurs cordes à leur arc. En eux-mêmes, ils étaient convaincus qu'ils pouvaient faire autre chose. C'est le cas de quelqu'un comme Clint Eastwood, par exemple. On aurait pu croire que c'était juste un beau mec qui jouait bien les cow-boys, alors qu'il est bien plus que ça. Il a montré qu'il pouvait faire bien plus que ça.

Je me suis permis cette digression sur Marilyn, car nous allons aborder Maudite Aphrodite. *Si Marilyn Monroe était encore en vie, elle aurait pu jouer le rôle de Mira Sorvino dans ce film.*

Certainement. Marilyn aurait parfaitement pu jouer ce rôle, si elle avait eu l'âge requis. Avec sa beauté et son extraordinaire sensualité, si elle avait été une prostituée, elle serait sans doute devenue très riche. Elle aurait réussi dans ce métier, j'entends. Mais oui, Marilyn Monroe aurait pu jouer ce rôle, car elle avait exactement le sens de l'humour et la naïveté nécessaire. Elle est parvenue à prouver au moins cela durant sa brève carrière. Mais j'ai eu beaucoup de chance de pouvoir avoir Mira, je dois dire. Il a été assez difficile de trouver quelqu'un pour jouer ce rôle.

Comment l'avez-vous trouvée ? C'était son premier rôle au cinéma, n'est-ce pas ?

Son premier rôle important, oui. J'ai vu beaucoup de femmes pour ce rôle. Enormément. Des Américaines, et même des Européennes. Mais je ne trouvais personne et soudain, son nom a été prononcé. Juliet Taylor la savait bonne actrice. Nous l'avions déjà auditionnée pour autre chose. Elle était venue à une lecture pour un autre film, dont le rôle ne lui correspondait pas. Mais sa lecture avait suffit à nous convaincre qu'elle était bonne actrice. Ensuite, quand nous nous trouvions à Londres, nous l'avons invitée à venir pour faire une autre lecture. Mira fait partie de ces actrices qui n'hésitent pas à prolonger leur rôle jusque dans la vie réelle. Elle s'est donc habillée en « professionnelle » pour venir à notre hôtel. Je dois dire que j'ai été surpris qu'on l'ait laissée monter.

Vous étiez descendu au Dorchester ?

Oui. Quand elle est entrée dans la chambre, elle était parfaite. Elle ressemblait exactement à l'idée que je me faisais du rôle. Elle portait les vêtements appropriés, elle se tenait comme il fallait, elle avait assimilé toute la gestuelle. Et quand elle a lu le rôle, elle s'est montrée brillante.

Est-ce qu'elle lisait déjà le rôle avec cette voix aiguë qu'elle a dans le film ?

Je me souviens pas si elle l'a fait ce jour-là, mais c'est bien elle qui a inventé cette voix. Elle a préparé ça de son côté, avant même le tournage. Jamais je ne lui ai dit, ni même suggéré, de s'exprimer ainsi. Elle a typé le rôle de la façon qui lui convenait et, comme d'habitude, mon travail s'est limité à l'arrêter quand je voyais qu'elle allait dans le mur. Mais cette voix me semblait très bien. Mira Sorvino est très intelligente, c'est une actrice très sérieuse et qui a beaucoup de talent. Je me suis donc efforcé de ne pas briser son élan. Mais elle avait ses exigences. Elle refusait qu'on photographie son mauvais profil, par exemple. Moi, j'ai cédé sur tout ça, parce que je voyais qu'elle y tenait. Même si ça m'ennuyait, je m'en fichais. Elle valait qu'on fasse ces efforts et ses exigences étaient amusantes. Par exemple, il lui fallait ses fichues barres diététiques. Ça la rendait très touchante.

Parfois, juste avant que nous ne tournions une séquence ensemble, pendant qu'on attendait que les figurants ou la caméra terminent de se mettre en place, soit vingt ou trente secondes avant que le tournage démarre, elle se mettait à me parler comme le personnage, en imaginant des répliques qui auraient pu précéder le dialogue que nous avions à dire. Moi, je la regardais comme si elle était devenue folle et je lui disais : « Hein ? Quoi ? » Mais elle continuait à parler comme son personnage, éludant ainsi mes questions. C'est sa méthode de travail, et vu le résultat, je crois que ça en valait la peine.

Vous restiez donc planté là, à vous dire que vous n'aviez jamais écrit tout ça ?

J'espérais surtout qu'elle n'allait pas me demander de lui répondre sur le même mode, en jouant mon personnage. J'étais assez gêné. Mais elle faisait ça très bien. Alors même que je la regardais comme un idiot, elle était excellente. D'ailleurs, elle a interprété le personnage de Marilyn Monroe à la télévision, vous le saviez ?

Oui, c'est vrai. Mais je n'ai pas vu le film.

Moi non plus. Mais ça prouve que Marilyn aurait pu jouer ce rôle. J'ai beaucoup aimé travailler avec Mira, qui a énormément apporté au film.

C'est indéniable. Parlons de la manière dont vous auditionnez les gens. Lorsque vous organisez ces lectures, pour faire des essais avec des acteurs, leur demandez-vous essentiellement de lire des passages du scénario du film ?

Oui.

Est-ce que vous les filmez en vidéo, pendant qu'ils lisent ?

Non, ils viennent ici-même, je me mets dans un petit coin, ensuite, quand Juliet Taylor leur demande de lire, je regarde. La seule chose qui m'intéresse, c'est de me faire une idée de ce qu'ils donnent en se mettant dans la peau du personnage. Je n'attends pas qu'ils me présentent une interprétation parfaitement achevée, ni même une bonne interprétation. Je tiens juste à vérifier si leur instinct les pousse à être crédibles. Je trouve ça très important.

Beaucoup d'acteurs et d'actrices entrent ici, s'asseyent et nous parlons à bâtons rompus, exactement comme nous le faisons ensemble. Mais lorsque je leur propose le personnage, tout d'un coup, ils passent en mode représentation et se mettent à parler comme personne ne parle jamais. Alors je leur demande de se contenter de lire le dialogue naturellement, comme s'ils s'adressaient à moi, en parlant comme des vrais êtres humains. S'ils n'y arrivent pas, je ne les emploie pas, en général, car j'ai l'impression que leur instinct les pousse à jouer faux, que leur prestation ne serait pas crédible à l'arrivée. Quand quelqu'un sonne vrai et juste, je le sens tout de suite, et ça me suffit. Les passages que je donne à lire sont très courts, vraiment très courts. Il me suffit d'une page pour me faire une idée.

Les acteurs ont-ils le loisir de préparer leur audition ou leur fournissez-vous cette fameuse page au moment de l'entretien ?

Je la leur donne ici-même. S'ils ressemblent à ce que je veux, je leur propose

Woody Allen et Mira Sorvino dans Maudite Aphrodite.

de lire une page du scénario et la plupart du temps, ils acceptent. Alors on leur donne la page, ils passent dans la pièce d'à coté pour la préparer – ce qui peut durer deux, cinq, parfois dix minutes – et ils reviennent quand ils se sentent prêts à nous la lire. Il y a des acteurs et des actrices qui essayent d'apprendre le texte par cœur, ce qui n'est pourtant pas nécessaire, et peut même bousiller leur audition. On n'attend rien de parfait. On veut juste avoir un avant-goût de leur personnalité. Mais ils l'ignorent, naturellement. Ils cherchent du boulot, les malheureux. Ils sont même aux abois, parfois. Je m'efforce donc d'être aussi gentil que possible envers eux, car je sais très bien que je serais incapable de faire ce qu'ils doivent faire. C'est un véritable cauchemar, ces auditions. On entre dans une pièce pleine de parfaits étrangers qui exigent qu'on leur lise un texte. Autant que possible, j'essaie de leur éviter l'épreuve de la lecture, mais parfois, c'est incontournable.

Vous disiez tout à l'heure que vous aviez rencontré Mira Sorvino à Londres. Je sais que vous êtes allé à Londres après le tournage de Coups de feu sur Broadway *pour la sortie de* Meurtre mystérieux à Manhattan. *Je crois pourtant savoir que vous vous rendez rarement à l'étranger pour parler de vos films. Cela répond-il à une exigence de la nouvelle maison de production à laquelle vous êtes désormais attaché ?*

Oh, non, non. C'est beaucoup plus bête que ça. On m'a toujours demandé de venir en Europe pour faire la tournée des capitales mais j'ai toujours refusé parce que je déteste voyager, vivre à l'hôtel et prendre l'avion. Mais Soon-Yi adore ça et je tiens à ce qu'elle puisse se distraire. Voilà pourquoi je suis allé passer quelques jours à Paris et quelques jours à Londres, en Italie et en Espagne ; c'était pour faire plaisir à Soon-Yi. Elle visite les villes, elle se distrait pendant que moi, je donne mes interviews. En fait, je fais ça pour elle, essentiellement. Si elle n'aimait pas voyager, j'imagine que je proposerais de faire les interviews ici, à New York, ou bien par téléphone. Je déteste prendre l'avion et tout ce qui chamboule ma vie d'une manière générale. Je joue au café Carlyle tous les lundis soir et je déteste faire faux bond aux gars de l'orchestre.

Pourtant, vous auriez poussé jusqu'en Irlande pour rendre visite à votre fils.

Ça, c'était il y des années. Sept ans, au moins. Mon fils était en Irlande et comme je venais en Europe, j'ai fait un petit crochet par l'Irlande. J'adore l'Irlande, que je trouve magnifique. Comme tous les endroits que j'ai visités, du reste. Pour deux ou trois jours, c'est très bien. Mais il me serait difficile de m'y installer pour plus longtemps. Je pourrais peut-être m'installer à Paris, qui ressemble beaucoup à New York. J'y retrouve tout ce à quoi je suis habitué, le bruit, la circulation, les restaurants, les galeries, les boutiques, le théâtre, le sport… J'aime beaucoup Venise, aussi, mais je ne pourrais pas y demeurer très longtemps, parce que c'est une ville trop particulière. Il y règne un grand calme, ce qui me plaît beaucoup. Chaque fois que je me rends en Europe, j'essaie de passer un ou deux jours à Venise, parce que c'est une ville merveilleuse.

Le Chœur grec : les voix du destin et de la providence.

Pour Maudite Aphrodite, *vous êtes allé en Sicile, pour tourner dans un amphithéâtre. Vous connaissiez cet endroit auparavant ?*

Lorsque *Bananas* est sorti, il y a des années de cela, on m'a envoyé en Europe pour assurer la promotion du film, et j'ai dû me rendre au festival de Taormina, entre autres. J'en ai toujours gardé le souvenir d'un endroit sublime. Lorsque nous préparions le tournage de *Maudite Aphrodite*, Santo Loquasto est parti en repérage en Europe et Taormina figurait parmi les lieux qu'il avait retenus. J'ai donc décidé que nous tournerions à Taormina, qui est un endroit magnifique. C'est l'Italie, et j'adore l'Italie.

Comment vous est venue l'idée du chœur grec qui ouvre le film, et intervient plusieurs fois par la suite en contrepoint de l'action ?

J'ai toujours voulu utiliser dans une histoire contemporaine les techniques du théâtre grec et en particulier le chœur antique. J'avais déjà envisagé la chose auparavant, pour d'autres intrigues. Mais lorsque j'ai pensé à cette histoire, celle d'un enfant adopté, ou plutôt de deux enfants qui ne connaissent pas leurs parents – histoire dans laquelle j'allais interpréter le père d'un enfant dont la mère ne soupçonne pas l'existence, tandis qu'elle, de son côté, est mère d'un enfant dont je ne soupçonne pas l'existence – j'ai trouvé que le sujet était empreint d'une ironie assez proche de l'esprit grec. Je me suis donc dit qu'avec ce film, j'avais enfin l'occasion de faire une fable grecque. Partant sur cette idée, j'ai engagé une chorégraphe qui a réglé le chœur pour moi. Graciela Daniele avait déjà réglé les numéros musicaux de *Coups de feu sur Broadway* et depuis, j'ai également retravaillé avec elle sur *Tout le monde dit « I Love You »*. C'était une expérience très plaisante, je dois dire.

On pourrait prétendre que les caprices du Destin constituent la morale de cette comédie. Or, le Destin joue souvent un grand rôle dans la tragédie grecque.

Le Destin, ou le Sort, vous attend toujours au tournant. On pense dominer son existence, tout maîtriser, tirer les ficelles, mais il n'en va pas ainsi. On exerce une certaine maîtrise, bien sûr. Mais à considérer les choses à plus grande échelle, on s'aperçoit que seul le Sort est réellement déterminant. Je suis persuadé que j'agence tout dans sa vie à elle, que je suis responsable de sa vie, je crois aussi rechercher la vérité et à la fin, il s'avère que tout m'échappe. Elle a eu mon enfant sans que je le sache. En définitive, nous n'avons aucun contrôle sur notre destin, ni l'un, ni l'autre. Nous nous flattons du contraire, mais nous ne contrôlons rien du tout.

La musique a évidemment une importance capitale dans vos films, et vous la choisissez toujours avec beaucoup de soin. Dans Maudite Aphrodite, *vous commen-*

cez par une chanson grecque – « Neominaria ». Avez-vous écouté beaucoup de musiques avant de retenir cette chanson ? Pourquoi avoir choisi celle-ci ?

Elle me paraissait adaptée. Elle collait bien au film, et à son ambiance. L'histoire commence en Grèce et, très vite, on passe à un restaurant new-yorkais – situé à moins d'un block d'ici, sur Lexington Avenue – où j'ai mis « Manhattan », une chanson de Rodgers et Hart. Mais au début, je tenais à établir un climat grec. Je voulais montrer l'amphithéâtre, le chœur qui vient se mettre en place. Je voulais que le spectateur ignore ce qui allait suivre, et à quoi il devait s'attendre.

Après ce prologue, et l'arrivée du chœur antique, vous passez directement à la séquence du restaurant, dans laquelle Helena Bonham-Carter déclare, dès la toute première réplique : « Lenny, je veux un enfant. » L'enfant et son adoption seront les principaux sujets du film, bien sûr. Cette première réplique annonce donc très clairement la couleur.

J'aime bien procéder ainsi. *Coups de feu sur Broadway* commence un peu de la même manière. Dans sa première réplique John Cusack déclare tout net : « Je suis un artiste. » Le début de *Hollywood Ending* est également très direct. Je préfère aller droit au sujet, particulièrement pour un film comique.

J'aime beaucoup ce côté direct ; il y a trop de films où on nous expose les personnages, on nous apprend leurs noms, on nous montre où ils habitent. Parfois, le réalisateur ou le scénariste tiennent également à nous apprendre quel métier font les personnages avant de commencer à raconter leur histoire. Vous, vous mettez quatre personnes autour d'une table et l'une d'entre elles s'écrie tout net : « Je veux un enfant. »

Les métiers, les noms, tout cela viendra à son heure. Mais ce qui compte, pour le spectateur, c'est de connaître le but et l'ambition du film.

Un peu plus tard dans le film, il y a une séquence où votre personnage est au téléphone avec sa femme et, bien qu'on l'entende simplement dire : « La réponse est non ! », on en déduit sans difficulté quelle question vient de lui être posée. Ensuite, on passe directement à un plan où votre personnage tient l'enfant dans ses bras. Vous êtes direct, efficace, jusque dans le montage.

Ce genre de choses arrive aussi dans la vie, où l'on affiche clairement une certaine détermination, sans se douter que le Destin ou la Chance en ont décidé autrement. Dans un film comme *Hannah et ses sœurs*, par exemple, il y a une séquence où Michael Caine se parle à lui-même et se dit : « Ne fais rien pour l'instant, attends lundi, le moment sera mieux choisi. Ne l'embrasse pas maintenant. Détends-toi et fais-le lundi, ça sera bien mieux. » Et lorsque la femme qu'il adore entre dans la pièce, il lui saute dessus. Nous sommes ainsi faits qu'il y a toujours un monde entre ce que nous pensons et ce que nous éprouvons.

Avec Radio Days *– et plus tard –* Harry dans tous ses états *–,* Maudite Aphrodite *est l'un de vos rares films où un enfant joue l'un des rôles principaux. Vous faites intervenir les enfants dans d'autres films, mais d'ordinaire, ils sont relégués à l'arrière-plan.*

C'est vrai, oui. Ils ne jouent pas un rôle décisif.

J'imagine que vous n'auriez pas bâti cette intrigue si vous n'aviez pas vous-même adopté un enfant.

En fait, si. L'idée m'est venue il y a des années, quand Mia venait d'en adopter. Et elle a adopté beaucoup d'enfants, comme vous le savez. Moi, je me demandais toujours : « Qui est donc la mère biologique de cet enfant ? Et son père ? » Ce genre de réflexions m'a amené à agiter plusieurs idées de comédies sur le thème de l'adoption, qui tenait tant de place dans la vie de Mia. Les enfants qu'elle avait adoptés étaient merveilleux, absolument charmants et géniaux, n'empêche qu'ils devaient bien avoir un père et une mère. J'ai pensé que ce serait amusant de faire quelque chose autour de ça. Mais pour en revenir à *Maudite Aphrodite*, l'histoire vient donc moins de ma propre expérience que du souvenir de celle de Mia.

Vous est-il difficile de diriger des enfants ? Devez-vous adapter votre direction d'acteurs pour ce faire ?

Sans doute, mais d'une manière très compliquée à décrire. Il y a des réalisateurs qui font des merveilles avec les enfants. Ce n'est malheureusement pas mon cas. J'ai toujours du mal à obtenir ce que je veux, avec les enfants.

Les enfants que j'avais pris dans *Radio Days*, par exemple, n'étaient pas mauvais comédiens, loin de là. Néanmoins, j'ai eu beaucoup de mal à obtenir les nuances que je désirais, et je me suis finalement vu contraint de sacrifier beaucoup de bonnes scènes qui méritaient de figurer dans le film. Car les enfants n'arrivaient pas à me donner ce que je voulais. J'ai rencontré le même problème sur plusieurs de mes films, même dans ceux où les enfants n'apparaissaient qu'au second plan. J'ai été obligé de couper des séquences très drôles, parce que les enfants ne s'en sortaient pas. J'ai multiplié les prises, j'ai vraiment essayé tout ce que je pouvais pour les faire jouer correctement, mais je n'y suis pas arrivé. Avec les enfants, certains metteurs en scène sont capables d'obtenir d'aussi bonnes prestations qu'avec les meilleurs acteurs adultes. Je ne sais pas comment ils s'y prennent. Moi, je n'y suis jamais arrivé.

Avez-vous essayé de ruser ?

Franchement, j'ai tout essayé. J'ai tenté de me mettre à leur niveau. Je les ai laissés improviser. J'ai essayé de les guider, de leur donner des exemples, de leur montrer ce que je voulais. J'ai essayé tout ce qu'on peut concevoir, comme je le ferais quand un acteur adulte n'arrive pas à trouver le joint et que je commence à désespérer. Finalement, j'ai dû réduire leur dialogue à ces quelques répliques qu'ils pouvaient dire correctement.

Il vous arrive parfois de remplacer un acteur en cours de tournage. Cela doit être plus difficile avec un enfant.

Oui, c'est difficile, mais je l'ai fait, même avec des enfants. Dans toutes les séquences situées dans des salles de classe – comme dans *Annie Hall* ou *Radio Days*, par exemple – nous avions engagé deux jeunes comédiens. Quand, après avoir essayé tout ce qui était humainement possible, je n'arrivais toujours pas à obtenir ce que je désirais, j'ai fini par prendre d'autres gosses. Parfois, ils avaient été engagés comme figurants, mais ils s'en sortaient mieux que ceux auxquels le rôle avait été donné à l'origine.

Comment choisissez-vous les enfants ? Leur demandez-vous de lire un texte ? Vous contentez-vous de les voir en tête à tête et de leur parler ?

En général, les enfants que je reçois ont déjà une certaine expérience. Je leur demande donc de dire le texte que, la plupart du temps, ils ont appris par cœur avec leurs parents. Ils ont mémorisé toutes les émotions, si bien que lorsque je veux juste qu'ils s'écrient : « Oh, la vache ! », ils surjouent complètement la réplique. Je tente de les ramener vers plus de naturel. Mais c'est très difficile et j'y parviens rarement.

J'imagine que Juliet Taylor a un fichier de très jeunes acteurs ?

Bien sûr. D'ordinaire, nous n'employons que des professionnels. À cet âge, la différence entre professionnels et non-professionnels est mince, évidemment. Des enfants ne peuvent pas avoir autant d'expérience qu'un comédien ayant vingt ans de métier. Ils n'ont guère fait plus deux ou trois apparitions. De temps à autres, on tombe sur la perle. Mais même les plus doués ont toujours du mal, dans le registre de la comédie.

Je le crois aisément. La plupart des enfants ne comprennent pas l'ironie.

Parce qu'ils ne comprennent pas ce qu'elle peut avoir de drôle. Ce n'est pas étonnant, d'ailleurs, parce que cette forme d'humour dépend du ton qu'on emploie. Les enfants arrivent à m'imiter, mais cela ne vient jamais vraiment d'eux-mêmes. On n'a jamais le sentiment que le gosse est dans ce qu'il dit, qu'il comprend vraiment le sens de ce qu'il est en train de dire. Les enfants se contentent de faire ce que je leur demande, et ça sonne creux.

À mon sens, le portrait que vous brossez de la vie conjugale dans ses aspects les plus quotidiens fait une bonne part de l'intérêt de Maudite Aphrodite. *Tout le début du film est empreint d'un caractère à la fois intime et immédiat, ce qui est le fondement essentiel de la comédie. Je trouve que vous avez réussi là votre meilleure description du quotidien d'un couple.*

Ce n'était pourtant pas bien difficile. Helena est une excellente actrice ; il était donc facile de développer ma relation avec son personnage, et l'idée de faire un enfant. Nous étions opposés sur ce point, et l'appréhension qu'il suscite de part et d'autre. Helena avait pris l'accent américain pour jouer le rôle. Je ne sais pas comme les acteurs anglais y parviennent. Mais elle y est arrivée, tout en jouant très bien, par-dessus le marché.

C'est vrai. Claire Bloom reste nettement anglaise. Mais Helena est censée être la fille d'une Anglaise et d'un Américain. Vous aimez bien les comédiens anglais, n'est-ce pas ?

Ils sont issus d'une remarquable tradition, et ils sont capables de jouer des gens ordinaires. Les acteurs américains privilégient le charme et la beauté. Ils peuvent jouer les cow-boys, les gangsters ou les jeunes premiers, mais il est bien difficile d'un trouver un qui ressemble à l'employé de bureau moyen. Dans les films suédois avec Erland Josephson, par exemple, on a vraiment l'impression de voir évoluer un homme ordinaire. Il pourrait être avocat, ou comptable. Ce n'est pas le genre à balader un flingue. Ce n'est pas un dur. Il n'est pas très séduisant. Il pourrait être mon père ou le vôtre. On n'a pas d'acteur de ce genre aux États-Unis. On n'a jamais mis l'accent sur ce genre de types, parce qu'on fabrique des mythes. On a toujours besoin d'un héros, d'un gars prêt à tirer son pistolet, d'une très forte personnalité. Tandis qu'en Angleterre, on trouve beaucoup de comédiens parfaitement crédibles dans des rôles d'hommes ordinaires. Albert Finney, Michael Caine, Ian Holm et Anthony Hopkins sont avant tout des hommes, pas des héros. J'ai donc tendance à profiter des ressources des acteurs anglais. Prenez Tracey Ullman, par exemple. C'est vraiment une très grande actrice. Elle n'éprouve aucune difficulté à prendre l'accent américain. Je ne sais pas comment elle fait. Il me serait très difficile d'en faire autant.

Puisque nous parlons des acteurs capables d'incarner des gens ordinaires, il me semble qu'il y en a un dans Tout le monde dit « I Love You ». *Je veux parler d'Edward Norton. C'était l'un de ses premiers rôles, mais il me semble qu'il possède cette qualité.*

Il a essayé de refuser les rôles trop héroïques. Du coup, il n'est pas vraiment une star commerciale, comme Brad Pitt, avec lequel il partageait la tête d'affiche, pour *Fight Club.* Mais Edward Norton est l'un de nos meilleurs acteurs et j'admire la direction qu'il a prise. Il a choisi l'art, et il est génial. Je n'avais jamais entendu parler de lui avant le jour où il est entré dans cette pièce pour lire son texte. Et il m'a surpris. Je l'ai trouvé excellent et je l'ai engagé sur le champ. Je ne lui ai même pas demandé s'il pouvait chanter. Je le voulais, et je me contrefichais de savoir s'il pouvait chanter ou non. J'étais prêt à le laisser faire, même s'il chantait aussi mal que moi. Il s'est avéré qu'il pouvait chanter. Il a un registre prodigieusement étendu.

J'aimerais revenir à Maudite Aphrodite *et au climat que vous avez établi au début du film. Sur les murs de l'appartement du couple, il y a une toile très belle, assez impressionnante. Elle représente une pièce dans la pénombre, avec une grande fenêtre éclaboussée de soleil. Dans la pièce, on ne voit que deux chaises en bois et le coin d'une table. Cet intérieur contraste beaucoup avec l'élégance de la maison où vivent vos personnages.*

Je ne me souviens pas de ce tableau. Mais je n'ai pas revu le film depuis des années.

Je voulais juste vous demander si vous choisissiez souvent des accessoires comme le tableau que l'on voit au mur dans cette séquence.

Ça dépend. Parfois, Santo Loquasto sait ce qu'il doit accrocher aux murs. Parfois, il vient me consulter pour savoir ce que les personnages accrocheraient sur leurs murs. Quand il me demande si tels personnages sont susceptibles de décorer leur intérieur avec des lithos de Matisse, parfois je réponds que oui et parfois, je corrige : « Non, pas de lithos, juste des photos. »

Dans *Le Sortilège du scorpion de jade*, pour décorer un bureau, Santo a proposé de mettre aux murs des massacres d'élans et de cerfs, sous-entendant ainsi que le personnage allait à la chasse à ses moments perdus. Je n'avais jamais songé à cet aspect, mais cela m'a paru une excellente idée. Nous avons donc décoré le bureau de cette façon, mais sans en abuser. Parfois, Santo n'a pas besoin de s'en référer à moi parce que ce qu'il nous faut, c'est évidemment une belle repro sombre et coûteuse de… Franz Kline, par exemple… ou bien une simple affiche collée au mur. Santo part toujours du personnage.

Vous intéressez-vous à la peinture ? Allez-vous aux expositions ? Quels sont vos artistes préférés ?

Oh, j'apprécie beaucoup d'artistes. Parmi les contemporains, j'ai toujours aimé les minimalistes. J'adore Cy Twombly et Richard Serra. Et pour les œuvres plus anciennes, mes goûts n'ont rien de très original : Mark Rothko, bien sûr, Jackson Pollock... En ce qui concerne les peintres antérieurs, je crois qu'on a tous tendance à aimer les mêmes choses. Mais en peinture, ce que je préfère se résume à trois écoles : les expressionnistes allemands, ce qu'on appelle les *Ash can painters* – des peintres naturalistes américains du XXème siècle qui ont représenté des scènes de tous les jours, des quais de métro, des arrière-cours et

Woody Allen, visiteur assez déjanté du vernissage de Maudite Aphrodite.

autres décors tout à fait ordinaires. Et naturellement, j'adore les Impressionnistes français, comme tout le monde. Pour moi, ils incarnent la joie la plus pure. Je les aime tous mais j'ai un petit faible pour Pissarro, dont les vues de Paris me semblent particulièrement évocatrices. J'aimerais qu'il ait eu la possibilité de venir peindre New York de la même manière. Ses tableaux correspondent exactement à l'idée que je me fais de Paris sous son plus bel aspect, dans la grisaille avec la pluie tombant sur les grands boulevards où passent chevaux et attelages.

J'aime beaucoup de peintres, particulièrement parmi les contemporains. Jim Dine et Ed Ruscha me plaisent beaucoup. Ils sont subtils et amusants. Si je pouvais posséder une toile, je crois que j'aimerais avoir une vue de Paris de Pissarro. Cela dit, je ne cracherais pas sur un Cézanne ou un Bonnard.

Vous n'achetez pas de tableaux ? Vous n'êtes pas collectionneur ?

Oh, j'ai quelques petites choses à la maison. Une très jolie gouache de Nolde. Un très joli dessin d'Oscar Kokoschka, à l'encre de Chine. J'ai quelques jolies lithos d'Ellsworth Kelly, de Rauschenberg et d'Ed Ruscha. J'ai des petites choses, mais je n'ai pas les moyens de m'offrir la collection dont j'aurais envie. Si un bon génie me le permettait, je n'hésiterais pas. Je pourrais facilement me ruiner en achetant des toiles, alors je me restreins.

Puisque nous parlons d'art et de décors, nous pourrions parler de l'appartement de Judy, personnage de Mira Sorvino. Elle aussi, elle a une sorte de collection d'art dans son appartement.

Oui. Ce n'est pas très réaliste, bien entendu. J'imagine que, dans la vie réelle, une personne de ce genre aurait des goûts assez conservateurs, mais ça ne serait pas aussi drôle. Santo a trouvé tout ça et il est venu nous le montrer. Nous avons été d'avis que ça passerait très bien, à l'image. Il y a une autre chose amusante, mais un peu plus subtile : en dépit de son aspect conservateur, elle a tout de même collé sur ses murs des photos de John Kennedy et de Madonna. Nous nous sommes dit que l'effet serait plus fort et plus drôle si elle n'avait pas vraiment de goûts bien arrêtés, mais qu'elle choisissait les choses un peu au hasard.

Lorsqu'on la découvre dans son appartement, on la prend juste pour une ravissante idiote. Mais grâce à la façon dont Mira Sorvino habite son rôle, elle devient le pilier du film. Voyiez-vous le personnage ainsi, lorsque vous l'avez créé ?

Oui, c'était bien mon idée. Au premier abord, ce personnage fait un peu pitié, et à la fin, elle peut-être sauvée si seulement quelqu'un lui accorde un peu d'attention. Mais ce n'est pas moi qui la sauve. Je fais tout mon possible, mais elle reste coincée dans son numéro de jolie fille vénale. Sa métamorphose s'opère dans l'esprit du théâtre grec et d'un *deus ex machina*. Il n'y a pas d'autre façon de sauver quelqu'un comme elle. Cela nécessite l'intervention d'une force divine, et c'est ce qui se produit. Ainsi, on reste dans la problématique du film : notre destin nous

L'appartement sur décoré de Judy (Mira Sorvino) provoque l'étonnement de Woody Allen.

échappe. Dans son cas, elle est au volant et soudain, un hélicoptère atterrit à côté d'elle à cause d'un problème de moteur, dans la tradition du *deus ex machina*. Elle tombe amoureuse du pilote, et sa vie en est bouleversée. Mon personnage s'échine à essayer de l'éduquer, mais sans aucun résultat, finalement. La rédemption est une question de chance, la plupart du temps.

D'une certaine manière, ce personnage intervient en contrepoint à la famille bourgeoise que vous présentez dans le film. Le mari et la femme sont intelligents, pleins d'ironie, mais ils se servent de cette ironie comme d'une arme pour s'affronter. Le personnage de Mira Sorvino ne comprend pas l'ironie exercée a ses dépends. Elle se contente de laisser tomber.

C'est exact, et elle finira sans doute par mener une existence très bourgeoise avec l'homme qu'elle aura épousé. Sans être forcément parfaite, sa nouvelle vie représentera tout de même un progrès, par rapport à celle qu'elle menait auparavant.

D'ailleurs, vis à vis de l'existence bourgeoise, je ne suis pas aussi critique que beaucoup de mes amis. Comme Tolstoï l'avait déjà remarqué, j'ai l'impression que la bourgeoisie a tout de même le mérite de faire marcher le monde. Dans la bourgeoisie, comme dans toutes les autres classes, il y a de bons éléments et de mauvais sujets. Certaines familles bourgeoises sont tout à fait fréquentables et mènent une existence très normale ; d'autres sont cupides et vaniteuses. J'ai une grande sympathie pour la bourgeoisie. Je n'idéalise pas du tout les classes dites inférieures, qui me semblent souvent pétries de préjugés et d'ignorance. La bourgeoisie a au moins le mérite de faire des efforts. Elle n'a pas la bosse des affaires, ni le talent nécessaire pour s'élever bien haut, mais elle est agréable à fréquenter.

Les plus dures critiques de la bourgeoisie émanent des artistes. Cette attitude m'exaspère énormément, car elle est fondée sur des privilèges largement immérités, dont les artistes bénéficient simplement par chance. Sous prétexte qu'ils sont nés doués de tel ou tel talent, les artistes se croient autorisés à mépriser ceux qui bossent dur jour après jour. C'est inepte. Au mieux, les artistes condescendent à tenter de sauver le monde à l'aide de leur art.

Mais qu'en est-il de la grande bourgeoisie aux États-Unis ?

La différence entre les classes n'est pas très accusée aux États-Unis, car notre société est une démocratie qui s'appuie sur une large classe moyenne. La grande bourgeoisie américaine est trop hétéroclite pour être appréhendée en tant que classe. Comme elle constitue une élite, elle a souvent concentré les attaques, de manière assez injuste. En fait, elle vaut bien la petite bourgeoisie ou les classes dites inférieures. Parmi les grands bourgeois se trouvent des gens normaux et corrects, et des gens malhonnêtes largement responsables des maux imputés à l'ensemble de cette classe. Mais, comme elle concentre une bonne partie des richesses, la bourgeoisie focalise le ressentiment des autres classes sociales, ce qui me paraît injuste. Lors du naufrage du Titanic, les gens riches et bien éduqués se sont très bien comportés. Ils se sont montrés organisés, corrects et courageux. Ils ont fait preuve d'un comportement admirable.

En définitive, il me semble impossible d'affirmer quoi que ce soit sur telle classe sociale ou telle corporation. Il y a des gens très bien dans toutes les couches de la société, que ce soit parmi les réalisateurs de cinéma, les agents de police ou les dentistes. Les gens exceptionnels sont rares dans tous les milieux. Tandis que les sales types abondent, évidemment. Mais toutes ces considérations ne mènent pas à grand chose. C'est banal, mais c'est vrai : il y du bon et du mauvais dans toutes les couches de la société.

Le fonctionnement obsessionnel est une composante très active dans le registre de la comédie. Lenny – le personnage que vous incarnez dans Maudite Aphrodite *– est très obsessionnel. D'ailleurs, le coryphée lui donne cet avertissement : « De toutes les faiblesses humaines, l'obsession est la plus dangereuse. »*

C'est vrai, l'obsession est dangereuse, mais c'est un excellent ressort de comédie. Le comique a toujours un côté obsessionnel. L'amour qu'il éprouve pour une fille tourne à l'obsession, ses craintes ou ses projets tournent à l'obsession, ce qui le rend assez drôle. L'obsessionnel a toujours tendance à exagérer les choses les plus naturelles. C'est cette exagération qui devient drôle. On le voit bien chez Tchékov, qui n'est jamais hilarant, mais toujours amusant. *Oncle Vania* est amusant parce que les personnages sont tellement obsédés qu'ils en deviennent comiques. Ils souffrent, mais nous, nous rions, car leurs obsessions nous paraissent très exagérées.

Bien des personnages de vos films ont un caractère obsessionnel…

Sans doute. Dans *Coups de feu sur Broadway*, le jeune dramaturge est obsédé par l'idée d'être un artiste et le gangster est bientôt tellement obsédé par la pièce qu'il en arrive à tuer la fille. Sitôt les personnages placés dans une situation où il devient crédible d'exagérer, le comique arrive presque tout seul. Ces personnages sont amusants à voir, et on les comprend. Dans la vie réelle, je n'irai jamais aussi loin, bien sûr, mais je comprends tout à fait que l'on puisse se laisser aller à de telles extrémités.

Dans Maudite Aphrodite, *vous incarnez un journaliste sportif. Je sais que vous aimez le sport, et le base-ball en particulier. Quelle est votre équipe préférée ? Les New York Mets ou les Yankees ?*

C'est selon les saisons. Pour l'instant, je préfère les Yankees. Les Mets sont devenus tellement ennuyeux. Ils ont eu une année tellement horrible que ce n'est plus très drôle de les regarder jouer. Les Yankees sont beaucoup plus drôles.

28

Télévision, théâtre et autres activités

Vous avez été très actif durant cette période. Vous avez mis en scène pour la télévision la pièce que vous avez écrite, Nuit de Chine [Don't Drink the Water], *on vous a vu dans* Ennemis comme avant [The Sunshine Boys] *de Neil Simon, toujours à la télévision, et vous avez également écrit une nouvelle pièce, intitulée* Central Park West. *Pourquoi vous être lancé dans tant d'activités à la fois ?*

Parce que j'en ai eu la possibilité, je suppose. Par pur hasard, on m'a proposé de faire *The Sunshine Boys* avec Peter Falk et aussi d'adapter *Nuit de Chine* pour la télévision. Chaque fois que j'ai du temps libre, j'essaie toujours d'écrire pour le théâtre et quand ça donne quelque chose, j'essaie de monter la pièce, en général. Je me suis bien amusé à écrire *Central Park West*, et je trouvais que cette pièce en un acte tenait la route.

Je suis tout aussi actif aujourd'hui. Je viens de terminer deux films qui ne sont pas encore sortis ; j'ai écrit deux autres pièces en un acte et une pièce plus longue. Dans quelques jours, je compte m'atteler à une nouvelle pièce. Je ne cesse jamais d'écrire. Je ne sais si quiconque montera les pièces que j'écris. Pour les pièces en un acte, j'attendrai qu'on me propose de les monter. Dans le cadre d'une soirée regroupant plusieurs pièces de ce format, peut-être. Pour mes pièces plus longues, je suis très prudent. Si je me rends compte que j'arrive à concrétiser une idée particulière, je me lancerai sans doute. Il me serait très facile d'écrire une pièce commerciale, mais j'ai l'ambition de faire des choses plus intéressantes et ça, c'est plus difficile pour moi. N'empêche que si une pièce aboutit, j'aurais sans doute envie de la monter.

Que faites-vous de ces pièces, lorsqu'elles sont terminées ? Les confiez-vous à un agent ?

Si je désire la monter, je fais en sorte qu'elle puisse l'être. Je la fais lire à des producteurs et, à partir de là, on essaie d'avancer. Mais si j'ai un petit doute, je laisse la pièce dans mes tiroirs. En général, pour les pièces en un acte, on m'appelle parce qu'on a déjà deux pièces de ce format, et qu'on en cherche une troisième. Si je parviens à écrire suffisamment de pièces en un acte, je pourrai peut-être faire une soirée qui les regroupe. Mais une nouvelle fois, les pièces en un acte sont avant tout de petits divertissements très légers. Les miennes, tout au moins. D'où l'idée d'écrire une pièce plus ambitieuse.

Avez-vous été associé au processus de production de Central Park West *?*

Je me tenais en coulisses pendant les répétitions, et j'ai été obligé de faire énormément de rectifications. Si c'était à refaire, je préférerais assurer la mise en scène moi-même.

Il n'en a jamais été question, en l'occurrence ?

Non, jamais, parce que je préfère que mes pièces soient mises en scène par quelqu'un d'autre. Je n'ai jamais fait de mise en scène de théâtre. Mais je me lancerais volontiers, si les circonstances s'y prêtaient.

De quel ordre étaient les rectifications en question ? S'agissait-il d'aménager le dialogue ?

Oui, il fallait l'aménager et expliquer au metteur en scène ce que j'avais voulu dire. La direction qu'il avait choisie ne correspondait pas au matériau de départ.

Vous auriez préféré un rythme plus soutenu ?

Woody Allen et Julie Kavner jouent le rôle du couple Hollander contraint de chercher refuge à l'Ambassade américaine qu'ils vont bientôt transformer en univers chaotique : Nuit de Chine.

J'aurais préféré une autre mise en scène. Par moments, il aurait fallu accélérer et à, à d'autres moments, plutôt ralentir. J'avais l'impression que la pièce n'était pas en bonnes mains.

Étiez-vous satisfait du résultat final ?

La première a fait un tabac. En ce qui me concerne, le résultat a été globalement positif. Ça a fonctionné, mais il aura fallu beaucoup d'hésitations et de prises de bec pour redresser la barre.

J'ai lu la pièce et je l'ai trouvée très drôle.

Je l'ai réécrite depuis la première, en y apportant quelques améliorations. Après la première, il y avait encore des passages que j'avais la sensation de pouvoir améliorer. Un de ces jours, je passerai peut-être à l'acte. J'écrirai une ou deux autres pièces en un acte, et je les regrouperai pour faire une soirée, par exemple.

Vous n'avez pas participé à la première version de Nuit de Chine, *n'est-ce pas ? Et vous n'aviez jamais joué dedans auparavant ?*

J'étais encore beaucoup trop jeune. J'ai simplement écrit la pièce. C'était ma première expérience au théâtre et elle s'est révélée assez désastreuse. La pièce a bien marché, mais l'expérience a été désastreuse.

Avez-vous vu la première version filmée de votre pièce ? Celle ou Jackie Gleason joue le rôle que vous jouez dans votre adaptation ?

Je l'ai vue, oui. Le film était un désastre. J'en étais gêné. Pourtant, dans sa série télévisée, *The Honeymooners*, Gleason était génial.

Avez-vous dû réécrire votre pièce pour tourner l'adaptation télévisée ?

J'ai fait quelques aménagements, mais rien de plus. Je ne saurais vous dire précisément ce que j'ai modifié car je n'ai pas revu la pièce depuis des années, et je n'ai vu la première adaptation télévisée qu'une seule fois, il y a cinq ans. Mais je me souviens avoir réécrit quelques passages pour l'améliorer un peu.

Pour moi, c'est là la meilleure adaptation de *Nuit de Chine*. Étant en mesure de superviser le travail, je pouvais au moins faire les choses comme elles devaient être faites. Mais cela m'a rapporté très peu d'argent.

Je suppose que le narrateur qui vient commenter l'action par moments fait partie des ajouts ?

Non, non. Dans la première adaptation, c'était le prêtre qui faisait le narrateur.

Sur Nuit de Chine, *vous avez travaillé avec vos techniciens habituels, Carlo Di Palma, Santo Loquasto et les autres. Vous a-t-il été difficile de les obtenir ? J'imagine que c'est assez inhabituel d'amener sa propre équipe sur un téléfilm.*

Oh, nous nous sommes arrangés. J'avais mes collaborateurs et ils étaient prêts à travailler presque gratuitement. Comme moi, d'ailleurs. On a fait ce téléfilm pour s'amuser.

Combien de temps a duré le tournage ?

Deux semaines environ.

Seulement ?

Oui. Mais j'ai presque tout tourné en plan général. Ça simplifie les choses.

Vous avez beaucoup utilisé la caméra à l'épaule. Ce n'est peut-être pas très fréquent, pour un téléfilm.

Je ne connais pas très bien la télévision. Je me suis contenté de tourner ce film rapidement, et ça s'est arrêté là.

Avez-vous apprécié l'expérience ?

Bien sûr. Nous avons tourné à l'ambassade d'Ukraine, qui se trouve assez près de l'endroit où j'habite. Je me levais le matin et je me rendais sur le plateau à pied. Nous ne travaillions qu'en intérieur et il n'y avait donc guère de surprises. J'ai adoré travailler avec Julie Kavner, qui interprète mon épouse dans le film.

Rappelons brièvement l'intrigue : originaires du New Jersey, Walter et Marion Hollander sont partis en vacances derrière le rideau de fer et doivent se réfugier à l'ambassade américaine. C'est un point de départ très ingénieux, pour une farce. À partir de là, le couple bouleverse complètement la vie de l'ambassade, dans laquelle ils mettent un désordre terrible.

L'idée m'est venue il y a à peu près une trentaine d'années, à l'époque où ce genre de choses arrivait fréquemment. Je me souviens notamment d'un prêtre retenu à l'ambassade en Hongrie ou dans je ne sais quelle démocratie populaire, et qui n'arrivait plus à rentrer chez lui. Je me suis dit que si mes parents allaient en Europe et se retrouvaient dans une situation pareille, l'affaire tournerait rapidement au cauchemar pour tous les malheureux impliqués. J'ai donc écrit cette petite pièce un peu bêbête. Mais elle a bien marché.

Il y a huit ou neuf ans, j'ai vu Nuit de Chine *en Suède, dans une assez mauvaise mise en scène, hélas. L'histoire m'a parue très datée, du coup. Mais dans votre*

Michael J.Fox, fils de l'Ambassadeur, soumis au stress dans Nuit de Chine.

adaptation télévisée, l'histoire n'a plus une ride. Même si l'intrigue est censée se situer dans les années soixante, pendant la Guerre Froide, à l'époque de Khrouchtchev.

La question de l'époque a posé pas mal de problèmes. Dans les cinq premières minutes, il fallait ramener le spectateur vers une époque où les États-Unis et l'Union Soviétique étaient à couteaux tirés. On aurait le même problème si l'on faisait un film sur l'ère du maccarthysme. Il est impératif de clarifier les choses pour le public, et de bien situer le cadre de l'intrigue.

Les disputes perpétuelles du couple Hollander constituent l'un des éléments les plus dynamiques de cette farce. D'ordinaire, ou du moins très souvent, ces disputes éclatent devant des tiers, tels que le jeune fils de l'ambassadeur. Est-ce pour une raison d'efficacité que vous situez ce type d'échange devant des tiers ?

Bien sûr. Cela en renforce considérablement l'impact, évidemment. J'étais encore très jeune lorsque j'ai écrit *Nuit de Chine*, et très influencé par George S. Kaufman et Moss Hart. Ils écrivaient des pièces de ce genre, et bien mieux que moi, d'ailleurs.

La distribution du téléfilm est très hétéroclite et très amusante en elle-même. Dom DeLuise, qui joue le prêtre, semble avoir à peu près disparu des écrans.

On le voit parfois à la télévision. Il est incroyablement drôle. Aussi drôle qu'on peut l'être. Parfois, quand j'étais derrière la caméra, je devais me retenir de pouffer, tellement je le trouvais drôle.

Michael J. Fox – le fils de l'ambassadeur – fait aussi quelques intrusions très amusantes. On le voit rarement dans des rôles de ce genre. Il a surtout interprété des rôles de jeune homme de bonne famille ou de gendre idéal.

J'ai eu beaucoup de chance de pouvoir l'avoir. Ça l'amusait de jouer ce rôle.

Qu'est-il donc advenu de The Sunshine Boys [Ennemis comme avant], *passé presque inaperçue, à la télévision ?*

Je n'en sais rien du tout. Ils m'ont appelé pour me proposer pas mal d'argent pour deux petites semaines de travail à New York. Bien plus d'argent que je n'en gagne à faire mes propres films. Comme il s'agissait d'une pièce de Neil Simon et que j'étais censé jouer avec Peter Falk – qui est un acteur fantastique – j'ai accepté, car tout cela me paraissait très alléchant. Mais je ne sais pas du tout ce qu'est devenu le film. Je ne l'ai jamais vu.

Vous avez fait des apparitions dans quelques films réalisés par d'autres, dont Antz *et* Picking up the Pieces. *Qu'est-ce qui vous pousse à accepter tel ou tel rôle ?*

Pour *Antz*, je voulais faire une fleur à Jeffrey Katzenberg. Pour *Picking up pieces*, on m'a fait une offre financièrement alléchante.

Il est beaucoup question de la mort dans Picking up pieces, *et c'est un thème que vous avez traité dans beaucoup de vos films et de vos textes. La séquence la plus intéressante de ce film est pour moi celle où le personnage que vous incarnez – Tex, le boucher – reçoit, dans sa prison, la visite de sa défunte épouse, jouée par Sharon Stone. Elle parle alors de ce « petit plus » qui nous attend de l'autre côté…*

Mmm…

Ce film fut une expérience assez décevante. Était-ce sensible dès le scénario ?

Disons que si le film avait été tourné en espagnol ou en italien il aurait pu avoir une chance – mais pour les gens sympathiques et pleins de talent qui ont dû le tourner en anglais, la bataille a été rude.

29

Tout le monde dit « I Love You »

LE CLOWN : « Je sais exactement ce que je pense, mais je n'arrive jamais à le formuler. Peut-être qu'avec un petit coup dans le nez je pourrais vous le danser. » *(Ombres et brouillard)*

Quelle est – et quelle fut – votre relation avec la comédie musicale ?

J'ai toujours rêvé de faire des comédies musicales. Je dis bien *des* comédies musicales. En revanche, je n'avais aucune envie de m'enliser dans l'ornière classique du genre. Je me disais que, si je tournais une comédie musicale, tout le monde devait chanter, même ceux qui ne savent pas chanter. Tout le monde devait danser, même ceux qui ne savent pas danser. Le principal n'était pas l'aspect technique ou la qualité de la prestation. Je tenais au contraire à préserver le caractère « amateur » des voix. J'ai donc écrit le scénario et je me suis beaucoup amusé au tournage. Aujourd'hui, j'aimerais refaire une comédie musicale, peut-être même une comédie musicale avec une musique originale. Pour *Tout le monde dit « I love you »* [*Everyone Says « I Love You »*], j'ai utilisé des chansons que je connaissais. Mais à présent, j'aimerais bien tourner une autre comédie musicale à partir d'une partition originale.

Les paroles des chansons ont-elles été réaménagées ? S'agit-il des paroles originales ?

Dans tous les cas de figure, je me suis efforcé de prendre des chansons qui permettaient de faire avancer l'intrigue. Ce n'était pas bien difficile. Il existe des milliers de chansons merveilleuses, dont pas mal que je connais déjà. Je n'avais donc qu'à faire mon choix, ce qui était plutôt amusant. J'adorerais tourner une comédie musicale de temps en temps.

Vous avez certainement vu la plupart des comédies musicales classiques, celles qui ont été produites par la M.G.M.

Je dois les avoir pratiquement toutes vues.

Quelles sont celles que vous préférez ?

À mon sens, *Chantons sous la pluie [Singin' in the Rain]* demeure la meilleure comédie musicale. La référence absolue. *Le Chant du Missouri* [*Meet me in St Louis*] est également merveilleux. *Gigi* est une comédie musicale adorable, très élégante. La version filmée de *My Fair Lady* donnait une bonne comédie musicale, de même que *Tous en scène* [*The Band Wagon*]. *Un jour à New York* [*On the Town*] fourmillait de trouvailles et constitue toujours une source d'inspiration. *Un Américain à Paris* [*An American in Paris*] et *Blanches colombes et vilains messieurs* [*Guys and Dolls*] viendraient ensuite, car ce sont de bonnes comédies musicales, mais pas des chefs-d'œuvre.

J'ai revu Un Américain à Paris, *récemment et je dois avouer que j'ai été un peu déçu. Le film a vieilli et paraît un peu bêbête, comparé aux autres.*

Personnellement, je ne l'ai jamais rangé parmi les grandes comédies musicales. *The Music Man* passe très bien sur scène, mais la version filmée n'est pas très réussie. Mais il y a tout de même les comédies musicales en noir et blanc, qui représentent de charmants souvenirs de cette époque et comptent beaucoup de merveilleux moments. Cela tient essentiellement à la présence de Fred Astaire. Mais du point de vue cinématographique, ces films n'ont pas grand intérêt. *Gigi* et *Chantons sous la pluie* sont de véritables joyaux.

Quelles sont les qualités que vous appréciez dans ces comédies musicales ?

Derrière toutes celles que je viens de mentionner, il y a un bon scénario, ce que je trouve important. Les numéros musicaux sont merveilleux, tout comme les paroles des chansons – qu'elles soient originales (comme dans *My Fair Lady* ou *Gigi*) ou qu'elles appartiennent au répertoire, comme dans *Chantons sous la pluie*. Les musiques choisies sont merveilleuses et la chorégraphie fonctionne du début à la fin. Devant des films pareils, on est emballé, et ému, tout en suivant l'histoire sans peine. L'humour arrive toujours à point, et le charme également. Le spectateur est toujours en très bonnes mains. *Le Chant du Missouri* représente un cas à part, car on pourrait presque y voir un chef-d'œuvre d'art populaire américain. Le film est lié à une certaine époque, il décrit une certaine Amérique. Et tout se passe en chansons. C'est vraiment extraordinaire… et basé sur un scénario solide. Le scénario de *Blanches colombes et vilains messieurs* est bon aussi, et les chansons sont splendides. C'est un bon film, bien sûr, mais pas un chef-d'œuvre, parce que le réalisateur n'avait pas le génie de Vincente Minnelli ou de George Cukor.

Allez-vous voir les comédies musicales de Broadway ?

Non, pas ces temps-ci.

Mais avant, vous y alliez ?

Dans le temps, oui, bien sûr. Je n'ai même pas parlé de *West Side Story*, dont la musique et les paroles sont tout de même incroyables. Je n'aime pas trop le scénario, en revanche. Je n'ai jamais vraiment aimé *Roméo et Juliette*. De toutes les pièces de Shakespeare, c'est celle qui me plaît le moins. Il y a aussi de la musique et des paroles très bien dans *Gypsy*.

Effectivement, c'est un film intéressant, quoiqu'un peu surestimé. Que pensez-vous des comédies musicales plus modernes, aux chorégraphies plus expérimentales, comme celles de Bob Fosse ?

J'aime beaucoup le travail de Bob Fosse. Je le trouvais excellent. Il était merveilleux, tant comme metteur en scène que comme chorégraphe. Mais je n'aime pas beaucoup les comédies musicales modernes. *Cabaret* est un film formidable, mais il n'a pas les qualités que je cherche dans une comédie musicale. Çadonne un film un peu trop sérieux, mais tout de même excellent. Personnellement, je préfère les comédies musicales plus frivoles. C'est une question de goût. *Oliver* était une excellente comédie musicale. La mise en scène était parfaite et certains morceaux sont très beaux. Carol Reed compte parmi mes cinéastes préférés. J'ai beaucoup d'admiration pour *Cabaret*, *Oliver* ou Un violon sur le toit [*The Fiddler on the Roof*] parce qu'ils représentent le parfait exemple d'un travail merveilleux auquel chacun a apporté sa pierre. Mais ces films ne parlent pas aussi bien à mon cœur que ceux que j'ai cités plus haut.

Woody Allen derrière la caméra dirige une scène de Tout le monde dit « I Love You ».

Woody Allen draguant Julia Roberts dans Tout le monde dit « I Love You ».

Une fois encore, il s'agit là de mon goût personnel. Si vous faites un micro-trottoir, les gens manifesteront des opinions différentes. Moi, j'aime qu'une comédie musicale ait un côté frivole, ce n'est sans doute pas le cas de tout le monde. Une comédie musicale n'a pas nécessairement besoin d'être drôle. Je ne trouve pas que *Gigi* soit très drôle, par exemple. Mais c'est tout de même un film merveilleux, de par son atmosphère et la beauté de ses mélodies, qui sont tout à fait à mon goût.

Avez-vous vu les comédies musicales de Jacques Demy, Les Parapluies de Cherbourg *et* Les Demoiselles de Rochefort *?*

Oui. C'est un genre de comédie musicale tout à fait différent, mais intéressant, à mon avis. Même si je préfère les bonnes vieilles comédies musicales américaines, que l'on ne peut plus voir sur scène parce que le style musical a changé. En fait, ce changement a signé l'arrêt de mort de la comédie musicale telle que je l'appréciais.

Comment avez-vous écrit le scénario de Tout le monde dit « I Love You « *? Avez-vous commencé par établir l'intrigue, avant de chercher les chansons destinées à y être insérées ?*

En fait, je m'arrêtais de taper et je me disais : « Tiens, ici, il faudrait une chanson. » Et si aucun titre ne me venait spontanément, je prenais mon bouquin et je le feuilletais jusqu'à ce que je trouve une vieille chanson que j'aime, et je l'insérais dans le scénario.

De quel « bouquin » parlez-vous ? Vous avez mis en fiches les musiques que vous aimez ?

D'ordinaire, les maisons de disques vous envoient des catalogues réunissant toutes les chansons qu'elles ont publiés dans l'année, ou au moins les plus importantes. Ce sont ces catalogues que je feuillette. Je commence vers 1920 et je vais à peu près jusqu'en 1955. On trouve des centaines de chansons de cette façon.

Avez-vous obtenu le droit d'utiliser toutes les musiques que souhaitiez ? Avez-vous été obligé de faire des aménagements pour contourner le problème ?

Non, nous avons eu les droits de toutes les chansons. Ce n'était pas très difficile. On peut acheter les droits d'à peu près n'importe quelle musique. Seul Irving Berlin faisait des difficultés, mais aujourd'hui, on peut également utiliser ses chansons, du moment qu'on paie.

Je viens de revoir L'explorateur en folie [Animal Crackers] *et j'y ai reconnu une chanson de* Tout le monde dit « I Love You ». *Je crois même qu'il s'agissait de la chanson-titre. Vous est-il arrivé de choisir des musiques qui avaient déjà utilisées dans des films que vous aimiez, et dont vous vous souveniez ?*

Il me semble que *Tout le monde dit « I love you »* était dans *Monnaie de singe* [*Monkey Business*] ou dans *Plumes de cheval* [*Horse Feathers*].

N'aviez-vous pas fait intervenir la musique de la même manière dans Annie Hall *?*

Si, c'est une idée que j'ai utilisée quelques fois par le passé, à l'époque où je travaillais avec Marshall Brickman. Nous nous disions alors : « Pourquoi ne pas faire un film dans lequel les gens parleraient normalement, et se mettraient subitement à chanter une chanson ? » Avec une petite chanson, l'intrigue continuerait à avancer. En revanche, nous ne pensions pas à de véritables numéros musicaux. Notre idée, c'était juste d'insérer quelques chansons au milieu du dialogue. Marshall a envisagé cette possibilité, mais nous ne sommes jamais passés vraiment à l'acte. Nous étions dans les années soixante-dix, et nous travaillions alors sur des films comme *Annie Hall* et *Manhattan*.

Dans les comédies musicales classiques de Vincente Minnelli, de Gene Kelly et Stanley Donen ou de George Cukor, la caméra contribue à la chorégraphie autant que les danseurs. Mais dans Tout le monde dit « I Love You », *la caméra bouge très peu. Vous préfériez donc rester très simple ? Pourquoi avoir fait si peu de mouvements d'appareil dans les numéros musicaux ?*

Lorsqu'il m'arrive de regarder un ballet ou de la danse à la télévision, le montage me rend fou. Moi, j'aime le point de vue que l'on a en étant assis à l'orchestre, quand on regarde les danseurs sur la scène. Je déteste qu'on me saucissonne ce spectacle. Je n'aime pas du tout les raccords qui passent des yeux du danseur à ses pieds. Pour tourner cette comédie musicale, je m'étais donc juré de placer ma caméra et de laisser les gens danser devant elle – comme le faisaient Chaplin ou Keaton – au lieu d'essayer d'éblouir par la virtuosité des mouvements d'appareil. Il me semble que ces mouvements cassent complètement le plaisir du spectateur. Je me suis donc efforcé de faire aussi peu de mouvements que possible.

J'aime regarder les gens danser. Ça ne m'intéresse pas de voir leurs visages ou leurs pieds en gros plan. Je tiens à voir le danseur en entier, comme je voyais Fred Astaire ou Charlie Chaplin. Ainsi, j'ai pu tourner très vite les séquences musicales de *Tout le monde dit « I Love You »*. Comme on tournait une comédie musicale, les gens pensaient qu'on allait passer des jours et des jours sur chaque numéro, mais ça n'a pas été le cas. En quelques heures, la séquence était dans la boîte. Je préparais le plan, je tournais et on pliait. La caméra demeurait relativement statique. De temps en temps, quand cela s'imposait, on faisait un mouvement, mais il était toujours très simple. En fait, je me contentais de changer d'axe.

Comme dans la séquence de la bijouterie, ou le numéro à l'hôpital, que vous avez filmé sous deux angles, depuis les deux couloirs.

Précisément. Il y avait des mouvements que l'on pouvait couper sans que ce soit trop gênant, mais je me refuse à couper pour produire un effet. Je déteste ce genre de coupes, de toute façon. Pour moi, c'est de l'esbrouffe. Je préfère couper quand la coupe s'impose, et non pour le seul plaisir de couper. Cela vient peut-être de mon expérience de metteur en scène de comédie. Quand il devient trop brillant, le montage sabote la comédie. Du reste, les grandes comédies de Lubitsch, Chaplin ou Keaton, sont toujours très simples, sur le plan stylistique. Et ce n'est pas un hasard, car lorsqu'on s'autorise la moindre coupe, le moindre changement d'axe ou la moindre petite fioriture, l'humour en pâtit toujours. Or, dans la comédie, il faut tout sacrifier à l'humour.

Mais quand on a réalisé deux ou trois comédies, on commence à avoir envie prendre la caméra et de la faire bouger ; on a envie de s'amuser comme le fait Martin Scorsese. Mais si l'on s'amuse à ça quand on tourne une comédie, on finit par se mettre dans le pétrin. Si on arrive encore à faire rire, on aura de la chance, si brillantes idées que soient toutes les idées de mise en scène qu'on aura eues.

Je suis d'accord. Dans le registre de la comédie, et plus encore dans celui de la farce, le meilleur moyen d'expression demeure le plan général. On le vérifie chez Chaplin, les Marx Brothers ou dans les films que Jerry Lewis a réalisé lui-même. Dans Le Dingue du palace [The Bell Boy] *ou* Le Zinzin d'Hollywood [The Errand Boy], *par exemple, les séquences les plus efficaces et les plus drôles sont toujours fil-*

Goldie Hawn et Allan Alda dans Tout le monde dit « I Love You ».

mées en plan général. Dès l'instant où l'on commence à faire des gros plans, on sabote le comique.

Tout à fait. On casse le rythme et on détourne l'attention. Dans un plan serré, on ne voit pas tout, on ne voit pas la réaction de l'autre personnage. Le réalisateur est un peu frustré, car il aimerait exploiter toutes les possibilités du cinéma. Quelqu'un comme Ingmar – qui est le maître du gros plan – peut se permettre de resserrer sur un regard et créer des images pleines d'émotion. Mais si on s'amuse à cela en tournant une comédie, on est cuit. Le film n'y survit pas.

Tout le monde dit « I love you » *finit par une magnifique séquence musicale entre Goldie Hawn et vous-même. Comment avez-vous mis cette séquence au point ?*

Je tenais à tirer parti de la beauté de Paris, et les quais de Seine comptent évidemment parmi les plus beaux endroits de la ville. Carlo Di Palma a dû placer cinq mille projecteurs sur le quai d'en face, autour de Notre-Dame et dans tous les endroits imaginables. Mais là encore, cette séquence musicale n'était pas très compliquée. Nous l'avons tournée en deux ou trois heures, et nous étions suspendus à des fils.

Vous n'avez donc pas utilisé d'effets spéciaux dans cette séquence ?

Non, aucun. Nous avons tourné sept ou huit prises, et nous avons plié. Je sais plus si nous avons tourné des raccords. Il a peut-être fallu en faire un pour le moment où Goldie court et saute. On a tourné à deux caméras, en s'efforçant de rester aussi simple que possible.

Comment vous est venue l'idée de cette séquence ?

Dans ce film, je voulais que les numéros musicaux expriment des idées. C'est le cas pour le mort, le fantôme qui danse, pour les gens qui chantent dans les rues de New York, ou pour les mannequins dans les vitrines. Je devais donc trouver une autre idée pour la dernière séquence entre Goldie et moi. Je me suis dit que ce serait merveilleux de la soulever et qu'elle s'élève dans l'air. Nous ne savions pas du tout comment procéder, mais finalement, nous nous sommes rendus compte que le plus payant serait d'utiliser des fils. Si je devais retourner cette scène aujourd'hui, j'utiliserais peut-être des effets spéciaux. Mais je me méfie des effets. Je ne les déteste pas par principe. Lorsqu'ils vous permettent de raconter une histoire, je trouve ça très bien. Mais la plupart des gens font des effets pour le seul plaisir d'en faire, ce que je trouve complètement assommant.

Je fais relativement peu d'effets, car cela revient cher et mon budget ne me le permet pas. De surcroît, la plupart des effets sont fabriqués en Californie, ce qui oblige à faire venir de là-bas quelqu'un qui doit être briefé avant de retourner travailler. Six semaines plus tard, le gars revient montrer un truc pas totalement satisfaisant et l'affaire traîne pendant des mois, ce qui coûte une fortune. Je préfère donc éviter les effets spéciaux. Cela me fait également penser aux gens qui se croient obligés d'accomplir des tours de force avec la steady-cam. Moi, on m'a enseigné que la steady-cam était un outil permettant de raconter des histoires, et j'en suis resté là. Ce n'est certainement pas une fin en soi, contraire-

Edward Norton et Drew Barrymore dans Tout le monde dit « I Love You ».

ment à ce que pensent beaucoup de réalisateurs, qui veulent éblouir le public en lui montrant les plans longs et très complexes nés de leur imagination. Malheureusement, tout le monde s'en fiche. Tout ce qui intéresse le spectateur, c'est ce qui se rapporte à l'histoire. Le reste n'a absolument aucun sens.

On a le sentiment qu'il y a une sorte de compétition entre les réalisateurs, qui tentent le record du travelling le plus long avec une steady-cam. Scorsese et Brian de Palma s'y acharnent particulièrement.

Le long travelling-avant très élaboré que Marty a tourné dans *Les Affranchis* [*Good Fellas*] était bien intégré, à mon avis. Mais ensuite, tout le monde a voulu l'imiter. Au début de *Boogie Nights*, de Paul Anderson, il y a aussi un beau plan tourné avec une steady-cam, et qui fonctionne très bien dans l'histoire. C'était une réussite.

Les séquences musicales tournées dans les rues de New York, de Paris ou de Venise vous ont-elles demandé plus de travail ?

Non, elles ne m'ont pas posé de problèmes majeurs. Nous avons surtout tourné à New York, et presque uniquement dans mon quartier. Nous avons passé une semaine à Venise et une autre à Paris. Et comme vous le savez, j'adore ces deux endroits. Ce film n'était pas très difficile à faire. Très amusant, surtout.

J'ai cru comprendre que le scénario original était plus riche et que le film devait être beaucoup plus long, au départ. J'ai lu quelque part que deux actrices devaient intervenir, mais que leurs rôles, et leurs personnages ont finalement été supprimés. Il s'agissait de Liv Tyler et de Tracey Ullman, me semble-t-il.

C'est exact. Liv Tyler jouait la petite amie du fils d'Alan Alda. Elle était bien, mais j'ai dû élaguer le film, qui faisait au moins une demi-heure de trop.

Avez-vous également supprimé des séquences musicales ?

Oui. Deux séquences musicales ont été coupées. L'une d'entre elles était pourtant très bien ; elle faisait intervenir Alan Alda et Goldie Hawn au moment où les uns attendent que les autres arrivent pour dîner, avec le futur gendre. Ils chantaient tous ensemble. Ensuite, on passait sur un souvenir du grand-père, qui évoquait le jour où il avait rencontré sa femme, dans les années vingt. Ça donnait une petite chanson dans le style des speakeasies, avec un peu de danse. Mais j'ai été obligé de couper cette scène également. De même que j'ai dû couper la séquence avec Tracey Ullman. Elle interprétait la première femme d'Alan Alda, et elle avait une chanson. Je regrette d'avoir dû supprimer cette séquence, car Tracey était très bien.

Lorsque vous vous trouvez contraint de faire ces sacrifices – et je sais que cela vous est déjà arrivé pour d'autres films – agissez-vous à contrecœur ? Avez-vous la distance nécessaire pour avoir le sentiment de servir le film, au contraire ?

Lorsque je fais ce genre de coupes, j'ai l'impression qu'on m'enlève une tumeur. Ou que l'on met fin à mes souffrances. C'est plutôt agréable. Des années après, en y repensant, je me dis parfois que c'était dommage de ne pas avoir pu conserver cela. Mais lorsqu'on est devant le montage et qu'on tient à aller de l'avant, on prend sur soi et soudain, on se sent plus léger. C'est magique.

Beaucoup de réalisateurs semblent pourtant avoir du mal à s'y résoudre.

À couper des séquences ? Je ne vois pas pourquoi. S'ils sont assis à la table de montage et qu'ils se rendent compte que leur film se traîne, c'est tout de même un grand privilège que de pouvoir ordonner : « Vire-moi ça ! ». Car personne ne le saura jamais et le film avancera deux fois plus vite.

J'ai l'impression qu'ils préfèrent sortir ce qu'on appelle désormais « the director's cut ». Cela leur permet de remettre enfin dans leurs films les scènes qu'ils regrettaient d'avoir sacrifié. On va vu ça pour Blade Runner, Apocalypse Redux *ou* The Exorcist, *pour n'en citer que quelques-uns.*

Pour moi, le problème ne se pose pas, puisque le film que je sors est toujours celui que je voulais avoir. Je ne garde rien en réserve pour le DVD. Une fois qu'une scène est partie au panier, c'est terminé.

Comment envisageaient-ils la perspective de devoir chanter ? Y en avait-il qui hésitaient, qui avaient peur de s'y risquer ?

Oui. Drew Barrymore. J'ai dû engager quelqu'un pour chanter à sa place. Mais c'est la seule. Tous les autres acteurs m'ont dit qu'ils ne savaient pas chanter, mais que si j'y tenais, il le feraient. Mais Drew a refusé catégoriquement.

Et vous ? Qu'avez-vous pensé de votre expérience en tant que chanteur ?

Eh bien, Ça été un peu difficile parce que je ne sais pas chanter.

Mais vous aimez danser ? Vous dansez les danses de salon ?

Je ne danse jamais. Je me sens trop maladroit, mais je suis un acteur et comme le rôle l'exigeait…

30

Wild Man Blues

Wild Man Blues *n'est pas un de vos films, mais un documentaire tourné par Barbara Kopple sur la tournée européenne de l'orchestre de jazz avec lequel vous vous produisez. Au début du film, on vous entend dire : « À New York, je peux vivre en allant du plateau où je tourne au théâtre, au cinéma ou au Madison Square Garden. Je n'éprouve jamais le besoin de m'en aller passer le week-end ailleurs. » Pourquoi avoir entrepris cette tournée, en ce cas ?*

Très bonne question. Un jour, avec Eddy Davis, le gars qui joue du banjo dans l'orchestre, j'ai évoqué – de manière purement rhétorique – l'idée de partir en tournée. On en a parlé pour voir si l'idée éveillait un intérêt quelconque, et on s'est aperçus que toutes les salles et théâtres d'Europe ne doutaient pas de faire salle comble. Alors on s'est dit que ça pourrait être amusant. On jouerait à Barcelone et à Londres, à Paris et à Vienne. Et puis Jean Doumanian a lancé l'idée d'en tirer un film.

Au début du film, vous parlez de votre vie quotidienne à New York. Comment se déroulent vos journées ici, quand vous ne tournez pas ?

Eh bien, en général, j'écris. Je me lève, je fais ma gym, je prends mon petit-déjeuner, je joue un peu avec les enfants et puis je passe dans mon bureau pour me mettre à écrire. J'en ressors pour déjeuner avec ma femme et mes enfants. Et puis dans l'après-midi, si j'arrive à avancer, je retourne m'enfermer pour poursuivre. Ensuite, je travaille un peu ma clarinette. Je vais me promener avec ma femme, ou jouer avec les petits. Voilà à quoi ressemblent mes journées. Le soir, nous allons dîner avec des amis, ou nous dînons à la maison. D'ordinaire, nous sortons. Et quand nous rentrons, je regarde la fin d'un match de base-ball et je vais me coucher. C'est une vie très rangée.

Très réglée, aussi, non ?

Je n'ai pas cette impression. La seule chose à laquelle je dois réellement m'astreindre, c'est de travailler ma clarinette. Je ne parle pas de jouer, ce que j'adore, – mais de travailler, de faire des exercices. Mais la plupart des activités supposent une certaine astreinte. À part l'écriture, pour laquelle je n'ai jamais à me forcer. Je passe le plus clair de mon temps libre à me promener ou à faire des trucs sans grand intérêt.

Combien de temps passez-vous à travailler votre clarinette ? Travaillez-vous chaque jour ?

Oui. Chaque jour. Si je ne dois pas préparer un morceau particulier, je travaille environ trois-quarts d'heure. Quand je dois partir en tournée, je travaille plus longtemps. Avant de partir en tournée, je travaille entre une heure et une heure et demie chaque jour. Mais quand il s'agit juste de me maintenir, je me borne à travailler trois-quarts d'heure.

Je ne suis pas musicien. Vous travaillez la musique, ou bien la technique, la respiration, etc. ?

L'aspect physique, surtout. L'embouchure et les doigtés. Pour la respiration, je suis nul. Je n'ai jamais appris à respirer correctement, alors je me contente de travailler mon embouchure et mes doigtés.

Les jours où vous tournez ne sont donc pas très différents de ceux où vous ne tournez pas. La seule différence, c'est que lorsque vous ne tournez pas, vous écrivez.

C'est ça. On passe me chercher le matin pour m'amener sur le plateau. Je me lève tôt, les jours où je dois tourner. Je fais ma gym. Mais je réserve toujours une demi-heure ou trois-quarts d'heure pour travailler ma clarinette. Ma journée finie, je retourne dîner à la maison avec ma famille ou avec des amis. Après, je suis crevé, en général et je vais me coucher tôt, après avoir regardé un peu de base-ball ou de basket à la télé. Ensuite, je tire l'échelle.

Est-ce que vous voyez beaucoup de films, quand vous ne tournez pas ?

J'en vois pas mal, oui. Au cinéma, et surtout ici, à mon bureau.

Pourriez-vous me raconter comment vous avez commencé à jouer avec votre orchestre ? Comment avez-vous connu Eddy Davis ?

J'ai fait partie d'un orchestre de jazz – pas celui avec lequel je joue actuellement – pendant trente ou trente-cinq ans. J'ai connu Eddy à Chicago, où nous avions eu l'occasion de faire le bœuf ensemble. Dix ans plus tard, nous nous sommes revus à New York. Il m'a demandé si je me rappelais avoir joué avec lui à Chicago. Je m'en souvenais parfaitement. Nous nous sommes donc mis à jouer ensemble à New York. L'orchestre avec lequel je jouais jusqu'alors a fini par se dissoudre quand le Michael's Pub a été vendu, et je me suis donc mis à jouer avec Eddy régulièrement. Il avait déjà réuni la formation avec laquelle je joue désormais, au café Carlyle.

Que vous apporte la musique ? Je parle de celle que vous jouez comme de celle que vous écoutez.

Je suis vraiment mordu de jazz. Surtout de jazz New Orleans. J'aime aussi tous les autres styles de jazz, la musique classique et l'opéra. Mais le New Orleans demeure mon style préféré. Pour des raisons obscures, j'ai accroché là-dessus il y a des années, et je demeure passionné. J'en sais long sur ce sujet et j'adore jouer cette musique. Par bonheur, elle est facile à jouer, même quand on n'est pas excellent.

Dans le documentaire, vous exprimez certains doutes quant au public européen qui ne serait peut-être pas en mesure d'apprécier le style New Orleans, qui demeure un phénomène très américain.

J'ai toujours été surpris de constater qu'en général, le jazz sous toutes ses formes semble plus apprécié en Europe, au Japon et en Amérique du Sud qu'aux Etats-Unis, où il a pourtant vu le jour. Je ne sais trop comment cela s'explique, mais cela tient peut-être au fait que les choses importées conservent toujours un certain cachet, qui les rend plus attrayantes. En Amérique, le jazz a connu un grand creux, particulièrement le style New Orleans. Très peu de gens s'y intéressent encore.

Alliez-vous au Blue Note et dans les autres clubs de jazz lorsque vous étiez plus jeune ?

Oui, après mon adolescence, j'allais tout le temps écouter du jazz. Tout le temps ! Il ne se passait pas une semaine sans que j'aille dans une boîte ou une autre. Mais le temps a passé et on ne pouvait plus entendre de New Orleans nulle part. C'était fini. J'ai continué à aller écouter les artistes modernes, Thelonious Monk, John Coltrane, Miles Davis et les autres, dans des clubs comme le Blue Note, le Half Note, le Five Spot, et dans tous les endroits où l'on jouait du jazz. Ainsi, j'ai eu l'occasion de voir jouer à peu près tout le monde. Mais la musique à laquelle je suis resté fidèle demeure celle de Jelly Roll Morton, de King Oliver et de W.C. Handy.

Quels sont vos artistes préférés parmi les jazzmen modernes ?

Mes goûts n'ont rien d'original. J'aime Thelonious Monk, par exemple. Mais j'ai toujours eu un faible pour Bud Powell. Si j'avais pu avoir le talent de quelqu'un d'autre, au lieu de celui qui m'est échu, je crois que j'aurais souhaité avoir celui de Bud Powell. Il était vraiment au-dessus du lot. Il réunissait toutes les qualités nécessaires à un musicien. J'adore aussi tous les autres, évidemment, Charlie Parker, John Coltrane et Ornette Coleman sont tous excellents.

Bud Powell est donc votre musicien favori. Qu'appréciez-vous particulièrement dans sa musique et dans son jeu ?

J'aime Bud Powell comme j'aime Ingmar Bergman et Martha Graham. Bud

Powell était un tragédien et tout ce qu'il jouait était plein de sentiment et de génie. Il avait un incroyable sens du rythme, une technique sans faille, une expressivité extrêmement émouvante. Mais chez lui, tout est toujours empreint d'un certain pessimisme. Interprété par lui, un standard comme *Over the Rainbow* – la chanson de Judy Garland dans *Le Magicien d'Oz* [*The Wizard of Oz*] – se charge d'un certain mal-être, avec toutes ces ruptures de tempo et ces nuances assez sombres. Cela faisait toute sa personnalité. C'est un artiste dont je me sens proche, comme Ingmar Bergman ou Martha Graham, dont le talent et la personnalité ont une profondeur évidente. Pour moi, Bud est à ce niveau là, tandis que d'autres pianistes – comme Monk ou Errol Garner – demeurent plus légers. Le génie d'Errol Garner est très léger. Sa musique est comme un bon dessert. Thelonious Monk était indiscutablement génial, mais sa musique est pleine d'humour et de légèreté tandis que celle de Bud est sombre. Tout ce qu'il jouait était grave et sombre, mais aussi plein de passion, de *blues*, avec un swing magistral, beaucoup d'extravagance et de folie.

Ce côté tragique, vous l'avez senti également lorsque vous avez vu Bud Powell sur scène ?

Je ne l'ai jamais vu sur scène. J'ai vu Monk plusieurs fois, mais jamais Bud. Lorsqu'il était à Paris, j'étais à New York, et inversement. Mentalement, il était très fragile, et une personne qui s'est occupée de lui – pianiste également– m'a raconté que chaque fois que Bud s'asseyait au piano pour frapper quelques accords, il créait une atmosphère différente. Il était très sombre, très *bluesy*. Lorsque Bud s'asseyait au piano, on avait l'impression d'entrer dans une cathédrale. C'était ahurissant.

Parmi ses disques et ses chansons, quelles sont celles que vous préférez ? Qu'est-ce que vous recommanderiez ?

Le double album *The Amazing Bud Powell*, paru chez Blue Note.

Écoutez-vous encore des disques de jazz chez vous ?

Bien sûr. J'écoute les légendes du jazz, comme le Modern Jazz Quartet. Mais en général, quand j'ai du temps libre, je me cantonne au classique ou au New Orleans. En fait, j'écoute surtout Sidney Bechet et Louis Armstrong.

Ça ne vous a pas dérangé d'être suivi par l'équipe de Barbara Kopple pendant toute la tournée ?

Pas du tout, parce que Barbara Kopple travaille de façon admirable. Au bout de deux minutes, elle se fait complètement oublier. Sa présence n'a jamais été pénible pendant les deux ou trois semaines qu'a duré la tournée.

Aviez-vous vu ses documentaires avant de vous retrouver sous l'œil de sa caméra ?

J'en avais vu quelques uns. *Harlan County U.S.A.*, bien sûr, et son film sur Mohammed Ali, ainsi que quelques autres. Barbara Kopple compte parmi nos meilleurs documentaristes et, avec *Wild Man Blues*, je trouve qu'elle a réussi à transformer une tournée assez banale en quelque chose d'amusant, de susceptible d'intéresser le public. Le mérite lui en revient entièrement. Et elle n'a rien bidonné. Elle s'est contentée de suivre son instinct.

Votre visite à Venise est sans doute l'un des meilleurs moments du film, et l'un des plus amusants. En l'occurrence, vous n'êtes plus seulement devant l'objectif de Barbara Kopple, mais aussi devant ceux des paparazzi, qui représentent un phénomène très particulier en Italie.

En Italie, ils étaient sans cesse après nous. Mais aujourd'hui, je le supporte bien mieux qu'avant. Dans le temps, je cherchais toujours à me défiler. Et puis je me suis rendu compte que quand je laissais les photographes prendre quelques clichés, ils se montraient très gentils. Il prenaient leur photo et disparaissaient.

Ce qui est amusant, dans ce passage du documentaire où l'on vous voit avec Soon-Yi et le maire de Venise, c'est que Barbara Kopple a mis une musique de Nino Rota, transformant presque ce passage en film de Fellini.

Vous parlez du moment où l'on se tient devant le théâtre dans lequel on va se produire.

Lorsqu'on vous voit au milieu de la foule à Venise, vous dites que tous ces gens ne vont pas voir vos films, mais qu'ils adorent sortir leurs instamatics pour vous tirer le portrait.

Je crois que c'est vrai. Si vous venez faire un tour dans la rue avec moi, vous aurez l'impression que mes films marchent du feu de dieu, que tout le monde court les voir, alors que ce n'est vraiment pas le cas. Quand je vais à pied de mon domicile jusqu'à Park Avenue, je fais à peine un pâté de maisons avant que quelqu'un m'arrête, et deux rues plus loin, il y a quelqu'un d'autre, ou un type qui me crie quelque chose depuis sa voiture. On pourrait croire que tous ces gens m'adorent, mais ils ne vont pas voir mes films.

Cela vous ennuie d'être si souvent reconnu dans les rues de New York ?

Je n'aime pas beaucoup ça, mais ça ne me met pas en colère. Les gens sont aimables. En général, ils me disent qu'ils me trouvent « génial », ou bien qu'ils aiment mes films. Personne ne m'arrête pour me dire des horreurs. Les gens qui ne m'aiment pas se contentent de m'ignorer. Ceux qui prennent la peine de m'adresser la parole me disent généralement des choses aimables. De mon côté, j'ai appris à les remercier. Lorsque j'étais jeune et inconnu, je prenais beaucoup de plaisir à écrire dans la rue. Je partais pour de longues balades, je cogitais, je goupillais mes pièces, mes films, mes idées… Mais je ne peux plus faire ça, aujourd'hui.

Vous ne vous rendez donc pas à pied de votre bureau à votre domicile ?

Ça m'arrive, avec Soon-Yi ou avec un ami, mais jamais seul. J'adorerais pouvoir rentrer chez moi à pied en pouvant combiner le deuxième acte de ma nouvelle pièce, ou le scénario que j'ai en chantier. Mais je ne peux plus le faire, parce qu'il y a trop de gens qui me reconnaissent. Mais prenez Madonna… Elle, elle ne pourrait même pas faire dix mètres sans que dix mille personnes lui tombent dessus. Pour moi, au moins, ils ne sont pas dix mille. Mais même s'il n'y en a que huit ou dix, ça m'empêche de me concentrer.

À Venise, on vous a remis un prix pour récompenser l'ensemble de votre œuvre. Que pensez-vous des prix ? Ont-ils un sens pour vous ?

En l'occurrence, je savais au moins que le Festival me décernait ce prix sans arrière-pensée. J'ai pour habitude de refuser toutes les récompenses pour lesquelles on exige ma présence au moment de la remise. On m'appelle souvent pour m'annoncer que l'on compte me décerner tel prix ou telle récompense, mais lorsqu'il s'avère que je dois apparaître à la remise, je refuse systématiquement de m'y rendre. À Venise, ils étaient sincères. Ils tenaient à me remettre ce prix et lorsque je les ai avertis que je ne viendrai pas, ils m'ont dit qu'ils me le donneraient quand même. Durant ce genre de cérémonies, je ne peux m'empêcher de penser que je ne mérite pas tant d'honneurs. Je me dis qu'il y a une bonne douzaine d'individus qui mériteraient d'être récompensés avant que je ne le sois. Ces récompenses témoignent pourtant d'un certain attachement, plus qu'elles ne consacrent le travail lui-même. Au fil des années, j'ai tourné pas mal de films, et certains ont été tellement appréciés que leurs spectateurs tiennent à me montrer leur attachement. Mais au fond, je me sens assez mal à l'aise dans ce genre de circonstances ; j'ai l'impression qu'on est en train de me jouer un tour, et que je ne devrais pas recevoir cet hommage.

Quand nous avons parlé des Oscars, vous avez pris l'exemple de José Ferrer et de Marlon Brando, qui furent tous deux nominés dans la catégorie premier rôle masculin en 1951 pour Cyrano de Bergerac *et* Un tramway nommé désir [A Streetcar named Desire], *respectivement. C'est Ferrer qui avait reçu l'Oscar, pas Brando.*

Je n'étais encore qu'un adolescent, à l'époque, mais cela m'avait paru injuste. J'allais voir tous les films qui sortaient. Je me rendais bien compte que la prestation de Marlon Brando représentait une rupture dans l'histoire de l'art dramatique. Mais en vieillissant, je comprends mieux ce qu'il faut faire pour obtenir ce genre

Woody Allen avec sa femme Soon-Yi à Venise. « Soon-Yi aime voyager et je veux la rendre heureuse. »

de distinctions. Je sais qu'il faut débiner les autres, faire campagne et dépenser pas mal d'argent. Ces distinctions n'ont rien à voir avec le mérite effectif. Elles prouvent simplement que les attachés de presse ont fait du bon boulot.

Vous aviez l'habitude d'entreposer chez vos parents tous les prix et distinctions que l'on vous remettait. Étaient-ils sensibles à ces honneurs et à votre carrière ?

Oui, mais pas outre mesure. Ils ont toujours eu la tête sur les épaules.

Comment ont évolué vos rapports avec vos parents, au fil des années ?

Très bien. Aujourd'hui, ils sont morts tous les deux. Papa à l'âge de cent ans et Mère à quatre-vingt quinze ans.

À la fin de Wild Man Blues, *vous dites : « J'aime faire des films qui ressemblent à ceux que j'allais voir étant jeune. » On le voit bien dans certains de vos films.*

Oui. Sydney Pollack avait verbalisé la chose quand nous travaillions sur *Maris et Femmes*, et j'étais parfaitement d'accord avec lui. Sydney aime faire des films ressemblant à ceux qu'il aimait, et moi aussi. Steven Spielberg a dit la même chose. Ingmar Bergman lui-même a souvent fait référence à Victor Sjöström. On aime faire des films qui ressemblent à ceux que l'on aimait voir. C'est naturel.

31

Harry dans tous ses états

LUCY : « Comment est-ce que tu as pu écrire ce livre ? Hein ? Est-ce que tu es vraiment si égoïste ? Tu es tellement obsédé par toi-même que tu te contrefous des personnes que tu détruis. Tu as raconté absolument toute notre histoire ! Avec tous les détails. Tu m'as trahie auprès de ma sœur. Marvin m'a quittée. Il est parti. »
HARRY : « Mais ça s'inspirait très vaguement de nous. »
LUCY : « Arrête de te foutre de ma gueule, sale connard ! À qui crois-tu que tu es en train de parler ? À l'un de ces débiles qu'on invite dans les talks-shows ? Tout cela, je l'ai vécu. Je sais parfaitement de quelle manière "vague" ça s'inspire de notre histoire. » *(Harry dans tous ses états)*

Vous venez juste de parler de Victor Sjöström et d'Ingmar Bergman or, quand on voit Harry dans tous ses états [Deconstructing Harry], *on pense beaucoup aux* Fraises sauvages. *Les deux intrigues n'ont pas grand chose à voir, c'est certain, mais ces films ont néanmoins une certaine parenté.*

Je comprends ce que vous voulez dire, même si je n'y pensais pas du tout au moment où j'ai fait le film. Ce qui m'intéressait, dans *Harry dans tous ses états*, c'était de montrer un écrivain au travail. Je voulais qu'on comprenne son caractère en voyant ce qu'il écrivait. Voilà la seule chose que j'avais en tête lorsque j'ai écrit cette histoire, qui n'a donc rien d'autobiographique. Je voulais juste montrer comment une demi-douzaine de nouvelles permettaient de cerner un personnage.

Ce personnage, vous l'avez appelé Harry Block. Étant donné qu'il s'agit d'un écrivain victime de l'angoisse de la page blanche – qu'on appelle en anglais « writer's block » *– ce nom contribue donc à typer le personnage.*

C'est vrai, oui.

Ce qui est amusant, c'est que le personnage principal des Fraises Sauvages *porte lui aussi un nom qui caractérise sa personnalité. Il s'appelle Isak Borg et, en suédois, son prénom est lié à la glace, tandis que son nom signifie « château ». Le personnage que Victor Sjöström incarne dans le film pourrait donc être considéré comme un être glacé, vivant reclus dans un château. Certains critiques ont du moins avancé cette idée. Le nom même du personnage révèle son incapacité à exprimer ses sentiments véritables. Harry Block et Isak Borg portent tous deux des noms correspondant à leur personnalité, c'est amusant, comme coïncidence.*

C'est vrai, oui. Harry Block est un personnage qui souffre du « *writer's block* ».

À mon sens, Harry dans tous ses états *est sans doute l'un de vos films les plus*

Woody Allen joue Harry Block, écrivain victime du syndrome de l'angoisse de la page blanche.

riches. Sur le plan des idées, mais aussi sur celui de la mise en pratique de ces idées. Ça donne un film au rythme rapide, plein d'énergie, mais dont l'énergie se consume peu à peu. Cela ne tient pas seulement à la façon dont on passe subitement de la réalité à la fiction, de la vraie vie au monde imaginaire ; c'est sensible jusque dans la facture même du film, dont le montage est souvent très heurté. Comment vous est venue l'idée de monter le début de manière aussi hachée, par exemple ?

Comme je viens de vous le dire, je voulais décrire un écrivain à partir d'une série d'histoires. Il fallait donc que je lui invente une vie susceptible de justifier les différentes idées d'histoires qui m'étaient venues. Car ces histoires préexistaient à l'idée du film. J'ai donc procédé à l'envers, finalement, en partant de ces histoires. J'ai conçu le personnage pour qu'il me permette de raconter ces histoires-là.

Comment vous est venu l'idée de ce montage très sec, au début du film, lorsque Judy Davis sort de la voiture ?

J'avais déjà employé cette technique dans *Maris et Femmes.* Lorsque je traite d'un personnage névrosé, j'aime que cela se ressente jusque dans le montage. Je fais des coupes atonales, asymétriques ou débalancées. En fait, je coupe quand j'ai envie de couper. Ça permet au film d'avancer plus vite. Et comme ce rythme un peu heurté correspond au personnage, cela me paraît adapté.

Vous a-t-il fallu longtemps pour monter la première séquence ? Avez-vous essayé d'autres options ?

Non, car, dès le tournage, je savais que je monterais la séquence en faux-raccords. Je ne me suis donc pas tracassé. De plus, cela m'a donné une grande latitude au tournage, puisque je n'avais pas besoin de me préoccuper des raccords. Ensuite, j'ai coupé là où je voulais, pour préserver le rythme un peu nerveux.

Harry dans tous ses états *commence sur votre premier personnage imaginaire, Ken, qui représente l'alter ego d'Harry. Pour le rôle de Ken, vous avez choisi Richard Benjamin. Cela me fait penser à Philip Roth et à son « Complexe de Portnoy », puisque le même Richard Benjamin jouait le rôle principal dans l'adaptation cinématographique de ce roman. Les traditions judaïques ont une grande importance dans les romans de Roth, qui sont aussi largement autobiographiques, et font une grande place aux questions sexuelles. Est-ce une coïncidence ?*

Il m'est difficile de parler de Roth. C'est un écrivain extrêmement brillant, un vrai génie. Mais sa problématique n'est pas tout à fait la mienne. La judaïté le préoccupe bien plus que moi. Il en parle de façon bien plus profonde et bien plus riche que je ne peux le faire. Je suis un comique et je me produis face au public. Pour moi, la judaïté est surtout un réservoir de gags, un bouton sur lequel il me suffit d'appuyer pour déclencher les rires. Roth traite ces questions avec plus de profondeur, comme Saul Bellow.

Le choix de Richard Benjamin n'était pas vraiment concerté. Je le connais depuis longtemps, et c'est un acteur très doué. Je me disais qu'il pourrait être très drôle dans ce rôle et de fait, il a tenu ses promesses.

Judy Davis, l'une des actrices favorites de Woody Allen, en héroïne caractérielle dans Harry dans tous ses états.

À vous en croire, Harry dans tous ses états *n'aurait donc rien d'autobiographique. Lorsque je vous ai posé la question à propos d'autres films, vous avez toujours nié. Mais en l'occurrence, n'auriez-vous pas glissé des choses liées à votre propre expérience ?*

Quelques sentiments, sans doute, mais ça s'arrête là. Je n'ai jamais connu l'angoisse de la page blanche. Je ne m'enferme pas pour picoler et je ne fais pas venir des call-girls chez moi. Mes mariages n'ont jamais été aussi agités. Je ne mène pas du tout le même genre de vie que le personnage. Je serais radicalement incapable de prendre ma voiture pour aller recevoir une distinction quelconque. Je n'aurais jamais l'imagination ni le courage nécessaires pour enlever mon fils et le forcer à venir vivre avec moi. Tout cela, non… ce n'est pas moi.

Certaines préoccupations sont pourtant bien les miennes, je vous l'accorde. Les personnages du film sont juifs, pas catholiques ni protestants. Je conçois que les gens puissent être tentés de me confondre avec le personnage de cet écrivain, mais au fond, je m'en fiche un peu, maintenant. J'ai passé mon temps à le nier, mais puisque les gens ne veulent jamais me croire, eh bien… tant pis.

Dans le registre caractériel, Judy Davis semble être votre actrice favorite. Vous faites souvent appel à elle pour ce genre de rôle.

Parce qu'elle est excellente. Elle est hilarante, et susceptible de faire à peu près n'importe quoi avec le même brio. Il n'est pas très facile de trouver des gens dans le registre où elle excelle. Pour jouer les névrosées, elle demeure parmi mes actrices préférées.

Je l'aime beaucoup aussi et je la trouve parfaite dans Harry dans tous ses états. *Avec Santo Loquasto, vous vous débrouillez toujours pour donner l'impression que les décors de vos films sont réellement habités. Dans la séquence où vous vous disputez avec Judy Davis, au début du film, vous semblez vraiment être chez vous dans cet appartement. Pourtant, c'est une séquence courte. Lorsque vous vous glissez derrière un pilier pour prendre une bouteille de whisky, ce n'est pas grand chose, mais cela suffit à donner au spectateur le sentiment que votre personnage vit vraiment dans cet appartement. Il sait où il range sa bouteille, et il y va tout droit. Lorsqu'un de vos films vous place dans un décor tel que celui-ci, éprouvez-vous le besoin d'en faire le tour pour vous imprégner de l'ambiance ?*

Bien sûr. D'ordinaire, quand on prépare les plans, je me promène dans le décor pour m'imprégner de l'atmosphère. Mais en l'occurrence, pour *Harry dans tous ses états*, on savait très bien dans quel cadre on se situait. C'était l'appartement new-yorkais typique, semblable à ceux dans lesquels j'ai vécu ou dans lesquels je suis passé. C'est ainsi que les gens vivent, à New York.

Les autres acteurs procèdent-ils de la même manière, pour s'imprégner de l'ambiance du décor ?

Ça, ça dépend d'eux. Ils sont parfaitement libres d'arpenter le décor s'ils le souhaitent, ou de ne pas le faire s'ils n'en ressentent pas le besoin. Peu importe, du moment qu'ils me donnent ce que j'attends d'eux. Lorsqu'ils arrivent sur le décor, j'ai déjà préparé les plans, je leur dis : « Tu entres, tu marches jusqu'ici, tu poses ton bouquin ici ensuite tu fais le tour, et tu envoies tous ces livres par terre. » Si ça leur pose un problème, on en parle. Sinon, eh bien… on tourne.

Dans cette séquence, le montage demeure très heurté. On vous voit debout devant le pilier en train de boire votre verre de whisky, et puis on raccorde sur Judy Davis, qui se tient à peu près dans la même position et dans la même valeur de plan. Ça ne se faisait pas du tout, il y a dix ou vingt ans. Le montage conventionnel proscrivait absolument ce type de raccord.

J'ai employé la même technique dans *Maris et Femmes*. C'est faisable, du moment que ça correspond à l'esprit de la séquence et du personnage.

Au fil des années, vous en êtes venus à vous intéresser de plus en plus à l'aspect technique de la réalisation. Avez-vous le sentiment que, parallèlement à votre style, votre attitude vis à vis de la technique a évolué, dans votre façon de placer la caméra ou d'envisager le montage, par exemple ?

Je demeure persuadé que la forme doit être déterminée par le contenu. La seule chose qui m'importe, en tant qu'auteur, c'est de raconter mon histoire de la manière la plus efficace possible. Comme je réalise surtout des comédies, je n'ai pas le loisir de m'amuser à imaginer des plans tarabiscotés. Je dois rester simple, parfois jusqu'à l'austérité, ce qui peut devenir pénible, d'ailleurs. Car j'aimerais bien pouvoir profiter des autres possibilités offertes par le medium. De ce point de vue, un film comme *Harry dans tous ses états* est très amusant à faire. Ça reste une comédie, bien sûr, mais comme l'histoire comporte aussi un aspect plus grave, je peux m'autoriser certaines libertés. Je ne suis pas obligé de tout sacrifier pour faire rire. Je suis libre d'agir comme je l'entends. Cela étant, pour les séquences comiques du film, je ne pouvais pas me permettre ce type de montage qui aurait tout fichu par terre. Pour tout ce qui concernait la vie quotidienne du personnage, ça marchait très bien, mais si je m'étais amusé à faire ce genre de raccords dans la séquence avec Robin Williams, celle avec mes parents ou celle de mon enfance, l'effet comique n'y aurait pas résisté. Ce type de technique contribue aux séquences dramatiques, mais nuit toujours à la comédie.

Parlons de la nouvelle de Harry intitulée « L'acteur ». Comment vous est venue l'idée de filmer Robin Williams flou ?

Cette idée me travaillait depuis longtemps et dans *Harry dans tous ses états*, j'avais enfin l'occasion de passer à l'acte. C'est vraiment venu tout seul. Sur les plateaux, j'ai entendu tant de fois l'équipe caméra s'écrier que le plan était flou, que j'ai fini par me demander ce qui ce passerait si la caméra fonctionnait parfaitement et que l'acteur *lui-même* devenait flou. C'est ainsi que m'est venue l'idée d'un personnage dont l'existence n'est plus tout à fait au point.

Vous avez de la chance de pouvoir obtenir les acteurs et les actrices que vous désirez.

Sans doute, mais en l'occurrence, je tenais à ce que les personnages des histoires de Harry paraissent plus idéalisés, plus séduisants. Ainsi, j'ai choisi Demi Moore – qui est plus séduisante que Kirstie Alley – pour incarner la première femme de l'auteur, telle qu'elle apparaît dans la nouvelle qui la concerne. Je voulais montrer la façon dont l'auteur se représentait cette personne, à laquelle Kirstie Alley prête des traits plus réalistes dans ce qui est montré comme la vie réelle.

De la même façon que Richard Benjamin incarne Harry, dans les histoires que celui-ci imagine.

Exactement. Richard Benjamin est aussi un personnage idéalisé.

La religion et les traditions juives sont au centre des séquences avec Demi Moore. À un moment, elle dit : « La tradition a une certaine valeur. Le judaïsme n'est pas seulement plein de sens, il est aussi empreint de beauté. » On parle beaucoup de la tradition juive dans Harry dans tous ses états, *y compris dans les séquences qui font intervenir la sœur et le beau-frère de Harry. Quelle est donc votre attitude, vis à vis du judaïsme et de ses traditions ?*

J'ai été élevé dans une famille juive, mais je ne suis pas croyant. Je n'ai pas beaucoup d'intérêt pour les questions religieuses, ni pour cet aspect du judaïsme. Les religions me paraissent idiotes, peu propres à satisfaire les hommes et pas très honnêtes, au fond. Je ne suis pas du tout persuadé qu'il existe la moindre différence entre Juifs et non-Juifs. Imaginez-vous sur une île déserte avec deux bébés de confession différente, vous ne pourrez probablement pas les distinguer l'un de l'autre. Tout ça, c'est des chapelles que les gens ont éprouvé le besoin de construire, mais moi, je ne suis pas client.

Le rôle prépondérant que le judaïsme, le catholicisme et les autres religions tentent de conserver est évidemment assez dangereux. On a pu l'observer bien souvent au fil des années.

Oui. À mes yeux, la tradition doit être quelque chose de lumineux. Et de plaisant, en tant que tel. Les traditions du théâtre, les traditions sportives ou autres ne constituent pas des dogmes. Ainsi, on peut les observer avec plaisir, contrairement aux traditions plus contraignantes, ou dogmatiques.

Comme Harry le dit dans la scène avec sa sœur : « La tradition donne l'illusion de la permanence des choses. »

Exactement.

Tout à l'heure, nous évoquions brièvement Philip Roth. Quels sont vos auteurs préférés, ceux que vous lisez régulièrement et dont vous suivez la carrière ?

Il me semble que Saul Bellow est l'écrivain majeur de ma génération. Philip Roth tient une grande place également. Et puis, j'adore les auteurs du passé, Flaubert, Kafka, etc. Mais parmi les contemporains, Roth et Bellow demeurent sans doute mes préférés. J'aime beaucoup Salinger, comme tout le monde. Mais il a peu produit.

Qu'appréciez-vous chez Roth et Bellow ?

Ce sont tous deux des auteurs brillants, et très drôles. On entend toujours la voix de l'auteur derrière leur travail. Ils sont incroyablement observateurs, très intelligents et extrêmement drôles.

Trouvez-vous le temps de lire des romans en travaillant autant que vous le faites ?

Je lis relativement moins de romans que d'essais, mais cela m'arrive tout de même. J'ai un peu de temps pour lire, mais pas autant que je le souhaiterais, malheureusement.

Woody Allen, rôle principal de Harry dans tous ses états, *ici dans son appartement, avec Judy Davis.*

Je sais que vous confiez la recherche des costumes et des accessoires à des professionnels. Or, les costumes contribuent évidemment à typer les personnages d'un film. Dans Harry dans tous ses états, *il y a une petite scène où vous apparaissez vêtu d'un t-shirt avec un grand trou. Est-ce vous qui avez choisi ce vêtement ?*

Bien entendu. Chaque fois que je dois jouer dans un de mes films, je préfère porter mes propres vêtements. Je me sens plus à l'aise. Dans la séquence dont vous parlez, la façon dont le personnage est habillé pour recevoir une prostituée nous renseigne sur sa personnalité.

Certains critiques vous adressent des reproches, les connaissez-vous ?

Je sais que certaines choses ont été dites, au fil des années. Mais cela vient moins des critiques publiées que des rumeurs colportées. Je sais qu'il y a des gens qui pensent que je n'emploie pas assez d'acteurs noirs, et que d'autres me trouvent trop narcissique. Tout cela, je l'entends dire et redire.

Une trentaine de livres m'ont été consacrés mais – à l'exception du vôtre, dont j'accepte de relire les épreuves, et de celui d'Éric Lax – je ne les lirai jamais. Depuis vingt-cinq ans, je n'ai pas lu une critique ou un article me concernant.

Il fut un temps où je les dévorais. Quand mes premiers films sont sortis, je courais consulter les coupures de presse chez United Artists. Je les lisais toutes, et je dois avouer que la plupart d'entre elles étaient bonnes. Mais peu à peu, j'ai trouvé ça délirant. Un article publié dans le Kansas allait dans un sens, un autre, paru à Detroit, soutenait l'inverse, si bien qu'il m'a semblé préférable de renoncer à ce genre de lecture. Il y a une chose que j'ai appris fort jeune : tant qu'on se contente de bosser, de faire de son mieux sans se laisser distraire par le plaisir, la douleur, les critiques ou les tentations, tout s'arrange de soi-même. Avec le temps, les films s'additionnent, et si ce que l'on a à dire est susceptible d'intéresser le public, celui-ci peut le trouver dans les films. Et avec un peu de chance, il y a toujours quelques personnes avec lesquelles il reste possible de communiquer.

Il ne faut pas se focaliser sur l'argent. Bien des fois, au fil des années, j'ai restitué la totalité de mon salaire à la production pour obtenir cinq ou dix jours de tournage supplémentaires. Il m'est arrivé de travailler une année entière sans toucher un cent. Je me suis rendu compte que si on ne s'en préoccupe pas et que l'on se contente de travailler, l'argent finit bien par rentrer. Le principal, c'est donc de travailler et de ne pas se laisser distraire. Il faut se couper du monde extérieur, et travailler. J'ai toujours eu une mentalité d'autruche. Ça implique pas mal de défauts, mais aussi des avantages, surtout pour un auteur. J'aime être seul. J'aime travailler de mon côté. Et je déteste qu'on m'oblige à participer à quoi que ce soit.

Il y a des gens qui font des films qui leur plaisent, dont le processus même de fabrication les intéresse et les amuse. Quand le film sort, ils vont à la première, et à la fête qui est organisée ensuite. Après, ils dévorent les critiques, et vont aux

Oscars où ils prennent plaisir à voir leur travail acclamé. Ces réalisateurs et leurs collaborateurs prennent réellement plaisir à tout cela, ce ne sont pas des gens creux ni spécialement vaniteux. Mais moi, tout cela ne m'amuse pas. Ça ne me fait pas vibrer. Lorsque je termine quelque chose, la page est tournée et je me mets à autre chose. Mon vrai plaisir, c'est de pouvoir continuer à travailler sans me soucier des critiques, qu'elles soient positives ou négatives. En revanche, je ne tire aucun plaisir du statut mondain que procure le métier de réalisateur de cinéma. Les deux attitudes ont leurs avantages. En tant qu'être humain, il est évidemment agréable d'aller à la rencontre de ses semblables. Mais je ne vais jamais dîner avec les gens qui travaillent sur mes films, par exemple. Je ne bavarde pas beaucoup avec eux, je ne socialise guère, et je m'en trouve fort bien. D'autres, lorsqu'ils travaillent avec Helen Hunt, Charlize Theron ou Sean Penn profitent de l'occasion pour aller dîner en leur compagnie, pour se lier avec eux, etc. Je ne suis pas ainsi.

Je ne prétends pas que ce soit mieux ou moins bien. Mon comportement social n'est certainement pas meilleur que le leur. Mais c'est une question de goût. Si je pouvais être assuré de tourner un film par an sans avoir à me préoccuper de la façon dont il sera reçu, il me semble que je continuerais à réaliser mes films, sans me soucier de savoir s'ils seront vus ou non. En fait, je ne me préoccupe plus guère de ces questions, parce qu'elles m'échappent. Je pourrais changer ma manière d'être ou de faire, bien sûr, mais je n'en ai pas envie.

Dans les hôpitaux psychiatriques, les patients tressent des paniers ou font de la peinture ; ces activités contribuent à leur équilibre mental. C'est un peu ainsi que j'envisage mon métier de réalisateur. Je me suis aperçu depuis longtemps que le fait de réaliser des films n'a rien de très gratifiant en soi. C'est toujours un peu décevant, au contraire. Le véritable plaisir réside dans la fabrication elle-même : partir d'une d'idée, la mettre en pratique et voir si le résultat final correspond à l'objectif que je m'étais fixé. Le plus agréable, lorsque j'ai terminé un film, c'est de pouvoir le projeter ici devant quelques proches. Pour des raisons diplomatiques, j'en suis arrivé, au fil des années, à faire semblant de me préoccuper de savoir si le public accroche ou pas. Mais en vérité, je m'en fiche. Je ne me donnerais sans doute pas la peine de participer au travail publicitaire si je m'y sentais pas tenu, vis à vis des gens qui ont investi de l'argent dans le projet. Si je me contentais de tourner et de leur dire au revoir, ces gens-là seraient probablement désespérés. Je m'oblige donc à faire certains efforts – de petits efforts – pour essayer de les aider.

Par loyauté envers les commanditaires ?

Exactement. Par loyauté. Les investisseurs se sont bien comportés envers moi, je dois donc me comporter correctement envers eux, même si au fond, je m'en fiche un peu. Demain, *Le Sortilège du scorpion de jade* sortira sur les écrans. Mais pour moi, c'est déjà de l'histoire ancienne. Je ne me sens plus concerné. J'ai déjà terminé un autre film, et je travaille sur les projets à venir.

À mes débuts, je me souviens que, le samedi de la sortie de *Woody et les robots*, j'étais sorti en voiture avec Marshall Brickman pour aller voir la queue qui s'allongeait devant la salle, jusqu'au coin de la rue. Nous étions tous deux étonnés et fiers. À dix heures du soir, les gens faisaient la queue jusqu'au coin du pâté de maisons. C'était incroyable ! Mais tout d'un coup, on s'est dit : « Bon, et après ? » Il fallait bien qu'on aille manger quelque part, qu'on rentre prendre une douche et se coucher. La sortie d'un film ne change pas la vie. Du moins au plan existentiel, qui est celui qu'on aimerait voir évoluer, évidemment.

Mais vous avez tout de même beaucoup de chance. Vous venez de terminer un film, vous avez écrit une pièce et vous avez déjà plusieurs autres projets en train. Il y a des réalisateurs qui, après avoir tourné un film, n'ont pas la certitude de pouvoir en refaire un dans l'immédiat. Pour eux, il est capital que le film soit bien reçu, il faut donc qu'ils soient présents à la première et qu'ils s'occupent de la publicité de leur film.

J'ai connu ça à mes débuts, bien sûr. On est obligé de traverser ces épreuves. Si mes premiers films n'avaient pas marché, je n'aurais certainement pas pu en tourner d'autres.

Votre position semble très saine, en tous cas.

Elle m'aide à ne pas perdre la tête, oui.

Je me souviens du temps où j'étais allé à Boston avec ma pièce, *Play It Again, Sam*. Après des semaines de répétition, le soir de la première est arrivé. Le public semblait apprécier la pièce. Tout le monde était content et toute la troupe est partie faire la fête. Moi, je suis remonté dans ma chambre d'hôtel, où je me suis mis à écrire un truc pour le magazine *New Yorker*. Pour moi, cette pièce était déjà de l'histoire ancienne. Je m'étais contenté de la mettre sur pied et de lui souhaiter bon vent. Car ce qui m'amuse, moi, c'est de fabriquer les choses.

J'ai parlé de cela avec Ingmar un jour, et il se trouve que nous partagions exactement la même expérience. Le jour de la sortie d'un film, une personne de la production appelle pour dire que la première projection a fait salle comble et que l'on peut espérer 90 millions de dollars de bénéfices. Deux jours plus tard, il s'avère pourtant que le film quittera l'affiche dès la semaine suivante, parce que le public n'est finalement pas au rendez-vous. Étant donné que les films sortent en général le vendredi, les distributeurs me demandent toujours où ils pourront me joindre pendant le week-end suivant. Ils voudraient que je leur donne mon numéro personnel pour pouvoir me tenir au courant des entrées. Mais je me contrefiche des entrées. Et je n'ai aucune envie qu'on me téléphone toutes les deux heures.

Lorsqu'ils appellent, les distributeurs tiennent des discours pseudo-scientifiques, dans le style : « Étant donné que *Escrocs mais pas trop* a fait deux millions de dollars, que nous sommes au mois de juillet, que c'est un week-end, que tel film a déjà fait quatre millions de dollars et que tel autre – sorti à la même date – a fait tant d'entrées... » Ils touillent tous ces facteurs et le résultat, en ce qui me concerne, se révèle toujours décevant en termes d'entrées. On passe des heures dans cette pièce à discuter, à tirer des plans sur la comète, à se raconter que, le jour de la sortie, la plupart des critiques sont excellentes, que le public n'arrête pas de rire, que l'exploitant se frotte les mains, mais à l'arrivée, personne ne vient voir le film.

Avez-vous trouvé le titre « Deconstructing Harry *» dès les premiers stades du travail ?*

Oui. Le film n'a jamais porté d'autre titre, et celui-ci m'est venu assez tôt.

Dans Harry dans tous ses états *– comme dans* Celebrity *– le langage est sensiblement plus relâché que dans vos films prédédents, parfois même assez vulgaire. Cherchiez-vous à rendre compte de l'évolution actuelle du langage ou cela vient-il de l'esprit particulier de ces films ?*

Oui, c'est lié à l'esprit de ces films. Dans ceux que j'ai tourné après *Celebrity*, comme *Escrocs mais pas trop, Le Sortilège du scorpion de jade* ou *Hollywood Ending* – que je viens juste de terminer – le langage est assez châtié, au contraire. Ce choix est dicté par le contenu du film. *Maudite Aphrodite, Harry dans tous ses états* et *Celebrity* exigeaient ce ton plus relâché. Il est possible que ce registre m'ait intéressé à l'époque, mais il aurait été maladroit de persister dans cette veine pour *Escrocs mais pas trop, Le Sortilège du scorpion de jade* ou le film que je m'apprête à sortir.

En dehors de ces considérations, pensez-vous que le langage de tous les jours a effectivement évolué vers plus de relâchement ?

Si le langage a évolué, c'est en mieux. En ce qui concerne le langage, je suis évidemment partisan de la plus grande ouverture. Stigmatiser le langage vulgaire ou grossier n'a pour moi aucun sens. Il y a les gens qui savent utiliser la langue, et ceux qui la maltraitent. Récemment, deux frères – des Noirs – ont réalisé un film très intéressant intitulé *American Pimps* [*Macs Américains*]. On y voit beaucoup d'interviews de proxénètes noirs, qui parlent une langue splendide. C'est une langue venue de la rue, bien sûr, mais elle est admirablement tournée et parfaitement énoncée. C'est vraiment splendide. Avant, de stupides problèmes de censure nous auraient interdit de voir des choses pareilles. Mais aujourd'hui, ça passe.

Inversement, les comiques que l'on voit arpenter les plateaux de télé se cantonnent volontiers dans un registre réellement vulgaire. À les voir faire, on a l'impression d'écouter des mômes qui essayent d'être drôles en utilisant tous les gros mots qu'ils connaissent. C'est complètement idiot. Je demeure convaincu que l'on peut utiliser tous les niveaux de langue, du moment qu'on procède avec une certaine élégance. Durant mon existence, les possibilités syntaxiques se sont étendues, et non l'inverse. Je trouve ça très bien.

Les milieux du rap et du hip-hop exercent une certaine influence sur notre façon de parler. La langue de tous les jours est devenue plus crue, plus vivante et plus imaginative.

Plus créative aussi. C'est très bien. Enfin… quand c'est bien. Car il faut bien reconnaître qu'au niveau poétique, l'essentiel de la musique populaire d'aujourd'hui – ou des trente dernières années, même – n'est pas du meilleur cru. Bien souvent, ça ne vaut pas grand chose. Mais pour les gens qui ne connaissent rien d'autre, cette façon de maltraiter la langue tient lieu de poésie. Le problème dépasse la génération actuelle. Il faut bien reconnaître que la musique populaire n'était pas toujours très élégante, lorsque j'étais adolescent. On se fait des illusions sur l'Âge d'Or du cinéma aux État-Unis. Si on regarde ce qui se tournait dans les années trente et quarante, la plupart des films étaient abominables. Réalisés à la chaîne, stupides et sans relief, ils ressemblaient beaucoup aux pires téléfilms. De temps à autres, quand un réalisateur se montrait assez combatif ou quand des circonstances fortuites le permettaient, un bon film était tourné. Mais c'était bien rare, comparé à la masse des navets. Je ne crois pas que le cinéma ait jamais vraiment connu un Âge d'Or. Je trouve même les acteurs venus après ce prétendu Âge d'Or – Brando, De Niro, Hoffman, Nicholson et Pacino – passablement meilleurs que ceux du temps passé. De même, Martin Scorsese, Francis Coppola et Robert Altman ont sans doute autant de talent que William Wyler, George Stevens ou John Ford. Ils ont autant de talent et se montrent même plus habiles, parfois.

Je parle toujours des années trente et quarante avec une certaine nostalgie, car je suis sensible à leur charme un peu romantique. Entre le public et les stars de cinéma, il existait alors une relation extraordinaire qu'on ne pourra jamais ressusciter. On ne verra plus jamais d'acteurs mythiques comme Clark Gable et Humphrey Bogart. Cary Grant avait énormément de personnalité, bien sûr, mais il n'était sans doute pas aussi bon que certains de nos acteurs d'aujourd'hui, comme Brad Pitt, Edward Norton ou Leonardo Di Caprio. Cary Grant et Humphrey Bogart avaient des personnalités extraordinaires, mais ils n'étaient pas meilleurs que les acteurs d'aujourd'hui.

Saviez-vous que certaines voix – féminines, essentiellement — se sont élevées contre Harry dans tous ses états, *pour stigmatiser la misogynie de Harry et son attitude vis à vis des personnages féminins du film ?*

Non, je l'ignorais, mais je dirais pas que Harry est misogyne. Pour moi, c'est avant tout un névrosé ; il a donc autant de problèmes avec les femmes qu'avec les hommes. Dans le film, les hommes sont montrés de manière aussi grotesque que les femmes. Mais en admettant que je me trompe et que Harry soit effectivement misogyne, je dirais pourtant : « Et alors ? » Harry Block est un personnage de fiction, et la misogynie pourrait bien être l'un de ses traits distinctifs. Peut-être a-t-il des problèmes avec les femmes, peut-être même ne les aime-t-il pas, au fond. Et après ? Cela ne rend pas le personnage moins captivant à mes yeux. Je ne trouve pourtant pas Harry particulièrement misogyne, car il n'a ni plus ni moins de problèmes avec le sexe opposé que n'en ont la plupart des hommes… ou plupart des femmes.

La liberté totale de votre narration est admirable. Je songe notamment à la séquence où Harry se retrouve face à son alter-ego imaginaire. Comment vous est venu de confronter les personnages réels à leurs figures imaginaires ?

Pour une raison ou une autre, cela a toujours fait partie de mon répertoire mental. Ce mélange entre personnages réels et figures imaginaires, on le trouve déjà dans *La Rose pourpre du Caire* et dans la nouvelle que j'ai intitulée *The Kugelmass Episode*. Ce type de confrontation m'intéresse beaucoup, et cela se sent dans mon travail. En ce qui concerne un créateur comme Harry, cette confrontation me paraissait particulièrement adaptée.

Où avez-vous filmé l'enfer ? Comment l'avez-vous créé ?

J'avais expliqué à Santo Loquasto que je voulais un enfer proche des visions de Bellini, de Giotto ou de ces artistes qui ont illustré la Divine Comédie. Santo et le producteur ont d'abord tenté de me pousser à réviser mes conceptions et à imaginer un enfer plus moderne, car mon idée coûtait cher. Mais je tenais à l'enfer classique, plein de flammes, de nuages de soufre et de damnés enchaînés. Santo s'est donc exécuté. Nous nous sommes installés dans une fabrique d'armes du New Jersey que Santo a aménagé de son mieux.

Cette séquence a-t-elle été amusante à tourner ? A-t-elle demandé longtemps ?

Il a fallu un certain temps pour mettre au point le décor, mais le tournage a été assez rapide. En règle général, le tournage ne me prend jamais très longtemps, parce que je ne suis pas très méticuleux, ni pointilleux. Si j'avais été Stanley Kubrick, il m'aurait peut-être fallu deux mois, mais en ce qui me concerne, deux jours ont suffi. Du moment que l'effet général contribue au comique, je suis satisfait. Je ne me sens pas obligé de raffiner au-delà, car je n'ai pas le souci du détail qui caractérisait Kubrick ou Visconti. Je crois que l'apport principal de leurs personnalités tient à leur manière d'agencer ces petits détails qui emportent ensuite l'adhésion du spectateur. Moi, je travaille dans un registre plus léger. En l'occurrence, je voulais simplement représenter l'enfer et y situer une séquence amusante.

À la fin du film, Harry se trouve confronté à tous ses personnages imaginaires. Cela donne une belle séquence dans laquelle vous dites, enfin… Harry dit : « Je vous aime tous sincèrement. Vous m'avez offert les moments les plus heureux de ma vie. Vous m'avez même sauvé la vie, parfois. Vous m'avez appris beaucoup de choses et pour cela, je vous suis extrêmement reconnaissant. » Pensez-vous, comme votre personnage, que l'art puisse parfois sauver des vies ?

Oui, l'art peut parfois sauver des vies. En revanche, j'ai des doutes sur son utilité sociale. Je suis convaincu que l'artiste ne détermine jamais aucun changement social significatif, et ne peut donc être comparé au révolutionnaire. L'artiste contribue parfois à faire évoluer les choses, mais de façon relativement négligeable. Si l'artiste n'était pas là, il ne manquerait à personne. En revanche, le révolutionnaire qui n'hésite pas à donner sa vie ou à prendre les armes a un impact bien plus grand. Tandis que la fonction de l'artiste est simplement de distraire.

Harry est athée. Est-ce également votre cas ?

Je suis agnostique. Je crois cependant que quelqu'un d'honnête peut avoir la révélation, ou l'impression, que l'univers a un sens ou que l'existence ne se limite pas aux apparences. Je crois qu'il peut éprouver une expérience mystique authentique échappant à tous les dogmes, et cela je le respecte. L'art peut provoquer une expérience de cet ordre. Certains morceaux de musique, certains livres ou films ont pour moi tant de sens qu'ils peuvent m'aider à traverser une période sombre, ou difficile. Je conçois qu'ayant vécu une enfance terrible, on puisse en arriver à penser qu'on n'aurait jamais survécu sans la poésie d'Emily Dickinson. A ce titre, je suis convaincu que l'art peut effectivement représenter un bienfait. Comme je le disais tout à l'heure en évoquant l'ergothérapie, l'art peut sauver des vies. Y contribuer, en tous cas.

En revanche, j'ai beaucoup de doutes sur sa portée sociale. Toutes les pièces et les films traitant des relations interraciales et montrant des Noirs et Blancs qui parviennent à s'entendre ne produiront jamais autant d'effet qu'un petit groupe de Noirs refusant d'endurer plus longtemps leur situation et décidant de boycotter telle boutique, ou même de la faire sauter. Ce sont ces gens-là qui font avancer les choses.

Harry dans tous ses états *finit pourtant sur une note très positive, avec cette séquence où Harry rédige quelques notes en vue de son prochain roman : « Notes pour un roman. Début possible : Rifkin s'éparpille complètement. Depuis longtemps déjà, il est arrivé à cette conclusion : tout le monde connaît la vérité que nous nous effor-*

çons tous de dénaturer, chacun à notre façon. Ainsi, il n'y avait rien d'apaisé en lui que ce qu'il écrivait, mais ce qu'il avait écrit avait au moins eu le mérite de lui sauver la vie, par bien des façons. » On pourrait comparer cet épilogue à celui de Manhattan, *dans lequel le personnage principal évoque les diverses joies de l'existence. L'artiste poursuit donc son travail…*

À ceci près que *Harry dans tous ses états* est beaucoup plus sérieux que *Manhattan*. Dans *Manhattan*, on vous joue du violon. *Harry dans tous ses états* est un film bien plus grave, comme le prouve la phrase de l'épilogue, dans laquelle Harry prétend que chacun connaît la même vérité, et s'emploie à la dénaturer à sa façon. Le personnage fait ici preuve d'un grand pessimisme.

Nous connaissons tous la même réalité, la même vérité, que chacun déguise à sa manière, d'une manière qui lui paraît rationnelle. Chacun dénature un peu la réalité pour pouvoir s'en accommoder, car il faut bien reconnaître que la réalité objective, que nous connaissons tous, n'est pas jolie-jolie. Cette idée-là n'était pas dans *Manhattan*.

Harry dans tous ses états *a-t-il pour vous plus de sens, ou plus d'importance, que vos autres films de la même période ?*

Pas plus que *Maris et Femmes*. Il y a plusieurs registres dans lesquels j'aime à travailler. *Harry dans tous ses états* entre dans la catégorie des films où la comédie voisine avec une certaine gravité, mais je prends tout autant de plaisir à réaliser des comédies musicales, *Meurtre mystérieux à Manhattan* ou *Escrocs mais pas trop*. En fait, le spectre des films que j'aime faire est assez large. Parfois, je reste sur une certaine note pendant quelques années. Mais *Harry dans tous ses états* demeure lié pour moi à la catégorie des comédies empreintes d'une certaine gravité.

32

Celebrity

LEE : « Je viens d'atteindre les quarante ans. Je n'ai aucune envie de lever le nez à cinquante et de me rendre compte que j'ai mesuré ma putain de vie avec une cuillère à café. » *(Celebrity)*

Celebrity *est le seul de vos films dont j'ai pu lire le scénario avant le tournage, puisque je me suis chargé de la traduction suédoise destinée à Sven Nykvist. Après avoir vu le film terminé, j'ai été frappé de voir combien celui-ci demeurait proche du scénario original. Au cours de nos entretiens, vous avez dit parfois que vous laissiez aux acteurs la liberté d'adapter le dialogue. Or, le film reste pourtant très fidèle à ce qui était écrit. À la lecture du scénario, on aurait également pu penser que quelques séquences pouvaient être déplacées, or la structure aussi est demeurée inchangée. Vos films sont-ils toujours aussi proches de vos scénarios ?*

Pas toujours, non. *Celebrity* est un cas un peu particulier, dans la mesure où c'est Kenneth Branagh qui tient le rôle principal, et non moi-même. Si j'avais interprété le rôle moi-même, je me serais sans doute permis plus de liberté vis à vis de mon propre matériau. Branagh s'est montré plus respectueux que je ne l'aurais été.

En outre, la majorité des gens ne se rendent pas compte de l'attention que j'accorde aux structures. On croit à tort que mes films sont un peu décousus. C'est un préjugé très ancien, qui remonte à l'époque de *Bananas*. Mais en fait, mes films sont toujours très construits. Je me souviens qu'à l'époque où il réalisait ce film, Herbert Ross m'avait demandé l'autorisation d'y ajouter de petites choses de son cru. Je lui avais donné le feu vert, bien sûr, mais ensuite, Ross m'a avoué qu'il avait dû supprimer ces ajouts, car ils s'intégraient mal dans l'histoire dont, de son propre aveu, il n'avait pas perçu la structure rigoureuse. J'ai donc toujours prêté beaucoup d'attention aux structures. Vous avez l'impression que certaines séquences de *Celebrity* auraient pu être interverties ou déplacées, mais si vous l'aviez fait, vous vous seriez probablement rendu compte que ces scènes fonctionneraient moins bien. Derrière les anecdotes et l'apparente nonchalance, il y a toujours une construction solide. Parce que *Prends l'oseille et tire-toi* et *Bananas* semblaient un peu décousus, il y a eu des gens pour prétendre que Woody Allen aurait intérêt à apprendre à mieux construire ses films. Ils ne se rendaient pas compte que ces deux films étaient déjà très structurés.

Il y a pourtant deux exceptions. La première – infime – concerne la séquence

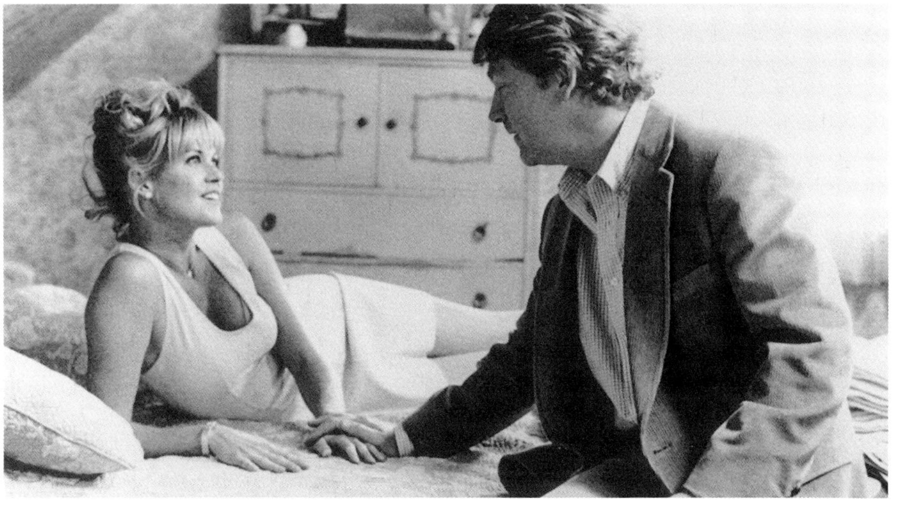

Le journaliste Lee (Kenneth Branagh) essaie de vendre son scénario et de séduire en même temps la star de cinéma (Melanie Griffith) dans sa chambre d'enfant.

où Robin – interprétée par Judy Davis – reçoit des conseils théoriques et pratiques sur la manière de faire l'amour. Dans votre scénario, cela donnait matière à deux séquences et, à l'endroit où n'intervient plus maintenant qu'une seule prostituée, il me semble qu'il devait y en avoir trois ou quatre, dans le scénario. Robin prenait l'avis de la première, puis de la seconde, et ainsi de suite, jusqu'à une séquence réunissant tout un groupe de femmes.

C'était trop long. On s'attardait trop sur ces séquences. Mais elles ont toutes été tournées.

L'autre séquence supprimée était beaucoup plus importante, à mon avis. Elle devait intervenir vers la fin du film, au moment où Lee, le personnage principal, se rend à l'invitation de Martin Morse, l'ancien condisciple retrouvé à la réunion des anciens du lycée. Morse émettait alors le désir de s'entretenir avec Lee sur la question du « cœur humain ». C'est un homme plein d'amertume. Comme il le dit lui-même, il éprouve le sentiment que lui et sa femme « passent leur temps à enseigner l'humanisme, alors que le déclin des valeurs humanistes les entame chaque jour un peu plus. » Il parle du désespoir suscité en lui par une culture de plus en plus frelatée, factice et pernicieuse. Morse et sa femme ont résolu de se suicider ensemble. Elle s'est tirée une balle dans la tête trois heures plus tôt et elle gît sur le sol de leur appartement. Mais désormais, Morse n'a plus le courage ou la volonté de remplir sa part du contrat. Et il demande donc à Lee ce qu'il doit faire.

Je ne suis pas arrivé à mettre cette séquence au point. Elle plombait le film. C'était une séquence très longue. Et comme elle ralentissait l'action, je l'ai coupée. Je l'ai tournée, mais au montage, je me suis aperçu que ça bloquait. C'était pourtant une bonne scène, et je la resservirai probablement quelque part, d'une manière ou d'une autre. Je ne vais pas la mettre au panier, parce que je trouve que c'est une bonne scène.

Pourquoi avez-vous décidé de tourner Celebrity *en noir et blanc ?*

J'adore le noir et blanc. Je trouve ça superbe. Les rues de New York sont splendides, en noir et blanc. De temps à autres, quand je ne l'ai pas fait depuis longtemps, il me vient l'envie de tourner en noir et blanc. En l'occurrence, je pensais que ça rendrait bien.

Il ne faut donc pas en déduire que vous souhaitiez donner à ce film un caractère documentaire ?

Non. Il s'agissait d'un parti pris esthétique, pas d'un choix intellectuel.

Lorsqu'on voit Celebrity, *on ne peut s'empêcher de penser à* la Dolce Vita *de Fellini, évidemment.*

J'aimerais être digne d'une telle comparaison.

Mais vous paraît-elle pertinente ? Le personnage principal de Celebrity *est également journaliste, il traverse des situations comparables avec les femmes qu'il rencontre, et celles qu'il tente de séduire. En outre, si la séquence du suicide m'a manqué, c'est peut-être parce qu'elle me rappelait celle de* la Dolce Vita *où l'intellectuel – l'écrivain joué par l'acteur français Alain Cuny – se suicide après avoir disserté sur la vanité de l'existence.*

Je n'ai pas vraiment songé au film de Fellini lorsque j'ai réalisé le mien. La différence vient peut-être du fait que je suis avant tout un cinéaste comique. De sorte que, même si Fellini a un sens extraordinaire de la comédie, *la Dolce Vita* demeure un film plutôt grave. Cela permet à Fellini de marquer un temps pour des séquences comme celle que vous évoquez sans que le rythme du film n'en pâtisse. En ce qui me concerne, j'étais tenu de conserver un rythme plus vif. Si j'avais ralenti le mouvement général, j'aurais peut-être été en mesure de conserver une séquence comme celle-là. Mais dès lors que je donnais au film un certain tempo, je ne pouvais plus me permettre de le briser.

Je le conçois, car la séquence que vous aviez écrite était empreinte d'une certaine gravité et exigeait peut-être qu'on y regarde à deux fois, pour cette raison. Mais si j'ai pensé à la Dolce Vita, *c'est aussi parce que le film de Fellini décrit la vie que l'on menait dans certaines grandes villes d'Europe – et pas uniquement en Italie – à la fin des années cinquante et au début des années soixante.* Celebrity *ne manifestait-il pas également l'ambition de décrire la vie que l'on menait à New York à la fin des années quatre-vingt-dix ?*

Mon objectif principal était inspiré par la conscience de ce que représente le phénomène de la célébrité à New York et aux États-Unis en général. J'en étais arrivé à me dire qu'ici, tout le monde devient célèbre : le moindre médecin, le moindre prêtre, les grands cuisiniers… et jusqu'aux prostituées. Notre culture est pleine de célébrités et de personnes privilégiées. Dans ce film, je voulais donc décrire diverses formes de célébrité et montrer comment cette femme – Robin – passe de l'état de petite institutrice et femme au foyer sans éclat à celui de vedette. Mon unique souci, avec ce film, c'était vraiment de montrer aux gens la culture de la célébrité, qui nous pousse tous à admirer les vedettes et à laisser la célébrité prendre tant de place dans notre existence. Mon ambition n'était pas de délivrer un message, mais simplement de rendre compte d'un phénomène qui occupe désormais dans ma culture une place prépondérante. Je ne sais pas si j'y suis réellement parvenu, mais tel était bien mon objectif.

Vous avez raison, les sociétés modernes acclament ce type de célébrité facile. Celle de la télé-réalité, par exemple, qui vaut une célébrité transitoire à des gens ne manifestant pourtant rien qui vaille d'être acclamé. On peut également voir là une illustration de la célèbre petite phrase d'Andy Warhol, selon lequel, au XXème siècle, chacun aurait dû être célèbre pendant un quart d'heure.

Dans *Celebrity*, il y a une séquence où la mère de Joe Mantegna parle de gens retenus en otage. En substance, elle pose donc la question : qu'ont-ils donc fait pour devenir célèbres ? Ils se sont fait enlever (ce qui ne doit pas être très agréable) et du jour au lendemain, on donne leur nom à des écoles communales. Personnellement, je ne suis pas tout à fait d'accord avec Andy Warhol. Sa formule sonne bien, évidemment, mais elle n'est pas tout à fait juste. Car s'il y a effectivement beaucoup de gens célèbres – de plus en plus, même – seul un infime pourcentage des deux cents millions d'américains que nous sommes accédera effectivement à la célébrité. Voilà pourquoi ce statut est tellement convoité, idéalisé et révéré. Mais on fait tellement de battage autour des célébrités qu'on finit par avoir l'impression qu'il y en a partout.

Au début du film, vous opposez les deux personnages principaux, Lee et Robin que vous montrez en train de se disputer dans une voiture. Lee révèle qu'il veut divorcer, ce qui blesse beaucoup Robin et la met en rage. Dans le scénario, vous indiquiez simplement, après la séquence de la voiture, que ces deux personnages devaient disparaître dans Central Park, sur le port, dans une petite rue de Tribeca ou dans la halle aux viandes. Comment avez-vous tranché, finalement ?

Voilà bien l'avantage d'être à la fois auteur et réalisateur. Lorsqu'on travaille sur un texte établi par un scénariste, celui-ci s'est montré très précis, sur ce genre de choses. Moi, j'ai pu me contenter de noter ces idées pour moi-même, en prévision du jour où je me suis à nouveau retrouvé ici avec Santo, et que nous en sommes arrivés à traiter cette séquence particulière. Nous nous sommes demandés, par exemple, si nous n'avions pas déjà trop tourné à Central Park. Santo – ou quelqu'un d'autre – a parlé d'un joli coin de Tribeca où nous n'avions encore jamais tourné. Un autre a proposé d'envoyer nos personnages regarder le feu d'artifice à Harlem. Au stade du scénario, je pouvais donc me limiter à suggérer quelques pistes pour indiquer un certain climat. De toute façon, quand je me montre plus précis et que je situe l'action à un endroit particulier, on change d'idée cent fois par la suite.

L'histoire des chemins respectivement suivis par Lee et Robin après leur divorce a un caractère très ironique. Lee est carriériste, mais il va progressivement descendre la pente ; Robin est beaucoup moins sûre d'elle, beaucoup plus instable, mais elle va faire le parcours inverse. Pourtant, la dernière fois où ils se revoient, à la projection du film dans le film, à la fin de Celebrity, *ils se réconcilient, pour ainsi dire. Le film termine donc sur une note très positive.*

C'est vrai. La première fois où ils se revoient, après leur divorce, c'est à la projection de ce film, à laquelle Robin apparaît anxieuse et terrifiée. Il s'est peut-être passé un an, et Robin a complètement changé de comportement. Elle est remariée et heureuse de l'être, elle est devenue célèbre, elle a acquis un certain équilibre, au moment où elle se retrouve à nouveau face à son ex-mari. Elle ne court pas se cacher sous une table, comme elle a pu le faire dans le passé. Je tenais à montrer son évolution, et l'assurance que celle-ci lui a permis d'acquérir.

La séquence de la réunion des anciens du lycée est très drôle. Avez-vous réellement participé à ce type de réunions ?

Jamais. Je suis convaincu que ce doit être assez déprimant.

On a l'impression qu'en se rendant à cette réunion, Lee songe essentiellement à faire étalage de son statut et de son succès, dans l'espoir de susciter l'admiration de ses anciens condisciples.

Telle est souvent la motivation des gens qui se retrouvent dans ce genre de situations. On a envie d'y aller pour se comparer aux autres, voir ce qu'ils sont devenus et ce qu'ils ont fait de leur vie. Si on est arrivé à accomplir des choses, on s'en vante un peu. Je ne pense pas qu'on se rende à ce genre de réunions lorsqu'on a la sensation de n'avoir rien accompli du tout. On y va dans un esprit positif.

Pourquoi avoir confié le rôle principal à Kenneth Branagh ?

J'étais trop vieux pour jouer le personnage moi-même. Il me fallait donc trouver un acteur plus jeune, talentueux et capable de faire rire, ce qui n'est pas si

Kenneth Branagh essaie d'attirer l'attention de la star du rock Brandon (Leonardo Di Caprio).

fréquent. Et Kenneth possède indéniablement ces qualités. Ma seule inquiétude concernait sa capacité à prendre l'accent américain. C'était parfaitement dans ses cordes, évidemment, alors je l'ai employé.

Personnellement, Kenneth Branagh me pose tout de même un problème. En tant qu'acteur, je le trouve admirable, mais il appartient tout de même à cette tradition anglaise qui donne des résultats magnifiques sur scène, mais passe moins bien au cinéma. Le meilleur représentant de cette tradition est évidemment Laurence Olivier. Les acteurs de cette trempe interprètent leurs personnages à la perfection, mais lorsque je les regarde, j'ai toujours la sensation de voir à côté d'eux un ectoplasme, qui dit : « Regardez-moi ça ! Est-ce que je ne joue pas ce rôle à la perfection ? »

Il m'est arrivé d'avoir la même impression, mais pas avec Kenneth. Avec Laurence Olivier, et quelques autres acteurs anglais, mais jamais avec Albert Finney ou Ian Holm. J'ai eu cette impression avec certains acteurs de la génération précédente, tels que Gielgud, Richardson ou Olivier, qui se croyaient tenus de faire étalage de leur prodigieuse technique devant le public. Mais à mon sens, ce n'est pas du tout le cas de Kenneth. Lui, c'est un type ordinaire, un gars qu'on pourrait parfaitement croiser dans la rue ou dans un bar. Il n'a évidemment pas le côté gros bras d'un Jack Nicholson ou d'un Robert de Niro, mais il est le type même de l'acteur que je recherche : toujours crédible en tant qu'individu, ni cow-boy, ni héros. Il est complètement convaincant et doué d'un formidable sens de l'humour, par dessus le marché. J'ai toujours beaucoup aimé ce qu'il faisait et je crois que – comme Finney et d'autres acteurs de ce genre – il a su rompre avec ce formalisme dont vous parliez, et qui caractérisait le jeu des acteurs britanniques de la génération précédente.

Qui, de Branagh ou de vous-même, a eu l'idée de donner au personnage le comportement et les intonations que vous donnez d'ordinaire aux personnages que vous incarnez ?

Cela correspondait à l'idée que Kenneth se faisait du rôle. Nous en avons parfois discuté et je l'avais mis en garde sur le fait que les gens ne manqueraient pas de lui reprocher de jouer à ma manière. Mais ça ne semblait pas le déranger. Il voyait le rôle ainsi et souhaitait donc l'interpréter de cette façon. Moi, ça me convenait parfaitement. Je n'allais pas discuter avec un acteur de cette stature. Et cela ne m'a jamais dérangé. Du moment qu'il restait crédible, ça ne pouvait pas me déranger. Il me semble finalement que cette critique a surtout été émise par les gens qui n'ont pas aimé le film sans vraiment parvenir à comprendre pourquoi. Comme ils devaient trouver une explication, ils se sont dit que j'aurais mieux fait de jouer le rôle, au lieu de laisser Kenneth m'imiter. Personnellement, je répondrai à ces gens que si Kenneth joue effectivement dans mon registre, il s'en tire bien mieux que j'aurais pu le faire moi-même.

Le premier personnage féminin que l'on rencontre dans le film est celui de la vedette de cinéma – Nicole – interprétée par Melanie Griffith. Est-ce à elle que vous vouliez confier le rôle, au départ ?

Je ne me souviens plus. Elle figurait certainement dans la liste des gens que Juliet Taylor jugeait capables d'interpréter le rôle. Juliet a mentionné son nom ainsi que quelques autres. Je ne sais plus si nous avons retenu Melanie Griffith dès cet instant, mais c'est probable, car elle colle exactement au rôle. Et quand elle a accepté de tourner avec nous, j'en ai été ravi.

Je l'ai vue dans d'autres comédies et j'ai toujours pensé qu'elle serait parfaitement à sa place dans un de vos films. Aviez-vous déjà envisagé de l'employer auparavant ?

Oui, je crois que nous avions pensé à elle pour *Maudite Aphrodite*, mais je trouvais qu'elle ne correspondait pas tout à fait au personnage. Elle est extraordinaire. Parfaitement à l'aise dans le registre comique, très crédible… c'est une très bonne actrice.

L'avez-vous vu jouer dans des films tournés par d'autres réalisateurs ? Son jeu vous a-t-il donné envie de l'employer ?

Je l'ai beaucoup appréciée dans *Working Girl* de Mike Nichols. Et dans *La Fugue* [*Night Moves*]. Au fil des années, je l'ai vue dans divers registres, et j'ai

Leonardo Di Caprio et Kenneth Branagh dans Celebrity.

toujours pensé qu'elle était très forte, comme actrice. Très belle, très sexy, et très douée.

Leonardo Di Caprio a tenu le rôle du jeune rocker avant que Titanic *ne déclenche l'hystérie que l'on sait. L'aviez-vous déjà vu au cinéma auparavant ?*

Oui, dans *Marvin's Room*, avec Diane Keaton et Meryl Streep, je l'avais trouvé merveilleux. Si je lui ai donné ce rôle, ça n'a vraiment rien à voir avec son statut actuel, car il ne l'avait pas encore, à l'époque où j'ai établi ma distribution. Je lui ai donc confié le rôle parce que j'étais convaincu que celui-ci lui convenait.

Je trouve qu'il amène une extraordinaire énergie aux séquences dans lesquelles il apparaît.

À mes yeux, il a véritablement l'étoffe d'un maître. Je ne le vois pas du tout comme un jeune premier transitoire. Il prend son travail très au sérieux et ira sans doute très loin sur sa lancée.

Celebrity *a été le dernier film de Sven Nykvist en tant que chef-opérateur. L'avez-vous choisi parce que* Celebrity *est tourné en noir et blanc, et qu'il excelle à traiter ce type d'image ?*

Non. Il est vrai que Sven est l'un des grands directeurs de la photo en noir et blanc, mais j'ai également travaillé longtemps avec Carlo Di Palma, auquel je ne peux décemment pas demander de venir de Rome tous les ans. De plus, Carlo voulait prendre deux années sabbatiques et lever un peu le pied. Je suis certain que nous retravaillerons ensemble, mais il voulait passer quelques années sans avoir à venir à New York. Je me trouvais donc contraint de chercher un autre chef-opérateur. Ainsi, étant donné que j'avais déjà travaillé avec Sven, qu'il était disponible et que le film allait être tourné en noir et blanc, je l'ai donc appelé. Même si le film avait été tourné en couleurs, j'aurais sans doute appelé Sven, car nous nous entendions très bien.

33

Accords et désaccords

LA FILLE : « Je n'ai jamais rencontré personne d'aussi claquemuré dans ses sentiments. »
EMMET : « J'exprime ce que je ressens dans ma musique. »
LA FILLE : « Eh bien, peut-être que si tu montrais un peu plus ce que tu ressens dans la vie, ta musique serait encore meilleure. »
(Accords et désaccords)

À l'époque où nous finissions d'établir la première édition de ce livre, vous me parliez des films que vous aviez en projet, et que vous envisagiez de tourner. Vous mentionniez notamment un projet particulièrement ambitieux et peut-être impossible à financer, qui s'appelait alors The Jazz Baby. *Est-ce de ce projet qu'est issu* Accords et désaccords ?

Oui, *Accords et désaccords* [*Sweet and Lowdown*] est une nouvelle mouture de *The Jazz Baby*, dans lequel j'étais censé jouer le rôle principal moi-même.

Vous auriez joué de la clarinette ?

Non, j'aurais pris des cours de guitare. Mais j'ai réécrit le scénario pour l'adapter à Sean Penn et Samantha Morton.

Vous aviez donc déjà réservé Sean Penn au moment où vous avez réécrit votre scénario ?

Non, j'ai commencé par réécrire et ensuite, avec Juliet Taylor, nous avons évoqué diverses personnes susceptibles d'interpréter le rôle. Nous avons pensé à Johnny Depp, mais il était déjà pris sur autre chose. Nous avons envisagé plusieurs noms, avant que Juliet ne propose celui de Sean. C'était une perspective très alléchante, mais je m'étais toujours laissé dire que Sean était assez difficile dans le travail, et c'est une chose dont je me méfie. Mais évidemment, c'est un acteur brillantissime. J'ai donc décroché mon téléphone et j'ai appelé quelques réalisateurs pour leur demander si Sean était réellement aussi terrible que ça. Ils m'ont répondu qu'avec eux, Sean s'était montré adorable, très bon sur le plateau, et très professionnel. J'ai donc pris un rendez-vous avec lui qui s'est très bien passé, et finalement, j'ai pris beaucoup de plaisir à travailler avec lui. C'est un gars sympathique et… quel acteur ! Il s'est investi à fond, il s'est vraiment impliqué au point d'amener plein de choses au film. Je n'ai pas eu le moindre problème avec lui. Récemment, il m'a proposé de venir jouer un petit rôle dans le film qu'il s'apprête à tourner. Deux petites semaines de travail et je vais le faire, parce que je l'aime bien

Woody Allen discute d'une scène avec Sean Penn.

et qu'il a l'étoffe d'un vrai réalisateur. Je crois qu'il prend la chose très au sérieux. J'ai vu son dernier film, par exemple, *The Pledge*, que j'ai trouvé très bon.

Sait-il jouer de la guitare ?

Il n'en avait jamais joué avant le film. Nous lui avons payé des cours, et engagé un gars qui l'accompagnait partout. C'est ce gars – qui jouait également dans le film – qui lui donnait ses cours.

Pour ce film, nous avez travaillé avec un nouveau directeur de la photographie, Zhao Fei. Comment l'avez-vous choisi ? Aviez-vous vu son travail sur les films de Zhang Yimou ?

Oui, j'avais vu *Épouses et concubines* [*Raise the Red Lantern*], ainsi qu'un autre film de Zhang Yimou, que j'avais tous deux trouvés très jolis et plutôt bons. Zhao Fei semblait très prometteur, et c'est un excellent chef-opérateur. Comme il ne parle pas un mot d'anglais, nous communiquions par l'intermédiaire d'un interprète, mais ça ne me dérangeait pas. J'ai fait trois autres films avec lui, depuis.

Avant le générique de Accords et désaccords, *il y a un carton qui résume la carrière d'Emmet Ray – « Emmet Ray, guitariste de jazz méconnu qui fit une brève carrière durant les années trente. » – et nous permet ainsi de croire que le personnage a réellement existé. Ensuite, vous apparaissez à l'écran – premier spécialiste de jazz parmi toute une brochette – et vous livrez quelques commentaires sur la vie et la car-*

rière d'Emmet Ray. En donnant à votre film l'aspect d'un documentaire, vous gagniez aussi beaucoup de liberté quant à la construction de votre intrigue.

C'est certain. J'aime beaucoup les intrigues qui ont l'air décousues, et sont en fait très construites. Cela me permet de développer les idées qui m'intéressent, et de ne me pas me laisser piéger par les fils d'une intrigue conventionnelle.

Aviez-vous déjà bâti The Jazz Baby *de cette façon ? Est-ce une idée qui vous est venue au moment de la réécriture du scénario ?*

Non, la première version du scénario était déjà bâtie sur ce principe.

Emmet Ray est kleptomane. Ce n'est pas un personnage très sympathique. Est-il plus difficile de bâtir une intrigue autour d'un personnage auquel le spectateur ne sera sans doute guère tenté de s'identifier ?

Plus difficile, oui, car le spectateur doit pourtant s'attacher au personnage d'une certaine manière. Si ce dernier est trop déplaisant, il devient difficile de s'y attacher et on finit par se désintéresser de ce qui lui arrive. En l'occurrence, je comptais donc beaucoup sur le génie de Sean pour maintenir l'intérêt du public. Son interprétation a conféré au personnage une certaine personnalité, une manière de s'exprimer et d'apparaître. Il est parvenu à rendre le personnage plus complexe, tout en restant accessible.

Sean Penn joue le rôle du « meilleur guitariste de jazz au monde après Django Reinhardt» dans Accords et désaccords.

Avec Hattie, vous introduisez un personnage de femme muette, ce qui est tout de même assez étonnant, dans votre cinéma. Comment vous est venue l'idée de faire intervenir un personnage incapable de parler ?

Au début, je pensais en faire une sourde, qui aurait donc été incapable d'entendre la musique splendide jouée par Emmet. Mais cela compliquait trop les choses. Au fond, ce que je souhaitais, c'était un personnage dans la lignée de Harpo Marx, susceptible d'incarner tous les aspects aimables qu'Emmet ne pouvait transmettre. Voilà pourquoi je lui ai collé ce handicap, et qu'elle ne dit jamais un mot. Hattie est la femme idéale, pour Emmet. Elle l'écoute toujours tandis qu'il parle de lui sans cesse et se conforte ainsi dans l'idée qu'il est génial.

Comment avez-vous trouvé Samantha Morton ? Je n'avais jamais entendu parler d'elle auparavant.

Moi non plus. Juliet Taylor m'avait remis un tas de cassettes vidéos d'essais de diverses actrices et, dès que j'ai visionné celle de Samantha – dans un petit film en noir et blanc qu'elle avait tourné en Angleterre – j'ai pensé que j'avais trouvé l'actrice que je cherchais et j'ai demandé à la rencontrer. Elle est venue, et quand je lui ai conseillé de jouer le rôle à la manière de Harpo Marx, elle m'a demandé : « Qui est donc Harpo Marx ? » Je me suis alors rendu compte qu'elle était très jeune. Je lui ai parlé de Harpo, et finalement, elle n'aurait pas pu être mieux.

Samantha Morton a vraiment su donner à son personnage la gentillesse de Harpo. Elle me fait également penser à une actrice comme Edna Purviance.

C'est vrai, elle est proche des héroïnes de Chaplin. Samantha a ça en elle. Et rappelez-vous que son personnage – Hattie – fait d'ailleurs une petite carrière d'actrice du muet.

Dans le film, Emmet évoque régulièrement « ce guitariste français » – Django Reinhardt – et avoue qu'il ne peut l'écouter sans fondre en larmes. Y a-t-il des films que vous ne puissiez voir sans fondre en larmes ?

Il y a des films qui m'émeuvent toujours aux larmes, chaque fois que j'en revois certains passages. Pour les épilogues, en particulier, c'est immanquable. Je ne peux pas revoir la fin du *Voleur de Bicyclette*, celle de *Citizen Kane* ou celle du *Septième Sceau* sans avoir les larmes aux yeux. Ces films sont très forts, au plan émotionnel.

Emmet évoque régulièrement Django Reinhardt. Que pensez-vous de ce guitariste et de sa musique ?

Django Reinhardt était un génie de tout premier plan. J'ai tous ses disques, que j'ai écouté durant toute mon existence. Il doit être là-haut, à côté de Louis

Armstrong et de Sidney Bechet, avec les grands solistes romantiques de la première période du jazz.

Ensuite, Emmet rencontre une autre femme – Blanche – riche et très « enfant gâtée », qui va bientôt devenir sa femme. Comme Blanche veut devenir écrivain, elle observe beaucoup, elle prend des notes sans cesse et consigne toute sorte d'observations sur le comportement et les habitudes d'Emmet. Pensez-vous qu'un réalisateur de cinéma doive observer la vie comme le fait Blanche ?

Je crois que, dans la vie, on ne peut s'empêcher d'éprouver des sensations et des sentiments. Certains metteurs en scène glissent dans leurs films des détails qu'ils ont réellement observés, et d'autres font des films tout aussi merveilleux sans se soucier de ce genre de détails. Mais on sent bien, en revanche, qu'ils ont leur point de vue sur l'existence. Ils ne sont peut-être pas très observateurs, au plan visuel, mais ils ont leur conception de l'existence et savent la transmettre. Je demeure convaincu que chaque artiste – et donc chaque artiste de cinéma – restitue un peu de ce qu'il a pu percevoir.

Naturellement, je parle ici des véritables metteurs en scène, pas des tâcherons qui moulinent à la chaîne les navets sortant chaque semaine aux États-Unis. Ces produits hollywoodiens sont fabriqués dans le seul et unique but de ramasser de l'argent, et ils ne m'intéressent pas. Je ne les prends pas du tout au sérieux.

Vous arrive-t-il parfois d'avoir des idées en regardant des gens ou en écoutant une conversation ? Votre imagination peut-elle se déclencher à partir de ce que vous voyez au restaurant, par exemple ?

Oh oui, tout à fait. Je regarde toujours beaucoup ce qui se passe autour de moi. Pas de manière consciente, mais j'adore observer les gens dans la rue ou au restaurant, et ça finit toujours par stimuler mon imagination. Je me souviens notamment d'une femme que je croisais tous les matins, à l'heure où j'allais prendre mon petit déjeuner, vers sept heures. La ville était encore très calme, et tous les jours, je la voyais rentrer chez elle en grande tenue.

Vous voulez dire… en robe du soir ?

Oui. Je m'étais toujours dit que ça ferait un merveilleux début pour un film. Elle, elle rentrerait ostensiblement chez elle. Peut-être reviendrait-elle de chez son petit ami. Ensuite, on la suivrait pendant un jour ou deux.

Je vois souvent ce genre de choses quand je me trouve seul un jour d'été comme aujourd'hui, et que tout le monde est parti en week-end, laissant la ville à peu près déserte. Je suis ici à travailler et finalement, je sors pour m'acheter une bière ou un sandwich. Je fais le tour du pâté de maison, je vais jusqu'à la boutique et là, je vois une femme en train de faire des courses. Tout d'un coup, c'est comme si nous

Samantha Mortan, l'héroïne muette de Accords et désaccords.

étions tous deux seuls à New York. Tous nos amis, tous les autres sont partis. Comme elle est jolie, je décide de la suivre. On marche ainsi sur un ou deux blocks, jusqu'à ce qu'elle rentre dans un immeuble. Je regarde les noms sur les sonnettes. Il y en a cinq. Alors j'appuie sur toutes les sonnettes, jusqu'à ce qu'elle réponde, et je lui dis : « J'étais au magasin, juste à côté de vous. Je suis le monsieur qui vient d'acheter un sandwich au rosbif. Ça vous dirait d'aller déjeuner quelque part ? » Elle, elle répondrait : « Je viens juste de manger mon sandwich. » Alors moi : « Vous êtes une rapide ! Vous venez juste de l'acheter, ce sandwich. Vous préférez qu'on aille voir un film ? »

C'est parce que j'ai observé cela que j'ai écrit une séquence de *Maudite Aphrodite* dans laquelle je rencontre Helena Bonham-Carter. Malheureusement, elle ralentissait le film et j'ai été obligé de la couper au montage. Mais la séquence a été tournée entièrement, avec le coup des sonnettes et moi qui l'appelle. Cette séquence était donc inspirée d'une expérience, même si celle-ci est demeurée fantasmatique. Même si le film n'avait pas besoin que l'on s'attarde à décrire la genèse de mes rapports avec Helena, ainsi que je l'ai découvert au moment du montage, l'exemple n'en demeure pas moins valide. Des situations comme celles-ci, j'en ai connu beaucoup.

Élaguez-vous beaucoup vos films au montage ? Dans quelles proportions, à votre avis ?

C'est difficile à chiffrer, mais je coupe beaucoup. En général, mon premier montage dure deux heures, et la version définitive est toujours plus courte. Entre une heure trente et une heure quarante. Je suis donc obligé de couper, et il ne s'agit pas de trois images par-ci par là. C'est un peu désespérant de passer la journée à faire des petites coupes, car quand arrive le soir, on se rend compte qu'on a pas fait tomber plus d'une minute et demie. Couper, cela consiste donc pour moi à sacrifier des séquences entières. Le fin du fin serait évidemment de pouvoir anticiper cela de manière à économiser le budget nécessaire au tournage de ces séquences, mais il est bien difficile d'y parvenir.

C'était ma question suivante. En vous voyant couper ces séquences, aucun producteur ne vous a jamais demandé pourquoi vous ne les aviez pas supprimées dès le stade du scénario ?

Non, personne ne m'a jamais demandé une chose pareille. En revanche, on m'a parfois suggéré certains sacrifices susceptibles de m'arranger. En me permettant, par exemple, d'économiser de quoi tourner quelques *retakes* par la suite. Tout ce que je puis dire, c'est que c'est plus facile à dire qu'à faire. Car, sur le papier, elles ont toujours l'air très bien, ces séquences ! Même ensuite, au moment du tournage, ou de la première continuité. Mais après, lorsqu'on peut enfin considérer le film dans son ensemble, c'est une autre paire de manches. Il est toujours très difficile de concevoir le film dans son ensemble car, bien souvent, les petites séquences digres-

Sean Penn et son groupe de jazz dans Accords et désaccords.

sives s'intègrent très bien dans la continuité. Et elles restent dans le montage final.

Les producteurs devraient enfin entendre cette terrible vérité : la mise en scène de cinéma n'est pas une science exacte. Même lorsqu'on a vingt ou trente films derrière soi, ce n'est jamais une science exacte.

Cela fait penser à la scène de Celebrity *dont nous avons parlé auparavant. Cette scène sérieuse, où l'on envisage la question du suicide sous l'angle philosophique, que vous avez tournée mais qui ralentissait finalement le film.*

Au stade où nous en étions arrivés, c'était indéniable, oui. En visionnant le film dans sa continuité, je me suis rendu compte que cette séquence ralentissait la progression et que je me porterais mieux en la coupant pour passer directement à la suite. Mais pour moi, couper ne représente jamais un problème. Je ne fais pas partie des réalisateurs qui n'arrivent pas à se séparer de leur matériel. Il m'est relativement facile de faire tomber des séquences.

Et vous ne les archivez pas ?

Non, je ne les archive pas. Ni pour un éventuel DVD, ni pour sortir plus tard ce qu'on appelle aujourd'hui la version « director's cut ». Ma version à moi est toujours celle qui sort en salles.

Dans le dernier tiers de Accords et désaccords, *il y a la séquence très burlesque de la station-service, pour laquelle vous donnez trois versions différentes de l'incident, commentées par vous-mêmes et deux autres intervenants. La structure semi-documentaire de ce film vous autorisait bien sûr une certaine liberté quant à la description de ce moment. J'imagine en outre que vous devez apprécier ce genre de narration, dans laquelle on ne distingue plus la vérité du mythe.*

En l'occurrence, ça fonctionnait très bien, car l'histoire des musiciens de jazz est pleine de telles légendes. On colporte sur eux énormément d'anecdotes qui ne concordent pas forcément. C'est un aspect important de l'histoire du jazz, et je tenais à le préserver dans le film, en présentant plusieurs versions d'un même événement. Il faut savoir que l'histoire du jazz s'est transmise avant tout de manière orale.

À la fin du film, il y a cette scène très belle où Emmet revoit Hattie pour la dernière fois. Au début de la séquence, il se vante, il parle de lui-même, et propose finalement à Hattie de se remettre avec lui. Pendant cette longue tirade, votre caméra reste sur lui et pourtant, on a toujours l'impression que Hattie est là. Aviez-vous prévu autre chose, au tournage ? Avez-vous tourné des contrechamps sur elle qui écoute, de manière à pouvoir couper le plan de Sean Penn, si besoin était ? Ou juste pour vous « border», comme on dit ?

À l'origine, j'avais décidé de tourner un plan sur Sean et un autre sur Hattie, en me réservant ainsi la possibilité de choisir plus tard l'axe qui me semblerait le plus intéressant. Mais Sean a été tellement bon qu'on a filmé toute la séquence en un seul plan. Quand on a coupé, j'ai pris conscience qu'il était parfaitement inutile de refaire la prise, car Sean ne pourrait jamais faire mieux. À tel point que je me demandais aussi s'il fallait vraiment tourner le contrechamp sur Samantha. La lumière était tellement belle que je me suis dit qu'on pouvait bien tourner ce contrechamp, mais dès cet instant, je n'étais plus du tout certain d'avoir besoin de passer sur ses réactions à elle, tant Sean avait été bon. Effectivement, j'ai tourné le contrechamp et, au montage, nous avons essayé de placer deux ou trois réactions de Hattie, en contrepoint au discours de Sean. Mais finalement, je me suis rendu compte que je n'avais pas besoin de ces plans. Le fond de la situation était parfaitement exprimé par Sean.

Vous arrive-t-il de prendre des risques, lorsque vous êtes tout à fait certain de savoir comment une séquence doit être tournée ? Prenez-vous soin de vous prémunir, au contraire, en tournant d'éventuels plans de coupe ?
Je n'ai pas besoin de plans de coupe. Exceptionnellement, quand une séquence est très compliquée et que je me sens pas tout à fait sûr de moi, je décide de tourner un gros plan sur… ce téléphone, par exemple, ou sur n'importe quel accessoire, par sécurité. Mais dès lors que je suis sûr d'avoir ce que je veux, je ne cède pas à ce genre de facilités.

Pour Accords et désaccords, *vous avez employé une nouvelle monteuse, Alisa Lepselter. Or, depuis plus de vingt ans, vous travailliez avec Susan E. Morse. Pourquoi avoir changé de collaboratrice à ce poste ?*
Sandy Morse est une excellente monteuse et une personne merveilleuse. Mais lorsque nous avons changé de maison de production et que nous sommes passés chez Sweetland, cela a induit pas mal de restrictions budgétaires qui gênaient un peu Sandy. Nous restons pourtant assez proches, mais il y avait des choses que Sandy digérait mal et, après quelques films, elle a eu l'impression que ça ne valait plus le coup et a décidé de ne plus travailler avec nous.

Sean Penn et Samantha Morton au début de Accords et désaccords.

Blanche (Uma Thurman) veut devenir écrivain. Maintenant, elle tient son sujet : Emmet Ray (Sean Penn).

34

Escrocs mais pas trop

Comment vous est venue l'idée de l'intrigue de Escrocs mais pas trop [Small Time Crooks] *?*

En lisant quelque part l'histoire de gens qui avaient une boutique située à côté d'une bijouterie, et qui avaient décidé de faire le casse parfait. Ils s'étaient mis à creuser un tunnel entre les deux boutiques, mais ils se sont fait prendre avant d'avoir terminé. J'aimais bien l'idée de ces gens qui prennent une boutique avec le projet de commettre un grand cambriolage. Naturellement, il leur fallait une

Woody Allen, le « cerveau », dans Escrocs mais pas trop.

couverture. Il fallait bien qu'ils vendent quelque chose, dans cette boutique. Je leur ai donc fait vendre des cookies et je me suis dit ce que serait amusant si la boutique marchait mieux que leur entreprise criminelle. Telle a été la genèse de l'intrigue : à partir de là, le reste est venu tout naturellement.

En fait, c'est l'histoire classique d'une ascension et d'une chute, que ce soit celle d'un personnage ou d'une famille.

Absolument.

Ce film vous a également permis de donner une vision comique d'une autre classe sociale. Aviez-vous déjà cela en tête, lorsque vous avez bâti l'intrigue ?

Oui, mais je n'avais encore que la moitié de l'histoire. Qu'allait-il arriver à ces personnages, à partir du moment où ils connaîtraient le succès ? À mes yeux, c'est là que l'histoire devenait réellement amusante car il y avait un vrai conflit de classe. Soudain, ces pauvres clampins croulent sous l'argent, ce qui leur pose pas mal de problèmes. Avec cette idée, j'ai pu développer la suite de mon histoire.

Cela évoque les films des Marx Brothers, dans lesquels Groucho fait violemment irruption dans la vie de gens dont Margaret Dumont représente le parangon.

Oui.

Les ambitions manifestées par Frenchy sont à la fois pertinentes et superficielles – sa soif de culture, son désir farouche de devenir quelqu'un et de faire enfin partie des gens importants. Croyez-vous pour autant que la seule solution pour elle soit de revenir à l'existence qu'elle menait avant que la richesse ne lui tombe dessus ?

Elle devrait se méfier des changements trop excessifs. Sa vie devrait combiner harmonieusement les deux aspects. Tel est en tous cas le conseil que je donnerais à ceux qui touchent le gros lot à la loterie.

Le désir d'ascension sociale de Frenchy ne représente donc pas un échec ?

Non, pas si on garde la tête sur les épaules. Frenchy est un peu survoltée, mais elle est poussée par des motivations tout à fait respectables.

Dans Escrocs mais pas trop *comme dans votre film suivant –* Le Sortilège du scorpion de jade *– vous avez laissé de côté votre personnage de « Woody Allen » pour vous tourner vers un registre plus fictionnel, qui vous place dans la peau de personnages plus étrangers. Est-ce un hasard ? Cherchiez-vous à vous évader du personnage de « Woody Allen » ?*

Non, c'est un hasard. Dans *Hollywood Ending* – le film que je viens de terminer – je reviens au personnage que j'incarne toujours. Mais j'ai déjà dû incarner un braqueur de banque, un autre pauvre clampin, dans *Prends l'oseille et tire-toi*. Je fais ce qu'exige le scénario, dans les limites de mes petits moyens.

Il y a un personnage extrêmement drôle, dans Escrocs mais pas trop *: celui de la cousine May, interprétée par Elaine May. Je ne l'avais plus vue jouer depuis longtemps. Pourquoi avez-vous choisi cette actrice ?*

Je l'ai toujours adorée. Je lui avais proposé un rôle dans mon premier film – *Prends l'oseille et tire-toi* – mais elle l'avait refusé. Elle a toujours été très drôle, mais on l'a moins vue ces derniers temps. Il est difficile de la convaincre de participer à un projet. Pourtant, en l'occurrence, je lui ai envoyé le scénario et elle m'a rappelé deux jours plus tard pour me donner son accord. Ça c'est donc très bien passé. Aucun problème, et elle est excellente, évidemment.

Terriblement drôle, aussi. La connaissiez-vous déjà l'époque où vous vous produisiez comme comique et lorsqu'on la voyait dans « les soirées de Nichols et May », avec Mike Nichols ?

Je les ai connus tous deux à l'époque où ils se produisaient comme comiques. Nous avions le même agent, Jack Rollins. Je les connais depuis leurs débuts. Nous n'avons jamais été intimes, mais je les connais depuis plusieurs dizaines d'années.

Je les ai vus lorsqu'ils sont venus à New York. Ils sont originaires de Chicago, comme vous le savez sans doute. Et quand Jack Rollins les a découverts, il les a fait venir à New York, où le monde a pu les découvrir. Je les ai rencontrés dans les bureaux de Rollins et Joffe, et je les ai vus sur scène dans des boîtes, en ville. Nos chemins se sont bien souvent croisés.

Pensez-vous qu'il y a une différence – au plan des attitudes et des gags – entre les comiques hommes et les comiques femmes ?

En règle générale, les femmes se contentent d'imiter les hommes. Tracey Ullman et Elaine May constituent donc des exceptions, à ce titre.

Escrocs mais pas trop *me rappelle* Broadway Danny Rose. *On y retrouve un peu le même genre de personnages.*

Ceux de *Escrocs mais pas trop* sont moins réalistes et plus proches de l'univers du dessin animé.

Escrocs mais pas trop *marque aussi la fin de votre partenariat avec Jean Doumanian. Elle ne produit donc plus vos films, et vous êtes même actuellement en procès avec elle. Pouvez-vous me parler de ce qui s'est passé, et me dire comment vous en êtes arrivés là ?*

Non, je ne peux pas en parler.

Hugh Grant en Pygmalion tentant d'éveiller le couple Winkler à l'amour de l'Art : Woody Allen et Tracey Ullman.

Rencontre au coucher du soleil sur le toit de la maison où vivent les Winkler (Woody Allen et Tracey Ullman).

35

Le Sortilège du scorpion de jade

BETTY ANN : « C'est hallucinant le nombre d'hommes que je rencontre et dont la masculinité est fragile. »

« L'horrible voile de la réalité va bientôt nous tomber dessus. »

(Le Sortilège du scorpion de jade)

J'ai vu avec beaucoup de plaisir Le Sortilège du scorpion de jade [The Curse of the Jade Scorpion] *lorsqu'il est sorti ici, à New York.*

Où l'avez-vous vu ?

Dans le centre, au cinéma Loew au coin de la 2ème avenue et de la 31ème rue.

À quelle séance ?

Helene Hunt et Woody Allen, courtiers en assurances, dans Le Sortilège du scorpion de jade.

Celle de seize heures quinze.
Il y avait du monde dans la salle ?

Elle était à moitié pleine.
C'était un samedi ou un dimanche ?

Un vendredi. Je suis allé voir le film juste après vous avoir quitté à trois heures.
Est-ce que les gens riaient ?

Oui, beaucoup. Le dialogue de ce film est très percutant, je trouve.
C'était le but. C'était exactement le but.

Je trouve aussi que le film a vraiment un côté bande-dessinée.
C'est vrai, ça se sent partout, jusque dans le titre. C'est pour cela que je tenais à ce gros carton « 1940 » au début. Cette date, je voulais qu'on la voie en gros, dans un style très BD, pas réaliste du tout.

En voyant Le sortilège du scorpion de jade, *j'ai pensé à un autre film que j'aime beaucoup et qu'on a trop tendance à sous-estimer :* Dick Tracy. *Les deux films sont de facture très différente, mais ils ont une certaine parenté.*
Sans doute. Ce sont deux films inspirés par l'univers de la bande dessinée, avec ce que celle-ci suppose de costumes et d'accessoires : chapeaux, manteaux, cigarettes… Mais *Dick Tracy* est tout de même beaucoup plus stylisé.

J'ai également repensé aux histoires du Private Eye [Détective privé] *de* Radio Days.
Oui, c'était bien le même registre. D'où le choix du titre, et de ce genre de dialogue. L'intrigue est située à une époque où l'on fumait des cigarettes et où on allait s'introduire la nuit dans des chambres pour voler des bijoux. Ensuite, on retournait chez soi, auprès de la jolie femme qui vous attendait. Tout ça, ça n'a rien à voir avec la vraie vie, c'est l'univers des vieux films et des bandes dessinées. *Le sortilège du scorpion de jade* devait être très enlevé, et léger comme un souffle.

À un moment, vous avez parlé de Bob Hope, en disant que son talent avait été négligé. En voyant la séquence de La Malédiction, *j'ai pensé à* My Favorite Brunette, *ce film où Bob Hope devient détective par le hasard le plus complet, et où l'hypnose joue également un grand rôle, d'ailleurs.*
Je n'ai pas dit que Bob Hope avait été négligé. Juste qu'on n'avait pas considéré son habileté à sa juste valeur. Ses films n'étaient pas toujours très bons mais lui, il était toujours merveilleux.

Dans La Malédiction, *un des personnages déclare : « L'affreux rideau de la réalité va bientôt nous retomber dessus. »*

Voilà une réplique qui devrait vous éclairer sur ma véritable personnalité.

Comme vous venez de le dire, le film est un soufflé. Et un soufflé particulièrement délectable.

Reste qu'on ne peut pas passer sa vie dans cet état de transe hypnotique, où tout semble beau et bon. La vérité, c'est qu'il faut bien finir par revenir à la réalité, et que ce n'est pas très agréable.

L'hypnose est une autre manière de produire des fantasmes. Le personnage de l'hypnotiseur vous permet de faire « un film dans le film ».

D'accéder à un autre niveau de réalité, oui.

Vous vous êtes déjà intéressé à l'hypnose dans d'autres films, tels que Le Complot d'Œdipe. *Ce thème est également présent dans votre pièce,* The Floating Light Bulb. *Avez-vous envisagé de porter cette pièce à l'écran ?*

Non, je n'ai jamais songé à en faire quoi que ce soit. Je l'ai écrite pour satisfaire une commande du Lincoln Center, et pour le seul plaisir de l'écrire. Je me suis contenté de suivre une petite idée qui m'était venue. Le résultat est là, mais je n'en ai jamais rien fait.

Le Sortilège du scorpion de jade *mélange les ingrédients du film noir à ceux de la comédie déjantée.*

C'est vrai.

Remontons aux années quarante, à l'époque où l'on réalisait encore des films noirs et des comédies déjantées. Y a-t-il des films que vous aimez dans ces deux genres ?

Aussi curieux que cela puisse paraître, je n'ai jamais vraiment aimé les comédies déjantées. La seule chose qui me plaisait vraiment, c'étaient les rapports entre le type et la fille qui se détestaient mais finissaient toujours par se coller ensemble à la fin du film. On se demandait d'ailleurs bien comment ils parvenaient à ce résultat, puisqu'ils passaient tout le film à se dire des horreurs. C'est un principe que l'on trouve souvent dans les films avec Claudette Colbert, Rosalind Russell, Robert Montgomery, William Powell, Carole Lombard, Katharine Hepburn et Spencer Tracy. Des films comme ça, j'en voyais tout le temps. J'adorais les comédies déjantées de ce type, où les personnages avaient ce genre de relations. Elles étaient souvent tout à fait remarquables.

La grande majorité des films noirs ne sont pas très bons, je trouve. *Assurance sur la mort* [*Double Indemnity*] de Billy Wilder reste évidemment un chef-d'œuvre,

Woody Allen et Helen Hunt en pleine joute verbale dans Le Sortilège du scorpion de jade. *On ne peut que penser aux comédies américaines classiques des années quarante.*

mais on ne peux pas vraiment le ranger dans cette catégorie, qu'il excède largement. Le meilleur film noir est donc sans doute *Pendez-moi haut et court !* [*Out of the Past*], avec Robert Mitchum et Jane Greer. Un film splendide. Mais dans la plupart des films noirs, je n'aime guère que des moments, des passages particuliers. Ce sont tout de même des série B.

Je trouve que vous avez justement beaucoup en commun avec Billy Wilder, dans votre manière de mélanger le drame et la comédie légère, en particulier. Que pensez-vous de lui en tant qu'auteur-réalisateur ? Y a-t-il certains de ses films que vous préférez ?

Le Gouffre aux chimères [*Ace in the Hole*] est très bon. J'adore Billy Wilder.

Dans Le Sortilège du scorpion de jade, *il y a beaucoup de scènes où vous vous chamaillez avec Helen Hunt, justement.*

Oui, c'était bien le but.

Écrivez-vous souvent des dialogues de ce genre ? Vous viennent-ils d'une traite ? Devez-vous vous y reprendre à plusieurs fois pour arriver à un tel résultat ?

J'écris d'une traite. Mais ce n'est pas toujours facile, car chaque réplique doit enchaîner sur la précédente et faire monter la sauce, en plus.

Avez-vous parfois de bonnes répliques toutes prêtes que vous tentez d'intégrer dans un dialogue ? Ou, au contraire, ce genre de réplique vous vient-il au moment où vous écrivez la séquence ?

Ces répliques me viennent naturellement. De temps à autres, j'essaie de glisser une réplique qui m'est venue hors-contexte, mais c'est rare et ça ne fonctionne pas très bien, en général.

La guerre des sexes joue un grand rôle dans vos intrigues. Trouvez-vous les disputes entre personnages masculins et personnages féminins plus gratifiantes, plus amusantes à écrire et à décortiquer ?

Non, pas vraiment. Mais quand le scénario l'exige, il faut jouer le jeu.

Le Sortilège du scorpion de jade *est le troisième film dont vous avez confié la photo à Zhao Fei. Comme* Accords et désaccords, *ce film a une atmosphère visuelle très riche. Avez-vous montré à Zhao Fei des films américains des années trente et quarante avant le tournage de* Le sortilège du scorpion de jade *et de* Accords et désaccords *?*

Non, je lui ai simplement expliqué ce que je désirais. Des chefs-opérateurs tels que Zhao Fei, Sven Nykvist ou Gordon Willis sont parfaits pour les films d'époque. D'ailleurs, tout le monde travaille très bien sur des films d'époque. Le costumier, le décorateur… Santo adore faire des films d'époque. Et le chef-opérateur fait du bon travail.

Paradoxalement, les films situés à l'époque contemporaine posent plus de problèmes. On doit faire en sorte qu'un lieu, que des vêtements passent bien. Quand on sort dans la rue, on tombe sans cesse sur des parcmètres, des taxis ou des camions de la voirie, et à l'intérieur des appartements, il y a partout des téléviseurs. Il est bien difficile de rendre tout cela poétique ou simplement beau. Quand on propose à ses collaborateurs de faire un film d'époque, tout le monde est emballé. Les costumiers sont heureux comme tout, et le chef-opérateur aussi.

Charlize Theron, la blonde et dangereuse séductrice du Sortilège du scorpion de jade.

Zhao Fei était donc très heureux que, sur les trois films que nous avons tournés ensemble, deux aient été des films d'époque.

Vous n'avez pas eu besoin de lui expliquer quoi que ce soit sur l'univers typiquement américain dans lequel se déroulent ces histoires ?

Non, mais je lui expliqué de quoi elles parlaient et dans quel registre elles se situaient. *Le Sortilège du scorpion de jade*, par exemple, devait être une comédie policière, ce qu'il a parfaitement compris. Si nous avions tourné en noir et blanc, je lui aurais sans doute montré quelques films. Mais en l'occurrence, je voulais ses couleurs et sa lumière. Il savait parfaitement ce que j'attendais, car il avait déjà tourné *Accords et désaccords*. Nous avions commis pas mal d'erreurs, tous les deux, sur ce film, mais elles avaient au moins eu le mérite de lui enseigner mes goûts. Il y a eu des jours où, lorsqu'il me montrait le plateau éclairé, je m'écriai : « Oh là là, mais c'est horrible ! Ça ne va pas du tout ! Il y a bien trop de lumière. On dirait un aéroport ! » Lui, il craignait toujours de faire une image trop sombre, et moi, je trouvais toujours qu'il y avait trop de lumière. Mais finalement, il a compris, si bien que sur *Le Sortilège du scorpion de jade*, il avait tout assimilé.

Nous continuions à nous parler par l'intermédiaire d'un interprète, mais cela ne posait vraiment aucun problème. Très vite, nous n'avons même plus eu besoin de l'interprète, parce qu'on utilise pratiquement les mêmes phrases tout le temps, à propos des perspectives ou de la lumière. Après un mois à ce régime, on finit par s'entendre, en dépit de la barrière de la langue. Et désormais, Zhao Fei avait compris. Quand je disais qu'il y avait trop de lumière, il n'avait plus besoin de se tourner vers l'interprète pour comprendre ce que je voulais.

Prévoyez-vous de travailler à nouveau avec lui ?

Je serais enchanté de le faire. Mais ce sera peut-être difficile, car, en Chine, il travaille sur de très gros films qui l'occupent de longues périodes. Je n'ai pas pu travailler avec lui sur *Hollywood Ending*, que j'ai tourné avec Wedigo von Schultzendorff, un chef-opérateur allemand que j'aime beaucoup. Il a travaillé un peu aux États-Unis, mais surtout en Allemagne. Comme aucun de mes chefs-opérateurs habituels n'était disponible, il m'a vraiment tiré une épine du pied.

Vos deux derniers films sont sortis sous le label Dreamworks. Cette maison a-t-elle également participé au processus de production ?

Non, Dreamworks n'est que distributeur. *Escrocs mais pas trop* et *Le Sortilège du scorpion de jade* ont été produits par ma propre maison de production.

Et le producteur en titre de La Malédiction *est votre sœur, Letty Aronson.*

Oui.

Elle avait travaillé sur quelques-uns de vos films précédents comme productrice exécutive. Comment s'est passée votre collaboration ? Comment en est-elle arrivée à faire du cinéma ?

Après avoir travaillé au Museum of Television and Radio, elle avait envie de voir à quoi ressemblait l'univers du cinéma, sur un plan plus commercial. Elle a donc travaillé chez Sweetland pendant un moment, où elle s'est formée à la distribution, aux ventes à l'étranger – vers l'Europe, essentiellement – et ainsi, elle a appris tous les secrets de la production. Quand Sweetland a cessé de produire mes films, elle est venue travailler dans ma maison de production. Maintenant, elle s'occupe des relations avec Dreamworks et avec l'Europe.

Est-ce plus pratique de travailler avec elle, plutôt qu'avec d'autres producteurs ?

Elle n'est pas productrice au sens conventionnel du terme. Elle connaît le métier, cependant. Je n'ai jamais eu de producteur ordinaire. C'est toujours moi qui décide du projet, et du scénario. Personne ne sait à l'avance ce que sera le scénario. C'est moi qui décide des gens qui je vais employer et dans quel genre le film s'inscrira à l'arrivée. En ce sens, je n'ai donc pas vraiment besoin de producteur, et le fait que ce soit elle qui occupe ce poste me convient parfaitement. Les autres gens avec lesquels j'ai pu travailler au fil des années me convenaient également, du reste. Mais avec Letty, ça me convient particulièrement, parce qu'elle connaît son métier. Et comme elle fait partie de la famille, je sais qu'elle est parfaitement honnête

36 *Hollywood Ending*

ALVY : »Je n'ai aucune envie de vivre dans une ville dont le seul attrait culturel est d'autoriser les automobilistes à tourner à droite quand le feu est rouge. »

(Annie Hall)

« C'est l'histoire d'un réalisateur de cinéma névrosé qui habite à New York. ça vous donne une idée de l'étroitesse de mon registre. »

(Woody Allen dans le dossier de presse de *Hollywood Ending*)

Comment vous est venue l'idée d'un réalisateur de cinéma aveugle ?

Je ne m'en souviens pas.

Certains films récemment produits à Hollywood vous auraient-ils inspiré cette idée ?

Bien au contraire. Les films récemment produits à Hollywood sont absurdes et totalement incapables d'inspirer quoi que ce soit.

La prestation très énergique que vous donnez dans la première partie du film – où

Le cinéaste atteint de cécité psychosomatique, Val Waxman (Woody Allen) doit choisir l'affiche de son film avec son producteur, interprété par Treat Williams.

Qui choisir ? Val (Woody Allen) entre son ex-femme (Tea Leoni) et sa nouvelle petite-amie (Debra Messing). À gauche, Treat Williams.

votre personnage est sans cesse sujet à de brutales sautes d'humeur – lui confère un rythme rapide et très efficace. Pensez-vous que l'on doive établir un parallèle entre cette interprétation et vos premières expériences de comique, à l'époque où vous vous produisiez sur scène ?

Je ne saurais le dire. J'ai joué le rôle comme il était écrit, car cela me paraissait logique.

Arrive-t-il parfois que votre partenaire – Téa Leoni, dans la séquence du Café Carlyle, par exemple – perde le contrôle et se mette à rire en vous voyant jouer ce genre de crise de nerfs ?

Non, jamais.

L'inverse s'est-il déjà produit ? Et si oui, pourriez-vous en dire un mot ?

Ça n'arrive jamais.

Le conflit entre rationnel et irrationnel constitue un thème fondamental dans vos films. Certains réalisateurs arrivent à tirer des effets très comiques en décrivant des comportements complètement irrationnels. Votre humour consisterait plutôt à décrire des comportements rationnels qui finissent par tourner à l'absurde. Pourriez-vous dire un mot sur cette question ?

Au fond, je demeure très attaché au réalisme. J'aime partir de la réalité, même pour m'en écarter ensuite.

Le dialogue est si vif qu'il fonctionne presque comme une « steady-cam verbale ». Du coup, dans les séquences moins dialoguées, je me serais attendu à ce que la caméra bouge un peu plus, et que l'image maintienne et prolonge ce rythme. La plupart des séquences sont pourtant tournées en plans assez longs et statiques. Cela vient-il du fait que l'image de Hollywood Ending *a été signée par un chef-opérateur avec lequel vous n'aviez jamais travaillé auparavant, et qui n'était donc pas encore familier de votre syntaxe visuelle ?*

Hollywood Ending est une comédie de facture classique, qui aurait pu être tournée par Chaplin ou Keaton. Or, la comédie exige une certaine simplicité. Toute fioriture viendrait saboter les effets comiques.

Pour les séquences qui font intervenir le chef-opérateur chinois et son interprète, vous êtes vous inspiré de votre expérience avec Zhao Fei ?

Oui. Nous avions dû employer un interprète et cela donnait parfois des situations cocasses.

Le personnage de George Hamilton vomit l'idée-même d'auteur. À la fin, Val Waxman et son film seront pourtant sauvés par les critiques français qui applaudissent le film. Souhaitiez-vous ainsi rendre hommage aux critiques et au public européens qui ont si bien accueilli tant de vos films ?

Non. Je me suis efforcé de décrire les cadres d'Hollywood tels que je les ai perçus. Or, ils manifestent souvent un certain mépris pour le respect manifesté en Europe vis-à-vis de l'aspect culturel du cinéma.

D'une certaine manière, George Hamilton incarne la quintessence de Hollywood. Il a la prestance du héros de cinéma qui passe son temps à séduire les dames. Ces qualités vont-elles poussé à choisir cet acteur ?

Naturellement. En outre, c'est un bon acteur, très drôle et très inventif.

Vous avez également employé Treat Williams, ce qui pourrait sembler un peu étonnant. Pourquoi l'avoir choisi ?

Parce qu'il correspondait au rôle et que j'ai toujours apprécié sa façon de jouer.

Téa Leoni aurait pu incarner une héroïne hitchcockienne. Elle en a la blondeur, la douceur et l'assurance. Pensez-vous que Hitchcock l'aurait appréciée ?

J'ai du mal à croire qu'un réalisateur puisse ne pas l'apprécier, car elle a absolument tout ce qu'il faut.

Depuis Harry dans tous ses états, *vous vous êtes cantonné dans le registre de la comédie légère, ou même du burlesque. Avez-vous l'intention de revenir un jour au drame psychologique ou à ce genre de climat ? Est-ce une chose que vous aimeriez faire ?*

Disons que ça c'est trouvé comme ça. J'ai réalisé plusieurs comédies légères d'affilée. Mais à présent, j'ai déjà pris une nouvelle direction.

Vous avez participé au projet intitulé Sounds from a Town I Like. *Pourriez-vous parler de votre contribution à cette œuvre à plusieurs mains ? Comment l'idée est-elle née ? Qu'est-ce qui vous a amené à y participer ?*

Il s'agit juste d'un petit film de cinq minutes destiné à lever des fonds après les événements du 11 septembre.

Ce film représente donc une réaction ou un commentaire sur les événements tragiques du 11 septembre ?

Il devait être projeté parmi d'autres au cours d'une soirée de bienfaisance.

Le fait que vous ayez tourné ce film doit-il être rapproché de votre apparition à la cérémonie des Oscars ? Pourquoi vous êtes vous rendu à cette soirée ?

Pour aider la ville de New York, tout simplement. On rendait hommage aux films tournés à New York et je tenais à venir soutenir la ville.

Mais ensuite, vous vous êtes également rendu au Festival de Cannes pour présenter Hollywood Ending.

Oui, pour remercier les Français qui m'ont soutenu et manifesté tant d'affection durant tant d'années.

Votre vie semble désormais bien plus ouverte qu'elle ne l'était. Vous voyagez, vous ne fuyez plus systématiquement les gens qui souhaitent parler de votre travail avec vous. Je sais que vous refusez d'ordinaire de parler de votre vie privée, mais pensez-vous que l'existence que vous menez avec Soon-Yi et votre enfant ait contribué à cette nouvelle ouverture ?

Il se trouve simplement que Soon-Yi adore voyager et que j'aime lui faire plaisir.

Vous avez accepté, parmi 20 réalisateurs, d'écrire et réaliser un film de 5 minutes, pour le long métrage collectif Paris, je t'aime, *sur le thème de la rencontre amoureuse, aujour'hui, situé dans l'un des 16 arrondissements de Paris...*

C'est une petite comédie sur l'infidélité. Je suis encore en train de l'écrire.

Filmographie

1969 PRENDS L'OSEILLE ET TIRE TOI (TAKE THE MONEY AND RUN)
Réalisation : Woody Allen. Scénario original : Woody Allen et Mickey Rose. Image : Lester Schorr. Directeur artistique : Fred Harpman. Musique : Marvin Hamlich. Montage : Paul Jordan, Ron Kalish, Ralph Rosenblum. Interprètes : Woody Allen (Virgil Stokwell), Janet Margolin (Louise), Marcel Hillaire (Fritz), Jacqueline Hyde (Miss Blair), Lonnie Chapman (Jake). Production : Charles H. Joffe – Palomar Pictures. Durée : 85 mn. Distribution : Twentieth Century-Fox.

1971 BANANAS
Réalisation : Woody Allen. Scénario original : Woody Allen et Mickey Rose. Image : Andrew M. Kostikyan. Chef-décorateur : Ed Wittstein. Musique : Marvin Hamlish. Montage : Ralph Rosenblum, Ron Kalish. Interprètes : Woody Allen (Fielding Mellish), Louise Lasser (Nancy), Carlos Montalban (Vargas), Jacobo Morales (Esposito), Natividad Abascal (Yolanda), Howard Cossel (lui-même). Production : Jack Grossberg – Rollins & Joffe – United Artists. Durée : 81 mn. Distribution : Les Artistes Associés.

1972 TOUT CE QUE VOUS AVEZ TOUJOURS VOULU SAVOIR SUR LE SEXE... SANS JAMAIS OSER LE DEMANDER (EVERYTHING YOU ALWAYS WANTED TO KNOW ABOUT SEX... BUT WERE AFRAID TO ASK)
Réalisation et scénario original : Woody Allen. Image : David M. Walsh. Chef-décorateur : Dale Hennesy. Musique : Mundell Lowe. Montage : Eric Albertson. Interprètes : Woody Allen (le bouffon, Fabrizio, Victor, un spermatozoïde), Gene Wilder (Dr Ross), John Carradine (Dr Bernardo), Lou Jacobi (Sam), Louise Lasser (Gina), Lynn Redgrave (la reine), Anthony Quayle (le roi), Burt Reynolds (le standardiste). Production : Charles H. Joffe – Jack Brodsky – United Artists. Durée : 87 mn. Distribution : Les Artistes Associés.

1973 WOODY ET LES ROBOTS (SLEEPER)
Réalisation : Woody Allen. Scénario original : Woody Allen et Marshall Brickman. Image : David M. Walsh. Chef-décorateur : Dale Hennesy. Musique : Woody Allen. Montage : Ralph Rosenblum. Interprètes : Woody Allen (Miles Monroe), Diane Keaton (Luna), John Beck (Erno), Mary Gregory (Dr Melik). Production : Jack Grossberg – Rollins & Joffe. Durée : 88 mn. Distribution : Les Artistes Associés.

1975 GUERRE ET AMOUR (LOVE AND DEATH)
Réalisation et scénario original : Woody Allen. Image : Ghislain Cloquet. Directeur artistique : Willy Holt. Musique : œuvres de Sergueï Prokoviev. Montage : Ralph Rosenblum, Ron Kalish. Interprètes : Woody Allen (Boris Grouchenko), Diane Keaton (Sonia), Olga Georges-Picot

(comtesse Alexandrovna), Harold Gould (Anton Lebedkov), Jessica Harper (Natacha), James Tolkan (Napoléon). Production : Charles H. Joffe – United Artists. Durée : 85 mn. Distribution : Les Artistes Associés.

1977 ANNIE HALL
Réalisation : Woody Allen. Scénario original : Woody Allen et Marshall Brickman. Image : Gordon Willis. Directeur artistique : Mel Bourne. Musique : chansons de répertoire. Montage : Ralph Rosenblum. Interprètes : Woody Allen (Alvy Singer), Diane Keaton (Annie Hall), Tony Roberts (Rob), Carol Kane (Allison), Paul Simon (Tony Lacey), Shelley Duval (la journaliste), Janet Margolin (Robin), Christopher Walken (Duane Hall). Production : Charles H. Joffe. Durée : 93 mn. Distribution : Les Artistes Associés.

1978 INTÉRIEURS (INTERIORS)
Réalisation et scénario original : Woody Allen. Image : Gorgon Willis. Chef-décorateur : Mel Bourne. Musique : répertoire américain. Montage : Ralph Rosenblum. Interprètes : Mary Beth Hurt (Joey), Diane Keaton (Renata), Kristin Griffith (Flyn), Geraldine Page (Eve), Maureen Stapleton (Pearl), E. G. Marshall (Arthur), Richard Jordan (Frederick), Sam Waterston (Mike). Production : Charles H. Joffe. Durée : 93 mn. Distribution : Les Artistes Associés.

1979 MANHATTAN
Réalisation : Woody Allen. Scénario original : Woody Allen et Marshall Brickman. Image : Gordon Willis. Chef-décorateur : Mel Bourne. Musique : George Gershwin. Montage : Susan E. Morse. Interprètes : Woody Allen (Isaac Davis), Diane Keaton (Mary Wilke), Michael Murphy (Yale), Mariel Hemingway (Tracy), Meryl Steep (Jill), Anne Byrne (Emily). Production : Charles H. Joffe. Durée : 96 mn. Distribution : Les Artistes Associés.

1980 STARDUST MEMORIES
Réalisation et scénario original : Woody Allen. Image : Gordon Willis. Chef-décorateur : Mel Bourne. Musique : chansons de répertoire. Montage : Susan E. Morse. Interprètes : Woody Allen (Sandy Bates), Charlotte Rampling (Dorrie), Jessica Harper (Daysie), Marie-Christine Barrault (Isobel), Tony Roberts. (Tony). Production : Robert Greenhut – Rollins & Joffe – United Artists. Durée : 89 mn. Distribution : Les Artistes Associés.

1982 COMÉDIE ÉROTIQUE D'UNE NUIT D'ÉTÉ (A MIDSUMMER NIGHT'S SEX COMEDY)
Réalisation et scénario original : Woody Allen. Image (Technicolor, Panavision) : Gordon Willis. Chef-décorateur : Mel Bourne. Musique : œuvres de Felix Mendelssohn. Montage : Susan E. Morse. Interprètes : Woody Allen (Andrew), Mia Farrow (Ariel), José Ferrer (Leopold), Tony Roberts (Maxwell), Mary Steenburgen (Adrian), Julie Hagerty (Dulcy). Production : Robert Greenhut – Rollins & Joffe – Orion Pictures. Durée : 88 mn. Distribution : Warner-Columbia.

1983 ZELIG
Réalisation et scénario original : Woody Allen. Image : Gordon Willis. Chef-décorateur : Mel Bourne. Musique : chansons composées et adaptées par Dick Hyman et chansons de répertoire. Montage : Susan E. Morse. Interprètes : Woody Allen (Leonard Zelig), Mia Farrow (Eudora Fletcher), Susan Sontag, Irving Howe, Saul Bellow et Bruno Bettelheim (eux-mêmes). Production : Robert Greenhut – Charles H. Joffe – Orion Pictures. Durée : 84 mn. Distribution : Warner.

1984 BROADWAY DANNY ROSE
Réalisation : Woody Allen. Image : Gordon Willis. Chef-décorateur : Mel Bourne. Musique : Dick Hyman et chansons de Nick Apollo Forte. Montage : Susan E. Morse. Interprètes : Woody Allen (Danny Rose), Mia Farrow (Tina Vitale), Nick Apollo Forte (Lou Canova), Milton Berle, Will Jordan, Sandy Baron, Jack Rollins, Morty Gunty, Corbett Monica, Jacky Gayle et Howard Strom (eux-mêmes). Production : Robert Greenhut – Charles H. Joffe – Orion Pictures. Durée : 86 mn. Distribution : Parafrance.

1985 LA ROSE POURPRE DU CAIRE (PURPLE ROSE OF CAIRO)
Réalisation et scénario original : Woody Allen. Image : Gordon Willis. Chef-décorateur : Stuart Wurtzel. Musique : Dick Hyman et chansons de répertoire. Montage : Susan E. Morse. Interprètes : Mia Farrow (Cecilia), Stephanie Farrow (la sœur de Cecilia), Jeff Daniels (Tom Baxter/Gil Shepherd), Danny Aiello (Monk), Ed Hermann, John Wood, Van Johnson, Zoe Caldwell, Deborah Rush (acteurs du film dans le film). Production : Robert Greenhut – Charles H. Joffe – Orion Pictures. Durée : 82 mn. Distribution : Twentieth Century-Fox.

1986 HANNAH ET SES SŒURS (HANNAH AND HER SISTERS)
Réalisation et scénario original : Woody Allen. Image : Carlo Di Palma. Chef-décorateur : Stuart Wurtzel. Musique : musique et chants de répertoire. Montage : Susan E. Morse. Interprètes : Mia Farrow (Hannah), Woody Allen (Mickey), Michael Caine (Elliot), Barbara Hershey (Lee), Maureen O'Sullivan (mère d'Hannah), Lloyd Nolan (père d'Hannah), Dianne Wiest (Holly), Max von Sydow (Frederick), Carrie Fisher (April). Production : Robert Greenhut – Jack Rollins et Charles H. Joffe – Orion Pictures. Durée : 106 mn. Distribution : Twentieth Century-Fox.

1987 RADIO DAYS
Réalisation : Woody Allen. Scénario original : Woody Allen. Image : Carlo Di Palma. Chef-décorateur : Santo Loquasto. Musique : Dick Heyman et musique de répertoire. Montage : Susan E. Morse. Interprètes : Seth Green (Joe), Julie Kavner (sa mère), Michael Tucker (son père), Dianne Wiest (tante Bea), Mia Farrow (Sally White), Danny Aiello (Rocco), et Diane Keaton, Tony Roberts, Jeff Daniels. Producteur : Robert Greenhut – Jack Rollins et Charles H. Joffe – Orion Pictures. Durée : 88 mn. Distribution : Twentieth Century-Fox.

1987 SEPTEMBER
Réalisation et scénario original : Woody Allen. Image : Carlo Di Palma. Interprètes : Denholm Elliott (Howard), Dianne Wiest (Stephanie), Mia Farrow (Lane), Elaine Stritch (Diane), Sam Waterston (Peter), Jack Warden (Lloyd), Ira Wheeler (Mr Raines), Jane Cecil (Mrs Raines), Rosemary Murphy (Mrs Mason). Production : Robert Greenhut – Orion Pictures. Distribution : Twentieth Century-Fox. Durée : 78 mn.

1987 UNE AUTRE FEMME (ANOTHER WOMAN)
Réalisation et scénario original : Woody Allen. Image : Sven Nykvist. Chef-décorateur : Santo Loquasto. Montage : Susan E. Morse. Interprètes : Gena Rowlands (Marion Post), Gene Hackman (Larry), Mia Farrow (Hope), Sandy Dennis (Claire), John Houseman (le père de Marion), Ian Holm (Ken Post). Production : Jack Rollins, Robert Greenhut et Charles H. Joffe – Orion Pictures. Distribution : Twentieth Century-Fox. Durée : 80 mn.

1989 NEW YORK STORIES
LE COMPLOT D'ŒDIPE (ŒDIPUS WRECKS). Réalisation : Woody Allen. Scénario : Woody

Allen. Image : Sven Nykvist. Interprètes : Woody Allen (Sheldon Millstein), Mae Questel (Sadie Millstein, la mère de Sheldon), Mia Farrow (Lisa), Julie Kavner (Treva). Distribution : La Warner. Durée : 123 mn.

1989 CRIMES ET DÉLITS (CRIMES AND MISDEMEANORS)
Réalisation et scénario original : Woody Allen. Image : Sven Nykvist, A. S. C. Montage : Susan E. Morse. Chef-décorateur : Santo Loquasto. Interprètes : Mia Farrow (Halley Reed), Martin Landau (Judah Rosenthal), Claire Bloom (Miriam Rosenthal), Stephanie Roth (Sharon Rosenthal), Anjelica Huston (Dolores Paley), Joanna Gleason (Wendy Stern), Alan Alda (Lester Rosenthal), Sam Waterston (Ben Rosenthal), Woody Allen (Cliff Stern), Jerry Orbach (Jack Rosenthal), Caroline Aaron (Barbara). Production : Jack Rollins et Charles H. Joffe – Orion Pictures. Distribution : Twentieth Century-Fox. Durée : 104 mn.

1990 ALICE
Réalisation et scénario original : Woody Allen. Image : Carlo Di Palma. Montage : Susan E. Morse. Interprètes : Mia Farrow (Alice Tate), William Hurt (Doug Tate), Joe Mantegna (Joe Ruffalo), Keye Luke (le docteur Yang), Alec Baldwin (Ad), Cybill Shepherd (Nancy Brill), Julie Kavner (la décoratrice), Bernadette Peters (la muse), Blyte Danner (Dorothy), Judy Davis (Vicki), Robin Bartlett (Nina), Gwen Verdon, Patrick O'Neal (les parents d'Alice), James Toback (le professeur). Production : Robert Greenhut – Jack Rollins – Charles H. Joffe – Orion Pictures. Distribution : Columbia. Durée : 109 mn.

1992 OMBRES ET BROUILLARD (SHADOWS AND FOG)
Réalisation et scénario original : Woody Allen. Image : Carlo di Palma. Décorateur : Santo Loquasto. Musique : Kurt Weill. Interprètes : Woody Allen (Kleinmann), Mia Farrow (Irmy), John Malkovich (le clown), Madonna (Marie), Kathy Bates, Jodie Foster, Lily Tomlin (les prostituées), Donald Pleasance, John Cusack, Kate Nelligan, Julie Kavner, Fred Gwynne, Kenneth Mars, David Ogden Stiers, Wallace Shawn, Philip Bosco, Michaël Kirby.

1992 MARIS ET FEMMES (HUSBANDS AND WIVES)
Réalisation et scénario original : Woody Allen. Image : Carlo Di Palma. Montage : Susan E. Morse. Chef-décorateur : Santo Loquasto. Musique : Cole Porter. Interprètes : Woody Allen (Gabe Roth), Mia Farrow (Judy Roth), Judy Davis (Sally), Sydney Pollack (Jack), Juliette Lewis (Rain), Liam Neeson (Michael Gates). Production : Robert Greenhut – TriStar. Distribution : Columbia-TriStar Films. Durée : 107 mn.

1993 MEURTRE MYSTÉRIEUX A MANHATTAN (MANHATTAN MURDER MYSTERY)
Réalisation : Woody Allen. Scénario original : Woody Allen et Marshall Brickman. Image : Carlo Di Palma. Montage : Susan E. Morse. Interprétation : Woody Allen (Larry Lipton), Diane Keaton (Carol Lipton), Jerry Adler (Paul House), Alan Alda (Ted), Anjelica Huston (Marcia Fox), Lynn Cohen (Lillian House), Ron Rifkin (Sy). Production : Jack Rolllins et Charles H. Joffe. Distribution : Columbia TriStar. Durée : 108 mn.

1993 COUPS DE FEU SUR BROADWAY (BULLETS OVER BROADWAY)
Producteur : Robert Greenhut. Scénario original : Woody Allen & Douglas McGrath. Images : Carlo Di Palma. Décors : Santo Loquasto. Montage : Susan E. Morse. Interprètes : John Cusack (David Shayne), Jack Warden (Julian Marx, Rocco), Chazz Palminteri (Cheech), Joe Viterelli (Nick Valenti), Paul Herman (Maître d'hôtel), Jennifer Tilly (Olive Neal), Rob Reiner (Sheldon Flender), Stacy Nelkin (Rita), Dianne Wiest (Helen Sinclair).

1995 MAUDITE APHRODITE (MIGHTY APHRODITE)
Producteur : Robert Greenhut. Scénario original : Woody Allen. Images : Carlo Di Palma. Décors : Santo Loquasto. Musique : Dick Hyman. Montage : Susan E. Morse. Interprètes : Woody Allen (Lenny Weinrib), Helena Bonham Carter (Armanda Weinrib), Steven Randazzo (Bud), J. Smith-Cameron (Sa femme), Mira Sorvino (Linda Ash, Judy Cam), Michael Rapaport (Kevin), Danielle Ferland (Cassandre), Jeffrey Curland (Œdipe), Olympia Dukakis (Jocaste).

1996 TOUT LE MONDE DIT I LOVE YOU (EVERYONE SAYS I LOVE YOU)
Producteur : Robert Greenhut ; Scénario : Woody Allen. Images : Carlo Di Palma. Montage : Susan E. Morse. Décors : Santo Loquasto. Costume : Jeffrey Kurland. Musique : Dick Hyman. Interprètes : Edward Norton (Holden), Drew Barrymore (Skylar), Alan Alda (Bob), Goldie Hawn (Steffi), Julia Roberts (Von), Woody Allen (Joe), Tim Roth (Charles Ferry), Barbara Hollander (Claire), John Griffin (Jeffrey Vandermost), Itzhak Perlman (lui-même).

1997 HARRY DANS TOUS SES ÉTATS (DECONSTRUCTING HARRY)
Scénario : Woody Allen. Producteur : Jean Doumanian. Images : Carlo Di Palma. Montage : Susan E. Morse. Décors : Santo Loquasto. Costume : Suzy Benzinger.
Interprètes : Woody Allen (Harry Block), Judy Davis (Lucy). Elisabeth Shue (Fay). Richard Benjamin (Ken). Julia Louis-Dreyfus (Leslie). Kristie Alley (Joan). Bob Balaban (Richard), Hazelle Goodman (Cookie). Demi Moore (Helen). Tobey Maguire (Harvey Stern).

1998 CELEBRITY
Producteur : Jean Doumanian. Scénario original : Woody Allen. Images : Sven Nykvist. Décors : Santo Loquasto. Montage : Susan E. Morse. Musique : "You Oughta Be in Pictures", « Kumbayah », « Fascination », « I Got Rhythm », « Will You Still Be Mine », « Lullaby of Birdland », « On a Slow Boat to China », « Coctails For Two », « Soon », « For All We Know ». Interprètes : Hank Azaria (David), Kenneth Branagh (Lee Simon), Judy Davis (Robin Simon), Leonardo DiCaprio (Brandon Darrow), Melanie Griffith (Nicole Oliver), Famke Janssen (Bonnie), Michael Lerner (Dr. Lupus), Joe Mantegna (Tony Cardella), Winona Ryder (Nola), Donald Trump (lui-même), Charlize Theron (top-model).

1999 ACCORDS ET DÉSACCORDS (SWEET AND LOWDOWN)
Producteur : Jean Doumanian. Scénario original : Woody Allen. Images : Fei Zhao. Décors : Santo Loquasto. Montage : Alisa Lepselter. Musique : The Dick Hyman Group play : « I'll see You in My Dreams », Sweet Georgia Brown », « Unfaithful Woman », « Wrap Your Troubles in Dreams (and Dream Your Troubles Away) », « Old-Fashioned Love », « Limehouse Blues/Mystery Pacific », « Just a Gigolo », « 3:00 AM Blues », « All of Me/The Peanut Vendor », « It Don't Mean a Thing (If it Ain't Got that swing) », « Shine », « I'm Forever Blowing Bubbles », « There'll Be Some Changes Made », Benny Berigan and His Orchestra : « Caravan » ; Ellington, Sidney Bechet and Noble Sissie's Swingsters : « Viper Mad ». Interprètes : Sean Penn (Emmet Ray), Uma Thurman (Blanche), Samantha Morton (Hattie), Woody Allen (lui-même), Ben Duncan (lui-même), Daniel Okrent (A.J. Pickman, Dan Moran), Tony Darrow (Ben), Christopher Bauer (Ace), Constance Shulman (Hazel), Kellie Overbey (Iris), Darryl Alan Reed (Don).

2000 ESCROCS MAIS PAS TROP (SMALL TIME CROOKS)
Producteur : Jean Doumanian ; Scénario original : Woody Allen. Images : Fei Zhao. Montage : Alisa Lepselter. Décors : Santo Loquasto. Costumes : Suzanne McCabe.
Musique : « With plenty of money and you », « Stompin´ At The Savoy », « Could It Be Me »,

« Music makers », « Frühlingstimmen op. 410 » de J Strauss, « Tequila », « Cocktails For Two », « The Modern Dance », « Prélude en si mineur, op. 32, n° 10 » de Rachmaninov, « Mountain Greenery », « Fascination », « Zelda´s Theme », « Sarabande de la suite n° 2 pour violoncelle en ré mineur » de J S Bach, « This Could Be The Start Of Something Big », « Lester Lanin Cha-Cha », « Just In Time », « Old Devil Moon », « The Hukilau Song », « Steady, Steady ». Interprètes : Woody Allen (Ray Winkler), Carolyn Saxon (le vendeur de bonbons), Tracey Ullman (« Frenchy » Winkler), Michael Rapaport (Denny Doyle), Tony Darrow (Tommy Beal), Sam Josepher (l'agent immobilier), Jon Lovitz (Benny Borkowshi), Lawrence Howard Levy (le vendeur de dynamite), Brian Markinson (le policier Ken Deloach), Elaine May (May Sloan).

2001 LE SORTILÈGE DU SCORPION DE JADE (THE CURSE OF THE JADE SCORPION)
Producteur : Letty Aronson & Charles H. Joffe. Scénario original : Woody Allen. Images : Zhao Fei. Montage : Alisa Lepselter. Décors : Santo Loquasto. Costume : Suzanne McCabe. Musique : « Sophisticated Lady », « Two Sleepy People », « Tuxedo Junction », « How High The Moon », « In A Persian Market », « Flatbush Flanagan », « Sunrise Serenade ». Interprètes : Woody Allen (CW Briggs), Helen Hunt (Betty Ann Fitzgerald), Charlize Theron (Laura Kensinton), Dan Akroyd (Chris Magruder), Elisabeth Berkley (Jill), Kaili Vernoff (Rosie), John Schuck (Mize), John Tormey (Sam), Brian Markinson (Al), Maurice Sonnenberg (employé de bureau), John Doumanian (employé de bureau), Peter Gerety (Ned).

2002 HOLLYWOOD ENDING
Scénario : Woody Allen. Producteur : Letty Aronson, Helen Robin & Stephen Tenenbaum. Images : Wedigo von Schultzendorff. Montage : Alisa Lepselter. Décors : Santo Loquasto. Costume : Melissa Toth. Interprètes : Woody Allen (Val Waxman), George Hamilton (Ed), Téa Leoni (Ellie), Debra Messing (Lori), Mark Rydell (Al), Treat Williams (Hal), Tiffani-Amber Thiessen (Sharon Bates), Anthony Arkin (participant à l'audition), Barney Cheng (traducteur).

2002 ANYTHING ELSE
Producteur : Charles H. Joffe & Jack Rollins. Scénario original : Woody Allen. Interprètes : Woody Allen, Jason Biggs, Christina Ricci, Glenn Close, Kenneth Edelson.

PARTICIPATIONS :

1965 QUOI DE NEUF PUSSYCAT ? (WHAT'S NEW PUSSYCAT ?)
Réalisation : Clive Donner. Scénario original : Woody Allen. Interprètes : Peter Sellers (Fritz Fassbender), Peter O'Tool (Michael James), Romy Schneider (Carol Werner), Capucine (Renée Lefebvre), Ursula Andress (Rita), Paula Prentiss (Lisa Bien), Woody Allen (Victor Shakapopolis).

1966 WOODY ALLEN NUMBER ONE, LILY LA TIGRESSE (WHAT'S UP, TIGER LILY ?)
Titre de la version originale japonaise : Kagi no Kagi (La clef des clefs).
Réalisation : Senkichi Taniguchi. Version américaine : réalisation des séquences additionnelles et dialogues : Woody Allen. Conception de la production : Ben Shapiro. Montage : Richard Krawn. Doublage : Woody Allen, Frank Buxton, Len Maxwell, Louise Lasser, Mickey Rose, Julie Bennett, Bryna Wilson. Musique : The Lovin'Spoonful. Durée : 79 mn. Interprètes : Tatsuta Mihashi (Phil Moskowitz), Mihi Hana (Terry Yaki), Eiko Wakayabayashi

(Suki Yaki), Tadao Nakamaru (Shepherd Wong), Susumu Kurobe (Wing Fat). Distribution : Shelltrie Distribution.

1967 CASINO ROYALE
Réalisation : John Huston, Ken Hughes, Val Guest, Robert Parrish, Joseph McGrath. Sujet : tiré du roman homonyme de Ian Fleming. Interprètes : Peter Sellers (Evelyn Tremble), Ursula Andress (Vesperlynd), David Niven (James Bond), Orson Welles (Le Chiffre), Johanna Pettet (Mata Bond), Woody Allen (Jimmy Bond).

1969 NUIT DE CHINE (DON'T DRINK THE WATER)
Inédit en France. Réalisation : Howard Morris. Sujet : tiré de la comédie homonyme de Woody Allen. Scénario : R. S. Allen et Harvey Bullock. Interprètes : Jackie Gleason (Walter Hollander), Estelle Parsons (Marion Hollander), Ted Bessel (Axel Magee), Joan Delaney (Susan Hollander), Richard Libertini (le Père Drobney).

1972 TOMBE LES FILLES ET TAIS-TOI (PLAY IT AGAIN SAM !)
Réalisation : Herbert Ross. Scénario original : Woody Allen d'après sa pièce de théâtre traduite en français sous le titre *Une aspirine pour deux.* Interprètes : Woody Allen (Allan Felix), Diane Keaton (Linda Christie), Tony Roberts (Dick Christie), Jerry Lacy (Humphrey Bogart), Susan Anspach (Nancy). Production : Charles H. Joffe Frank Capra Jr. Apjac/Paramount. Durée : 84 mn. Distribution : Paramount.

1976 LE PRÊTE-NOM (THE FRONT)
Réalisation : Martin Ritt. Scénario original : Martin Ritt et Walter Bernstein. Interprètes : Zero Mostel (Hecky Brown), Woody Allen (Howard Prince), Herschel Bernardi (Phil Sussman), Michael Murphy (Alfred Miller), Andréa Marcovicci (Florence Barrett), Remak Ramsay (Hennessey). Production : Martin Ritt – Rollins & Joffe. Durée : 94 mn. Distribution : Columbia.

1987 KING LEAR
Scénario et réalisation : Jean-Luc Godard. Interprétation : Norman Mailer, Burgess Meredith, Molly Ringwald, Woody Allen.

1991 SCÈNES DE MÉNAGE DANS UN SUPERMARCHÉ (SCENES FROM A MALL)
Scénario et réalisation : Paul Mazursky. Interprétation : Bette Midler, Woody Allen, Bill Irwin, Daren Firestone, Rebecca Nickels, Paul Mazursky.

1997 WILD MAN BLUES
Réalisation : Barbara Kopple ; Producteur : J. E. Beaucaire & Jean Doumanian ; Images : Tom Hurwitz. Montage : Lawrence Silk. Interprètes : Woody Allen (lui-même : clarinette), Letty Aronson (elle-même, sœur de Woody Allen), Soon-Yi Previn (elle-même), Dan Barret (lui-même : trombone), Greg Cohen (lui-même : basse), Eddy Davis (lui-même : leader du groupe, banjo), Cynthia Sayer (elle-même : piano), Steven Schechter (lui-même, juriste), Simon Wettenhall (lui-même : trompette).

1997 COUNT MERCURY GOES TO THE SUBURBS
Réalisation : Joel Burns ; Scénario original : Woody Allen (Story about Count Dracula). Abdul-Khaliq Murtadha (Comte Mercury).

1998 FOURMIZ «ANTZ»
Réalisation : Eric Darnell, Tim Johnson. Scénario : Todd Alcott, Chris Weitz, Paul Weitz. Producteur : Brad Lewis, Aron Warner, Patty Wooton ; Images : Montage . Stan Webb, Musique : Harry Gregson-Williams, John Powell.
Woody Allen (Z-4195, voix), Dan Akroyd (Chip, voix), Anne Bancroft (Queen, voix), Jane Curtin (Muffy, voix), Danny Glover (Barbatus, voix), Gene Hackman (General Mandible, voix), Jennifer Lopez (Azteca, voix), Sylvester Stallone (Weaver, voix), Sharon Stone (Princesse Bala, voix), Christopher Walken (Colonel Cutter, voix).

1998 THE IMPOSTORS
Réalisation : Stanley Tucci ; Scénario original : Stanley Tucci. Producteur : Beth Alexander & Stanley Tucci. Images : Ken Kelsch. Montage : Suzy Elmiger. Décors : Andrew Jackness. Costume : Juliet Polcsa. Musique : Gary DeMichele et Lisandro Androver. Interprètes : Oliver Platt (Maurice), Stanley Tucci (Arthur), Walker Jones (Maître d'hôtel), Jessica Walling, (la séductrice), David Lippman (Baker), E. Katherine Kerr (Gertrude), George Guidall (Claudius), William Hill (Bernardo), Alfred Molina (Jeremy Burton), Michael Emerson (l'assistante de Burtom), Woody Allen (directeur de théâtre).

2000 MORCEAUX CHOISIS (PICKING UP THE PIECES)
Réalisation : Alfonso Arau. Scénario : Bill Wilson. Producteur : Paul Sandberg. Images : Vittorio Storaro. Cutting. Michael R. Miller. Set design. Denise Pizzini. Costume : Marilyn Matthews. Musique : Ruy Folguera. Interprétation : Woody Allen (Tex Cowley), Angélica Aragón (Dolores), Alfonso Arau (Dr. Amado), Brian Brophy (journaliste à CNN), Betty Carvalho (Juana), Enrique Castillo (Grasiento), Jorge Cervera Jr. (Unojo), O'Neal Compton (Texas John), Maria Grazia Cucinotta (Desi).

2000 COMPANY MAN
Réalisation : Peter Askin & Douglas McGarth. Scénario original : Peter Askin & Douglas McGarth. Producteur : Guy East, Rick Leed, John Penotti & James W. Skotchdopole. Images : Russel Boyd. Montage : Camilla Toniolo. Décors : Jane Musky ; Costume : Ruth Musky ; Musique : David Nessim Lawrence. Interprétation : Paul Guilfoyle (constable Hickle), Jeffrey Jones (sénateur Biggs), Reathel Bean (sénateur Farwood), Harriet Koppel (dactylo), Douglas McGrath (Alan Quimp), Sigourney Weaver (Daisy Quimp), Terry Beaver (Ms. Judge), Sean Dugan (garçon du Skull and Bones), Grant Walden (le vieil homme), Nathan Dean (le jeune homme), Woody Allen (Lowther).

2000 CYBERWORLD (film d'animation)
Réalisation : Colin Davies & Elaine Despins. Scénario original : Hugh Murray, Charlie Rubin & Steven Hoban ; Producteur : Steven Hoban & Hugh Murray. Animation : Jamie McCarter ; Musique : Hummie Mann. Interprétation : Jenna Elfman (Phig, voix), Matt Frewer (Frazzled, voix), Robert Smith (Buzzed/Wired, voix), Dave Foley (le Technicien, voix), Woody Allen (Z-4195, voix), Sylvester Stallone (Weaver, voix), Sharon Stone (Princesse Bala, voix).

2002 CATAWAY : A WOODY ALLEN FILM
Réalisation : Corky Quackenbush. Musique : Gary Lionelli.

PRODUCTIONS TÉLÉVISÉES DE WOODY ALLEN :

1994 NUIT DE CHINE (DON'T DRINK THE WATER)
Scénario original : Woody Allen d'après sa pièce homonyme. Producteur : Robert Greenhut, J.E. Beaucaire et Jean Doumanian. Images : Carlo Di Palma. Montage : Susan E. Morse. Décors : Santo Loquasto. Costume : Suzy Benzinger. Interprètes : Ed Herlihy (le narrateur), Josef Sommer (S. E. l'ambassadeur Magee), Robert Stanton (Mr. Burns), Edward Herrman (Mr. Kilroy), Rosemary Murphy (Miss Pritchard), Michael J. Fox (Axel Magee), Woody Allen (Walter Hollander), Julie Kavner (Marion Hollander) Mayim Bialik (Susan Hollander), Ed Van Nuys (employé de l'ambassade), Skip Rose (employé de l'ambassade), Leonid Usher (policier), Stas Kmiec (policier).

2001 SOUNDS FROM A TOWN I LOVE
Réalisation et scénario original : Woody Allen. Marshall Brickman, Griffin Dunne, Hazelle Goodman, Bebe Neuwirth (la femme au téléphone), Tony Roberts (l'homme sur le banc), Celia Weston.

AUTRES APPARITIONS DE WOODY ALLEN :

1999 LIGHT KEEPS ME COMPANY (Documentaire)
Réalisation : Carl Gustav Nykvist. Producteur : Gudrun Nykvist & Carl Gustav Nykvist. Scénario : Michal Leszcylowski & Carl Gustav Nykvist. Interprètes : Woody Allen, Bibi Andersson, Harriet Andersson, Richard Attenborough, Pernilla August, Ingmar Bergman, Tomas Bolme, Melanie Griffith.

2002 LAST LAUGH (TV)
Réalisation : Jeff Mazzola. Scénario : Denis Hamill. Producteur : Andrew Charas. Images : Michael Green. Montage : Jordan Mokriski. Musique : Robert Santa. Interprètes : Ray Garvey (John 'Murph'Murphy), Vincent Pastore (Harry Murphy), Tony Darrow (Uptown Donnie), Sally Wheeler (Victoria Worthington), Danny Aiello (lui-même), Woody Allen (lui-même), Jackie Martling (lui-même), Jeff Mazzola (lui-même), Lorraine Mazzola (elle-même), Colin Quinn (lui-même).

Biographie

1935 Issu de Martin et Nettie (dite « Cherry ») Konigsberg, Allan Stewart Konigsberg (Woody Allen) naît le dimanche 1er décembre dans le quartier du Bronx (New York).

1938 Woody Allen voit son premier film, le dessin animé *Blanche Neige*, de Walt Disney.

1943 Naissance de Letty, sœur de Woody.

1944 La famille Konigsberg emménage à Brooklyn.

1949 Woody entre à la Midwood High School (collège).

1950 Woody commence à jouer de la clarinette.

1951 À l'âge de 16 ans, pendant des vacances passées au Weinstein's Majestic Bungalow Colony, Woody joue dans « The Catskills ». (Il fera plus tard mention de cet endroit dans sa pièce intitulée *The Floating Light Bulb* et dans le film *Broadway Danny Rose*).

1952 Naissance officielle de « Woody Allen ». Allan Konigsberg décide de prendre un pseudonyme pour signer les pièces satiriques qu'il commence à envoyer aux rédacteurs des rubriques *people* des journaux new-yorkais.
Le 25 novembre, Woody publie son premier article satirique dans la rubrique de Walter Winchell : « Woody Allen nous raconte son dîner dans un restaurant alignant ses tarifs sur la norme LADNM – largement au-dessus de nos moyens ».
Woody voit pour la première fois un film de Bergman, *Sommaren med Monika* [*Un été avec Monika*].

1953 Woody entame sa collaboration avec David Alber, qu'il retrouve après le lycée pour rédiger des articles satiriques payés au tarif de 20 dollars par semaine.
En juin, Woody termine ses études à la Midwood High School.
Woody signe un contrat qui le lie pour cinq ans à la William Morris Agency.

1954 À l'âge de 19 ans, Woody rencontre Harlene Rosen.

1955 Woody part à Hollywood où il écrit pour « The Colgate Variety Hour ».

1956 Woody épouse Harlene Rosen au Hollywood Hawaiian Hotel.
Durant l'été, Woody et Harlene emménagent à New York.
En septembre, Max Liebman engage Woody comme auteur sur « Stanley », une série-télévisée dans laquelle joue Buddy Hacket.
À partir de 1956 et durant trois étés consécutifs, Woody écrit un spectacle présenté pendant une semaine à Camp Tamiment Resort. Il gagne alors 150 dollars par semaine.

1958 Sid Caesar engage Woody comme auteur sur le « Sid Caesar's Chevy Show ». Diffusée par NBC, le 2 novembre, l'émission permet à Woody et à Larry Gelbart de remporter le Sylvania Award, qui récompense leur travail de scénariste. Leur contribution à la saison 1958-59 du « Sid Caesar's Chevy Show » vaut à Woody et à Larry Gelbart d'être également nominés aux Emmy Awards.

1959 Woody commence une psychanalyse.

1960 À l'âge de 25 ans, Woody écrit des scénarios pour le « The Gary Moore Show ». Il gagne à présent 1700 dollars par semaine.
Le 20 avril, Woody fait ses débuts à Broadway, dans une pièce intitulée « From A to Z », dont la première a lieu au Plymouth Theatre. Ce spectacle intègre « Psychological Warfare » une parodie écrite par Woody, ainsi qu'une parodie de Groucho Marx, déjà présentées toutes deux à Camp Tamiment.
En octobre, Woody se voit offrir la chance de présenter un spectacle au cabaret « The Blue Angel ».
Grâce à Rollins et Joffe, Woody se produit ensuit au Duplex, dans Greenwich Village, où il peut peaufiner son numéro de comique. Il se produit alors deux fois par soirée et six jours sur sept.
Woody fait la connaissance de Louise Lasser.

1961 En juin, Dick Cavett repère Woody Allen au « Bitter End ».

1962 Woody fait une apparition dans « The Ed Sullivan Show ».
Woody travaille comme scénariste pour « The Tonight Show » sous la direction de Jack Paars.
Woody and Harlene divorcent.

1963 Woody fait plusieurs apparitions dans l'émission télévisée « Candid Camera » [La caméra invisible].

1964 En mars, Woody se produit au « Mr Kelly's » de Chicago. Le spectacle qu'il présente cette nuit-là est enregistré, puis gravé sur disque, intitulé *Woody Allen*.
En avril, Woody se produit comme comique et gagne désormais entre 4 000 et 5 000 dollars par semaine.
En juillet, Woody apparaît durant une semaine dans le « Tonight Show » de Johnny Carson, où il remplace la vedette.
En juillet, Colpix sort le premier album de Woody, intitulé *Woody Allen*. Woody est nominé aux Grammy Awards pour cet album. Bill Cosby remporte le prix pour *I Started out as a Child (J'ai commencé petit)*.
En décembre, le one-man-show de Woody lui rapporte environ 10000 dollars.

1965 En juin, sortie de *Quoi de neuf Pussycat ?* réalisé par Clive Donner d'après un scénario de Woody (Famous Artists).
À l'automne, sortie de l'album *Woody Allen, volume 2*. (Colpix records).

1966 Le 20 janvier,Woody publie une nouvelle comique intitulée *The Gossage-Vardebedian* dans le *New-Yorker*.
Le 2 février, Woody épouse Louise Lasser. Le soir même, alors qu'une terrible tempête de neige s'abat sur la ville, Woody se produit deux fois au « Royal Box » de l'America Hotel.
Au printemps, Woody met la dernière main à sa pièce *Don't Drink the Water*.
En septembre : sortie de *What's Up, Tiger Lily ?* (American International Pictures) ; version anglaise de *Kagi No Kagi* (Japan 1964). Woody écrit (en collaboration) le scénario du nouveau doublage américain du film.

Le 17 novembre : première de *Nuit de Chine [Don't Drink the Water]* à Broadway. La pièce sera jouée 598 fois dans le même théâtre.
Woody apparaît dans l'émission télévisée «Hippodrome ».

1967 En avril, sortie de *Casino royale* (Columbia Pictures).

1968 Le 17 juin, Woody commence le tournage de *Prends l'oseille et tire-toi*, son premier film en tant que réalisateur. Les premières séquences sont tournées dans la prison de San Quentin, à San Francisco.
En août, Woody se produit chez «Eugene's» (un cabaret dont la recette devait servir à soutenir la candidature d'Eugene McCarthy aux élections présidentielles).
Son spectacle est enregistré et gravé sur *The Third Woody Allen Album*, publié par Capital Records.

1969 Le 12 février, première de *Une Aspirine pour deux* au Broadhurst Theatre. Cette pièce sera jouée 453 fois.
Le 19 août, sortie de *Prends l'oseille et tire-toi* (Palomar Pictures).
Woody et Louise Lasser divorcent.

1970 Woody Allen achète un duplex en terrasse sur la Cinquième Avenue, près de Central Park East.
Au printemps, Woody écrit un scénario intitulé *The Jazz Baby*. Il propose le script à United Artists, mais le projet n'ira pas plus loin.
Woody présente « Hot Dog », une émission éducative destinée à la jeunesse, et diffusée le samedi matin.

1971 Accompagné de Diane Keaton, Woody visite le « New Orleans Jazz and Heritage Festival » et fait le bœuf dans le Quartier Français. Ce voyage demeurera pour lui l'un des grands moments de son existence.
Woody et sa formation, baptisée New Orleans Funeral and Ragtime Orchestra commencent à se produire tous les lundis soirs au Michael's pub de New York.
Woody's publie *Getting Even* (Random House).
Sortie de *Bananas* (United Artists).

1972–Le 5 mai, sortie de *Tombe les filles et tais-toi* (Paramount Pictures).
En août, sortie de *Tout ce que vous avez toujours voulu savoir sur le sexe… sans jamais oser le demander* (United Artists).
Au terme d'une tournée de six semaines, Woody se produit durant deux semaines consécutives au « Caesar's Palace » de Las Vegas. En quinze jours, il gagne alors 85 000 dollars, ce qui fait de lui l'artiste le mieux payé du moment après Harry Belafonte.
En octobre, Woody écrit sa pièce intitulée *Death*.

1973 Le 18 décembre, sortie de *Woody et les robots* (United Artists).

1974 En janvier, Woody travaille sur le scénario d'une comédie policière dont il réaménagera plus tard certains passages pour tourner *Meurtre mystérieux à Manhattan*.

1975 Le 11 juin, sortie de *Guerre et Amour* (United Artists).
Les deux pièces *Death* et *God* sont publiées chez Samuel French Inc.
Woody publie *Without Feathers* (Random House).

Sortie du double album *The Night-Club Years, 1964-1968*, qui réunit le matérial de *Woody Allen*, *Woody Allen, Volume 2* et *The Third Woody Allen Album*. (United Artists).
Parution d'*Inside Woody Allen*, *comic-strip* dessiné par Stuart Hample, dans plus de 180 journaux de 60 pays. Les gags étaient écrits par Woody et la série a été publiée huit ans durant jusqu'en 1984.
Le 10 mai, début du tournage d'*Annie Hall*, qui marque les débuts de la colaboration de Woody avec le chef-opérateur Gordon Willis.
En septembre, sortie de *The Front*, réalisé par Martin Ritt (Columbia).

1977 Le 21 Avril, sortie de *Annie Hall* (United Artists).
Woody est nominé aux Oscars dans la catégorie premier rôle masculin pour son rôle dans *Annie Hall*.
Annie Hall vaut également à Woody trois autres nominations aux Oscar ; dans les catégories meilleur réalisateur, meilleur film et meilleur scénario (avec Marshall Brickman). (Woody fut donc le premier à rééditer l'exploit d'Orson Welles, qui fut lui aussi nominé dans ces trois catégories pour *Citizen Kane*, en 1941).
Woody reçoit le New York Film Critics Award, qui récompense la réalisation et le scénario d'*Annie Hall*.
Le scénario d'*Annie Hall* permet à Woody de remporter également le prix décerné par la National Society of Film Critics.
Sortie de *Woody Allen : An American Comedy*, documentaire de trente minutes écrit et réalisé par Howard Mantell, dans lequel Woody fait office de narrateur (Films for the Humanities Inc).

1978 Lundi 27 mars : Woody remporte les trois Oscars pour lesquels il avait été nominé pour *Annie Hall*. De son côté, Diane Keaton remporte également l'Oscar du premier rôle féminin pour son rôle dans le même film.
Woody passe cette soirée historique au « Michael's Pub » dans l'East Side de Manhattan, où il se produit avec sa clarinette et *The New Orleans Funeral and Ragtime Orchestra*. Selon la rumeur, Woody n'aurait « pas voulu laisser tomber les copains. » Woody s'en serait donc retourné chez lui vers minuit, se serait mis au lit et n'aurait pas appris la nouvelle de son succès avant le lendemain matin. Il ne fera aucun commentaire sur l'événement.
Le 2 août, sortie d'*Intérieurs* (United Artists).
Le 25 avril, sortie de *Manhattan*.
À l'automne, Woody rencontre Mia Farrow.
Le 27 avril, Woody et Mia déjeunent au Lutèce, marquant ainsi le début de leur longue union.
Woody publie *Side effects (*Random House).
Septembre, sortie de *Stardust Memories* (United Artists).
Woody quitte United Artists pour rejoindre Orion Pictures où il restera jusqu'en 1991.
27 avril, première de *The Floating Light Bulb* au Vivian Beaumont Theatre.
Juillet, sortie de *Comédie érotique d'une nuit d'été* (Orion Pictures).
Juillet, sortie de *Zelig* (Orion Pictures).

1984 Janvier, sortie de *Broadway Danny Rose* (Orion Pictures).

1985 Mars, sortie de *La Rose pourpre du Caire* (Orion Pictures).
Woody et Mia Farrow adoptent une petite fille originaire du Texas, qu'ils baptisent Dylan O'Sullivan Farrow.
Le 5 novembre ; Woody et son équipe commencent le tournage de *Radio Days* à New York et dans ses environs.

1986 Février, sortie de *Hannah et ses sœurs* (Orion Pictures).
En signe de protestation contre l'apartheid, Woody interdit la diffusion de ses films en Afrique du Sud.

1987 30 janvier, sortie de *Radio Days* (Orion Pictures).
Décembre, sortie de *September* (Orion Pictures).
Woody est admis à siéger parmi les dix membres d'honneur de « l'American Academy and Institute of Arts and Letters », succédant ainsi à Orson Welles.
Naissance du premier enfant biologique de Woody, alors âgé de 52 ans. Mia Farrow donne naissance à un garçon qu'ils baptisent Satchel O'Sullivan Farrow.
Hannah et ses sœurs est nominé aux Oscars dans sept catégories différentes.

1988 Durant l'été, Woody écrit la première mouture de *Crimes et délits* dans des chambres d'hôtels de Stockholm, de Copenhague et en Italie.
Octobre, sortie d'*Another Woman* (Orion Pictures).

1989 Mars, sortie du film à sketches *Le Complot d'Œdipe* (Touchstone Pictures).
Octobre, sortie de *Crimes et délits* (Orion Pictures).

1990 Le 1er mai, au cours d'une conférence de presse donnée à la « Creative Artists Agency » de Beverly Hills, Martin Scorsese, Steven Spielberg, George Lucas and Sidney Pollack annoncent la création d'un fond de soutien destiné à « préserver l'héritage du cinéma américain. » Parmi les membres de cette organisation, on compte Woody Allen, Stanley Kubrick, Francis Ford Coppola et Robert Redford.
Décembre, sortie d'*Alice* (Orion Pictures).

1991 Sortie de *Scènes de ménage dans un hypermarché*, film réalisé par Paul Mazursky (Touchstone Pictures), dont les premiers rôles étaient interprétés par Woody Allen et Bette Midler.
Juillet, Woody part pour l'Italie où il tourne une série de films publicitaires pour la plus grande chaîne d'épicerie italienne, la COOP. Pour ce faire, il perçoit un salaire de 2 millions de dollars.

1992 12 février, la sortie mondiale de *Ombres et brouillard* a lieu à Paris.
13 aout, Woody Allen et Mia Farrow se séparent. La nouvelle et le douloureux problème posé par la garde de leurs trois enfants (Moses Amadeus Farrow, 14 ans, Dylan O'Sullivan Farrow, 7 ans et Satchel O'Sullivan Farrow, 4 ans et demi) éclatent au moment où Stig Björkman commence ses entretiens avec Woody Allen en vue de la publication de cet ouvrage.
Le tournage de *Meurtre mystérieux à Manhattan,* second film tourné par Woody pour TriStar commence en septembre.
18 septembre, sortie américaine du premier film tourné par Woody pour TriStar, *Maris et femmes*.

1993 11 mai, sortie de *The Bunk Project*, CD d'« Eddy Davis and New York Jazz Ensemble » (BMG/Musicmasters). Woody assure la partie de clarinette sur le CD.
Août, sortie américaine de *Meurtre mystérieux à Manhattan*
27 septembre : début du tournage de *Coups de feu sur Broadway* à New York. Ce sera le premier film tourné par Woody pour la maison de production de son amie Jean Doumanian, Sweetland Films.

1994 4 avril, Woody commence le tournage du téléfilm *Nuit de Chine,* adapté de sa pièce homonyme, écrite en 1966.

3 octobre, début du tournage de *Maudite Aphrodite*.
Octobre, sortie de *Coups de feu sur Broadway*.
18 décembre, diffusion du téléfilm *Nuit de Chine* sur la chaîne américaine ABC.

1995 6 mars, première de la pièce en un acte *Central Park West* au « Variety Arts Theatre » de New York. Cette pièce s'intègre à la trilogie baptisée *Death Defying Arts*, qui réunit également *Hotline*, d'Elaine May et *An Interview* de David Mamet. Le spectacle sera présenté 343 fois.
11 septembre, début du tournage de *Tout le monde dit « I Love You »* à Venise.
3 novembre, sortie de *Maudite Aphrodite*.

1996 Au printemps, Woody Allen et le « New Orleans Funeral and Ragtime Orchestra » font une tournée en Europe.
Avril, la chaîne Hallmark Entertainment diffuse la comédie de Neil Simon intitulée « The Sunshine Boys », dans laquelle Woody Allen interprète l'un des rôles principaux (celui d'Al Lewis) face à Peter Falk.
Septembre : début du tournage de *Harry dans tous ses états*.
6 décembre : sortie de *Tout le monde dit « I Love You »*.

1997 Août, début du tournage de *Celebrity* à New York. Pour ce film, Woody collabore à nouveau avec Sven Nykvist.
12 décembre : sortie de *Harry dans tous ses états*.
Décembre : mariage de Woody avec Soon-Yi Previn au Palazzo Cavalli de Venise. La cérémonie est célébrée par le maire de Venise, Massimo Cacciari.

1998 17 avril, sortie de *Wild Man Blues*, documentaire réalisé par Barbara Kopple sur la tournée européenne du « New Orleans Funeral and Ragtime Orchestra ».
À l'été, Woody met un terme à sa longue collaboration avec l'« International Creative Management » de l'agent Sam Cohn et passe à la William Morris Agency.
Le 28 septembre, sortie de *The Impostors*, réalisé par Stanley Tucci, dans lequel Woody joue un petit rôle.
2 octobre : sortie de *FOURMIZ*, film d'animation d'Eric Darnell et Tim Johnson. Woody prête sa voix à la fourmi connue sous le matricule Z-4195
20 novembre : sortie de *Celebrity*.

1999 Au printemps, Woody et Soon-Yi adoptent une petite fille qu'ils prénomment Bechet Dumaine, en hommage au clarinettiste Sidney Bechet.
3 décembre : sortie de *Accords et désaccords*.

2000 février, Woody et Soon-Yi adoptent leur seconde fille, prénommée Manzie Tio, en hommage à Manzie Johnson, batteur de Sidney Bechet.
5 mai : sortie française de *Company Man*, de Peter Ashin et Douglas McGrath, dans lequel Woody interprète un petit rôle.
19 mai : sortie de *Escrocs mais pas trop*.
26 mai : première diffusion de *Morceaux choisis*, réalisé par Alfonso Arau, dans lequel Woody Allen interprète un des rôles principaux.
26 août : sortie suédoise de *Ljuset håller mig sällskap* [*La lumière me tient compagnie*], documentaire réalisé par Carl-Gustav Nykvist's sur la carrière du chef-opérateur Sven Nykvist. Woody Allen fait partie des personnes interrogées dans le film.
Woody fait l'acquisition d'une maison dans le quartier d'Upper East Manhattan et quitte l'appartement-terrasse où il vivait depuis 1970.

2001 Le 11 mai, Woody poursuit en justice son amie Jean Doumanian, son associé Jaqui Safra et leur maison de production Sweetland Films. Woody est convaincu que Jean Doumanian a omis de lui reverser une partie des bénéfices des huit films sur lesquels ils ont collaboré pendant les années quatre-vingt-dix.
5 août, sortie du *Sortilège du scorpion de jade*, premier film tourné par Woody Allen pour DreamWorks.
20 octobre, diffusion télévisée du court métrage *Sounds from a Town I love* réalisé par Woody parallèlement au « Concert for New York City » donné au profit des victimes de l'attaque terroriste du 11 septembre.

2002 24 mars, Woody surprend le monde entier en faisant sa première apparition à la cérémonie des Oscars à Los Angeles, où il présente *New York on Film Tribute*, le film de montage réalisé par Nora Ephron.
3 mai : sortie de *Hollywood Ending*.
15 mai : Woody Allen fait sa première apparition au Festival de Cannes où il reçoit la Palme des Palmes. Son nouveau film, *Hollywood Ending*, est présenté en ouverture du Festival.
En juin, Woody commence le tournage d'un film provisoirement intitulé *Anything Else*, qui devrait sortir sur les écrans américains en mai 2003.

Bibliographie

Hollywood Ending, Cahiers du cinéma, 2002, Petite bibiothèque des Cahiers du cinéma, 269 p.
Dieu, Shakespeare et moi : opus 1, Seuil, 2001, Points, 153 p.
Annie Hall, Cahiers du cinéma, 2000, Petite bibliothèque des Cahiers du cinéma, 192 p.
Manhattan, Cahiers du cinéma, 2000, Petite bibliothèque des Cahiers du cinéma, 142 p.
Harry dans tous ses états, Cahiers du cinéma, 1997, Petite bibliothèque des Cahiers du cinéma, 112 p.
Maris et Femmes, Seuil, 1995, Points, 190 p.
L'Avant-scène théâtre, vol. 942, L'Ampoule magique, L'Avant-scène théâtre, 1994, 55 p.
Crimes et délits, Seuil, 1993, Points, 163 p.
L'Avant-scène théâtre, vol. 918, Une aspirine pour deux, adaptation de Francis Perrin, Avant-scène du théâtre, 1992, 63 p.
Hannah et ses sœurs, Seuil, 1991, Points, 186 p.
Destins tordus, Laffont, 1991, 180 p.
Tout ce que vous avez toujours voulu savoir sur le sexe... sans jamais oser le demander, Seuil, 1990, Points, 140 p.
Pour en finir une bonne fois pour toutes avec la culture : opus 2, Seuil, 1986, Points, 183 p.
Conversations avec Woody Allen : d'après les entretiens parus dans Le Monde, Plon, 2000, 175 p.
Le petit Woody Allen illustré, Plon, 1995, 288 p.

Index

Crédits photographiques

Stig Björkman p. 9, 283,
John Clifford p. 326, 329, 330, 332, 342, 344, 345, 362, 265, 367, 369, 371, 372, 373, 377, 379, 380, 381, 384, 387, 389, 390, 393
Brian Hamill p. 12, 14, 17 haut, 34, 35, 91, 97, 101, 108, 116, 119, 120, 122, 127, 131, 133, 134, 137, 139, 141, 144, 149, 152, 156, 158, 161, 163, 164, 167, 170, 171, 174, 176, 181, 186, 189, 191, 192, 193, 197, 198, 205, 207, 213, 217, 223, 225, 227, 229, 230, 233, 235, 242, 248, 250, 252, 257, 259, 262, 264, 268, 269, 270, 271, 273, 280, 290, 295, 297, 301, 304, 311, 312,
MGM p. 17 bas
Palomar Pictures p. 32, 37, 39
United Artists p. 52, 70, 74, 79, 83
Paramount Pictures p. 61, 65.

Imprimé en Italie en septembre 2002

Dépôt légal : septembre 2002
ISBN 2.86642.324.0